# Axel Eggebrecht
# Meine Weltliteratur

Verlag J.H.W. Dietz Nachf.

Register von Helmut Riege

ISBN 3-8012-0106-6


Berlin · Bonn
Godesberger Allee 143, D-5300 Bonn 2
Umschlag: Karl Debus, Bonn
Satz: Satzstudio Hülskötter, Burscheid-Dürscheid
Druck und Verarbeitung: Clausen & Bosse GmbH, Leck

Printed in Germany 1985

*»Die Literatur ist eine gesellschaftliche Institution, die sich der Sprache, einer Schöpfung der Gesellschaft, als ihres Mediums bedient . . .
Die Literatur ist keine Widerspiegelung des sozialen Prozesses, sondern sie ist die Essenz, die Abkürzung und die Zusammenfassung aller Geschichte.«*

(Warren/Wellek,
Theorie der Literatur)

# Inhalt


Vorwort ... 9

Gibt es Weltliteratur? ... 15

Vorantike: Erste Spuren der Dichtung ... 25

Die Griechen: Vom Genius der Enge ... 34

Die Römer: Große Leistungen aus zweiter Hand ... 43

Spätantike: Die Ernte der klugen Epigonen ... 52

Seher und Deuter: Von Moses bis Dante ... 61

Das weltliche Mittelalter: Ritter und Sänger ... 70

Dichtung asiatischer Völker: Die Mutter der Literaturen ... 79

Renaissance: Wiedergeburt oder Neugeburt des Geistes? ... 88

Die Reformation: Stachel oder Hemmnis ... 97

Gegenreformation: Die wunderbaren Wege des Humanismus ... 106

Barock: Das große Jahrhundert des Theaters ... 115

Glaube und Zweifel: Puritaner — Pietisten — Philosophen ... 124

Aufklärung: Allmacht und Ohnmacht des Geistes ... 133

Deutsche Klassik: Form und Humanität ... 142

Deutsche Romantik: Fragment der Unendlichkeit ... 151

Romantik der anderen Völker: Traum von der Zukunft ... 159

Realismus: Literatur des Bürgerzeitalters .................... 168

Naturalismus und Symbolismus: Verbindlich und selbstherrlich .................................. 178

Zeitalter der Weltkriege: Erwartung, Enttäuschung, Existenzangst .................................. 188

Register .......................................... 219

# Vorwort

Zum drittenmal lege ich eine durchaus subjektive Darstellung der Weltliteratur vor. Den ersten Versuch unternahm ich vor fast einem halben Jahrhundert; den zweiten etwa zwanzig Jahre später. Ein Fall von Hartnäckigkeit, offenbar. Das allein rechtfertigt natürlich den dritten Anlauf nicht. Was sonst?

Vor allem meine Freude an der Sache. Hinzu kommt ein lebhaftes Verlangen, andere daran teilnehmen zu lassen. Und drittens, ich kanns nicht leugnen: Mich freuten die erregten Rügen mancher Fachleute, als ich mich unbekümmert in ihr Getümmel mischte.

Ich bin kein Fachmann. Ich befasse mich lebenslang als Laie mit Literatur und, was riskanter ist, mit Literaturhistorie. Als ein Dilettant. Einer also, der sich am Gegenstand delektiert, ergötzt. Hinter dem anspruchsvoll klingenden Wort Autodidakt (es bezeichnet einen, der sich selber ohne Hilfe andrer bildet, belehrt) könnte ich mich ganz gut verstecken, es paßt leidlich, nur klingts eben hochtrabend. Das sollte ein Liebhaber, ein Amateur vermeiden. Wäre *das* wohl die treffende Vokabel?

Nun — dann fragen Sie irgendeinen Professionellen, einen ›Profi‹, was er vom Amateur hält. Ich fürchte, die Antwort fällt unfreundlich aus: Amateure sind Heuchler, Schwindler . . . Denken Sie nur an angebliche Amateur-Sportler, die insgeheim ganz hübsch abkassieren. Oder von achtbaren Kunsthändlern kann man ähnlich bissige Bemerkungen über gewisse Sammler hören . . .

Optimisten aber, wie ich einer bin, hören aus dem Wort Amateur etwas Positives, ja geradezu beglückendes heraus. Es meint ungefähr Begeisterung ohne berechnende Hintergedanken. Also Enthusiasmus.

Doch darf man den Enthusiasten nicht ohne weiteres in einen Sack mit dem Schwärmer stecken. Der läßt sich in blinder Einfalt von jeder flüchtigen Regung hinreißen, meint allzu rasch, begnadet zu sein — und bringt doch nur läppische Gefühlchen zustande, Kleinkram. Und eben das, was wir Kitsch nennen und so schwer definieren können.

Ist Kitsch nicht, kurz gesagt, passives Kunst-Erleben ohne eigne tätige Mitwirkung? Denn *der* Genuß, von dem wir eigentlich sprechen, wird einem niemals geschenkt; er muß erarbeitet werden. Selbstverständlich gilt das für den Literaturproduzenten. Aber auch, gewollt und bewußt, für den literarischen Konsumenten und anteilnehmenden Amateur.

Der Umgang mit Literatur erfordert etwas, was so manchem renommierten Fachmann im ständigen Umgang mit seinem Metier unmerklich verlorengeht: Streben nach Klarheit, Liebe zur Einfachheit.

Da sind wir an einem wichtigen Punkt. Seit Jacob Burckhardt kennen wir den Horror vor dem schrecklichen Vereinfacher, dem ›terrible simplificateur‹. Weit weniger verfemt ist dessen höchst unangenehmes Widerspiel: der ewige Besserwisser, Haarspalter, der alles grundsätzlich kompliziert. Übrigens tritt der gern in Personalunion mit dem Mystifikateur, dem ach so eingeweihten Geheimniskrämer auf . . .

Alle diese Leute sind erklärte Gegner des literarischen Amateurs. Und der kann sie schon gar nicht leiden. Als rechte Schulmeister wollen sie Perfektion. Der notorische Dilettant dagegen verläßt sich auf Zufall, Lust und (Vorsicht, jetzt kommt eine Klippe!) Inspiration. Damit ist nicht gemeint die Berufung, die viel zu viele Künstler und Kunstfreunde für sich beanspruchen. Auserwählt ist beinahe niemand. Literatur ist kein Mysterium, dem man nur auf Knien rutschend nahen dürfte. Sie ist vielmehr ein Lebenselement, das sich ruhiger, vernünftiger Betrachtung und Bewertung keineswegs entzieht.

Um ein naheliegendes Mißverständnis zu vermeiden: Selbstverständlich respektiert der urteilsfähige Amateur die Tatsache, daß zum Schreiben eine Begabung gehört; wer will, mag lieber sagen: eine Gabe, das klingt feierlicher. Die kann äußerst verschieden sein. Und man wird dann je nachdem von einem Poeten, einem Erzähler, einem Talent sprechen oder von einem Genie — Schriftsteller sind sie alle. Robert Musil, gewiß zuständig für die Sache, schrieb einmal:

»Wir alle sind zuerst und zuoberst Literaten, denn Literatur im richtigen Sinne, das ist der noch nicht spezifizierte Funktionär der Literatur.«

Die Vokabel Funktionär, damals noch nicht so abgegriffen wie heute, meint hier einfach jeden, der die Funktion des öffentlichen Schreibens ausübt. Musil fährt dann fort, diesen Literaten zu definieren. Der ist, sagt er:

». . . das Grundgebilde, woraus alle anderen entstehen. Der junge Mensch beginnt als Literat und nicht als Dichter oder gar als Dramatiker, Historiker, Kritiker, Essayist und so weiter, selbst wenn man ein gewisses Geborensein für das eine oder andere zugeben will; und das Wesen einer Literatur ist nicht in Ordnung, wenn dieser Zusammenhang nicht mehr gespürt wird.«

Eine ungemein deutliche, eine schroffe Behauptung. Auch wer sie sich nicht vollständig zu eigen machen möchte, sollte darüber gelegentlich nachdenken.

Zurück zur Begabung, die zweifellos *eine* Voraussetzung jedes Schreibens im literarischen Sinne ist. Ähnliches gibt es aber auch in ganz anderen Bereichen. Nur wird dort nicht soviel darüber geredet. Ein Architekt oder Anwalt, Handwerker oder Beamter, ein Kaufmann sogar, der nicht nur Kleinkrämer ist — sie allesamt brauchen Lust am Neuen, Originalität, Phantasie. Und das sind ja wohl Bestandteile der ›Gabe‹, wenn man die schon zerlegen, analysieren will. Ganz bestimmt handelt sichs um kein Monopol der Schreibenden, überhaupt der Künstler. Und Dichter wird einer zu allerletzt durch eine sozusagen überirdische, metaphysische Gnade.

Es gibt doch zu denken, daß zu allen Zeiten anerkannte und unbestrittene große Geister sich über diese rätselvolle Kraft sehr zurückhaltend äußerten. Um so hemmungsloser faseln Bewunderer und Nachahmer vom Geheimnis des Schöpferischen. Wir sollten, schlage ich vor, lieber sachlich von Methoden der literarischen Produktion sprechen. Das mutet natürlich recht nüchtern an. Und wer es fordert, das weiß ich wohl, verstößt gegen ein Tabu. Ja, er vergeht sich geradezu an einem Sakrament. Das bedauere ich, denn: Nicht das ist Sinn meiner Unternehmung.

Niemand soll gekränkt oder verletzt werden. Doch wer konventionelle Ansichten in Frage stellt, der fällt ungewollt in den schroffen Ton des Herausforderers. Wenn ich mir in aller Ruhe überlege, worauf mirs ankommt, dann kann ich aufrichtig versichern: Ich möchte Menschen jeder Art dazu anregen, sich eine eigene Vorstellung von Literatur zu bilden. Die wird dann wohl ebenso subjektiv sein wie die meine; also lasse ich sie von vornherein gelten. Keiner soll hier zu irgendetwas bekehrt werden.

Es wird allgemein vorausgesetzt, daß Literatur ein wichtiges Thema sei. Viele Leute werden das bestreiten; und die leben dann vielleicht ganz gut ohne Beziehung zur Literatur; jedenfalls ohne bewußte. Doch meine ich, daß sie um eine Dimension des Daseins ärmer sind.

Das hat übrigens kaum etwas mit Fragen der Bildung zu tun. Es gibt Beispiele dafür, daß sich sogenannte einfache Leute ohne jede Anleitung selbst zu kritischen Lesern erziehen. Nicht selten geschieht das noch in vorgerückten Jahren. Mir schwant, daß ein ungewisses Verlangen nach geistiger Bereicherung weit verbreitet ist. So erklärt sich der zuweilen ganz unglaubliche Erfolg just solcher literarischer Surrogate, die sich den Anschein des Echten, Wertvollen mit Geschick anmaßen. Wenn nun willige, aber ungeschulte Köpfe sich an eine schwierige Lektüre machen, dann *kann* Scheinwissen entstehen, Halbbildung. Darüber rümpft mancher Kenner die Nase, der selber ungeniert über Themen mitredet, von denen er wenig weiß.

Das alles sei mit Behutsamkeit gesagt. Niemand wird ja so närrisch sein, Unbildung als Idealzustand zu proklamieren. Doch läßt sich beobachten, daß gerade anspruchsvolle Literatur besonders nachdrücklich auf Menschen wirken kann, die sich ihr unbefangen zuwenden, ohne spezielle Vorkenntnisse. Das sollte nicht mißverstanden werden als Lob des terrible simplificateur. Doch mit Absicht sei vor dem anderen Extrem noch einmal gewarnt: Vor fachkundiger Überfütterung; auch vor jenem Ästhetizismus, der in vielgelesenen Feuilletons angeboten und von eifrig bemühten Lesern im Übermaß genossen wird.

Zu Hilfe kommen will ich nicht dem un*ge*bildeten, sondern dem un*ver*bildeten Literaturfreund. Der braucht eine Portion naive Aufnahmefähigkeit genauso wie eine kräftige Prise kritischen Verstandes. Die rechte Mischung ist, zugegeben, nicht eben leicht zu finden . . .

Der ernsthaft Interessierte tut gut daran, sich nicht allzu arglos der Führung professioneller Experten anzuvertrauen. Die Literaturwissenschaft hat ihre Probleme, wichtige und auch ganz nutzlose. Sie möge ihre Fehden unter sich austragen.

Im 18. Jahrhundert hat der Doktor Johnson, Englands literarisches Orakel, einmal kurzweg erklärt: »Alles Ausgefallene ist nicht von Dauer.« Als Faustregel sehr brauchbar, man kommt damit ziemlich weit. Freilich — Einfachheit allein tuts nicht. Sonst verflacht sie zu plumper Primitivität. Deshalb sei noch einmal wiederholt: Wer sich ernsthaft mit Literatur befaßt, ganz gleich ob als Konsument oder Produzent, sollte sich ein für allemal klarmachen: Er stellt sich eine Aufgabe, keineswegs betreibt er ein vergnügliches Hobby. Selbstverständlich möchte und soll er Freude erleben (was immer man darunter verstehen mag). Aber wahrer Genuß wird ihm nur durch eigene Anstrengung zuteil; wie ja wohl so ziemlich überall im Leben. Bei der Literatur ist es bestimmt so, daß lebenslange, nie ermattende Lust die Mühe lohnt.

Dennoch ist just hier das Schwierige durchaus nicht gleichbedeutend mit dem Komplizierten. Das sei zum, scheint mir, drittenmal wiederholt, weil es für mich eine fundamentale Wahrheit geworden ist; je älter ich wurde, desto entschiedener. Wer im Umgang mit der Sprache klare Dinge planvoll vernebelt, der stiftet weit mehr Unheil an als der bewußte Simplificateur; dessen Ächtung inzwischen so populär geworden ist, daß sie selber zur schwer erträglichen Vereinfachung wurde.

Noch eine Bemerkung:

Dieses Buch beruht auf Texten, die ich vor vielen Jahren im Rundfunk sprach. Das hat den Stil unleugbar gefärbt; dabei soll es im großen und ganzen bleiben.

Einzelheiten wurden ausgebessert, hie und da ergänzt. Der Anfang wurde neu formuliert. Und ein Schlußkapitel hinzugefügt; auch in der Literatur blieb die Welt in den vergangenen Jahrzehnten nicht stehen.

Frühjahr 1985 Axel Eggebrecht

# Gibt es eine Weltliteratur?

Die Frage mutet paradox an; sinnlos ist sie nicht. Gewiß, einem unbefangenen Betrachter kann als organisch gewachsenes Gebilde all das erscheinen, was literarisch entstanden ist. Also mit Hilfe von Buchstaben, Wörtern, Sätzen, Büchern. Seit Jahrtausenden wuchert das, lebt kurze oder längere Zeit, verblaßt, vergeht, modert, aus dem Humus entsteht Neues. Daher wiederholen sich allenthalben Grundformen und Themen. Offensichtlich haben wir so etwas wie ein Stück Natur vor uns, wenn auch von Menschen hervorgebracht; aber unbestreitbar produktiv aus eigener Kraft, über Zeitalter und Kulturen hin zusammenwirkend.

Doch bei näherem Zusehen kommen einem Zweifel, ob dieses schöne Bild stimmt. Gibt es tatsächlich die Einheit aller Literaturen? Hat es sie jemals gegeben? Mehr noch — wird es sie jemals geben? Dagegen spricht so manches.

Vor allem die unüberschaubare Vielfalt der Sprachen. Im Mythos von der Babylonischen Sprachverwirrung wird sie gedeutet als göttlicher Fluch; der plagt uns bis auf den heutigen Tag. Es gibt derzeit auf unserem kleinen Planeten mindestens 2.500 verschiedene Sprachen; vielleicht noch tausend mehr, niemand hat sie alle gezählt. Man kann sich gut vorstellen, daß irgendwo in irgendeiner nahezu unbekannten Sprache ein literarisches Meisterwerk entstanden ist, von dem wir nie etwas erfahren werden. Und wir reden von Welt-Literatur . . .

Übrigens — da hat sich soeben ungewollt eine Definition ergeben: Zur Weltliteratur kann nur gehören, was die Welt auch erfährt. Banal, aber zutreffend. Und kaum umfassend zu verwirklichen. Weltweite Verbreitung literarischer Werke setzt im Grunde eine einheitliche Weltsprache voraus. Die gibt es nicht, und wahrscheinlich wird es sie niemals geben. Doch wurde schon mehr als einmal versucht, sie synthetisch herzustellen: Volapük, Esperanto, Ido und andere. Keine gewann die erstrebte Bedeutung. Konstruktionen entwickeln kein eigenes Leben, Sprache aber ist Leben. Im Grunde weiß das jedermann. Die hergestellten Gebilde wurden nie recht ernstgenommen.

Von jeher behilft sich die lesende Menschheit mit Übersetzungen. Die sind und bleiben leider bestenfalls eine Notlösung; oft sind es Surrogate. Daß vollkommene Übertragungen so gut wie undenkbar sind, wußten unsere deutschen Klassiker, die selber eifrige und erfahrene Übersetzer waren. Lessing bemerkt in der ›Hamburgischen Dramaturgie‹: »Allzu pünktliche Treue macht jede Übersetzung steif, weil unmöglich alles, was in der einen Sprache natürlich ist, es auch in der andern sein kann.“ Und Goethe fordert in den ›Maximen und Reflexionen‹, man müsse beim Übersetzen »bis ans Unübersetzliche herangehen; alsdann aber wird man erst die fremde Nation und die fremde Sprache gewahr.«

Da wird sogleich das ganze Dilemma des Übersetzens deutlich. Es bleibt ein Ersatz — so oder so. Wortgenaue Übertragung bleibt pedantisch, trocken, klippschülerhaft. Unternimmt es aber ein sprachmächtiger Könner, den »unübersetzlichen« Geist der einen Sprache in die andere herüberzuholen, dann geht das unweigerlich auf Kosten der perfekten Übereinstimmung; es entsteht etwas Neues, eine Nach-Erzählung oder wohl auch Nach-Dichtung. Daher wird eben Shakespeare ungefähr in jeder Generation neu verdeutscht — um nur ein Beispiel zu nennen.

Das sind nun alles nicht gerade Neuigkeiten. Beneidenswert gut haben es im Vergleich mit Schriftstellern die Maler. Und erst recht die Komponisten. Die bildende und die tönende Kunst sind beide von Natur international. Sie werden ohne Dolmetscher verstanden. Den Reichtum der Weltliteratur (die keine sein kann) ahnen wir nur. Und lernen ihn allenfalls in Stichproben kennen. Und das steigert nur unsere Sehnsucht nach dem Ganzen. Denn wir wissen ja:

Kein Steckenpferd, keine Liebhaberei kann sich messen mit der Freude an den Millionen formulierter Sätze aus allen Zeiten und Sprachen. Hier erwartet jeden ein unerschöpflicher Genuß. Damit ist kein passives Hinnehmen gemeint, sondern die überlegte, bewußte Aneignung fremden Geistes. Es mischen sich Neugier, Staunen und Ehrfurcht in einem stets wechselnden Verhältnis; natürlich spielt auch das simple Verlangen nach Unterhaltung mit, wir wollen es nicht geringachten.

Das Publikum der Odyssee oder einer Sophokles-Aufführung war auf die ihm bevorstehende Darbietung genauso gespannt wie die Leserschaft Balzacs auf die Abenteuer Rastignacs oder die Leser Thomas Manns auf die moderne Heldensage von Felix Krull. Zum Literaturgenuß gehört zuerst eine naive Erwartung; dann erst tritt das verfeinerte Formempfinden hinzu, unmerklich für die meisten. Tun wir nicht snobistisch, als sei das jemals anders.

Damit habe ich mich zum Erstgeburtsrecht des Stoffes gegenüber der Form bekannt. Und unversehens sind wir bei einer Kernfrage aller Literaturbetrachtung.

Mit den Beziehungen zwischen Inhalt und Form befaßte sich die ältere Literarforschung besonders gern. Neuere Kunsttheorien bestreiten, daß es da einen Dualismus gäbe. Daran ist richtig, daß Inhalt und

Form einander bedingen und entsprechen müssen, wenn Kunst entstehen soll. Aber es gibt beides. Der naive Leser oder Theaterbesucher unterscheidet zwischen dem, was passiert, und den Mitteln, mit denen das gemacht ist. Und er hat recht.

Ohne Form keine Literatur, aber Form ist nicht Literatur. Diese läßt sich ganz gut beschreiben als ein Gefäß, in das die Menschheit alle ihre Freuden und Nöte, Zweifel und Sehnsüchte gießt. Dabei entsteht ein Gemisch, nur selten »reine« Dichtung.

Auf unserem Gange durch die Weltliteratur werden wir manchmal staunen, welche völlig unliterarischen Anlässe unzweifelhafte Dichtungen bewirkten. Damit streifen wir das Problem der Tendenz, das unsere Zeit in besonderem Maße zu beunruhigen scheint. Ein Grund dafür ist vielleicht, daß wir nicht mehr naiv sein können, sondern überall Absichten wittern. Davon sind auch die Schriftsteller selber nicht frei, die — wie mir scheint, seit mehreren Generationen — einen wahren Eiertanz zwischen der »poésie pure« und der »littérature engagée« aufführen.

Für jetzt schlage ich eine vorläufige These vor: Kein Sprachwerk ist bedeutend nur durch sein Thema. Aber ebensowenig verhindern irgendein Inhalt, eine Richtung, eine Überzeugung das Zustandekommen von Literatur, vorausgesetzt, daß dabei sprachliche Qualitäten angestrebt werden. Diese freilich lassen sich nicht messen, über Geschmack kann man höchstens streiten. Das geschieht denn auch überall, wo von Literatur die Rede ist; auch in der Literaturwissenschaft, von Aristoteles bis zu den Amerikanern Wellek und Warren, denen wir eine ungemein hilfreiche »Theorie der Literatur« verdanken. In diesem Werk findet der Interessierte kenntnisreiche Untersuchungen über die denkbaren Strukturen einer Literaturwissenschaft; dabei werden Begriffe der konventionellen Ästhetik, etwa das berühmte »interesselose Wohlgefallen« als Kriterium für ein Kunstwerk, ziemlich eindeutig erledigt. Überhaupt empfehle ich das Buch als eine Art Gegenstück, wenn man will: eine Widerlegung meiner amateurhaften Bemühungen. Man findet dort vieles, was hier übergangen werden muß.

Ich glaube, trotz Wellek und Warren, trotz Generationen verdienter Literaturprofessoren, im Grunde nicht, daß wissenschaftliche Betrachtungen ein gültiges Bild der Weltliteratur herausdestillieren können.

Damit wir einander nicht mißverstehen: Selbstverständlich gibt es zahlreiche notwendige und erprobte Einzeldisziplinen, deren Resultate unentbehrlich sind. Ohne viel Nachdenken nenne ich ein paar: Sprachkritik, Quellenforschung, Metrik, vergleichende Stilkunde; auch Psychologie und Soziologie liefern wichtige Erkenntnisse. Dazu noch die Schallanalyse, eine Methode zur Ermittlung des Klangbildes, der

Sprechmelodie, welche besonders jedem motorisch veranlagten Menschen eigentümlich und auch in dessen geschriebener Sprache noch erkennbar ist. Dadurch ist es gelungen, durcheinandergemengte Bibeltexte und umstrittene Shakespearezeilen richtig zuzuordnen.

Da hätten wir so etwas wie ein naturwissenschaftlich-exaktes Verfahren. Das beruhigt uns Kinder eines messenden und wägenden Säkulums, es mutet uns seriös an. Nur — bei der Bemühung um ein Gesamtbild der Weltliteratur hilft es nicht weiter.

Friedrich Schlegel, in seinen jungen Jahren einer unserer scharfsinnigsten Theoretiker, sagt: »Die erste Bedingung alles Verständnisses, und also auch das Verständnis eines Kunstwerkes, ist die Anschauung des Ganzen.« Genau das möchte ich für unsere Unternehmung gelten lassen: Nicht indem ich Ihnen mit Gewalt meine subjektive Meinung als einzig mögliche aufdränge, aber indem ich sie unumwunden riskiere und dadurch, so hoffe ich, jeden von Ihnen dazu herausfordere, sich eine eigene zu bilden.

Weltliteratur läßt sich nur deduktiv meistern: Indem man von einem Plan ausgeht und ihn an den einzelnen Erscheinungen nachprüft; nicht induktiv, durch emsiges Zusammentragen von Details, in der Hoffnung, alles würde endlich zu einem sinnvollen Gebilde kristallisieren.

Aber welche »Anschauung des Ganzen« können wir vor unserem inneren Auge haben?

Die Frage deckt sich nahezu mit der anderen, welche über diesem Kapitel steht: Gibt es überhaupt eine Weltliteratur?

In vollem Wortsinne erst, seit es eine einheitliche Welt gibt, verbunden durch die technischen Verkehrsmittel. Also seit weniger als zwei Jahrhunderten, im besten Falle. Auch vorher gab es Weltdichtung: solche, die sich dafür hielt, und auch solche, die wir im nachhinein als weltgültig anerkennen, weil ihr Einfluß heute noch andauert. Genaugenommen handelte es sich um regionale Literaturreiche: Den Vorderen Orient, Indien, China, den griechisch-römischen Kulturkreis oder die mittelalterliche Christenwelt.

Es ist bezeichnend, daß die Vokabel Weltliteratur erst vor wenigen Generationen geprägt wurde, durch Goethe. Er erläuterte diesen Lieblingsbegriff gegenüber Eckermann so:

»Ich sehe immer mehr, daß die Poesie ein Gemeingut der Menschheit ist. Nationalliteratur will jetzt nicht viel besagen, die Epoche der Weltliteratur ist an der Zeit, und jeder muß dazu mitwirken, diese Epoche zu beschleunigen.« Ein andermal fordert er den »enzyklopädischen Kopf« als Betrachter literarischer Zusammenhänge. Oder er erklärt, hohe Kunstwerke würden von Menschen »nach wahren und natürlichen

Gesetzen hervorgebracht«. Auch hebt er den »evolutionären Bau des Geistes« hervor, der sich in mehreren »Stufen geselliger Bildung« vollziehe. Goethe faßt also Weltliteratur als eine Aufgabe auf, einen Plan, den zu fördern es gelte; damit erweist er sich als Sohn der Aufklärung, die ja an eine Erziehung des Menschengeschlechtes zum Besseren glaubte. Just hierin werde ich Goethe folgen.

Das setzt eine optimistische Haltung zum Leben, zur Zukunft, zur Literatur voraus. Und so etwas ist heute sonderbar mißachtet. Unser Zeitalter nutzt seine unleugbaren Fortschritte — und belächelt sie zugleich mitleidig als etwas im Grunde Sinnloses. Wir werden immer freizügiger, genußfreudiger; und zugleich erklären wir, an Würde und Schönheit des Daseins nicht mehr glauben zu können. Viele wünschen kommende Katastrophen und unvermeidliche Barbarei literarisch vorzukosten; und es fehlt nicht an begabten, oft auch nur gewitzten Autoren, welche die überpfefferte Speise kredenzen, mit einem Mephistogrinsen, als sei's tatsächlich Gift; es ist aber nur ein scharfer Cocktail.

Indessen, ist nicht die Existenz einer Literatur geradezu ein Beweis dafür, daß wir gar nicht so aufregend verloren und verdammt sind, wie man unermüdlich verkündet? Wenn alles sinnlos ist, würde kaum soviel darüber geschrieben.

Ich weiß, da gibt es noch eine Erklärung: Es sei eben das uns eingeborene Tragische, das sich überall und besonders auch literarisch äußere! Tod und Verderben, Sünde und Versagen gelten auf undeutliche Art für etwas Höheres als der simple Mut zum Leben. An dem ist scheinbar so gar nichts Poetisches dran. Daher werden Emerson und Bernard Shaw von vornherein niedriger einrangiert als Kierkegaard und Kafka.

Wieso eigentlich? Von Natur ziehen wir doch offenbar der Nacht den Tag vor. Literatur ist ein Mittel der Erleuchtung; auch dort, wo sie von der Finsternis spricht, will sie klären. Oder um es mit einem Wort zu sagen: Literatur will verständigen! Sie ist das wirksame, das ursprüngliche und auf lange Sicht hin erfolgreiche Mittel zur Selbstverständigung der Menschheit.

Im Grunde weiß das jeder, davon lasse ich mich nicht abbringen. Es ist eine Binsenweisheit, daß wir alle auf gewissen Höhepunkten des Lebens uns fast wie Dichter fühlen. Nachher genieren wir uns, daß in solchen Augenblicken ein eingeborenes Verlangen nach poetischer Überhöhung durchbrach. Wir wünschen sonderbarerweise zu vergessen, daß es uns gegeben ist, außer uns zu geraten. Die Schriftsteller bewahren sich etwas davon; und ein paar große Dichter leben sozusagen dauernd in diesem Ausnahmezustand — das ist alles. Sie gehören dennoch, oder eben dadurch, zu uns geringeren Sterblichen.

Nun wird freilich vom Menschenwerk Dichtung gern in Ausdrücken gesprochen, die sich von religiösen Überzeugungen herleiten. Daß Literatur göttlichen Ursprungs sei, in besonderem Maße und mehr als alles übrige Leben, klingt in meinen Ohren geradezu blasphemisch. Hier mengt sich etwas von mystischer Schau, von Prophetie hinein; davon wird bei uns selten die Rede sein, und dann nur mit behutsamer Zurückhaltung.

Weltliteratur gehört zur Weltgeschichte. Sie ist ein Teil davon, ein besonderer Aspekt.

Alle Literaturen stehen in lebhafter Beziehung zu Politik, Wirtschaft und Gesellschaft. Sie sind deren seismographische Aufzeichnung. Wer das betont, der gerät rasch in den Verdacht, dem verpönten Historischen Materialismus zu huldigen. Also beeile ich mich, hervorzuheben, daß der Einfluß gegenseitig ist. Was das geschriebene Wort in der realen Welt ausrichten kann, haben Luthers Streitschriften, Rousseaus Proklamationen der Bürgerrechte und das Kommunistische Manifest hinreichend deutlich bewiesen.

Im übrigen kommen wir ohne eine gewisse Einsicht in die materiellen und sozialen Bedingungen überhaupt nicht weiter. Das hat nicht erst Karl Marx entdeckt. Jede, ausnahmslos jede Geistesrichtung hat heute sozusagen eine leichte materialistische Schlagseite. Wer das nicht wahrhaben will, lese unvoreingenommen die Enzykliken der modernen Päpste nach.

Aber die wollen wir nicht als Literatur betrachten. Das führt wieder zu der Frage: Was gehört überhaupt zur Weltliteratur?

Viele werden meinen, die selbstverständliche Antwort darauf laute: Große Dichtung! Aber da ist das chinesische Weisheitsbuch Tao-te-king. Da sind die großen Historiker von Herodot und Thukydides bis zu Taine und Mommsen (der einmal gesagt hat, Geschichte würde »gedichtet«). Da gibt es die Erbauungsschriften von Thomas a Kempis und Bunyan. Die sprachmächtigen Philosophen Platon und Schopenhauer. Die geistreichen Moralisten Montaigne, Lichtenberg und Carlyle, alle drei Schriftsteller höchsten Ranges. Der politische Denker Montesquieu und Caesar in seinen oft bewunderten Kriegsberichten arbeiten mit betont literarischen Mitteln. Sie alle stehen zu Recht in jeder Literaturgeschichte — und sind doch keine Dichter.

Wurden sie am Ende aufgenommen, weil sie Erfolg hatten? Nein, der Erfolg ist bestimmt kein Kriterium. Eher schon die Wirkung, etwas ganz anderes. Aber auch da gerieten wir in eine Sackgasse. Albert Einstein hat durch zwei Broschüren unser Weltbild verändert. Dennoch gehören sie bestimmt nicht zur Weltliteratur: Weil Einstein die spezielle wie die allgemeine Relativitätstheorie in Form einer nüchternen Tatsachenmitteilung publizierte, ohne im mindesten an sprachliche Formulierung zu denken.

Alle anderen eben genannten Autoren wollen bewußt durch sprachliche Form wirken. Und dies ist in der Tat ein Anzeichen dafür, daß Literatur entsteht. Dabei ist, wie bei kurzem Nachdenken sofort klar wird, die Absicht ausschlaggebend. Ob dann gut oder mangelhaft geschrieben wird, das ist eine andere Frage, die bereits innerhalb des literarischen Bereichs entschieden wird.

Daher gehören denn auch manche unzweifelhaft zweitrangigen Autoren zur Weltliteratur, vornehmlich, wenn sie Zeitströmungen unvergeßlich spiegeln. Beispiele: »Onkel Toms Hütte« oder »Im Westen nichts Neues«. Ähnliches gilt von vielen sogenannten »documents humains«, exemplarischen Zeugnissen berühmter wie unberühmter Leute, die keine Schriftsteller waren. Oft entdeckt erst die Nachwelt in Chroniken, Tagebüchern, Briefwechseln eine eigenartige, dilettantische Sprachkraft. Nicht zu vergessen manche Memoiren: Wer wollte Bismarck oder Churchill aus der Literarhistorie verbannen? Und die Erinnerungen des Cellini hat gar Goethe deutsch bearbeitet.

Der Rahmen darf also weit gespannt werden. Überall, wo das Instrument Sprache bewußt verwendet ist, entsteht ein neues Stück der Literaturwelt, ein originaler Ausdruck des Lebens.

Sie bemerken: Ich mache keinen wesentlichen Unterschied zwischen Dichtern und Schriftstellern, was doch sonst recht üblich ist. Tatsächlich kommt bei dieser fein säuberlichen Trennung wenig heraus. Selbstverständlich, ein Horazgedicht ist etwas durchaus anderes als ein Kapitel Tacitus. Und wer wollte ohne weiteres Stefan George mit Oswald Spengler vergleichen?

Doch bei diesem zweiten Beispiel stocke ich schon: Die beiden sind Kinder derselben Geistesepoche, beide arbeiten mit der Sprache, da gibt es Vergleichspunkte — und zwar ausgesprochen literarische. Doch räume ich ein: Bei solchen Gelegenheiten verleitet mich mein Amateurtum sicherlich zu völlig anderen Schlüssen als einen professionellen Germanisten.

Die Literaturwissenschaft hat sich, besonders früher, ausgiebig um eine Art Rangordnung der Literaturgattungen bemüht, um den Gradunterschied zwischen Genie und Talent und um das Wesen der Inspiration. Schnöderweise finde ich, daß sich über all das wenig sagen läßt. Sollte sich nicht die Gabe des Schreibens in der Literatur genauso von selber verstehen wie das Moralische in der Philosophie? Es wäre freilich töricht, den Unterschied, sagen wir, zwischen Aretino und seinem Zeitgenossen

Shakespeare nicht zu empfinden. Aber der Finger Apolls hat sie beide berührt, den Schöpfer des »Hamlet« wie den erpresserischen Erfinder des Revolverjournalismus.

Die Grenze zwischen Poesie und Journalismus ist überhaupt schwerer zu ziehen, als man gemeinhin glaubt. Wo verläuft sie denn beim jungen Polemiker Goethe? Bei Heine? Oder bei dessen Verächter Karl Kraus? Es kommt vor, daß ein Tagesschreiber sich zu poetischer Höhe hinaufsteigert; und edelste Dichtung enthält zuweilen unverkennbar journalistische Einsprengsel. Bei Dante entdecke ich so etwas, wenn er seine politischen Gegner in die Hölle versetzt . . .

Daß Dichter und Journalisten oft in ein und derselben Person stecken, erleben wir an unseren Romantikern: Diese phantasievollen Erzpoeten waren meist ungemein begabt für muntere Klopffechtereien. Und die von ihnen betriebene Ironie kann ja wohl auch als ein geradezu antipoetischer Effekt gelten — den sie freilich aufs feinste zu dosieren wußten.

Setzen wir also die Gabe voraus. Und seien wir milde und zurückhaltend bei Form- und Stilfragen — sie sind ach so vergänglich. Sappho wäre verwundert, läse sie, was alles in ihre wenigen erhaltenen Verse hineingelegt worden ist.

Am Ende sind alle Stilrichtungen doch auch Zwangsjacken, manchmal wurden sie freiwillig angelegt, manchmal nachträglich gewaltsam übergestülpt. Jüngst hat man den Manierismus, eine Spielart des Barock, wiederentdeckt und gleich auch als eine Urkraft nahezu aller Poesie gedeutet. Gustav René Hocke bringt in einem geistvollen Buch dazu Beispiele von Gracián und Góngora bis Majakowskij und Enzensberger. Warum nicht noch weitergehen — und sämtliche Schlagworte, Kategorien, Schulen und Moden als Manier auffassen? Ich beabsichtige das nicht etwa, ich möchte nur auf die Fraglichkeit aller derartigen Einteilungsbegriffe hinweisen. Natürlich werden wir uns ihrer dennoch bedienen; hoffentlich niemals, ohne an Schlegels »Anschauung des Ganzen« zu denken.

Es könnte nun jemand fragen: Also gibt es in der Literatur überhaupt keine reinen Kunstwerke? Das trifft in strengem Sinne zu. Literatur ist, anders als Musik oder Malerei, niemals wertfrei oder ohne Bedeutung. Sie kann es nicht sein, denn sie vollzieht sich in der Sprache: und diese ist ein Instrument der Vernunft. In der Literatur wird Vernunft schöpferisch, sie ist immer mit am Werk. Sie fordert den erkennbaren Sinn. Gewollter Unsinn, Stammeln, Lallen sprengt die Grenze des Literarischen: Dada war eben keine literarische, sondern eine populärpolitische Bewegung. Bloßes Assoziieren kann amüsant sein, kann Farben und

Facetten hinzugeben — neue Provinzen sind damit nicht zu entdecken. Das gelang nicht einmal James Joyce, der möglicherweise der seltene Fall eines Genius im Irrtum gewesen ist.

Mit alledem habe ich wieder an eine beliebte Illusion gerührt: Sind denn nicht der Traum, das schwebend Undeutliche, Unfaßbare, gar Übersinnliche die Elemente wahrer Poesie? Ich will niemandem diese Vorstellung ausreden. Zu teilen vermag ich sie nicht.

Und noch eins. Da wir hier Weltliteratur als Teil der Weltgeschichte betrachten, geben wir schon zu, daß sich aus ihr ebensowenig lernen läßt wie aus allgemeiner Historie. Gegenüber politischer und sozialer Geschichte hat die Literaturgeschichte allerdings einen Vorteil: ihre Dokumente sind authentischer als Akten und Protokolle. Dennoch, sie kann keine Gesetze geben; höchstens Beispiele menschlichen Verhaltens.

Schriftsteller und Leser verbindet über Raum und Zeit hinweg ein humanes Verhältnis. Man will verstanden werden und verstehen. Auch der Zweifler schreibt, um seinen Zweifel mitzuteilen. Jean Paul fand: »Solange ein Mensch ein Buch schreibt, kann er nicht unglücklich sein.« Gilt dies nicht auch für den Leser? Beschäftigung mit Literatur, gleichviel, ob man sie hervorbringt oder aufnimmt, ist eine Bejahung des Daseins.

Ich weiß: Das ist schon wieder sehr subjektiv, man kann es auch völlig anders sehen. Ich sehe es so und fordere Sie auf, sich nun Ihre eigene Meinung zu bilden. Und so wollen wir es überhaupt halten: Mit meinen Ansichten will ich die Ihren herausfordern. Darin liegt im Grunde auch ein Sinn der ganzen Unternehmung; und gewiß eine Art Rechtfertigung.

Nun bleibt noch etwas zu sagen über Auswahl und Anordnung des schier unübersehbaren Materials.

Niemand kennt die ganze Weltliteratur. Jeder Betrachter ist auf Spezialwerke und andere Darstellungen aus zweiter Hand angewiesen. Auch ich verdanke der sogenannten Sekundärliteratur viel, und ich werde mich nicht scheuen, solche Hilfsmittel gelegentlich zu zitieren. Über das eigene Auswählen hat Hermann Hesse sehr schön gesagt: »Wichtig für ein lebendiges Verhältnis des Lesers zur Weltliteratur ist vor allem, daß er sich selbst und damit die Werke, die auf ihn besonders wirken, kennenlerne und nicht irgendeinem Schema oder Bildungsprogramm folge. Er muß den Weg der Liebe gehen, nicht den der Pflicht. Sich zum Lesen irgendeines Meisterwerkes zu zwingen, nur weil es so berühmt ist und weil man sich schämt, es noch nicht zu kennen, wäre verkehrt.«

Indem ich diesen vortrefflichen Rat beherzige, bleibt mir nichts übrig, als so manche Erscheinung im Vorübergehn abzutun, bei der andere gern verweilen würden. Hoffentlich vergesse ich nicht, in solchen Fällen immerhin auf mein Versäumnis aufmerksam zu machen. Der Aufbau unserer Betrachtung aber muß sich notgedrungen nach einer ebenso üblichen wie mangelhaften Schablone richten: Noch immer ist Europa mit Amerika für uns Nabel der Welt — wenngleich wir merken, daß es so nicht mehr lange bleiben wird. Also stellen wir Weltliteratur immer noch von Europa aus dar; etwa China und Indien stehen dann am Rande, Ägypten und Babylon erscheinen als Vorläufer des Griechentums.

Aber noch ist uns vieles zu fremd. Nehmen wir den guten Willen hier für die Tat, und trösten wir uns mit einem Satz, den Otto von Leixner vor bald hundert Jahren an den Anfang seiner »Geschichte der fremden Literaturen« stellte: »Die Phantasie ist die ursprüngliche Erzieherin aller Völker.«

Damit sind vielleicht auch diejenigen von Ihnen zum Schluß dieser einleitenden Betrachtung ein wenig versöhnt, welche diese unvermeidlichen Erörterungen kalt und poesielos fanden. Die Phantasie wird zu ihrem Recht kommen, freilich — auf meine Art.

## Vorantike
## *Erste Spuren der Dichtung*

Versetzen wir uns weit zurück in die Vergangenheit: in eine der eiszeitlichen Wohnhöhlen, etwa bei Altamira in Nordspanien.

Menschen hausen hier, sehr primitiv noch, doch vom Neandertaler und noch früheren Vorstufen deutlicher unterscheidbar als von uns. Sie gebrauchen Werkzeuge, bedienen sich des Feuers, und sie nehmen bewußt Stellung zu ihrer Umwelt, wie wir gleich erleben werden — fünfzehntausend Jahre vor uns.

Woher wissen wir diesen Zeitpunkt? Er ließ sich schon lange aus Ablagerungen der bald vordringenden, bald zurückweichenden Vereisung grob schätzen. Heute erlaubt das Radium-Carbon-Verfahren, der meßbare Zerfall des Elements $C_{14}$ in Asche, genauere Datierung. Leider sind Holz und Holzkohle in alten Feuerstellen selten erhalten; man hofft, durch das Auswerten von Thorium- und Berylliumresten die überschaubaren Epochen bald um Hunderttausende von Jahren zu erweitern.

Hier tief drinnen in seiner Höhle steht also ein fellbekleideter Mann, auf einer naturgewachsenen Leiter, einem Stamm mit Querästen. Er malt mittels rötlicher, blauer und brauner Erdfarben Wisente und Mammuts, manchmal auch Menschen. All das in weichen, sicher getroffenen Umrissen, im flackernden Feuerschein leben die Figuren, scheinen sich zu bewegen; man hat diese Jagdszenen schon oft als eine Art Kino des Urmenschen bezeichnet.

Soll es das sein? Oder weshalb macht der Mann das überhaupt? Ein Dichter unserer Tage, Tennessee Williams, erklärt es so: »Diese Zeichnung ist gewiß nicht um des Ruhmes oder Geldes willen gemacht, auch nicht für Ah- und Oh-Rufe anderer. Sondern für ihn selber. Er will mit der reinen, eindimensionalen Registrierung ein persönliches Erlebnis feiern, das ihn tief bewegt haben muß. Ein Ereignis, das ihn zum erstenmal auf dieser Erde jenen Impuls des Künstlers entdecken ließ, etwas Erlebtes in etwas Beständiges und Festes umzusetzen.«

Dem Künstler erscheint also das Verlangen nach Dauer als schöpferischer Vorgang. Begreiflich, aber kaum erschöpfend. Man kann sich ganz andere Motive denken als solch eine jähe Inspiration. Etwa die Vorstellung, durch Abbilder über die Tiere selber Gewalt zu bekommen: das ist Magie. Oder jener Urmensch fühlt sich im Banne unbekannter Mächte, fürchtet deren Rache, erfleht deren Hilfe: eine Regung naiver Religiosität.

Dann ist da jener angeborene, spielerische Nachahmungstrieb, von dem Johan Huizinga erklärt hat: Schon im Tier angelegt, steigert er sich im Homo ludens zu der formenden, personifizierenden Kraft, welche endlich Kunst hervorbringt.

Und weshalb sollte der Höhlenmann nicht doch just das wollen, was Williams bezweifelt: anderen eine Mitteilung machen, seine Erlebnisse schildern, zu welchem Zwecke nun immer?

Mir scheint es naheliegend, daß alle diese Antriebe zusammenwirken. Um eine Stufenfolge zu zitieren, die ich bei dem Kultursoziologen Hellmuth Pleßner lese: Der Homo faber, ludens, divinans und sapiens, der tätige, spielende, gläubige und denkende Mensch, sie alle sind miteinander am Werk, damit jene »Aufzeichnung« zustande komme.

So aber nennen wir ja nicht so sehr die Tätigkeit des bildenden wie vielmehr die des schreibenden Künstlers. Der Eiszeitmaler kennt noch keine Schrift, nur eine vermutlich unbeholfene Sprache. Sie mag sich entwickelt haben aus Urlauten des Schmerzes und der Freude, aus Lachen und Weinen. Nun möchte er seine Gefühle und Gedanken festhalten, und damit wird er zum frühen Ahnherrn auch der Literatur. Ein Schriftsteller, längst ehe es Schrift gab.

Das ist so willkürlich nicht, wie es klingt. Machen wir uns klar: Ein großer Teil aller Literatur, vielleicht der größere, entstand ungeschrieben. Zwar bedeutet die Vokabel litera den Buchstaben; doch das bewußt geformte, gefügte, aufgereihte Wort wirkt bis heute auch dann, erst recht dann, wenn es gesprochen oder gesungen wird. Ilias und Nibelungenlied wurden von wandernden Barden vorgetragen, so oft, bis sie überall bekannt waren. So kennt heute die Jugend ihre Schlagertexte, die sie nie gedruckt liest. Auch in hohen Geistesbezirken ist die Ehrfurcht vor dem schriftlich festgelegten Dichtertext recht neuen Datums. Noch Shakespeare kümmerte sich wenig um eine authentische Notierung seiner Dramen, daher die Plage ganzer Forschergenerationen. Und unsere Theaterleute ersterben ja auch nicht gerade vor Respekt gegenüber ihren Rollen; und kennt etwa ihr Publikum die dargebotenen Werke aus Büchern?

Solche Beispiele bezeugen eine Art ursprünglicher Unschuld gegenüber dem Wort. Federico Garcia Lorca bekennt sich zu ihr: »Das Wort will Leben bleiben«, sagte er, »Wort, das man hört. Die Schrift ist etwas Totes, aber das Wort ist Leben.«

Und so haftet dem Geschriebenen, gar Gedruckten der Beigeschmack des Künstlichen an, wie wohl allem höheren Menschenwesen. Bei unserem Begriff »Kunst« empfinden wir auch das mit. Zugleich aber sind da auch wieder Magie und Spieltrieb wirksam — oder ist es etwa nicht wunderbar und willkürlich, daß wir versuchen, durch vergängliche Worte eine Spur in den Zeiten zu hinterlassen? Unserm Urahn in der Höhle gelang das durch die Bilder. Seine wahrscheinlich bitterkalte Zeit war der Erfindung des Schreibens nicht gerade förderlich, einer subtilen, im Sitzen auszuübenden Tätigkeit. Welche Rolle überhaupt das Klima dabei spielt, das werden wir sehen, wenn wir uns den ersten geschriebenen Literaturen zuwenden. Zuvor sei der Einfall eines anderen Autors unserer Zeit erwähnt, der den Zusammenhang blitzartig erleuchtet.

In dem Roman »Das Atelier im Garten« läßt Paul Kornfeld ein paar gescheite Leute über die Voraussetzungen von Kultur und Zivilisation streiten. Einer bricht die spitzfindige Diskussion brüsk ab: Alles hinge zuerst und zuletzt ab von einem kleinen Temperaturunterschied — alles! Glaube, Liebe und Hoffnung, Träume und Pläne, sie würden dahinwelken, wenn es auf Erden um durchschnittlich sechs Grad kälter würde . . .

Eins ist auffallend: Zwar wissen wir heute von frühen Menschenspuren in Sibirien, Skandinavien und anderen kühlen Gegenden, die einst möglicherweise wärmer waren. Dort finden sich Werkzeuge, auch Zeichen, roh in Stein oder Knochen geritzt. Aber die ersten Kulturen, die ohne Schrift nicht denkbar sind, entstanden in wärmeren Ländern unter wesentlich günstigeren Wetterbedingungen.

Ob Ägypten nun, wie wir seit Herodot meinten, am frühesten zu einer ausgeprägten, dauerhaften Kultur gelangte, das ist heute umstritten. Mesopotamien, China, Indien, vielleicht gar Südafrika machen ihm diesen Rang streitig. Uns soll hier nicht kümmern, wer was von wem wann übernahm. Bleiben wir bei den Ägyptern; ihre Literatur ist jedenfalls die erste, deren Entwicklungsphasen uns erhalten sind. Dafür gibt es mancherlei Gründe, die auch für den Literaturbetrachter aufschlußreich sind.

Der erste ist das Klima. Ganz selten nur fällt Regen. Im Vergleich zu anderen Ländern spielen Fäulnis und Rost kaum eine Rolle. Selbst unpräparierte Leichname bleiben im trockenen Sande jahrhundertelang unverändert; das Mumifizieren toter Gott-Könige vervollkommnete nur eine von der Natur gegebene Möglichkeit.

Sodann ist Ägypten durch Wüstengürtel gegen Störungen geschützt. Es wurde wohl erobert, aber kaum jemals so sinnlos verwüstet, wie das den Durchzugsländern Kleinasien oder Deutschland alle paar Jahrzehnte geschah. Die Bewohner des Niltals haben sich seit Urzeiten kaum verändert; das fällt jedem ins Auge, der im Museum von Kairo heutige ägyptische Besucher und Statuen aus dem dritten oder vierten Jahrtausend vor unserer Zeitrechnung nebeneinander erblickt.

Alle fremden Bezwinger glichen sich dem Lande und seinen Leuten an: Hyksos, Perser, Griechen, Römer und Araber hinterließen kaum Spuren im Antlitz dieses unwandelbaren Volkes.

Endlich ist die Eigenart der geographischen Lage jederzeit spürbar. Das zweitausend Kilometer lange Tal ist so schmal, daß man überall beide Wüstenufer sieht. Zum Mittelmeer hin öffnet sich dann der Fächer des Deltas. Und überall lebt eine unvergleichlich fruchtbare Ackererde nur vom Strom, von den jährlichen Überschwemmungen. Das zwingt zu planvoller Vorratswirtschaft, zu Berechnungen, also zu Kalenderkunde, Astronomie und Hydraulik. Alles das bedarf der Aufzeichnung. Und so wurde einem Volke, dessen Geist durchaus auf Dauer und Bewahrung gerichtet ist, auch die Schrift zu einem Element der Tradition. Pyramiden so gut wie Dokumente sind für lange, ja für die Ewigkeit gedacht. Gutes Schreibmaterial war so wichtig wie Porphyr und Basalt. Man gewann es aus den gepreßten Fasern der Papyrosstaude; der Name blieb uns bis heute, obwohl Europa im 14. Jahrhundert ein anderes, das chinesische Verfahren übernahm, Papier aus Stoffabfällen herzustellen. Aus dem Papyrosstengel fabrizierte man Schreibfedern, man brannte ihn zu Tintenfarbe — fürwahr, eine literarische Pflanze! Teile von ihr konnte ein armer Schreiber auch essen, aber so einen gab es kaum: stets war der Stand hoch angesehen. Väter drängten ihre Söhne, ihn zu ergreifen. Der kreuzbeinig hockende Schreiber war ein Lieblingsgegenstand der Bildhauerei. Durch seine Arbeit hatte er Anteil an der Unsterblichkeit, die jeder Ägypter ersehnte. Im Bewußtsein solchen Glückes verspritzten Beamte wie Briefschreiber, ehe sie zur ersten Zeile ansetzten, ein paar Tintentropfen zu Ehren eines Gottes. Übrigens gab es ein erstaunlich entwickeltes Schulwesen; Bildung und Literatur standen auf breiterer Basis als bei anderen alten Völkern. Und so kann Arnold Toynbee geradezu von einer »Literarokratie« am Nil sprechen.

Die Schrift aber, Trägerin dieses Geistestriumphes, sie wurde nicht etwa allmählich entwickelt, sondern erstaunlicherweise »erfunden« und binnen weniger Generationen verbreitet, das nimmt heute die Forschung an. Nachher freilich machte sie mancherlei Wandlungen durch. Alle Formen blieben aber nebeneinander in Gebrauch, bis in späte Zeiten. Zuerst gab es die Hieroglyphen, eine reine Bilderschrift, die Gegenstände, Tiere und Menschen zeigt, aber auch schon abstrakte Begriffe mit Hilfe von Deutungszeichen wiedergibt. Daraus entstand eine Gebrauchsschrift für Wissenschaftler und Priester, von den Griechen die hieratische genannt. Und sie wieder schliff sich ab zur flüssigen Alltagsschrift für alle Gebildeten, zur »demotischen«, zur Volksschrift; und schließlich zu einem Abc in unserem Sinne, zur Festlegung der wenigen Grundelemente aller Wörter. Dies geschah im Austausch mit den Phöniziern, die als

Handelsleute in die Deltastädte kamen. Von denen übernahmen dann die Griechen das Alphabet.

Machen wir uns klar, welche schwierigen Denkvorgänge notwendig sind, um zwischen der gesprochenen Sprache und den verschiedenen möglichen Schriftbildern überhaupt erst eine sinnvolle Verbindung zu finden. Dann dürfen wir sagen: Zwar werden Plastik und Architektur als höchste Leistungen Ägyptens angestaunt — aber diese von der Idee der Dauer geradezu Besessenen waren eben vor allem ein Sprachvolk. Noch den flüchtigsten Gedanken, noch die persönlichste Regung wollten sie aufbewahren.

Daher verdienen ihre zahllosen Liebes- und Geschäftsbriefe, ihre Ernteabrechnungen und Kontobücher neben den Zeugnissen der Dichtung erwähnt zu werden, zumal die Grenzen manchmal fließend sind. Das gilt gleich für das vermutlich früheste Beispiel einer belehrenden, philosophierenden Poesie, den Papyros des *Ptahhotep*: das geistige Testament eines Vaters, der seinem Sohn praktische Lebensregeln, aber auch ethische Vorschriften hinterläßt. Hier, wie sehr oft, wird »Ma'at« gerühmt, ein Verhalten, das Wahrheit und Gerechtigkeit in sich vereint. Daraus folgt das Ideal tätiger Nächstenliebe; es wird so rückhaltlos verkündet, daß uns über fünf Jahrtausende hinweg die Einheit alles menschlichen Strebens mächtig anrührt.

Fast ebenso alt sind die ersten Totenbücher: Feier der Verstorbenen und hymnische Bitte an die Götter zugleich. Bald werden auch Liebesgedichte von schwärmerischer Innigkeit aufgezeichnet. Ihre verzückten Gleichnisse ähneln denen im Hohen Liede Salomonis. Sie stammen auch von Frauen; und wo sie an Frauen gerichtet sind, handelt sich's so gut um Prinzessinnen wie um unbekannte Mädchen, die übrigens Prinzessinnen werden konnten. Offenbar entwickelte sich unter der starren Herrschaft der Gott-Könige und ihrer strengen Priester eine Art Demokratie der privaten Gefühle, und gerade die findet ihren Niederschlag in der Literatur. Wer allerdings an die unerbittliche Fronarbeit denkt, die zur Errichtung von Pyramiden und Obelisken erzwungen wurde, wird ägyptische Humanität nicht in einem modernen, sozialen Sinne überschätzen. Immerhin sind uns vom Nil auch die ersten trotzigen Arbeiterlieder der Welt überliefert.

Und Zeugnisse von Revolutionen. Sie gingen freilich meist von oben aus, so die berühmteste, die des Königs Amenophis IV., der sich umbenannte in *Echn-Aton*. Darin liegt eine Absage an die altehrwürdige Vielgötterei, die Hinwendung zu Aton, dem einen Sonnengott, der über allen stehen sollte; ein in viertausend Jahren sonst unbekannter Versuch. In mächtigen Strophen feiern die Sonnenhymnen Echn-Atons das lebenspendende Gestirn, den Vater aller Dinge. Uns erscheint der Neuerer fast als Intellektueller auf dem Thron, einer jener aufgeklärten absoluten Monarchen vom Schlage Josephs II. von Österreich. Dazu paßt ein merkwürdig moderner Zug zum ausgeprägt Privaten; davon nimmt sich der Pharao nicht aus, auf bis dahin unerhörte Art läßt er sich abbilden, mit schwerem Blick, Wulstlippen, Dickbauch — also naturalistisch. Sein Rebellentemperament drängte ihn zum Allgemein-Menschlichen hin.

Nach seinem Tode machten Priester und Nachfolger alles wieder rückgängig. Aber so groß war die Kraft seines Geistes, daß ihre Spur nie mehr ganz verlorenging. Fortan wird alle Kunst profaner; man kann auch sagen menschlicher. Manche Betrachter bedauern das.

Ich finde, daß Klabund mit seinem Urteil recht hat: Ägypten brachte minderwertige Kunstwerke und banale Literatur einfach nicht zustande.

Im sogenannten »Neuen Reich«, etwa zwischen 1500 und 600 vor Christus, werden alle literarischen Formen ausgebildet, die uns geläufig sind; gelegentlich taucht der klingende Reim auf, ein in frühen Dichtungen verpöntes Stilmittel. Man schreibt weltliche, erzählende, unterhaltende Prosa, eine späte Gattung wie in allen Kulturen: den Abenteuerroman, die breit angelegte Familiengeschichte, die Brieferzählung, die pointierte Novelle gibt es. In alledem drücken sich häufig Zweifel und Lebensangst, Skepsis und Enttäuschung aus; aber natürlich auch eine unbekümmerte Freude am bunten Dasein. Nicht selten regt sich unverhüllt die Gesellschaftskritik. Um ein Beispiel anzudeuten: In der berühmten Geschichte vom *»Schatzhaus des Rampsinit«* triumphiert ein kleiner, leicht krimineller Mann durch seine Schlauheit über die Mächtigen; endlich gewinnt er sogar eine Tochter des Pharao zur Frau. Daß alle Schranken der ehrwürdigen Ordnung siegreich durchbrochen werden, mutet geradezu unägyptisch an.

Doch je mehr man von den Schriftwerken jener fernen Jahrtausende kennenlernt, desto deutlicher wird es, daß in scheinbar starren Formen alle menschlichen Leidenschaften ihren Ausdruck finden; manchmal so hemmungslos, wie es heute kaum ein Sartre oder Henry Miller wagen. Formaler Traditionalismus ist eben nicht dasselbe wie geistiger Stillstand oder gar Prüderie. In ihren selbstgesetzten Grenzen hat die ägyptische Literatur schließlich doch einen weiten Weg durchlaufen. Das mag dazu reizen, diesen ersten Musterfall einer vollständigen Literaturentwicklung gelegentlich wieder zum Vergleich heranzuziehen.

Ein solcher scheint sogleich nahezuliegen, wenn wir nun auf die andere große Flußkultur blicken, die sich in Vorderasien etwa parallel zur ägyptischen entfaltete. Doch dabei kommt weniger Ähnlichkeit zutage, als man meinen könnte. Am Euphrat und Tigris verlief alles anders als am Nil. Die klimatischen, ethnographischen, geographischen und vor allem die politischen Bedingungen waren dem Heranwachsen eines organischen Literaturlebens weit weniger günstig.

Gebaut wurde mit Ziegeln. Auch das Schreibmaterial waren dünne Tontäfelchen, in die ein Stichel keilförmige Zeichen ritzte. Das erscheint gegenüber den Papyri primitiv; doch sind ganze Keilschriftbibliotheken auf uns gekommen und mit viel Mühe entziffert worden, wobei sich manchmal eine verzwickte Mehrsprachigkeit als hinderlich erwies.

Denn in Mesopotamien rangen unaufhörlich verschiedene Völker, verschiedene Rassen um die Herrschaft. Dabei war oft nicht Unterwerfung, sondern Ausrottung das Ende erbarmungslos geführter Kriege. Zudem griffen immer wieder fremde Mächte von außen ein, zuletzt siegten Perser und Meder über die blindwütigen Zerstörer aus Babylon und Ninive.

Die Historie dieser beiden Zentren ist entschieden brutaler, grausamer, geistferner, also politischer, als die der friedfertigen Nilmetropolen Memphis und Theben. Das spiegelt sich natürlich in der Literatur.

Da ist nun etwas Eigentümliches zu bemerken. Die reich überlieferten Schriftwerke Babylons und Assurs kommen uns heute fremder vor, oft geradezu unverständlicher als die ägyptischen, obwohl sie, durch Vermittlung Israels, Phöniziens und der Griechen, wesentlich unmittelbarer auf uns eingewirkt haben. In diesem auffallenden Widerspruch könnte vielleicht etwas wie ein später, zaghafter Protest stecken, eine Entscheidung des Menschheitsgedächtnisses für die Humanität und gegen die Gewalt. Und Gewalt war die Kraft, die am Euphrat alles ordnete: Staat, Gesellschaft, Familie, Religion, auch das so oft bewunderte Rechtsleben; und natürlich auch die Literatur, die hier einen viel offizielleren Charakter hat als in Ägypten, wo eben unter äußerer Formenstrenge das Individuum sich vielfältig äußern konnte.

Ich betone: Das ist meine Ansicht, ich stelle sie zur Diskussion. Und selbstverständlich erzähle ich Ihnen hier keine Literaturhistorie mit pazifistischer Tendenz — das wäre Unsinn. Aber man darf ja wohl bedauern, daß wir etwa eine so unklare, unwichtige Figur wie die sagenhafte Assyrerin Semiramis bewundern, während die großartige Gestalt der klugen, realistischen Friedenskönigin Hatschepsut von Theben weithin unbekannt ist. Nebenbei gesagt: Es ist doch auch ganz bezeichnend, daß am Nil bedeutende Frauen stets eine Rolle spielen konnten, am Euphrat kaum.

Dies alles vorweggesagt, bleiben aber einige große literarische Zeugnisse Mesopotamiens zu rühmen.

Da ist das Epos vom Halbgott *Gilgamesch*, der mit den Göttern um

Unsterblichkeit kämpft, Urbild des griechischen Herakles, unseres Siegfried und noch mancher anderen Sagengestalten. Der Traum von einem Paradiesgarten am Anfang aller Zeiten, das Ereignis der ersten Sünde, die Gottesstrafe durch eine Sintflut: das alles kam aus Babel in die Bibel, um ein Schlagwort zu zitieren, das vor Jahrzehnten die Gemüter erhitzte. Längst ist der Streit entschieden. Und die großen Themen sind natürlich auch keineswegs in Babylon erfunden worden, wahrscheinlich kamen sie dorthin aus Indien, das eine Art Urmutter der Poesie sein könnte. Unerschöpflich fruchtbar bringt sie unaufhörlich Neues hervor, und vergißt es wieder; oder besser gesagt: Sie läßt es tropisch auswuchern, denn an strenger Formbegrenzung liegt ihr wenig. Davon wird noch die Rede sein.

Babylon und Assur aber waren sozusagen eine Drehscheibe der Kulturen, viele Ideen vieler Völker wurden von hier aus weitergeleitet. Insofern kann man hier, in einem vielleicht buchstäblicheren Sinne als in Ägypten, doch von einer wirklichen Weltliteratur sprechen; nur haben die wüsten Krieger kaum gewußt, was da durch sie geschah.

Ein eigener, wichtiger Beitrag Babylons ist, ich deutete es schon an, die Rechtsliteratur. Der große Hammurabi, ein Jurist auf dem Throne wie später Justinian in Byzanz, hat eine unübersehbare Vielzahl alter, einander oft widersprechender Vorschriften vereinfacht, geklärt, zusammengefaßt und bis zu einem gewissen Grade auch humanisiert. Das war bei dem aggressiven Charakter des Zweistromvolkes offenbar dringend notwendig. Einzelheiten aus diesem großen Kodex bekunden bösartige und kleinliche Vorschriften neben erstaunlich einsichtigen, psychologisch richtigen.

Viel davon ist in die Gebote des Moses eingegangen, der andererseits, was wir selten bedenken, einen ägyptischen Namen trug, so verknüpfen sich mehr und mehr die Kulturen. Daß in späterer Zeit die Babylonische Gefangenschaft der Juden ein weltliterarisches Ereignis ersten Ranges bedeutete, werden wir noch hören.

Mehr als zwei Jahrtausende lang schien das Bild der vorantiken orientalischen Welt unveränderlich festzustehen, so wie es uns der griechische Reisende und Historiker Herodot entwarf.

Seit einigen Jahrzehnten ist unsere Kenntnis von der vorderasiatischen Vorantike unerwartet erweitert worden: durch die Entdeckung des Hethiterreiches als einer dritten, politischen und kulturellen Großmacht neben Ägypten und Mesopotamien.

Bis dahin führten die »Chatti« der Bibel eine recht schattenhafte Existenz am Rande der Geschichte. Heute kennen wir zahlreiche Denkmäler und Inschriften. Es gibt Listen der Dynastien und Regenten dieses ersten Indogermanenreiches. Und die hethitische Sprache ist entziffert. Vielmehr — die Schrift: Denn mit dieser schrieb man offenbar oft auch in fremden Sprachen, und es fanden Vermischungen statt; etwa wie das moderne Englisch aus Angelsächsisch und Französisch zusammenfloß. Da hätten wir ein neues, literarisch höchst bemerkenswertes Beispiel für die verschmelzende Kraft des schreibenden Geistes vor uns; aber vielleicht soll man sich vor allzu phantasievollen Verallgemeinerungen hüten . . .

Die bisher geklärten Fakten sind interessant genug. Auch bei den Hethitern spielt die Überlieferung des Rechtes eine große Rolle. Offenbar zeigen sich hier Fortschritte: Die Strafen sind weniger barbarisch als noch bei Hammurabi, neben der Rache erscheint die Wiedergutmachung als sühnendes Prinzip.

Wir dürfen jedoch nicht vergessen, wie oft wir von den Zufällen der Überlieferung abhängig sind. Material für den, der sich zu genauerer Unterrichtung angeregt fühlt, findet man in Fülle in dem Buche »Enge Schlucht und schwarzer Berg« von C. W. Ceram. Bis jetzt sind die Hethiter dem allgemeinen Bewußtsein weit weniger vertraut als die altbekannten Ägypter und Assyrer. Dem, der sich darüber wundert, möchte ich die Ursache am Beispiel eben dieses Autors Ceram verständlich machen: Dessen Bestseller »Götter, Gräber und Gelehrte« gab einen vortrefflichen Überblick über längst bekannte Tatsachen. Sein Hethiterbuch hingegen brachte aufregend Neues, es ist origineller, auch literarisch bedeutsamer, und doch blieb es ganz im Schatten des Welterfolges. So geht's mit Büchern, mit Völkern, mit ganzen Literaturen.

Das war nur ein Scherz. Mag er Sie immerhin noch einmal erinnern an die Zufälligkeit und Unzulänglichkeit unseres Wissens, vor allem auch meines Amateurwissens, über alles das, was wir heute summarisch betrachteten. Über Erdteile und Jahrtausende glitten wir leicht hinweg, zuweilen wohl auch leichtfertig. Das war entschuldbar, da sich aus weiter Entfernung die historischen und literarischen Höhepunkte perspektivisch zusammenschieben. Ptahhotep und Herodot erscheinen fast als Nachbarn — und sind doch so weit voneinander entfernt wie Homer von Hemingway . . .

Nun aber endet das Vorspiel. Gleich wird sich der Vorhang heben zum spannenden Drama einer ganz anderen Literatur. Wir gelangen in unsere Welt. Um ein schönes Bild von Egon Friedell zu brauchen: »Und dann steigt golden aus schwimmenden Morgennebeln der kurze Sommertag der hellenischen Seele.«

# Die Griechen
## *Vom Genius der Enge*

Unsere heutige Welt, in panischer Furcht vor atomaren Katastrophen, ideologisch wie strategisch gespalten, handelt dennoch nach gewissen einheitlichen Methoden. Es erstaunt dabei nicht, daß Physiker und Philosophen, Poeten und Musiker sich über Theorie und Praxis verständigen; aber auch Politiker aller Systeme, demokratischer wie tyrannischer, berufen sich auf dieselbe Logik und Ethik, sei's oft auch nur aus taktischen Gründen. Die letzten gemeinsamen Ideen aber stammen meist von den Griechen; die haben auch das Christentum verbreitet: Christos ist eine griechische Vokabel.

Wenn ich richtig gezählt habe: die dreiundzwanzigste dieser einleitenden Sätze, die ich mit Graecismen absichtlich gespickt habe. Ich bitte um Verzeihung. Verstanden haben Sie mich ja? Natürlich, denn wir sind eben alle späte Hellenen, ob wir's wissen oder nicht. Wir brauchen griechische Wörter. Unser Geist bewegt sich in Bahnen, die in Athen oder Alexandria abgesteckt wurden.

Ja, noch mehr: Dieser Geist selber ist eine Entdeckung der Griechen, so hat Bruno Snell es in einem schönen Buch beschrieben. Der vorantike orientalische Geist war nicht frei zum Fragen, Zweifeln und Fordern. Er nahm das Dasein als unveränderlich an. Hellas deutet es als eine Aufgabe, die gelöst werden muß, selbst gegen das Schicksal und die Götter. Prometheus holt das verbotene Feuer vom Himmel: Diese Sage vom Bruch eines Tabus eröffnet das griechische Zeitalter der Menschheit, das bis heute andauert.

Es mag sein, daß nun bald eine andere Ära beginnt; ich möchte vermuten, daß auch dann noch neue Mächte vieles fortsetzen, was einst auf den Inseln der Ägäis entstand und auf jener kleinen Halbinsel, die nicht größer ist als Bayern.

Dabei spielten wieder Klima und Geographie ihre Rolle. Hier gab es keine leeren Wüstenhorizonte, keine endlosen Hochebenen, aber auch keine nordischen Nebel. Hart steht gegen die schwarze Nacht der Sonnentag, er macht alles nah und klar, die Umrisse sind scharf, die Formen von unerschöpflicher Vielfalt.

Ehe Dorer, Äolier und Ionier eindrangen, blühten hier alte Kulturen: das männlich rauhe Mykene, das weiblich heitere Kreta wirkten im Wesen der Eroberer nach. Vieles aber kam ihnen auch aus Asien zu und blieb noch lebendig, als sie sich von der großen Mutter losrissen und ihre kleine Inselwelt zum eigenen Kontinent erklärten. Doch niemals hat Hellas die Urkräfte verleugnet, sie behielten ihren Platz bei den unteren Göttern, in Mysterien und Kultspielen. Nur erlaubte man ihnen nicht mehr, den Tag zu verdunkeln; wo es doch geschah, empfand man das als Unheil.

Nun hat die Nachwelt die Nachtseite des griechischen Charakters oft nicht begriffen. Uns Deutschen zeigte vor zweihundert Jahren Winckelmann sein bläßliches Ideal von edler Einfalt und stiller Größe; Schiller übernahm es ohne Vorbehalt, Goethe mit weiser Einschränkung. Rückert aber reimte dann gar: »An Leib und Seel' gesund sind wahrhaft nur die Griechen / dagegen unsre Welt ein einzig Haus der Siechen.«

Da sah einer die Antike ebenso falsch wie jene klassizistischen Architekten und Bildhauer, welche die in Jahrhunderten weißgewaschenen Säulen und Statuen nachahmen, als wären sie niemals grellbunt gewesen.

Recht bleichsüchtig war — und ist wohl zuweilen noch — auch unser Nacherleben des griechischen Geistes und der Literatur. Hier herrschte niemals eine angeblich klassische Ruhe, sondern ewiger Wandel und Widerstreit; jener Krieg, den der Naturphilosoph Heraklit den »Vater aller Dinge« nennt. Darauf berufen sich nun seit zweieinhalb Jahrtausenden die Militärs — vor allem war die zeugende Kraft geistiger Auseinandersetzung gemeint.

Hier ist an Nietzsches geniale Unterscheidung zwischen dem dionysischen und dem apollinischen Teil der Griechenseele zu erinnern; um es banal zu modernisieren: zwischen dem Unbewußten und Bewußten. Beides war überall wirksam. Daher sollten wir nicht, umgekehrt wie Winckelmann, den Irrtum begehen, daß wir unsere moderne Daseinsangst auf die Hellenen übertragen. Sie ahnten nichts von christlicher Sünde und Sühne. Sie waren nie demütig. Ihre Frömmigkeit war Streben nach Harmonie, nach »Kalokagathia«, Einheit des Schönen und Guten; ihre Tugend »Sophrosyne«, rechtes Maßhalten in Freude und Kummer.

Meinem — wiederum ganz subjektiven — Urteil scheint dies alles Ausdruck eines diesseitig denkenden, gesunden Menschenverstandes.

Freilich, manche Begriffe hatten in der Antike ein anderes Gewicht als bei uns; so der Begriff der Freiheit.

In der Sklavenwirtschaft sehen wir ja einen dunklen Fleck. Immerhin fällt etwas auf: Es gab in Athen wie in Rom nicht selten Freigelassene unter Gelehrten und Dichtern.

Lebte ein Sklave also, wenigstens manchmal, menschenwürdiger als, sagen wir: ein Industriearbeiter um 1850? Auch das Christentum konnte ja die Sklaverei nicht ausmerzen. Seien wir nicht allzu selbstgerecht.

Staunen wir aber darüber, wie sich nun hier auf kleinem Raum, vor ein paar tausend Kleinstadtbürgern und binnen weniger Jahrhunderte das kühnste Abenteuer des schaffenden Geistes vollzieht.

Die Enge scheint alle Kräfte geradezu zu stauen und zu steigern. Ein Wunderwerk ist allein schon die griechische Sprache, formenreich und wandlungsfähig wie kaum eine zweite. Wir wissen nicht mehr, wie sie beim Reden geklungen hat; doch schon beim Lesen drängt sich die Empfindung auf, daß in ihr alle künstlerischen Möglichkeiten gleichsam vorgeformt sind: lyrische Zartheit, dramatische Konzentration und der große Atem des Epos, nicht zu vergessen eine treffende Genauigkeit, wie sie die erzählende wie die nur berichtende Prosa veredelt.

Die Hellenen waren denn auch nicht wenig stolz auf ihre Sprache: alle Fremden hießen darum Barbaren: die Lallenden. Und so ereignete sich, was Hanns W. Eppelsheimer in seinem »Handbuch der Weltliteratur« unübertrefflich knapp und überzeugend so ausdrückt: »Von allen europäischen Literaturen ist die griechische die schlechthin ursprüngliche und eigentlich schöpferische. Die Griechen allein haben von sich aus die Formen und Gattungen gefunden und eine nach der anderen bis zur letzten Vollendung entwickelt.«

Ja — aus weitem Abstand sieht es für uns sogar aus, als stünde die Vollendung gleich am Anfang der griechischen Poesie. Wie Athene der Sage nach gewappnet dem Haupte ihres Vaters Zeus entspringt, so ist wie mit einem Schlage die vollendete Dichtung da. Ihr Vater, zugleich der Vater aller Dichter, ist *Homer*.

Natürlich gab es schon vor ihm Poesie, nur wurde sie mündlich überliefert, sie ist für uns verloren. Homer hat Vorläufer, genau wie ohne ihn weder Vergil noch Shakespeare, Goethe oder James Joyce zu denken sind. Die Kette der literarischen Überlieferung hat weder Anfang noch Ende. Das bei manchen Laien so beliebte Suchen nach dem ersten Erfinder eines Stoffes ist unwichtig; zu allen Zeiten nahm sich der große Dichter sein Thema, wo er es fand; und oft Einzelheiten dazu. Ein witziger Mann hat einmal behauptet, es gäbe in der gesamten Weltliteratur nur zwei Dutzend Stoffe. Die Schöpferkraft erweist sich in neuen Motiven, Situationen und Charakteren, und natürlich auch in neuen Formen. In alledem ist Homer ein Meister.

Bekanntlich ist umstritten, ob je ein Mann namens Homer lebte. Schon im Altertum, als sieben Städte um die Ehre seiner Geburt wetteiferten, hatte man Zweifel. In neuer Zeit ist viel Scharfsinn darauf verwendet worden, um zu beweisen, daß die beiden Epen unmöglich von einer Hand stammen, und genausoviel Mühe auf die entgegengesetzte Behauptung. Begnügen wir uns hier mit der Feststellung, daß offenbar mindestens zwei geniale Poeten gleichen Ranges am Werk waren; zu offensichtlich sind die Unterschiede zwischen der älteren Ilias, die einen Ausschnitt aus den Kämpfen um Troja schildert und eigentlich ohne Schluß abbricht, und der Odyssee, die bis zur glücklichen Heimkehr des listenreichen Seefahrers durchkomponiert ist. Mit manchen Irrtümern, Widersprüchen und Wiederholungen mögen sich die Philologen befassen. Ein natürlicher, eindrucksfähiger Sinn kann nicht daran zweifeln, daß in beiden Fällen ein genialer Einzelner mit hohem Kunstverstand die Form schuf, in der nun der gewaltige Stoff für immer erhalten ist.

Das zeigen überdies zahlreiche Details. So malt in der Ilias ein Kenner gewisse bereits altertümliche Züge mit Behagen aus. Und in der Odyssee steckt manchmal recht raffinierte, zivilisierte Psychologie. Überhaupt sind in beiden Epen die Helden keineswegs bieder, sondern ebenso kompliziert wie leidenschaftlich; voran Achill, dessen Zorn gegen die eigenen Freunde aus läppischem Anlaß ausbricht — aber was entsteht dann daraus! Daß die oft in den Kampf eingreifenden Götter menschliche Schwächen zeigen, ist nicht homerische, sondern allgemein griechische Art. Die Hauptfiguren mit ihren leitmotivisch wiederholten Beiworten sind dennoch keine leeren Idealpuppen, sondern unverwechselbare Typen menschlicher Möglickeiten; so wurden der weise alte Nestor, der nörgelnde Schimpfbold Thersites sprichwörtlich. Zudem fällt auf, daß der Dichter nicht Partei nimmt, Griechen und Troer sind seinem Herzen gleich nah.

Noch verfeinerter sind die Stilmittel der Odyssee. Naturereignisse werden hier eindrucksvoller als vor Troja beschrieben; Raum und Zeit werden aus Kompositionsgründen übersprungen. Mit wenigen Ausnahmen haben alle einen Knacks: Penelope ist keineswegs untadelig treu, die Seitensprünge des Herumtreibers sind nicht zu zählen, mit jeweils prompt anschließendem schlechten Gewissen; seine halbgöttlichen Damen Kirke und Kalypso benehmen sich überaus irdisch. Insgesamt tritt ein erotisches Element stärker hervor, als in der naiv erzählten Sage üblich ist. Kurzum, hier spricht ein Realist, der Welt und Menschen kennt und durchschaut. Freilich läßt er überall die Fraglichkeit des Daseins durchscheinen, ohne immerzu darüber zu grübeln — genau das macht, finde ich, seine Größe aus.

Doch hier ist wieder ein Punkt erreicht, wo ich raten muß, den Homer wieder einmal zur Hand zu nehmen. Redete ich auch stundenlang, ich würde nichts vom Genius Homers vermitteln.

Den Griechen aber bedeutet Homer nicht nur das Muster aller Dichtung; er ersetzt ihnen, die keine verbindlich festgelegte Religionslehre kennen, eine Bibel. Schulkinder lernen daraus, was um so begreiflicher ist, da die beiden Epen, ähnlich Luthers Bibelverdeutschung, verschiedene Dialekte zu einer Kunstsprache verschmelzen, zu einer Art Hochgriechisch, was nun wieder für einen einzelnen Autor spräche. Ferner gilt Homer im Altertum als Historiker, was er auch tatsächlich in höherem Maße ist, als die Neuzeit lange glaubte. Die Ausgrabungen Schliemanns und manche anderen archäologischen Ergebnisse haben Homer bestätigt; hethitische Inschriften nennen Namen, die stark an die der Achäerfürsten vor Troja anklingen.

Heute wird angenommen, daß beide Werke um 700 vor Christus fertig vorlagen. Um diese Zeit schrieb im Bauernlande Böotien *Hesiod* das landwirtschaftliche Lehrgedicht »Werke und Tage«. Darin tritt erstmals der mühselig schuftende kleine Mann als literarische Figur auf, bei Homer blieb er stummer Statist. Und vom selben Hesiod vermutlich stammt auch die »Theogonie«, eine Verserzählung vom Werden der Götter. Da äußern sich unbekümmerte, urgriechische Vorstellungen, die auch in mythischen Spekulationen ganz und gar vom Diesseits ausgehen. Nicht anders, finde ich, verhalten sich im folgenden Jahrhundert die sogenannten Vorsokratiker, Naturphilosophen, die vor allem nach einem Urstoff suchen, aus dem alles entstanden sei. Der schon genannte *Heraklit* sah ihn im Feuer, andere im Äther oder Wasser. Aber um 450 erklärt *Demokrit*, alles bestehe aus kleinsten, nicht mehr teilbaren Bausteinchen, den Atomen. Bemerkenswerterweise entwirft derselbe Denker das erste geschlossene Denksystem. Es richtete sich auf ein praktisches Ziel: auf »Ataraxie«, unerschütterlichen Gleichmut, als vernünftige Voraussetzung des Zustandes, der einzig Glück heißen könne.

Nichts also von Metaphysik, von einem verborgenen Sinn des Daseins! Und das ist auch bei den großen Lyrikern nicht anders. *Pindar* feiert zum Beispiel in seinen »Epinikien« den olympischen Sieg der Athleten, der ja auch kultische Bedeutung hatte. Erinnern wir uns, daß in Hellas die mannmännliche Liebe als höchste Form des Eros galt, selbstverständlich auch des geistigen. Dadurch wird aber jenes begeisterte Urteil der Antike um so glaubwürdiger, das nun gerade eine Frau als Inbegriff lyrischer Dichterkraft bestaunt.

Die dunkle, rätselvolle *Sappho* ragt wohl noch aus mutterrechtlicher Frühzeit in die maskuline Klassik herüber. Leider sind von ihr nur ganz wenige, vieldeutige Bruchstücke erhalten; doch ergreift uns die Leidenschaft, mit der Liebeswahn, Enttäuschung und Einsamkeit, aber auch der tröstliche Anblick der Natur besungen ist. Genauso kärglich ist unsere Kenntnis des mit Sappho befreundeten *Alkaios*. Dieser überzeugte Aristokrat beklagt den Verfall alter Sitten in neumodischen Demokratien. Mit Freunden tröstet er sich beim Wein; diese männlich-resignierte Haltung ist, um den höchst anregenden ungarischen Literaturbetrachter Michael Babits zu zitieren, »in den Blutkreislauf der europäischen Literatur eingedrungen«; Themen und Versformen des Alkaios wurden unsterblich, wenn auch seine Werke verloren sind.

Eher an eine etwas peinliche Infektion aber denke ich bei *Anakreon*, dem Liedchenträllerer und Bonvivant, den zwei Jahrtausende schmunzelnd nachahmen. Manchmal ist die Nachwelt doch nicht so streng und gerecht, wie wir meinen, und schenkt ihre Gunst einem weniger Würdigen.

Doch vollkommen im Recht ist sie, wenn sie im Drama den Gipfel griechischer Dichtung sieht. Man braucht das Denkspiel mit den Rangordnungen der Poesie nicht mitzumachen, um staunend vor der Fülle und Kraft der Bühnenwerke zu stehen, die in weniger als hundert Jahren in Athen geschaffen werden.

Diese Stadt, führend bei der Abwehr der Perser-Invasionen, wird nun für lange geistiger Mittelpunkt. Und hier vollends steigert sich die Enge zur Genialität; wie man sagen muß: eines ganzen Volkes. Die Stücke entstanden ja durch Ausschreibung, in öffentlicher Konkurrenz. Was dabei herauskommt, ist bekannt; in Athen wurde die große Tragödie geboren.

Das Wort führt seltsam irre. Tragos heißt Bock. Bocksfüße haben die Satyrn, Begleiter des Dionysos, zu dessen Ehren Spiele stattfanden, verbunden mit Aufführungen. Die Satyrn wurden in possenhafte Nachspiele verbannt, und doch blieb den gewichtigen Hauptaktionen die Bezeichnung Tragodeia — Bocksgesang.

Über Sinn und Absicht der Tragödie ist viel Kluges gesagt worden. Erlauben Sie mir wieder meine eigene, vielen gewiß ketzerische Ansicht zu sagen. Für mich scheidet zunächst eine Deutung aus: Kunst um der Kunst willen ist eine Formel, die kein Grieche verstanden hätte. Dazu waren diese Menschen zu ursprünglich. Ein wenig näher liegt der unschöne Gedanke, sich an Schuld und Leid sensationslüstern zu ergötzen; ihn widerlegt die Lektüre auch nur eines einzigen großen Dramentextes sofort.

Ich denke so: Diese temperamentvollen Südländer kannten Größe und Gefahr ihres Wesens und führten das, jedermann zu Nutz und Lehre, an exemplarischen Fällen bis zur Katastrophe vor. Das wäre also die berühmte »Katharsis«, die Seelenreinigung des Aristoteles — und natürlich auch Schillers »Schaubühne als moralische Anstalt«. Nun, vielleicht soll eine Erzählung der Weltliteratur da nicht allzu hartnäckig grübeln — von unzweifelhaft literarischem Interesse, und unbestritten, ist das Hervortreten von Dichter-Persönlichkeiten. Die drei (oder mit Aristophanes:

vier) Großen sind nicht zu verwechseln. *Aeschylus* — die Griechen sagten: Aischylos, aber hier gehen hellenische und lateinische Aussprache immer durcheinander, manchmal mengt sich halbe Eindeutschung dazu, denken Sie nur an Hesiod — Aeschylus also, um dabei zu bleiben, er gibt sich altväterisch, seine Dramen sind lyrische Oratorien, die Protagonisten sprechen Monolog, vom Chor zurückhaltend begleitet. So kündet Prometheus sein Streben und Leiden, so wird die Familiengeschichte der Atriden vorgetragen, in den drei Stufen Untat — Rache — Sühne. Der Mensch ist Spielball höherer Mächte, das weist in archaische Zeiten zurück, absichtsvoll, wie ich glaube: denn Aeschylus war nicht mehr naiv, das zeigt sein aktuelles Zeitstück »Die Perser«, das nun gar am feindlichen Hofe spielt!

*Sophokles* aber ist schon ein ganz anderer, ein Individualist, ja ein Humanist. »Vieles Gewaltige lebt, doch nichts ist gewaltiger als der Mensch!« — das ist nicht mehr Aeschylus. Die Thesenstücke des Jüngeren zeigen, daß Tragik bewußt übernommen werden kann. So stellt Antigone ihre sittliche Überzeugung rebellierend gegen die Staatsmacht — und geht zugrunde: »Nicht mitzuhassen, mitzulieben bin ich da!« Auch wenn Ödipus schuldig wird, weil er ahnungslos um die eigne Mutter freit, erlebt er sein Schicksal aus freiem Entschluß, in sich und gegen sich selbst. Die Charaktere werden komplizierter, die Situationen verwickelter: mehrere Schauspieler agieren zugleich, der Dialog lockert sich.

Die Schwelle zum psychologischen Problemstück, an der Sophokles steht, wird von *Euripides* überschritten. Ihn ziehen fragliche Charaktere an, bezeichnenderweise oft gebrochene Frauenschicksale: Medea, die Kindsmörderin; die racherasende Elektra; Phädra, Liebhaberin des eigenen Stiefsohnes; oder auch die armen Troerinnen, nach dem Fall ihrer Stadt in der Gewalt der Sieger.

Daß diesem Dichter Edelmut und Hoheit nicht fremd waren, erweist sich indessen in seinen beiden Iphigenie-Dramen. Euripides ist vielseitig, auch in seiner Haltung. Daher war er stets umstrittener als Aeschylus und Sophokles. Bei ihm fanden die Menschen leichter, was sie liebten; oft auch, was sie verabscheuten. Er ist unmittelbarer, verständlicher; deshalb, wie manche meinen, unkünstlerischer als die beiden Vorgänger. Mir will nicht einleuchten, daß ein Dichter deshalb weniger gelten soll, weil man ihm besser folgen kann. Darum ist er noch kein Effekthascher. Aber es gab immer und gibt in alle Ewigkeit ein Publikum, dem ein Autor deshalb leicht verdächtig ist, weil es von ihm stark berührt wird. Das ist nun einmal so. Ich tröste mich in diesem Fall damit, daß die großen Theaterpoeten aller Zeiten im dritten Tragiker ihren Meister sahen. Goethe ruft den Nörglern unwillig zu: kein anderer Dramatiker sei wert, dem Euripides auch nur den Pantoffel zu reichen. Wer will, mag anders urteilen.

Das tat gleich damals *Aristophanes*, der große Komödienschreiber. In dessen »Fröschen« unterliegt Euripides jämmerlich gegen Aeschylus; der Wettstreit ist ein Muster witziger Literatursatire, gewiß aber kein Beweis, zumal dieser Aristophanes keinerlei feste Überzeugungen vertritt. Er will den Erfolg und spielt bald den biederen Konservativen, bald den provozierenden Neuerer, dies allerdings mit viel Mut. So ruft er, in »Lysistrata«, die Frauen Athens mitten im Kriege zu einem pazifistischen Liebesstreik auf — und so etwas wird aufgeführt! Mir scheint, die Meinungsfreiheit habe seit damals kaum Fortschritte gemacht . . .

Dann endet die große Theaterliteratur jäh, zugleich mit der politischen Vormacht Athens, beides hing zusammen. Spätere Bühnenautoren kennen wir wieder nur aus Bruchstücken oder lateinischen Bearbeitungen, so den vermutlich originellsten Komödiendichter *Menander*.

Recht vollständig dagegen ist uns die große attische Prosa überliefert, die sich inzwischen entwickelt hatte. Voran *Herodot*, Vater der Geschichtsschreibung — wieder ein Vater, doch das Bild stimmt, wie bei Homer. Herodot ist besessen von Historie, manchmal auch von Histörchen, in ihm steckt auch ein vortrefflicher Novellenerzähler. Aber er hat auf langen Reisen Lokal- und Quellenstudien getrieben und ist überhaupt ernster zu nehmen, als man lange glaubte. So manche seiner fabulösen Einzelheiten aus Ägypten oder Babylon sind durch die moderne Forschung bestätigt worden. Und nur wenige haben ihn erreicht in der Kunst, Geschichte mit literarischen Mitteln auferstehen zu lassen.

Ein strenger Historiker in fast modernem Sinne ist dann *Thukydides*. Der entlassene athenische Offizier schildert vom Peloponnesischen Kriege nur das, was er weiß; am liebsten, was er selbst erlebte. Uns befremden ein wenig die in direkter Rede wiedergegebenen Äußerungen der Hauptpersonen. Vielleicht gab es aber dafür Unterlagen, die wir nicht mehr kennen? Jedenfalls sind es Meisterstücke der Charakterisierung, dargeboten von einem unvergleichlichen Menschenkenner und klaren Stilisten.

Als ein solcher gilt wohl auch *Xenophon*, ebenfalls abgedankter Offizier. In der »Anabasis« beschreibt er fachmännisch genau den Rückzug griechischer Söldner aus einem persischen Bruderkrieg. Berufene Kenner urteilen, dieser Tatsachenbericht — Xenophon selbst war einer der Kommandeure des Unternehmens — sei in glatter, allzu gefälliger Sprache abgefaßt. Daher war er stets bei Gymnasiallehrern als handlicher Lehrstoff so beliebt, oder sprach da am Ende auch das Militärische besonders an? Nun erzählt Xenophon in anderen Büchern aber auch von

Begegnungen mit Sokrates; und da übernimmt er sich etwas. Hätten wir nur diese Schilderung, wir sähen den Weisheitslehrer als einen angenehmen Plauderer in abendlicher Runde.

Glücklicherweise haben wir mehr. Wir haben *Platon*.

In dessen großen Prosadialogen lebt für immer einer der eigenwilligsten Geister fort. Sokrates selbst hinterließ nichts Geschriebenes. Er überfiel die Menschen mit kniffligen Fragen, um sie zu eigenem Nachdenken zu provozieren; das ist die Maieutik, die berühmte sokratische Hebammenkunst. Es wird nie zu klären sein, wo Platon ein Eckermann ist, der Gehörtes treulich nacherzählt, und wo er eigene Gedanken dem Lehrer in den Mund legt. Beide sind eins geworden. Sie wirken durch die Einfachheit ihrer Grundgedanken, auf denen alles spätere Philosophieren aufbaut. Vom Wesen dieser Denkkunst, von der Ideenlehre Platons, von seiner Ethik, die auf Selbstbeherrschung gerichtet ist — kann ich hier nicht einmal andeutend sprechen. Nur dies sollte ich hervorheben: Phaidon, Apologie, Gastmahl und alle die anderen platonischen Dialoge sind zugleich Gipfel und Vollendung der attischen Prosa-Literatur höchsten Ranges. Und in seinen politischen Altersschriften hat Platon eine ganze literarische Gattung sozusagen erfunden: die Utopie, die Darstellung erwünschter Zustände so, als gäbe es sie schon. Dies wird dann immer wieder nachgeahmt werden. Übrigens gelangt Platon mehrfach zu ungemein radikalen Forderungen, die an totalitäre Praktiken erinnern. Da findet er etwa in seinem Idealstaat jegliche Kunst unnötig. So weit verrennt sich nur ein Denker, der zugleich poetischer Phantast ist.

Mit Platons schöpferischem Geist verglichen, ist sein bedeutender Schüler *Aristoteles* fast nur ein Sammler, ein Ordner des Vorhandenen zu nennen. Doch von diesem überaus folgenreichen Schriftsteller werden wir sprechen, wenn wir uns dem Hellenismus zuwenden: der Ausbreitung des in enger Umgrenzung so wunderbar entfalteten Griechengeistes über die ganze damals bekannte Welt.

Dazu kommen wir aber erst im übernächsten Kapitel. Erst sprechen wir von dem anderen großen Geistesvolk der Antike, von den Römern.

# Die Römer
## *Große Leistungen aus zweiter Hand*

Manch einer wird sich wohl über den Untertitel wundern: Soll der etwa die ganze lateinische Literatur von vornherein abwerten? Keineswegs. »Aus zweiter Hand« — das heißt nicht: zweiten Ranges.

Wir sprachen ja schon davon, daß Originalität kein Beweis für literarischen Rang ist. Das ist nun keine eigenwillige Ansicht von mir, so denkt auch die heute maßgebende Literaturforschung. Beispielsweise zeigen Warren und Wellek, daß die Hochschätzung des Originalen eine neuzeitliche Eigenart ist. Trocken fügen die beiden Amerikaner hinzu: »Frühere Zeiten bewiesen ein gesünderes Verständnis des Wesens einer literarischen Schöpfung.«

Genau das möchte ich für die Römer gelten lassen. Dieses Volk der Bauern, Soldaten und Politiker war in geistigen Fragen naiv-unbekümmert. Was ihm von Natur nicht gegeben war, das übernahm es eben von anderen. Und zwar ohne Vorurteil gegen ehedem feindliche Völker. Göttersagen und Mythen stammen von den Etruskern, den Rivalen um die Vorherrschaft in Italien; dann kommen Poeten oft aus dem norditalienischen Gallierland oder aus Afrika, obwohl Kelten und Karthager lange Zeit Gegner auf Tod und Leben waren.

Eine merkwürdige Tatsache: Just die Kelten, diese ewigen Phantasten unter den Indogermanen — denken wir an die heutigen Iren —, sind nach Abstammung den Italikern näher verwandt als die Griechen.

Deren Einfluß aber überwog dann allmählich jeden anderen. So sehr, daß Arnold Toynbee erklärt hat, das zweisprachige Römerreich sei »eine wesentlich griechische Einrichtung« gewesen. Das ist wohl etwas überspitzt. Der Einheitsstaat der ganzen alten Welt, der Jahrhunderte standhielt, ist nicht gut vorstellbar ohne eigene geistige Leistung Roms. Doch vollzog diese sich eben durchaus in Staatskunst, Verwaltung und Justiz. Niemals spielten die Künste eine so gesellschaftsformende Rolle wie in Hellas. Rom kennt keinen Homer als Bibel und Kanon des nationalen Lebens. An seinen Festtagen kämpften nicht Dramatiker, sondern Gladiatoren um den Sieg.

Freilich wuchsen mit der äußeren Macht auch die musischen Ansprüche, zumindest bei den oberen Schichten. Manchmal regte sich da ein konservativ-patriotischer Widerstand gegen die zunehmende Hellenisierung; doch ohne Erfolg, gerade diese Ergänzung des starren römischen Charakters erwies sich als ungemein glücklich.

Um eine solche handelt sich's, nicht etwa um besonders ausgeprägte Verwandtschaft. Das gilt auch für die beiden Sprachen; sie sind einander zwar im Wortschatz ähnlich, das fällt jedem Schüler humanistischer Gymnasien angenehm auf. Aber der Sprachgeist ist so verschieden wie auf Landkarten der griechische Inselwirrwarr von dem klar umrissenen, beinahe ungegliederten Körper Italiens. Formenfreude und Wandlungsfähigkeit des Griechischen fehlen dem strengen Latein. Es ist mehr Sprache des wägenden Verstandes als der wagenden, entdeckungsfrohen Vernunft.

Um so bewundernswürdiger also jene Poeten, die solch sprödem Instrument dann dennoch zarteste Lyrik entlockten. Freilich, gerade Catull und Horaz dichteten erklärtermaßen nach hellenischen Mustern.

Der Sage nach ist Rom 753 vor Christus gegründet worden. Erst ein Halbjahrtausend später wird erstmals ein Dichter in persona ungefähr erkennbar — und der ist gleich ein Grieche.

Der kriegsgefangene Sklave Andronikos aus Tarent setzte nach der Freilassung den Familiennamen seines früheren Herrn dem eigenen voran. Als *Livius Andronicus* bemühte er sich nun eifrig, höhere Bildung am Tiber zu verbreiten; durch Unterricht in seiner Muttersprache und durch Bearbeiten griechischer Texte. So übertrug er die Odyssee in ein holperndes lateinisches Versmaß und schrieb attische Tragödien um. Machen wir uns klar: die waren da schon über zweihundert Jahre alt. Und seit Alexander auf seinen Zügen überall in der östlichen Welthälfte Pflanzstätten griechischen Geistes hinterlassen hatte, war auch schon ein Jahrhundert vergangen. Nun drang von alledem ein Wellenschlag bis Latium, rasch sollte daraus eine Überflutung werden.

Aus der »magna Graecia«, dem hellenisch besiedelten Süditalien, kam auch *Ennius* nach Rom, wurde hier heimisch und beschrieb in den »Annalen« die Stadtgeschichte, von der Gründung bis auf seine Zeit. Das Epos ist in Hexametern abgefaßt, hier werden also griechische Stilmittel in die lateinische Sprache eingeführt. Ennius war bis in die Kaiserzeit überaus angesehen und galt auch als historische Quelle.

Er hatte einen Gönner: den grimmigen Zensor *Cato*, einen Römer alten Schlages, der energische Machtpolitik forderte und den verweichlichenden Einfluß der »graeculi«, der Griechlein, bekämpfte. Aber selbst solch ein Chauvinist förderte den fremden Autor, vermutlich doch, weil er noch keinem Landsmann das Gelingen vaterländischer Poesie zutraute. Cato selber schrieb übrigens allerlei über Ackerbau, gute Sitten und Redekunst; wirksame Redner sind die meisten großen Römer stets gewesen, das entsprach ihrer juristischen Veranlagung, auch Beamte und Politiker pflegten zunächst als Anwälte oder Ankläger vor Gericht aufzutreten.

Erheblich weniger Sympathie als für seinen Ennius hat Cato sicher für die griechelnde Komödie gehabt, die noch zu seinen Lebzeiten kräftig entwickelt wurde; durch zwei Schriftsteller, deren Bearbeitungen uns manches verlorene Original wenigstens ahnen lassen, so den Menander, den sie unbedenklich ausgeplündert haben.

*Plautus*, der ältere von beiden, war ein Junge vom Lande, arbeitete als Müllergeselle in der Hauptstadt und fand heraus, daß sich vom Schreiben und Spielen volkstümlicher Possen besser leben ließe. Gewiß jauchzten die kleinen Leute, die Plebejer, ihrem Bühnenliebling zu, wenn beispielsweise die »Menaechmi«, die Zwillinge, fortwährend verwechselt wurden, selbst von ihren Frauen.

Am besten gelingen Plautus handfeste Typen wie der Geizige, dem man seinen ängstlich gehüteten Goldtopf stiehlt; oder der »Miles gloriosus«, der säbelrasselnde Bramarbas, hinter dessen klapperndem Harnisch ein Kaninchenherz bibbert. Wenn zuletzt der Aufschneider elend verdroschen wird, dann freut das jeden: den alten Krieger, der sich natürlich für tapferer hält, wie den armen Teufel, der nur ungern seinen Kriegsdienst abgeleistet hat.

Den Stoff zu seinem »Amphitruo« hat Plautus auch kaum selber erfunden, aber weitergegeben an alle künftigen Komödienschreiber. Göttervater Jupiter nimmt die Gestalt eines abwesenden Feldherrn an, um ihn so mit der ehrenwerten Gattin Alkmene zu betrügen. Offenbar ist der geprellte Hahnrei nun eines jener zwei oder drei Dutzend Themen, von welchen angeblich die ganze Weltliteratur lebt. Er taucht bei Ovid und Vergil so gut wie in zahllosen modernen Schwänken wieder auf, nun natürlich vielfach verändert. Amphitryon-Stücke aber haben Molière und Kleist neugeschrieben; und zuletzt Giraudoux, der seiner Fassung die Nummer 38 gibt, wer will's nachprüfen?

Aufschlußreich für den jeweiligen Zeitgeist ist es, wie die wirksame Fabel abgewandelt, angereichert wurde. Dabei wird Alkmene zur Hauptfigur, die bei Plautus ein Dummchen ist, das hinters Licht geführt wird. Molière macht aus ihr eine Grande dame, die einem großen Herrn nichts verweigert: eine kecke Anspielung auf die Amouren des galanten Franzosenkönigs. Bei Kleist aber ist Alkmene erklärtermaßen Objekt eines recht abgefeimten Menschenversuchs, den zumindest ihre Seele rein besteht. Giraudoux endlich sieht sie als eine gescheite Emanzipierte, die ihr olympisches Abenteuer mit Ironie genießt.

Das alles fing an in einem altrömischen Vorstadttheater. Und es wird weitergehen in immer neuen Variationen.

Fünfzig Jahre nach Plautus sind die Ansprüche gewachsen, das läßt sich an den sechs Komödien des *Terenz* leicht erkennen. Er ist nun wieder ein freigelassener Kriegssklave, diesmal ein Afrikaner. Dennoch befreundet mit den Scipionen, jener maßgebenden Familie von Politikern und Generälen, die den Kampf gegen Karthago siegreich zu Ende führten — mehr Unvoreingenommenheit kann man nicht verlangen. Terenz wurde Star der Vornehmen, der Patrizier. Auf einer Reise zu den Stätten griechischer Bildung kam er um, wenig über dreißig Jahre alt. Seine Handlungen sind verwickelter, seine Chrakterisierungskunst ist gegenüber Plautus verfeinert. »Das Mädchen aus Andros«, eine komplizierte Familiengeschichte, spielt teilweise in die Halbwelt hinüber, ein nun schon beliebtes Milieu. In unseren Tagen hat Thornton Wilder daraus einen kleinen Roman gemacht.

Daß Terenz aber auch für ein schlichtes Publikum schreiben kann, zeigt sein »Eunuch«, der keiner ist, sondern sich nur als solcher ausgibt, um leichter an die begehrte Dame heranzukommen.

Hingegen ist der »Heautontimorumenos«, der sich selber Quälende und Strafende, eine modern anmutende Seelenstudie: Ein Vater verzehrt sich in Reue, weil er seinen Sohn zu streng behandelt hat. Das ist ja wohl kaum noch ein Komödienstoff, und Terenz war denn auch niemals so populär wie Plautus.

Ein Schützling der Scipionen war auch der Historiker *Polybios*, der als Geisel eines griechischen Städtebundes lange Jahre in Rom lebte. Auf griechisch beschrieb er den Aufstieg der Stadt, nicht etwa als Kollaborateur, sondern als Weltbürger aus Überzeugung. Polybios ist Anhänger der stoischen Philosophie, welche das standhafte Ertragen aller Schicksalsschläge und die Gleichheit der Menschen lehrt; erscheint er als ein Vorbote der kommenden hellenistischen Kultureinheit.

Diese kündigt sich auch in der lateinischen Vers- und Prosakunst an, die nun unerwartet rasch zur Meisterschaft heranreift. Offenbar begriff die junge Großmacht, daß sie sich auch geistig zu bewähren hätte. Rom wurde reich, auch Schriftstellerei machte sich besser bezahlt als vordem; sie wurde ein honoriger Beruf, kaum finden wir noch ehemalige Sklaven unter den Autoren, die nun oft begüterte Leute sind.

Hier liegt die Frage nahe: Gibt es eigentlich einen Zusammenhang zwischen dem Schreiben und der materiellen Lage des Autors? Als sozusagen unmittelbare Entsprechung sicher nicht. Wohlstand kann die Schaffensfreude fördern, muß das aber nicht. Aber bestimmt ist Armut im Dachstübchen kein Anreiz zum Dichten, entgegen einer immer noch beliebten romantischen Klischeevorstellung.

Eines aber wird am Musterfall Rom deutlich: die Wichtigkeit einer

Metropole für die Entfaltung großer Weltliteratur. Es mag sein, daß in Weltstädten ursprüngliche, naiv-kräftige Poesie nicht leicht entsteht; wenn ich auch meine, daß die Beispiele Athen, Córdoba, Paris und London selbst diese gern geglaubte These widerlegen. Unbestreitbar wird aber eine bereits bestehende Nationalliteratur durch Zusammenstoß der Begabungen auf engem Raum gesteigert. So wird Rom, nach Athen und Alexandria, zur dritten Hauptstadt der Geister, hier strömen sie von nun an zusammen: aus italischen Kleinstädten Sallust, Cicero, Properz, Horaz und Ovid; aus dem Keltenland am Po Catull, Nepos, Vergil und Livius; dann aus Spanien Seneca, Martial und Lucanus — und so geht es fort. Geborene Römer sind fast nur Tibull und freilich Caesar, auch als Schriftsteller der römischste von allen.

Den fast unbegreiflichen Aufschwung leitet *Lukrez* ein, mit der wortmächtigen Gedankendichtung »De rerum natura«, vom Wesen der Dinge. Diese Dinge sind für ihn sämtlich Äußerungen des einmaligen, diesseitigen Lebens. Er glaubt an kein Jenseits. Er möchte den Menschen ihre blinde Angst vor den Göttern nehmen, er verspottet Opfer, Orakel und Aberglauben. Damit wendet er sich aber auch gegen die Stoiker, die alles gelassen gelten lassen. Lukrez glaubt mit dem Griechen Epikur, von dessen Philosophie wir noch zu reden haben, daß jeder sein Schicksal in die eigenen Hände nehmen muß. Ein Lehrgedicht also, ein Katechismus der Aufklärung? Gewiß, aber in Form einer Hymne auf das Dasein, dessen Herrlichkeit sich überall offenbart, in Traum und Schönheit, Frühling und Liebe, aber auch in Pest und Tod. Eine mitreißende Vision, die alle Höhen, alle Tiefen und Schrecken mit einbegreift und die selbstherrliche Größe des Menschen feiert, wie es in zwei Jahrtausenden kaum einem anderen Poeten so unvergeßlich gelingen sollte.

Von anderem Schlage ist *Catull* aus Verona. Ihm bedeutet eine Idee nicht viel, ein Erlebnis alles. Babits, der kluge Ungar, meint: Catull sei der erste Verdammte unter den Dichtern gewesen, ein »poète maudit« wie Baudelaire oder Rimbaud. Eppelsheimer nennt ihn den beinahe einzigen Römer, der nicht für die Literatur, sondern sich zur Freude geschrieben hätte. Sicherlich war er der erste, der bewußt und ausschließlich sein eigenes Leben zum Gegenstand der Dichtung machte. Doch war er deshalb nicht etwa ein Mann des L'art pour l'art. Wenn er sich oft in seine Villa am Gardasee zurückzog — allen Touristen wird die Stelle heute noch in Sirmione gezeigt —, dann ist das die gelegentliche Flucht eines Großstädters in die Natur.

Vor allem nämlich lebte Catull in Rom, Mittelpunkt eines Kreises Gleichgesinnter, die sich »Die Neuen« nannten. Heute würde man sie zornige junge Männer nennen. Und zornig konnte auch Catull sein, bissig, boshaft und etwas klatschsüchtig. Mit hanebüchen frechen Epigrammen hat er sich in die Händel der Politiker und sonstigen Großen gemischt, um freilich immer wieder in stille, wunderschöne Gedichte sich gleichsam zu retten.

Eine ausgesprochen gefährliche Liebschaft war die Beziehung zur angebeteten Lesbia; unter diesem allgemein durchschauten Decknamen besang er eine politisierende Dame namens Clodia, die ihn offenbar schlecht behandelte. Ihr Bruder war ein von Caesar bezahlter Raufbold und überführter Mörder — und Catull war Caesars erklärter Gegner. Freilich war der große Gajus Julius weitherzig genug, die Angriffe eines so begabten jungen Genies hinzunehmen, die beiden haben einander sogar getroffen. In den Wirren nach Caesars Tod wäre Catull vermutlich für seine Bosheiten umgebracht worden; doch starb er schon mit Anfang Dreißig und hinterließ 116 Gedichte, die neben den Oden des Horaz die vollkommenste Lyrik in lateinischer Sprache blieben. Doch auch bei ihm scheint überall griechisches Vorbild durch.

Gewidmet hat Catull sein Werk dem Freund und Landsmann *Cornelius Nepos*. In der Zueignung heißt dieser »doctus et laborosus« — und das war er: belesen und emsig. Leider auch so trocken, wie es der Elementarunterricht in Latein verlangt. Dazu dienen seine Lebensläufe berühmter Generäle denn auch. Wie man diesen Pfuscher, der Ausdruck stammt von Paul Wiegler, jemals hat mit *Sallust* vergleichen können, ist kaum zu begreifen.

Der ist einer jener meisterlichen Historiker vom Schlage des Thukydides, mit einem Schuß Dichterkraft. Reich und klar ist seine Sprache. Mit dem untrüglichen Blick für große Zusammenhänge verträgt sich durchaus ein wacher Sinn für Details. Ob er den Krieg gegen Jugurtha beschreibt oder den Putsch des berüchtigten Catilina, immer packt uns Sallust, als ginge es um Ereignisse unserer Zeit. Heftig kritisiert er die zunehmende Verderbnis führender Schichten; wie man glaubt, aus eigener Kenntnis, denn er wurde als Beamter wegen Korruption angeklagt und mußte sich ins Privatleben zurückziehen. Mauserte er sich da erst zum Sittenrichter? Oder war ihm Unrecht geschehen? Nach zweitausend Jahren lassen sich die Umstände nicht mehr klären; jedenfalls verdankte ihnen Sallust die lange Muße, die ihn zum bedeutendsten römischen Prosaiker werden ließ.

Das ist er wohl, trotz *Cicero* und trotz *Caesar*. Dieser bietet eines der seltenen Beispiele dafür, daß ein großer Akteur zum gleichwertigen Chronisten der eigenen Taten wird. Da ist Objektivität kaum denkbar; doch scheint es mir, als lüge Caesar kaum jemals; zweifellos hat er sein authentisches Material arrangiert und manches im Schatten gelassen.

Schließlich beschreibt er ja lauter Staatsverbrechen: den ohne Genehmigung der eigenen Regierung vom Zaun gebrochenen Angriffskrieg gegen Gallien, den waghalsigen Bürgerkrieg, der ihn zum Alleinherrscher machte. Seine Siege haben ihn gerechtfertigt, politisch und in gewissem Sinne sogar moralisch. Denn der Gallische Krieg legte den Keim, aus dem Frankreich erwuchs, die glückliche Mischung aus keltischem und romanischem Geist. Aus dem Bürgerkrieg entstand die Monarchie des Augustus, die friedliche Blütezeit der lateinischen Kultur. Aber schon Caesar selbst war kein Tyrann, der in der Macht grausamer wird. Er wurde immer milder, er war es wohl von Natur und hatte diese Anlage als Soldat unterdrückt. Manche Stellen in seinen Schriften deuten das an. Aber wir wollen ihn keineswegs idealisieren. Es gibt in diesem Charakter unbegreifliche Widersprüche. Ich meine, sie sind dem Schriftsteller Caesar zugute gekommen.

Jüngst noch hat uns Bert Brecht den skrupellosen Erfolgsmenschen gezeichnet, Wilder den kultivierten Humanisten. Beides stimmt, und beides gibt nicht den ganzen Mann, über dessen Wesen alle Zeiten grübelten. Unbestritten aber ist von jeher Caesars literarischer Rang. Schade, daß die »commentarii« meist nach mühseliger Schullektüre für immer weggelegt werden. Sie sind eine faszinierende Lektüre für erfahrene, reife Leser. Man kann viel von Caesar lernen, lieben werden ihn nur wenige.

Und nun würde ich gern sagen: Den Cicero liebe ich, Caesars Gegenspieler, den Mann des Rechts, der Republik und der Freiheit. Aber das alles ist er ja gar nicht, er spielt diese Rollen nur aus Ehrgeiz und Eitelkeit. Er sprach und schrieb nicht für eine bessere Sache, sondern für Pompeius, und der erstrebte dasselbe wie Caesar, nur erfolglos. Doch uns geht es hier nicht um Politik und Moral, sondern um Literatur.

Und da sage ich offen meine Meinung: Hier wurde einer von der Nachwelt genauso überschätzt, wie er selber sich überschätzte. Cicero hielt sich für einen Denker und wärmte nur allerlei griechische Alltagsweisheiten auf. Er gilt als Meister aller lateinischen Stilisten und bleibt meist das, was er ursprünglich war: ein begabter Anwalt, den die eigene pathetische Wortflut mitreißt. So etwas wirkt bei einem Plädoyer, aber nicht unbedingt in Büchern. Cicero aber hat seine Reden sorgfältig redigiert und herausgegeben.

Glücklicherweise tat er das auch mit Gesprächsnotizen und Briefen. Dabei blieb der private Charakter weitgehend erhalten; und da spricht auf einmal ein ganz anderer, ein herzlicher, oft verblüffend aufrichtiger Mann zu uns. So beginnt ein Schreiben an Atticus mit der Selbsterkenntnis: eigentlich gäbe es nichts zu sagen, gestern erst sei ein Brief abgegangen; nun, Stoff fände sich schon im Weiterschreiben, es plaudere sich so angenehm mit einem Freunde . . . Da haben wir den ganzen Cicero. Er plauderte zu gern, in allen Lebenslagen, zuletzt plauderte er sich um den Kopf. Nach dem Tode Caesars, der den schwatzhaften Gegner großmütig geschont hatte, ließ der neue Machthaber Marcus Antonius seinen einstigen Beleidiger sofort ermorden.

Zwölf Jahre später unterlag Marc Anton dem jungen Caesar Octavius Augustus. Und dann ereignete sich etwas, was zu keiner Zeit ein Gegenstück finden sollte: das plötzliche Entstehen, nein — der förmliche Ausbruch einer von oben geförderten Literatur, die dennoch keine platten Staats- und Monarchenhymnen zustande brachte, sondern große Dichtungen.

Augustus wünschte sich eine sittenstrenge, echt römische Literatur. Das erste klappte halbwegs. Das zweite war unerreichbar; auch die Poeten der sogenannten »goldenen Latinität« und die Prosaiker schreiben eben nach griechischen Mustern. Aber — und das unterscheidet sie von den meisten Vorgängern — sie tun es selbstbewußt aus römischem Geiste.

Wenige bleiben außerhalb des höfischen Kreises; so vielleicht der gefühlsstarke, dunkle Elegiker *Properz* und gewiß der sanfte Träumer *Tibull*. Die meisten aber dulden willig die liebevoll-kennerische Aufsicht des Maecenas. Und der war nicht nur ein generöser Gönner — nach dem sich seither alle Förderer nennen lassen —, sondern eine Art Kultusminister seines kaiserlichen Freundes; der erfolgreichste, den es je gab.

Pech hatte er nur mit *Ovid*, einem unerhört gewandten Versedrechsler. Dem prüden Augustus mißfielen zweifellos die geistreich erzählten »Metamorphosen«, die Verwandlungen von Göttern, die in sterblicher Gestalt Heldentaten erleben, aber eben auch recht frivole Liebesabenteuer. Ein kunstvoll gereimter Liebesunterricht machte die Sache nicht besser, und als sich Ovid in ein nie völlig aufgeklärtes Techtelmechtel mit einer Prinzessin einließ, wurde er ans Ende der Welt verbannt, nach Tomi am Schwarzen Meer, von wo aus er vergebens mit beschwörenden Klagegedichten um Gnade flehte.

Durchaus zufrieden konnte der Monarch mit *Livius* sein, der in vierzigjähriger Arbeit eine römische Chronik »Ab urbe condita«, von der Stadtgründung an, verfaßte. Damit trat er an die Stelle des Ennius. Leider sind uns nur Bruchstücke erhalten.

Fast komplett besitzen wir die Werke *Vergils*. Er galt dem Mittelalter als größter Römerdichter, er ist heute noch hochgeachtet; und tatsächlich war er wohl ein Mittelpunkt des Poetenkollektivs, das Maecenas fördernd überwachte. Bei ihm wird das Rätsel klar, wieso überhaupt geborene Dichter solche Bevormundung ertragen konnten: Vergil blieb im Grunde immer das einfache, ländliche Gemüt, als das ihn Maecenas entdeckte. Am liebsten schrieb er über das Hirten- und Bauernleben. Aber es wurde mehr von ihm verlangt, als seine große epische Kraft erkannt war. Und so verfaßte er die »Aeneis« und gab damit Rom das lang ersehnte Nationalepos.

Es ist die Geschichte von den Irrfahrten des aus Troja entronnenen angeblichen Stammvaters aller Römer, und insonderheit des julischen Kaiserhauses; von einem gedankenreichen Menschenkenner in homerischen Hexametern berichtet, und bis in Einzelheiten der Odyssee nachempfunden.

In diesen Rahmen stellt Vergil dann großartige Visionen, die ihm das eigene Gemüt eingibt. So entstand das exemplarische Werk der Römerliteratur: große Dichtung aus zweiter Hand.

Ein Erzpoet aber aus der Kraft seines Herzens ist *Horaz*. Griechische Vorbilder und Versmaße handhabt er unbekümmert, seiner selbst vollkommen sicher. Lesen Sie doch einmal ein paar Anfangszeilen von ihm: Fast immer beginnt er so jugendlich-frisch, als habe noch nie jemand ein Gedicht gemacht. Das Alltäglichste wird ihm zum Ereignis. Und zu allem sagt er ja, auch zum Schmerz, zur Enttäuschung, zum Alter — ein Meisterschüler Epikurs, ein dankbarer Freund des Daseins. Wenige erreichen ihn an Innigkeit, kaum einer in der Harmonie von Naivität und Eleganz, die ihm eigentümlich ist. Horaz widerlegt die irrige Vorstellung, ein wahrer Lyriker müsse töricht sein. Er ist klug, oft sogar weise. Und er ist welterfahren und gewitzt.

Böswillige könnten ihm ankreiden, er hätte sich zeitlebens aalglatt durchgewunden. Vom Schlachtfeld floh er beizeiten, wurde vom Sieger Augustus amnestiert, verkroch sich in einer subalternen Beamtenstelle, nahm dann unbefangen die Protektion des Maecenas an und wurde, ohne sich je brav unterzuordnen, dessen intimster Freund von all den Dichtern.

Das alles zeigt, scheint mir, aber nicht einen Opportunisten, sondern einen innerlich freien Mann, der sich und sein Werk in allen Stürmen unverletzt bewahrt. Er wußte, dieses Werk würde die Zeiten überdauern — aere perennius. Er hat recht behalten. So steht er am Ende der eigentlich lateinischen Literatur, ein später Geist. Für mich der anziehendste, den Rom hervorbrachte. Fast gehört er schon zum Hellenismus, zu jener inzwischen herangewachsenen Weltkultur, der wir uns nun zuwenden.

## Spätantike
## *Die Ernte der klugen Epigonen*

Der große Denk-Dichter Platon starb 347. Fünf Jahre später wurde sein Schüler Aristoteles, der umfassendste Kopf seiner Zeit, durch Philipp von Mazedonien zum Erzieher des jungen Prinzen Alexander berufen. In diesem Augenblick beginnt eigentlich schon das, was allgemein Hellenismus genannt wird: die Ausbreitung des Griechengeistes über die Osthälfte der damals bekannten Welt.

Eine Epoche der Reife und des Alterns. Zu gleicher Zeit aber entwickelt sich die jugendliche Geistesmacht Roms erst, immer im Banne griechischer Vorbilder. Und eben weil die lateinische Literatur jünger ist, haben wir sie vorweg betrachtet, bis zu ihrer Glanzzeit unter Augustus. Da nämlich hat sie, mit Vergil und Horaz, sozusagen den Vorsprung aufgeholt. Nun werden wir sehen, wie beide Kulturen sich völlig vereinen: zur doppelsprachigen Weltkultur der Spätantike.

Was aber brachte das hellenistische Griechentum in den drei letzten vorchristlichen Jahrhunderten selbst noch hervor?

Zweifellos keine solchen gewaltigen Dichtungen wie im fünften und vierten Jahrhundert. Und auch keine so ergreifende Poesie, so kraftvolle Prosa wie Catull und Sallust sie zu gleicher Zeit in Rom schreiben. Doch bringt der alternde Geist von Hellas noch wunderbare Dinge zuwege. Und nachher kommt es in der gräko-lateinischen Weltliteratur sogar zu einer letzten Blüte. Bis endlich, ein dreiviertel Jahrtausend nach Aristoteles, Kaiser Konstantin aus politischen Gründen die Erhebung des Christentums zur Staatsreligion einleitet, da erst stirbt die Antike.

Mir erscheint es bewundernswert, wie sich der Geist Homers und Platons noch jahrhundertelang behauptet: gegen mancherlei aus dem Osten einsickernde Mystik und dann gegen das junge Christentum, das alle überkommenen Werte in Frage stellte. Wir dürfen uns diese Spätzeit nicht als einen unaufhörlichen Niedergang vorstellen. Überhaupt, unbekümmert schöpferische Zeitalter sind eher die Ausnahme, und das Epigonentum die Regel, weshalb sprechen wir davon im allgemeinen so wegwerfend? Vielleicht, weil wir selbst Epigonen sind?

Ich gestehe, daß ich eine Art Vorliebe habe für den Hellenismus und für die ganze Spätantike. Doch will ich mich bemühen, sie nicht zu idealisieren. Und so gebe ich sogleich zu: Im allgemeinen wird da ein großes Erbe weniger gemehrt als verwaltet. Man kommentiert den

Homer. Man stellt Anthologien zusammen. Und man experimentiert eifrig mit Formen und Gattungen.

Mittelpunkt vieler Bestrebungen ist Alexandria. Die ersten Ptolemäerkönige sind Schirmherren der Künste und Wissenschaften von gleichem Range wie Augustus. Das Museion ist kein Stapelplatz toter Objekte wie unsere Museen, sondern ein Umschlaghafen des Geistes, Universität und Technische Hochschule in einem. Die Bibliothek enthielt 700.000 Werke. Sie verbrannte bei den Straßenkämpfen Caesars gegen die Pompejaner, wurde nochmals aufgebaut, um 643 von den Mohammedanern endgültig vernichtet zu werden. Hätten wir diese Schätze noch, wer weiß, ob sich nicht unser Bild von der Antike völlig veränderte.

Was wir heute an hellenistischer Poesie kennen, ist wenig überzeugend, ich gebe es zu. Als ein Großer galt um 250 v. Chr. *Kallimachos*, der das Miniaturepos proklamierte, das »epyllion«. Beispiel: »Die Locke der Berenike« — das Haar einer Prinzessin wird als Sternbild an den Himmel entrückt. Höfische Schmeichelei, immerhin hat Catull sie nachgedichtet.

*Apollonios* hingegen, Schüler des Kallimachos, wollte just das große Epos erneuern. Ich habe seinen »Argonautenzug« nicht gelesen — alle Kenner versichern, das sei überstopfte Professorenpoesie. Zwischen Lehrer und Schüler gab es so bösen Streit, daß Apollonios nach Rhodos emigrierte, dem dritten Bildungszentrum, neben Alexandria und immer noch Athen. In Rhodos hörte später Cicero Kolleg in griechischer Weisheit und Redekunst beim hochberühmten *Poseidonios*, auch wieder einem Universaltalent.

Interessanter und bezeichnender für die ganze Epoche sind zwei Randerscheinungen.

Um 250 hat *Theokrit* aus Sizilien einen Welterfolg mit seinen Hirtenidyllen. Dies »eidyllion«, das ländliche Genrebildchen, ist von da ab unsterblich. Fünfhundert Jahre später taucht der Schäfer Daphnis mit seiner Chloe bei *Longos* auf; das Rokoko ahmt die erkünstelte Unschuld nach; selbst Goethe gesteht, er sei davon entzückt gewesen.

Wer genug hat von gespielter Naivität, sehnt sich nach handfester Derbheit. So erklärt sich das Eindringen der Alltagssprache in die hellenistische Literatur; und wohl auch die Popularität des Diogenes, der verkündet, die ganze Zivilisation sei verächtlich. Sich selber nennt er »kyon«, den Straßenköter — daher: kynische Denkweise. Ein wirksamer Trick, er hat noch manchen anderen: die bekannte Tonne, die Laterne, mit der er am hellen Tage Menschen sucht, und so weiter.

Vielleicht darf man sagen: im nachklassischen Hellas wurde der gute Gag zum anerkannten Stilmittel; auch bei Leuten, die ernst genommen sein wollten. Vielleicht waren schon die Kieselsteine, die *Demosthenes* bei seinen Redeübungen in den Mund nahm, nur eine Pointe? Da wir just sowieso durch Jahrhunderte hin und her springen, sei hier nachgeholt: die athenischen Rhetoren schrieben viele ihrer Reden, hielten sie aber nie. Sie waren politische Publizisten; wobei Demosthenes einen verbohrten Lokalpatriotismus predigte, aber auch das mit solcher stilistischen Meisterschaft, daß von da ab alle Ciceros, Humanisten und Oberlehrer ihn mit Recht als ihr Muster verehrten.

Die großen, über die Zeiten hin wirkenden Geister des Hellenismus waren aber weder Redner noch Dichterlinge, sondern ein paar große Philosophen.

In Hellas sind Poesie und Denkkunst ja immer nahe Verwandte. Wer will entscheiden, ob Platon ein inspirierter Denker oder ein philosophierender Dichter sei? Ganz und gar kein Poet ist Aristoteles, aber er muß ein außerordentlicher Schriftsteller gewesen sein, als solchen bewundern ihn alle folgenden Jahrhunderte. Wir können's wieder nicht nachprüfen: nur Kladden und Schülernachschriften sind uns erhalten; sie lassen den vermutlich vielseitigsten Geist der Antike erkennen.

*Aristoteles* sammelte alles Wissen seiner Tage und brachte es in ein paar handliche Systeme. Darauf baut das christliche wie das islamische Mittelalter auf. Er hat aber manche Forschungszweige geradezu erfunden, so die Zoologie — und die Literaturwissenschaft. In seiner »Poetik« analysiert er den menschlichen Trieb zur Selbstdarstellung und erläutert Entstehung und Gesetze der Gattungen. Dabei erwähnt er, als eine Erfahrung der attischen Bühnenpraxis, auch die nachmals berühmt-berüchtigten drei Einheiten der Handlung, des Ortes und der Zeit, die im Drama eingehalten werden sollten. Erst die blind verehrende Nachwelt machte daraus jene Zwangsjacke, die endlich Shakespeare abwarf; aber noch Corneille, noch Voltaire plagten sich damit — Fluch einer Autorität über zwei Jahrtausende hin.

Aristoteles aber war kein Aristoteliker. Als Nachfolger in der Leitung seiner Schule ernannte er, der eher amusische, den Schöngeist *Theophrast*. Der schrieb allerdings auch gelehrte Bücher über Philosophiegeschichte und Botanik, unsterblich machten ihn aber die »Charaktere«: eine Mustersammlung menschlicher Verhaltensweisen, fast etwas wie eine soziologische Typenlehre. Oder auch ein Rollenverzeichnis der Comédie humaine, Theophrast war mit dem Lustspieldichter Menander befreundet.

Stellen wir uns griechische Denker nur nicht als stubenhockende Professoren vor! Sokrates verwickelte die Leute auf offener Straße in Dispute. Platon lehrte im Hain des Akademos, welcher würdige Akademiker denkt heutzutage in einem Wäldchen? Aristoteles sprach gern im

Spazierengehen; daher heißen seine Schüler Peripatetiker. Die Stoiker aber entwickelten ihre ernste, strenge Moral just in einer bunt und fröhlich ausgemalten Halle, der »stoa poikile«. Und *Epikur*, der freundlichste von allen, unterrichtete in seinem Garten.

Stoa und Epikur, sie blieben bis zum Ausgang der Antike unendlich einflußreich. Sie werden bis heute als vollkommene Gegensätze verstanden. Dabei sind sie in vielem verwandt und, wie ich meine, ergänzen sie einander vielfach. Gemeinsam ist beiden Schulen die Forderung, der Mensch solle das ihm auferlegte Geschick mit Würde und Fassung tragen. Das ist aber nur eine Erneuerung der alten Forderung nach Standhaftigkeit, Ataraxie, die wir schon kennenlernten.

Dabei gehen die Stoiker einen anderen Weg als Epikur. Sie erklären, es sei leichter zu leben, wenn man das Dasein nicht allzu wichtig nimmt, sondern als etwas Vorübergehendes mißachtet. Tröstend verweisen sie auf ein Jenseits nach dem Tode und über uns. Epikur hingegen sagt: Möglich, daß es so etwas gibt — wir können's nicht wissen. Also seien wir lieber in diesem Leben so klug, so tüchtig und so moralisch wie möglich. Nutzen wir unser Dasein, und lieben wir es.

Ansporn dazu ist der Schmerz: ein tiefer Gedanke. Lust ist das Vermeiden des Schmerzes; wo das nicht möglich ist, muß man ihn mit Anstand ertragen. Das hat Epikur selbst wahr gemacht: Unter den wenigen authentischen Zeugnissen von ihm gibt es einen Brief vom Sterbelager; da dankt er einem Freunde für einst geführte Gespräche, diese Erinnerung sei stärker als alle Qual.

Epikurs Weltbild beruft sich auf die alte Atomlehre Demokrits. Alles besteht aus kleinsten Bausteinen; sie sind irgendwann geschaffen worden, das dürfen und sollen wir in Ehrfurcht bedenken. Unsinnig nennt er die Furcht vor menschlich gedachten Göttern, die zürnen und belohnen. Nein, jeder hat sein Leben selbst zu verantworten. Eine unbequeme Lehre. Wir lieben den Ethiker nicht, der uns beim Wort nimmt.

Und so wurde Epikur böswillig verleumdet: aus dem heitermelancholischen Freund des Daseins machte man einen Prediger hemmungslosen Genusses. Doch die Dichter haben ihn immer wieder rehabilitiert; von Lukrez und seinem Lehrgedicht »De rerum natura« sprachen wir schon, viele helle Geister haben sich bis auf den heutigen Tag zur menschlichsten und vernünftigsten aller Philosophien bekannt.

Die Stoa hatte es leichter bei der Nachwelt: weil sie ihre Ziele so weit setzt, daß sie unverbindlich bleiben. Dabei steckt in ihr eine echte, aufrichtige Trostlehre. Sie gab manchem Verzweifelnden Halt, unter der Tyrannei halbverrückter Kaiser und noch in den Stürmen der Untergangszeit. Eine schöne Sammlung der Grundgedanken ist das »Encheiridion«, das Handbüchlein des *Epiktet*, eines Krüppels und entlassenen Sklaven, dessen Seele sich zuversichtlich über alles Leid erhebt. Viele seiner edelsten Forderungen könnten aber auch von Epikur stammen.

Ich nannte den Stoizismus eben unverbindlich. Das zeigt sich überall, wo er mit der Realität zusammenstößt und gar mit der politischen Macht. Dafür zwei Beispiele. Im Jahrhundert nach Christus schrieb der Grieche *Plutarch* »Parallele Lebensläufe«; jeweils ein bedeutender Römer und Grieche werden verglichen, der fruchtbare Einfall eines Erfolgsautors. Das war Plutarch, er wußte, was man in der kaiserlichen Welthauptstadt gern las, und so lobt er die Stoa für ihren Kosmopolitismus; aber nicht um der Idee willen, sondern weil der Traum von einer Gleichheit aller das wirksam vorbereitet hätte, was Eroberer wie Alexander dann verwirklichten.

Ein Jahrhundert später verfaßt Kaiser *Marc Aurel*, auf griechisch, seine stoischen »Selbstbetrachtungen«, um sich zu trösten oder auch zu rechtfertigen, weil er so viele Kriege führen muß. Marc Aurel ist ein edler Charakter, ohne Zweifel — und der Stoizismus ein hervorragender moralischer Blitzableiter.

Als eine Art Laienreligion behauptet sich die Stoa noch lange, auch gegen das Christentum, das sie mit ihrer rigorosen Forderung nach Abkehr vom Irdischen fast übertrifft. Zuletzt entartete die Lehre zu Mystik und Aberglauben. Das widerfährt aber auch anderen großen Denkrichtungen. Platons großartige Ideen werden im Neuplatonismus zu abstrakten Schemen. Wenn der letzte große Alexandriner *Plotin* erklärt, das Wahre und Schöne sei erst nach dem Tode erkennbar, dann ist das die Kapitulation der griechischen Philosophie.

Die Stoa aber ließ sich nicht nur zur Rechtfertigung der großen Politik mißbrauchen; in ihr fanden auch ganz andere, kleinere und höchst zweifelhafte Leute billig ein moralisches Alibi für ihre Untaten. Das krasseste Beispiel ist *Seneca*.

Und hier mache ich besser gleich darauf aufmerksam, daß ich jetzt mein subjektives Bild von einem Manne zeichne, den Generationen bewundert haben.

Was wurde nicht alles hineingelegt in diesen berühmtesten aller Stoiker! Er galt als Muster an Weisheit und Humanität, ja zu gewissen Zeiten als heimlicher früher Christ. Dazu auch als Vollender antiker Dramendichtung. Aber die neun Stücke Senecas sind knallige Vergröberungen des Euripides. Schauerdramen, in denen Sensationseffekte die Tragik ersetzen, Nervenzerfaserung die Seelenkunde. Bewundert wurde das in Zeiten, welche die Originale nicht kannten. Und wenn, wie es heißt, Shakespeare an diesen Mustern lernte, was wilde Urkraft aus altehrwürdigen Vorlagen machen kann, nun, es war eben Shakespeare, und Seneca war sein Anreger.

Soll man etwa seine Traktätchen über Wohltun, Sanftmut und andere schöne Dinge ernst nehmen? Das alles ist dritter Aufguß hellenischer Alltagsweisheit. Ciceros dünner moralischer Gesundheitstee wirkt dagegen fast berauschend. Und erst Epiktet, Epikur, alle die Großen! Sie können da leicht einen wenigstens flüchtigen Vergleich selber machen: In der kleinen Anthologie »Antike Weisheit«, verlegt bei Heimeran, stehen Hunderte von Zitaten durcheinander gedruckt. Lesen Sie einmal unvoreingenommen, welch kümmerliche Figur dabei Seneca macht! Nein, hier kann wirklich nicht — wie vermutlich bei Sallust — die geistige Leistung einen zweifelhaften Charakter entschuldigen. Und das war er: ein bedenkenloser Karrieremacher, der gut an den Hof des geisteskranken Nero paßte. Dessen Erzieher war Seneca, das ist kein Verbrechen. Aber er blieb dann allmächtiger Minister, er wurde dabei enorm reich — da erwies er sich als dunkler Ehrenmann.

Warum, mag man fragen, schrieb er? Weil es Mode war. Weil selbst der Kaiser sich als Poet krönen ließ, der grausige Stümper. Zuletzt wurde Seneca denn doch unheimlich zumute, er beteiligte sich zögernd an einer mißglückten Verschwörung und öffnete sich im Bade die Pulsadern. Dieses Ende hat aus dem schwachen Manne vollends einen Märtyrer der Stoa gemacht.

Aber andere starben genau wie er! Bessere als Seneca — so dessen Neffe *Lucanus*, ein begabterer Dichter. Seine düsteren Visionen vom thessalischen Schlachtfeld Caesars, die »Pharsalia«, sind ein republikanisch-stoischer Protest gegen die Monarchie. Sie haben Goethe angeregt, im zweiten Teil des Faust.

Und er tötete sich selbst, ehe man ihn verhaftete, der große Prosadichter der Epoche, *Petronius.* Kein Zweifel, auch er war Lebemann, Höfling; Tacitus nennt ihn nachmals »arbiter elegantiarum«, den Richter des guten Geschmacks. Aber dort hören wir auch, daß der Dandy ein vortrefflicher Beamter war.

Als Autor aber wurde und wird er etwa so unterbewertet wie Seneca überschätzt ist. Es kommt mir so vor, als nähme ihm die Nachwelt seine Kraßheit übel. Indessen bildet er seine Umwelt getreulich ab, ein unerbittlicher Realist, einer der größten, die je schrieben. Und eben dadurch wirkt er, ohne aufgehobenen Zeigefinger, als Moralist, nicht bloß als Moraltrompeter.

Zudem ist er ein erstaunliches Formtalent. Leider haben wir von seinem »Satyrikon« wieder nur Fragmente. Sie genügen, um zu erkennen, daß hier ein eigenwilliger Geist etwas versucht, was so konsequent vorher nie da war: die Eroberung der Alltagssprache für die Literatur.

Es handelt sich um einen Schelmenroman. Drei Kumpane durchziehen die Länder des Imperiums und erleben ihre drastischen Abenteuer. Unmerklich lernen wir das Leben und das Lebensgefühl der damaligen Menschheit kennen und verstehen. Zwei Episoden sind bezeichnend und bekannt. Die »Witwe von Ephesus« flirtet, kaum daß ihr Mann gestorben, mit einem Polizisten, der den Leichnam eines Gehenkten bewachen soll. Inzwischen wird der gestohlen, und flugs stellt die muntere Dame ihren teuren Toten als Ersatz zur Verfügung, um dem neuen Galan gefällig zu sein. Man sieht, zimperlich war die späte Antike in solchen Dingen nicht. Aber wahrscheinlich haben alle Zeitalter ihren Hitchcock. Und dann das »Gastmahl des Trimalchio«, tolle Schlemmerei bei einem reich gewordenen Spekulanten, endend in einer wüsten Orgie. Wie ist das erzählt! Jede der vielen Personen redet ihren eigenen Jargon. Plattitüden wechseln mit pseudo-klassischen Tiraden, Plebejerlatein mit geckenhafter Griechelei. So etwas Saftiges ist wohl erst Rabelais wieder gelungen, und dann Balzac, dem großen Realisten des französischen Romans.

Aber lesen Sie doch die »tolldreisten Geschichten« des Petronius wirklich selbst, auch da gibt es eine vortreffliche, deutsch-lateinische Ausgabe bei Heimeran. Einen unterhaltsameren Wiederholungskursus in Latein finden Sie nicht; auch auf deutsch ist dieses Gastmahl genauso exemplarisch wie das Platons: an welch hohes Vorbild Petronius unauffällig erinnern möchte.

Ein Meisterwerk lateinischer Prosa also — unter dem griechischen Titel »Satyrikon«. Er soll an die bocksfüßigen Trolle der griechischen Posse erinnern. Hingegen kommt das urlateinische Wort Satire von der Satura, der bunten Früchteschüssel. Und Satiren schrieb *Juvenal*, der noch ein Kind war, als Petronius sich umbrachte. Der Satiriker will die Welt nicht darstellen, sondern durch Spott nachdenklich machen und bessern. Juvenal richtete seine bissigen Attacken gegen längst vergangene Dinge — die Tarnung war leicht durchschaubar. Vorzüglich versteht er sich auf knappe Pointen; viele bei ihm einst ganz neue Formulierungen sind heute abgedroschene Sprichwörter. Sie stimmen dennoch: »Mens sana in corpore sano« — alle hundert Jahre wird wiederentdeckt, daß gesunder Geist nur im gesunden Körper leben kann.

Vielleicht noch begabter war *Martial.* Doch der Vergleich dieser beiden, oft zusammen genannten, scheint zu zeigen: zum großen Schriftsteller gehört ein Mindestmaß an Gesinnung. Juvenal schrieb aus Überzeugung, Martial für Geld. Seine witzigen Epigramme verfertigte er gegen bar. Das merkt man — oder bin ich da voreingenommen?

Über den noblen Charakter des *Tacitus* hat es wohl noch niemals Streit gegeben. Er hatte das Glück, unter ein paar vernünftigen Herrschern zu leben. Sogleich entfaltete sich die besondere römische Begabung für große Geschichtsschreibung wieder.

*Sueton* schrieb seine Chronik der Kaiser nach Augustus; sie zeichnet, nach dem Urteil der Kenner, ein fast allzu dunkles Bild. Tacitus aber ist der gerechteste der Gerechten. Und so wurde dieser geborene Gallier zum letzten ganz großen Lateiner.

Bei uns macht ihn erklärlicherweise die »Germania« populär: jene meisterhaft knappe und erschöpfende Monographie, von der man nicht weiß: war sie als Tatsachenbericht gemeint oder als Warnung an seine politisch uninteressierten Landsleute? Beides kam wohl zusammen. Dies ist aber nur ein Nebenwerk, wie andere kleine Schriften über Redekunst oder Ackerbau.

Den Schwung und die Kraft eines Thukydides hat Tacitus in den beiden aneinander anschließenden Darstellungen des Jahrhunderts nach Augustus, den »Annalen« und »Historien«. Auch davon haben wir nur Bruchstücke; ein um so bedauerlicherer Verlust, da andere unwichtigere Autoren beser überliefert sind. So die beiden *Plinius:* Der Onkel, Verfasser von Kunst- und Naturbetrachtungen, kam bei jenem Vesuvausbruch um, der 79 n. Chr. Pompeji verschüttete; der Neffe, ein hoher Beamter, schildert später diese Katastrophe in seinen Briefen, die — so sagt Eppelsheimer — »von geradezu närrischer Eitelkeit« erfüllt sind. Doch erfahren wir durch Plinius d. J. immerhin manches darüber, wie das Reich durch tüchtige Verwaltung noch zusammengehalten wurde.

Bleibt jener Teil der imperialen Weltliteratur, der nicht in Rom entstand, sondern in den Provinzen. Und nun spreche ich von zwei Großen der Spätantike: Apulejus und Lukian. Beide lebten im zweiten Jahrhundert nach Christus. Beide waren hochgebildete Leute, mit der ganzen antiken Tradition gesättigt.

Der Afrikaner *Apulejus* schrieb lateinisch den Roman »Der goldene Esel«. Ein junger Mann wird durch Verwechslung von Hexensalben in ein armes, getretenes Grautier verwandelt, macht viel Elend durch, lernt aber auch auf neue Art die Schwächen und Laster der Menschen durchschauen. Endlich verwandelt ihn ein magisches Rosenfrühstück wieder in einen Menschen.

Apulejus erzählt diese fabulöse Geschichte mit wahrhaft virtuoser Psyche; feinsinnig deutet sie die Doppelnatur aller Erotik, in harmonischer Verschmelzung platonischer, stoischer und epikureischer Ideen. Dafür wird Apulejus geliebt, bis heute.

Das darf ich von *Lukian*, dem Syrer aus Samosata, nicht behaupten.

Doch jubeln ihm alle kritischen — muß ich heute sagen: nonkonformistischen? — Geister zu: »Freund! Vetter! Bruder! Kampfgenosse!« So Tucholsky. Lukian war Romancier, Dramatiker, Satiriker, Wanderredner gegen den greulich wuchernden Aberglauben; zuletzt gar Beamter, wie es heißt: ernannt vom Stoiker-Kaiser Marc Aurel. Das ist so, als hätte Hindenburg Tucholsky zum Regierungspräsidenten gemacht. Nun, in Frankreich kommt dergleichen ja heute noch vor . . .

Der Schriftsteller Lukian ist zugleich keck und tief, eine Verbindung, die allgemein für unvorstellbar gilt. Unser alter Wieland wußte das besser, aber der gilt ja bei uns auch nicht viel. Von Lukians zahlreichen Werken nenne ich wenigstens die Götter- und die Hetärengespräche. Seine Olympischen plaudern wie kleine Spießer, seine Dämchen manchmal wie kleine Göttinnen. Er kennt eben keinen Respekt. Einmal beschreibt er ein Weltwunder, die Zeus-Statue des Phidias — aber von innen: lauter Latten, Leim, Staub und Ratten. Man kann das frivol nennen, unnütz, abscheulich — mir erscheint es ein Sinnbild all unserer törichten Illusionen. Vielleicht gar ein Abbild unseres Wesens: Siehe, alles ist eitel und nichtig!

Aber — das steht beim Prediger Salomonis. Der war ein hellenistisch gebildeter Jude, vielleicht in Alexandria. Und gehört zu einem ganz anderen Kapitel der Weltliteratur, das wir jetzt aufschlagen.

# Seher und Deuter
## *Von Moses bis Dante*

In »Dichtung und Wahrheit« sagt Goethe:

»Die Bibel ist so voller Gehalt, daß sie mehr als jedes andere Buch Stoff zum Nachdenken und Gelegenheit zu Betrachtungen über die menschlichen Dinge darbietet.«

Und wie mit diesen einfachen Worten, so erwies Goethe zeitlebens dem Buch der Bücher seine Ehrfurcht. Dabei wird aber kaum jemand auf den Einfall kommen, der »alte Heide« sei ein Zeuge für die Glaubenswerte des Christentums oder Judentums! Nein, gerade weil er nur an den allgemeinen, geistig-literarischen Wert der Bibel denkt, ist sein Urteil gewichtig.

Daran wollen auch wir uns nach unseren bescheidenen Kräften halten. Die *Bibel* soll hier als ein Kernstück der Weltliteratur verstanden werden. Ich enthalte mich jeder Äußerung über religiöse Fragen. Überdenken wir nur dies: Wie es zum größten Bucherfolg der Literaturgeschichte kam und welche Folgen er hatte.

Die Bibel ist nicht das Werk eines Verfassers oder weniger Autoren. Sie ist eine Sammlung ungemein verschiedenartiger Teile. Ganze Kulturen, viele Zeitalter hinterließen darin ihre Spuren, bis nach einem Jahrtausend erstmals ungefähr das zustande kam, was heute Bibel heißt.

Diese Entstehung erklärt, weshalb ungewollt und unbewußt so starke übernationale Elemente auch im Alten Testament stecken, obwohl sich Gesetz und Propheten nur an das eigene Volk Israel wenden wollen. Im Neuen Testament aber ist ein erklärter Kosmopolitismus unverkennbar. Die Lehre Jesu soll hinaus zu allen Völkern dringen. Paulus schreibt seine Briefe an Griechen und Römer so gut wie an Hebräer.

Das ist völlig neu. Keine frühere Literatur wollte exportiert werden. Die spätantike, griechisch-lateinische Doppelkultur zeigt ja, daß selbst innerhalb des Imperium Romanum jeder Autor weiter in seiner Muttersprache gelesen wurde.

Das junge Christentum aber wird nun in ganz anderer Weise zu einem Träger jener allgemeinen Verständigung des Menschengeistes, die wir zu Beginn als Aufgabe und Wesen der Literatur definierten.

Und bei Juden wie Christen ist ausdrücklich das Buch, die Schrift, das Wort Träger der geschichtlichen Entfaltung. Beide sind Buch-Religionen. Weder Ägypten noch Hellas hätten formulieren können: Im

Anfang war das Wort. Die absolute Geltung des im Wort rein dargestellten Gedankens zeigt sich in der Feindschaft aller großen Israeliten gegen das Bild. Hier äußert sich eine Fähigkeit zur Abstraktion, die es diesem Volke möglich machte, mehrfache Austreibungen, jahrzehntelange Umsiedlung und endlich die völlige Zerstörung des eigenen Staates und die Zerstreuung in alle Welt zu überdauern. Zutreffend ist gesagt worden: Nicht Jerusalem, sondern die heiligen Schriften seien Israels wahre Hauptstadt gewesen. Dabei galten zu verschiedenen Zeiten sehr verschiedene Texte als authentisch.

In großen Zügen läßt sich das allmähliche Zusammenwachsen der Bibel gut verfolgen. Im einzelnen werden genaue Datierung und Quellen aber wohl nie restlos zu klären sein, obwohl sich nun schon viele Forschergenerationen mit immer mehr verfeinerten Methoden darum bemühen; und obwohl es zuweilen neue Funde gibt, wie jüngst die Schriftrollen am Toten Meer.

Sehr alt sind große Teile des Pentateuch, der fünf Bücher Mosis, mit ihrem urtümlichen Gemisch aus Sage, Chronik und Gesetzbuch. Schon bald nach 800 v. Chr. haben auch Propheten gepredigt und geschrieben, als Volkstribunen und Mahner der Könige, neben denen, oft auch gegen die sich diese bezeichnend israelischen Gestalten behaupteten. Dafür gibt es sonst nirgends im Alten Orient ein Gegenstück. Der eindrucksvollste war gewiß der grollende Jesaja, kaum wieder erreicht als Meister des kämpferischen Wortes. Aus alter Zeit stammen auch viele Psalmen; und das ergreifende Buch Hiob, die Parabel des duldenden Menschentums; oft schon wurde es der dichterische Höhepunkt der Bibel genannt.

Das zweite, das babylonische Exil (nach dem assyrischen) setzt einen entscheidenden Einschnitt. Jahrzehntelang mußten die umgesiedelten Juden am Euphrat auf die Heimkehr warten, die der Perserkönig Kyros nach seinem Siege über Babylonien anordnete. Inzwischen hatten die Juden manches aus der Kultur der Sieger übernommen, wie vermutlich schon vorher aus Ägypten und Phönizien. Die Sintflutsage gibt es allerdings fast überall auf der Erde; doch deckt sich die biblische Fassung zu genau mit der babylonischen, um nicht an unmittelbaren Einfluß denken zu lassen. Persisch sind wohl die Vorstellungen vom ursprünglichen Paradies auf Erden und vom verkörperten bösen Prinzip, vom Satan.

Dem heimgekehrten Volk wurde aber zugleich seine Eigenart lebhafter bewußt. Es begann die Aufzeichnung alter Überlieferungen. Die Redaktion wird dem Propheten Esra zugewiesen, in Wahrheit dauerte sie jahrhundertelang und wurde erst um 150 v. Chr. abgeschlossen. Der Hellenismus ermöglichte auch den Juden freizügige Teilnahme an der allgemeinen Kultur. Alexandria war ein jüdisches Bildungszentrum.

Hier entstanden Schriften wie der sogenannte Prediger Salomonis. Gern bezog man alles auf den berühmten weisen König von einst, ungefähr so wie im späten Mittelalter deutsche Sagen auf Barbarossa umgemünzt wurden. Wie stark das Judentum vom Hellenismus erfaßt wurde, sieht man an einem Gelehrten wie *Philon*, der Moses und Platon sozusagen vereinen wollte; in griechischer Sprache, dieser Jude sprach kein Hebräisch mehr. Dann wurden aber alle jüdischen Schriften gesammelt und übersetzt. Der Sage nach soll ein Ptolemäerkönig zweiundsiebzig weise Männer damit beauftragt haben; und jeder lieferte in Klausur genau den gleichen Text. Das ist die berühmte »*Septuaginta*« — der lateinische Name für ein jüdisches Werk in griechischer Sprache: welch ein Zeugnis damaliger Welteinheit! Hier ist erstmals die Dreiteilung in Gesetz, Propheten und kleine Schriften vollzogen. So wurde die Septuaginta dann eine wesentliche Unterlage der christlichen Bibel.

Dennoch war das Judentum niemals in Gefahr, völlig in der spätantiken Mischkultur aufzugehen. Dafür waren die eigenen Wurzeln noch zu kräftig. Bei aller Ähnlichkeit zu anderen Literaturen ist vieles im Alten Testament durchaus originell; vor allem, wenn ich das offen sagen darf, die unverkennbar weltlichen Stücke novellistischer Art, die erst im nachhinein religiös ausgedeutet wurden. Denken wir an den zwiespältigen Charakter Davids: Wie modern mutet der bald edelmütige, bald hemmungslose Mann an! Oder sein geliebter, abtrünniger Sohn Absalom: Eine Figur, die in verwandelter Form überall in der Weltdichtung wieder auftauchen wird. Ungewöhnlich eindrucksvoll fand ich von jeher die altjüdischen Frauengestalten. In kaum einer alten Literatur haben die strenge Rächerin Judith, die kluge Retterin Esther oder Ruth, die sanfteste der Liebenden, ihr Gegenstück. Hier finden wir eine sonst unbekannte Wertschätzung der Frau; erst nach Überwindung vieler neuer Hindernisse wird sich das endgültig durchsetzen.

Daß der jüdische Geist in hellenistischer Zeit ungebrochen blieb, zeigt sich in solchen nationalen Erneuerungen wie dem Makkabäertum. Erst 70 n. Chr. ging der kleine, halbunabhängige Staat dann unter. Der Jude *Josephus* hat, auf griechisch, das Ende Jerusalems beschrieben, das er als Gefangener im Lager des Kaisers Titus miterlebte.

In der großen, fast zweitausendjährigen Zerstreuung erwies sich dann der stetige Zusammenhalt Israels durch das Wort. Gewiß versteinerte die Literatur, weil sie das Erbe buchstabengetreu zu bewahren strebte. Doch enthalten der »*Talmud*«, die »Lehre«, und auch die »Kabbala«, die »Überlieferung«, neben Okkultismus und Zahlenmystik vieles menschlich Schöne und Große. Noch im 18. Jahrhundert brachte der jüdische Geist eine so eigenartige Spätmystik hervor wie den osteuropäischen Chassidismus.

Erst heute, im neuen eigenen Staate, hat der beharrliche Konservatismus seine Aufgabe erfüllt und stirbt doch wohl ab. Vom wichtigen Beitrag jüdischer Gelehrter zur Kultur des arabischen Mittelalters werden wir noch hören.

Den Zeitgenossen mußte das Christentum anfangs als eine jüdische Sekte erscheinen. Nach und nach aber trat das Neue deutlicher hervor. Die Richtung auf ein jenseitiges Ziel ähnelte mehr der Stoa als dem mosaischen Glauben.

Zweifellos ist das Neue Testament, im Gegensatz zum Alten, ein fast ganz theologisches Werk; Chronik und Aktualität treten zurück, alles zielt auf Darstellung und Verkündigung der Gestalt Jesu. Als aber unter Verfolgungen der neue Glaube sich rasch in alle Länder ausbreitete, brauchte er eine Tradition, ein Fundament; so wurden die alten Bücher zur heiligen Schrift auch der Christen — recht besehen ein eigentümlicher Vorgang: was eben überwunden war, galt nun als Teil der Lehre. Deren Kernstück bleibt natürlich das Evangelium.

Dessen vier Fassungen sind, literarisch gesehen, höchst verschieden. Der Zollbeamte Matthäus protokolliert sorgfältig; Markus erzählt schlicht und ohne Ausschmückungen; der gebildete Arzt Lukas, vermutlich Grieche, denkt auch an formale Wirkung. Das Johannisevangelium, das späteste, setzt sich spürbar schon mit der fremden Welt auseinander, die überzeugt werden soll. Den Beginn der Missionstätigkeit beschreibt die Apostelgeschichte, vielleicht eine Arbeit des Lukas.

Paulus ist dann der erste bewußt literarische Erklärer und Propagandist. Außerdem ist er organisatorisch hochbegabt. Mit ihm beginnt die reine Gedankenlehre sich zu einer Kirche zu verfestigen.

Die Apokalypse aber, das »Buch mit sieben Siegeln«, läßt sich wohl nur als Zugeständnis an die spätantike Lebensangst und Untergangsstimmung verstehen. Im Grunde gehört sie zu den Apokryphen, den nie als ganz vollwertig angesehenen Nebenschriften. Der Ausleseprozeß dauerte lange, im Grunde kam er erst zu Beginn der Neuzeit zu Ende. Es gab aber schon sehr bald Teilübersetzungen, so um 370 n. Chr. die des *Wulfila* ins Gotische. Lateinische Bibeln entstanden vor allem in Nordafrika, einem Mittelpunkt christlichen Geisteslebens. Sie wurden dann in Rom als Vulgata, als »die allgemein bekannte« Fassung, redigiert, die bis heute den Katholiken als verbindlich gilt. Die ersten christlichen Jahrhunderte sind erfüllt von Richtungskämpfen. Immer wieder mischten sich fremde, oft uralte Elemente ins junge Christentum. Die Kirchenväter wirkten für die Reinheit der Lehre, eben dabei wurden viele von ihnen zu Autoren hohen Ranges.

Der Karthager *Tertullian* verdammt in anspruchsvollem Stil die

Literatur, das sittenverderbende Theater, überhaupt alle Kunst. Ein anderer Eiferer nennt die Poesie das »in Süßigkeit gehüllte Gift». Von Tertullian stammt die verblüffende Formel: »Credo quia absurdum«; wenn man will, das letzte formulierbare Wort über das Wesen allen Glaubens: denn über den erklärten Glauben just an das Unglaubliche läßt sich schlechterdings nicht mehr streiten. Hätte diese Haltung sich durchgesetzt, dann wäre es aus gewesen mit aller Vernunft und aller Literatur. Daß es anders kam, verdanken wir zum guten Teil *Augustinus*, dem neben Paulus bedeutendsten frühchristlichen Autor.

Dieser Sohn eines Heiden und einer Christin löst den scheinbar unlösbaren Widerspruch zwischen Weltflucht und Weltanspruch in sich selber. Er bejaht die Zerrissenheit des Menschen als wahre Voraussetzung aller Tugenden; und die Unvollkommenheit aller menschlichen Einrichtungen als ewigen Ansporn, bessere zu schaffen. Diese sozusagen glaubenspolitische Seite seiner Lehre entwickelt der »Gottesstaat«, eine utopische Geschichtsphilosophie in der Nachfolge Platons, natürlich mit christlichem Ziel. Sie entstand nach der Eroberung Roms durch den Gotenkönig Alarich. Ein Versuch, die jungen Barbaren für die Idee einer Familie gleichberechtigter Völker zu gewinnen, für einen christlichen Kosmopolitismus.

Die »Confessiones« hingegen sind der schonungslose Bericht über Augustins eigenes Leben, das von einer bedenkenlos genossenen Jugend durch schwere innere Krisen zu ruhiger Sicherheit führte. Es ist die erste durchaus ernst gemeinte und aufrichtige Autobiographie, Ursprung einer neuen Literaturgattung. Durch sie wurden zu allen Zeiten Poeten und Philosophen tief berührt, oft gerade solche, die keine Gläubigen waren; Rousseau und Goethe sind dafür nur zwei Beispiele von vielen. Und wer heute darin liest, wird diese Seelenzergliederung als unbegreiflich modern empfinden.

Eins möchte ich noch erwähnen. Als Bischof von Hippo verzichtete Augustinus auf irdische Güter; er machte Ernst mit der urchristlichen Forderung nach sozialer Gleichheit und Gerechtigkeit. Jesus erklärt sich unzweideutig gegen ausbeuterischen Reichtum, das läßt sich nicht als symbolisch abtun. Freilich, der Glaube blieb nicht identisch mit der Organisation des Glaubens, der Kirche. Und so wurde der ethische Kommunismus zum niemals verwirklichten Ideal des Gottesstaates auf Erden.

Literarisch folgenreich war es, daß Augustin von jung auf eine Abneigung gegen das Griechentum hatte. Seine Autorität wirkte mit, daß Latein zur Sprache der Kirche und damit der Bildung wurde, für tausend Jahre und mehr. Nach der zunächst äußerlichen Reichsteilung wurde Rom von Byzanz auch geistig isoliert. Dort entstand noch die große

Sammlung römischer Gesetze unter Justinian, nachmals maßgebend für die gesamte Justiz fast bis auf unsere Zeit. Aber sonst: im Osten griechische, im Westen lateinische Philologie. In beiden Fällen wurde vieles gerettet, was sonst verschüttet wäre.

Das Mittelalter beginnt nicht mit dem Paukenschlag eines einzelnen Ereignisses, sondern unmerklich. Manche Kirchenväter sind schon Kleriker, die ins 10. Jahrhundert gepaßt hätten. Doch noch um 380 schreibt in Rom der syrische Grieche *Ammianus Marcellinus* in meisterlichem Latein seine Fortsetzung des Tacitus. Und erst 524 wird *Boethius*, Sproß eines römischen Patriziergeschlechts, Beamter unter dem Gotenkönig Theoderich, als Hochverräter hingerichtet; zuvor verfaßt er im Gefängnis seinen »Trost der Philosophie», in dem Platon und die Stoa harmonisch vereint sind. Das letzte große Werk des lateinischen Heidentums deutet sich dann das christliche Jahrtausend nach seinem Sinne.

Das christliche Jahrtausend ... Ist das die Definition für das Mittelalter? Nur zur Hälfte, denn dies ist ja auch die Epoche der blutigen Sagenhelden, der Sänger, der Lehensherren und ihrer Fehden, die kein Gottesfriede zu dämpfen vermag. Kurzum, es ist auch das feudale Jahrtausend.

Wundern Sie sich bitte nicht allzusehr, wenn ich der Literatur des christlichen, des kirchlichen Mittelalters entschieden den Vorzug gebe vor der weltlichen. Die volle Begründung ist erst möglich, wenn wir Edda und Nibelungenlied betrachten, und die geistige Überwindung des brutalen Heldenepos durch den Minnesang und Dantes »süßen neuen Stil«.

Ich möchte erklären, warum mir die geistlichen Autoren jener Jahrhunderte so bemerkenswert erscheinen. Über das Mittelalter gibt es zwei völlig unvereinbare Ansichten. Die eine feiert es als Zustand nie wieder erreichter Harmonie. So hielten es vor allem unsere Romantiker um 1800. Novalis beginnt seine Schrift »Die Christenheit oder Europa« mit einer verzückten Hymne auf die »schönen, glänzenden Zeiten« im »menschlich gestalteten Erdteil«, wo jedermann heiter sein irdisches Tagewerk vollbracht hätte, da durch heilige Menschen, wörtlich, »jede mißfarbige Stelle des Lebens ausgelöscht« wurde.

Das ist, man fühlt es, eine rosarote, rückwärts gerichtete Utopie. Aber einseitig und platt wirkt auch die Vorstellung vom ganz und gar finsteren Mittelalter, die vor allem seit der Aufklärung verbreitet ist. Versuchen wir, jene Jahrhunderte nicht als dunkle Winternacht, sondern als ruhige Sternstunden zu sehen, zwischen dem blutroten Sonnenuntergang der Antike und der dämmernden Morgenfrühe der Renaissance, die unseren Tag heraufführen sollte. Als eine schöpferische Pause also des Menschengeistes in Europa.

Wenn Sie mir diese Auslegung abnehmen, dann werden Sie wohl auch meine Bewunderung für jene Mönche und Gelehrten teilen, die in einsamer Zelle beim Öllämpchen lasen und schrieben, um das Alte zu bewahren, das Kommende vorzubereiten. Mit anderen Worten: Weil es der Geist schwer hatte, sind manche seiner Leistungen um so erstaunlicher.

In Hellas und Rom, und dann wieder in Florenz und Paris, London und Madrid wird die Literatur als Ganzes von großen Zeitströmungen getragen. Die gab es im Mittelalter kaum, da mußte der einzelne sich behaupten. Und das tat er zuweilen, indem er als Mann der Kirche gegen die Verkirchlichung des geistigen Lebens opponierte.

Das ist das Wort! Aus unbewußten, behutsamen Anfängen entwickelte sich damals etwas wie eine literarische Opposition. Gerade viele Kleriker begannen, die Starre zu lockern, die eingefrorene Begriffswelt aufzutauen. Ich versuche, das an einigen Beispielen zu zeigen, quer durch die Jahrhunderte zwischen 700 und 1300.

Der karolingische Hof gilt als Zentrum mittelalterlicher Geistespflege. Wir werden noch sehen, wie schlicht und ungeistig es dort zuging. Die kunstvolleren Darstellungen auch des weltlichen, des politischen Lebens der Zeit stammen von Geistlichen. So schrieb Bischof *Gregor von Tours* seine Historie der Franken. Auch manches Heldenlied ist in Wahrheit Mönchsdichtung.

Sehen wir uns den *Heliand* an, die Missionsschrift für die eben unterworfenen Sachsen. Da ist in sechstausend Stabreimen auf deutsch der Friedenskünder Christus zum germanischen Herzog umgedeutet, die Jünger sind seine Vasallen. Wenige hundert Jahre später wäre so etwas als blanke Ketzerei verdammt worden; ein ganz in sich ruhendes Zeitalter durfte weitherziger verfahren.

Und wie erstaunlich, daß immer wieder Frauen eine Rolle in der mittelalterlichen Literatur spielen, wo es doch hieß: Mulier taceat in ecclesia! Sie schwiegen aber nicht, die Hrotsvith, Mechthild und Hildegard. Auffallend ist immerhin, daß *Hrotsvith von Gandersheim* ihre christlichen Umdichtungen des Terenz deshalb verfaßte, weil es sie bekümmerte, daß der alte derbe Heide zu oft in den Klöstern gelesen wurde.

*Mechthild von Magdeburg* aber mit ihrer höchst irdisch klingenden Jesusliebe und *Hildegard von Bingen* mit den Schilderungen ihrer Visionen, sind sie nur besonders begabte, begnadete Nonnen? Doch Mechthild schreibt deutsch. Und Hildegard verfaßt auch Leitfäden der Medizin und Naturkunde, und sie wechselt Briefe mit Fürsten und Päpsten über Fragen der Zeit und des Glaubens. Was hätte ein Tertullian dazu gesagt!

Beide bedeutenden Frauen waren Mystikerinnen, und die gesamte Mystik ist ja offenbar lebendiger Protest gegen das, was an der Kirche als tot empfunden wurde; gegen die strenge Lehrmeinung, die gemeinhin Scholastik heißt. Es wäre aber auch wieder ein Irrtum, die Scholastiker in Bausch und Bogen als engstirnige Starrköpfe abzutun. Die größten waren universale Geister, die sich harte Zügel anlegten und doch ihr weltumfassendes Wesen nie ganz verleugnen konnten.

Ein gläubiger Katholik wird mir jede Berechtigung absprechen, beim Verfasser der »Summa theologiae«, beim großen *Thomas von Aquino*, sozusagen als Detektiv des Unglaubens nach Spuren höchst weltlicher Vernunft zu suchen. Noch heute gilt der »doctor angelicus», der engelgleiche, als unangetastete Autorität. Mit aller Zurückhaltung will ich dennoch soviel sagen: Thomas unterzieht, geschult an Aristoteles, das Christentum schwierigen und nicht ungefährlichen Denkprozessen. Es ist ein heroischer Versuch, Glauben und Wissen für immer zu versöhnen, eins aus dem anderen abzuleiten. Daß ich vom Ergebnis nicht überzeugt bin, kann meine Bewunderung nicht mindern; und, ich gestehe es, meine Befriedigung darüber, daß auch der größte aller Kirchengelehrten sich an die Instanz der schöpferischen Vernunft überhaupt wendet. Welch ein weiter Weg von Tertullian bis hierher.

Freilich, Thomas steht ganz am Ende. Als er 1274 starb, war Dante schon neun Jahre alt. Und während mich der Aquiner zu respektvollem Staunen nötigt, fühle ich für andere eine herzliche Sympathie. Da ist *Peter Abälard*, jeder kennt seine unglückliche Liebesgeschichte mit Heloise. Sie war damals vielleicht nicht gar so ungewöhnlich, aber völlig unzeitgemäß ist die Beschreibung, die er davon in Form fingierter Briefe gibt. Da sind wir unmittelbar angerührt, nicht vom Zeugnis einer fernen Epoche, sondern von einem Menschen, der uns gleicht.

Vielleicht steckt dahinter ein philosophischer Grund. Abälard gilt zwar als Scholastiker, er war aber Nominalist; d. h. ihm galten die sogenannten »Universalien«, die allgemeinen übergeordneten Begriffe, als bloße Denkbehelfe, während die offizielle Lehre sie für Realitäten ansah, die objektiv vorhanden sind, unabhängig vom Wort, vom menschlichen Geist also. Diesem wird im Nominalismus eine selbstherrliche, fast eine schöpferische Rolle zuerkannt; das war ketzerische Verirrung und wurde auch als solche mehrfach verdammt. Wir können den Universalienstreit, der sich über Jahrhunderte hinzog, hier nicht im einzelnen verfolgen. Aus dem Nominalismus entwickelte sich nachmals ein großer Teil der neuzeitlichen Denkmethoden, besonders in Frankreich und England. Abälard ist einer ihrer frühen Vorläufer.

Genug von der Philosophie — ein Blick auf *Franz von Assisi* wird uns den Kopf lüften und die Seele jubeln lassen. Er ist der heiterste aller Heiligen. Und ich denke, es ist keine Blasphemie, wenn ich ihn einen epikureischen Christen nenne: mit seiner Freude an Tieren und Blumen, seiner beharrlichen Liebeskraft, mit seinem Ja zum Dasein. Ich habe immer gemeint, daß die freundliche Gestalt des Franziskus ein Gottesbeweis sei, den gar ein Schopenhauer gelten lassen könnte.

Das Herz aber geht mir auf bei *Meister Eckart*, der zu Köln auf deutsch schrieb und predigte. Daß der elende Geistverderber Alfred Rosenberg aus dem gewaltigen Dominikaner einen Vorahner des Nationalsozialismus machte, kann mir Eckart nicht verleiden. Er war natürlich kein Feind des Klerus, aber ganz gewiß auch kein Bewahrer allein, sondern ein Erneuerer des Glaubens. Alle diese großen Außenseiter bereiten kommende Entwicklungen ja nicht planvoll vor, sondern oft gegen ihre Absicht: ein dialektischer Vorgang von hohem literarischem Reiz, den wir in anderem Zusammenhang später nochmals betrachten müssen.

Eckart wagte so kühne Thesen wie diese: »Wenn Gott sich von der Wahrheit abwendete, so würde ich Gott verlassen!« Allein der Gedanke, Gott und Wahrheit als zweierlei aufzufassen, macht Eckart zum Ketzer. Als solcher wurde er auch kurz vor seinem Tode angeklagt, sein Werk dann verdammt. Doch hatte er Nachfolger wie Tauler und Seuse; und etwas von seinem freien Geist regt sich selbst noch in den sanften Betrachtungen »De imitatione Christi«, die dem *Thomas a Kempis* zugeschrieben werden; das bis heute meistgelesene Andachtsbuch.

Sie werden vermutlich den Eindruck haben, daß ich mich hier reichlich weit mit meinen subjektiven Urteilen vorgewagt habe. So bilden Sie sich also ihre eigenen — keine geistesgeschichtliche Epoche fordert dazu stärker heraus als das Mittelalter. Ich fürchte, wenn wir uns nun dessen weltlicher Dichtung zuwenden, dann könnten die Meinungen noch härter aufeinanderprallen.

## Das weltliche Mittelalter
## *Ritter und Sänger*

Was ist nun das Mittelalter? Offenbar ein etwas ungenauer Hilfsbegriff. Das Wort bürgerte sich bei uns erst gegen Ende des 18. Jahrhunderts ein, nach französischem und englischem Vorbild. Noch nie wurde die Epoche durch genaue Daten abgegrenzt. Beginnt sie mit Konstantin, mit der Völkerwanderung oder später? Endet sie in der Renaissance, bei der Entdeckung Amerikas oder durch die Reformation? Ich weiß es nicht. Und doch hat jedermann eine ziemlich deutliche Vorstellung davon, was gemeint ist.

Nehmen wir noch einmal die bereits erwähnte kleine Schrift von Novalis zur Hand: »Die Christenheit oder Europa«. Die wenigen Seiten können jedermann zu einem klaren Bilde verhelfen, sei es nun mit dem begeisterten jungen Dichter oder gegen ihn. Er ist geradezu ein Prüfstein.

Novalis erkennt, daß sich die ganze spätere Geistesgeschichte vom Mittelalter her deuten läßt; sagen wir ruhig: als ein Aufstand gegen das Mittelalter. Darin muß jeder ihm beistimmen, mag er's nun als Glück oder Unheil empfinden.

Novalis beklagt den Untergang jener »schönen, glänzenden Zeiten«. Eins hat er durchaus zutreffend gesehen und schon in seinem Titel programmatisch ausgesprochen: Damals gab es wirklich ein Europa. Die Kirche war eine Einheit, schon durch ihre Sprache, das Latein. Aber es gab auch eine Übereinstimmung aller Fürsten und Lehnsherren, von Spanien und Italien bis England und Deutschland. Nach der Völkerwanderung erhielten sich Reste alter Stammesverwandtschaften noch lange. Dann wurde der Kern des Kontinents eine Zeitlang im Frankenreich fest zusammengeschlossen, später im Heiligen Römischen Reich. Erst im Laufe von Jahrhunderten fiel alles auseinander.

Nun entwickelten sich die einzelnen Nationen und damit zunehmend verschiedene Sprachen und Literaturen. Am Ende des Mittelalters geht jedes Volk seinen eigenen Weg; die Einheit der europäischen Kultur ist verloren.

Novalis erörtert knapp und scharfsinnig die Folgen dieser Aufspaltung, über Protestantismus und Gegenreformation bis hin zur Französischen Revolution seiner Tage. Er endet mit der Vision einer neuen, friedlichen Vereinigung, die er sich freilich nur unter christlichem Vorzeichen vorzustellen vermag. Darüber läßt sich streiten. Den Lauf der späteren Geschichte — bis zu unseren, nun säkularisierten Bemühungen um ein neues Europa — findet man in der berühmten Schrift prophetisch vorgeahnt.

Nun glaubt aber Novalis offenbar allen Ernstes daran, das Mittelalter sei eine Art Himmel auf Erden gewesen und wir müßten zu diesem Idealzustand zurückkehren. Ähnlich empfand dann die ganze deutsche Romantik; und nicht wenige Menschen glauben bis heute an das schöne Trugbild.

Das ist es nämlich. Hören wir noch einmal Novalis:
»Wie wohltätig, wie angemessen der inneren Natur der Menschen, diese Regierung, diese Einrichtung war, zeigt das gewaltige Emporstreben aller anderen menschlichen Kräfte« (gemeint ist: abgesehen von den religiösen), »die harmonische Entwicklung aller Anlagen; die ungeheure Höhe, die einzelne Menschen in allen Fächern der Wissenschaften und der Künste erreichten, und der überall blühende Handelsverkehr mit geistigen und irdischen Waren.«

Hier stimmt nun, denke ich, fast nichts mehr.

Um mit dem Schluß zu beginnen: Den allgemeinen freien Austausch gibt es nicht. Der mittelalterliche Durchschnittsmensch hatte sich mit dem zu begnügen, was die nahe Umgebung bot. Die »irdischen und geistigen Waren« erreichten nur eine dünne Schicht, alle übrigen mußten sich mit geistlichem Trost begnügen. Sie taten es lange Zeit hindurch willig, ja begeistert. Nach den Wirren der Völkerwanderung wurde das Dasein in sicherer Enge ohne Zweifel erträglicher, sinnvoller durch den zuversichtlichen Glauben an ein besseres Jenseits.

Aber die weitaus meisten Menschen waren nicht, wie Novalis behauptet, »allenthalben geehrt«, als Glied nämlich der christlichen Gemeinschaft; sondern sie waren unfrei, höchstens halbfrei. Und sie waren völlig ungebildet. Das wird allerdings auch heute noch von manchen als sozusagen paradiesischer Zustand angesehen; aber in einer Betrachtung der Weltliteratur darf diese Auslegung oder Ausflucht wohl unbeachtet bleiben.

Der Feudaladel und die Geistlichkeit allein hatten Zugang zu einem höheren, ja überhaupt zu einem bewußten Leben. Dabei konnte der einfache Mann immerhin zum Kleriker werden, hier gab es keinen ererbten Adel der Frömmigkeit. Vielleicht ist das der Grund dafür, daß Bischöfe und Klöster entschieden besser mit ihrem geistigen Pfunde gewuchert haben als Fürsten und Lehnsherren. Bei denen ging es so zu, wie nahezu alle frühen Sagen das anschaulich darstellen: rüde, egoistisch und höchst unchristlich. Dabei ist noch zu bedenken, daß diese Zeugnisse ja fast ausnahmslos nur in späteren Fassungen auf uns gekommen sind;

also gewiß geglättet und redigiert, ursprünglich muß sich die barbarische Wildheit weit ungezähmter ausgelebt haben.

Hier also erfüllte die Lehre Christi ohne Zweifel eine hohe zivilisatorische Aufgabe. Sie verdammt ja gerade alles das, was in den Heldensagen verherrlicht wird: Mord und Raub, Zweikampf und Entführung, Goldgier und Freßsucht; ganz zu schweigen von jenem Hochmut, der viele Sagenhelden bis zum förmlichen Wahnsinn erfüllt.

Manchmal häufen diese Dinge sich, und eben auch in späten, vielmals überarbeiteten Texten, so auffallend, daß ich vermuten möchte, es stecke eine Absicht dahinter. Entweder wollte ein christlicher Sänger abschrecken; oder ein in Wahrheit noch heidnisch gesinnter, primitiver Barde schuf sich und seinen feudalen Auftraggebern eine Art Ventil für die uralten, durch das Christentum unterdrückten und verdeckten Triebe, durch eben solche genüßlichen Schilderungen.

Wer diese Deutungen nicht gelten läßt, wird bei auch nur flüchtiger Kenntnis bemerken, daß barbarische und zivilisierte Elemente da unvereinbar gegeneinander stehen. Dieser Zwiespalt muß auch die damals lebenden Menschen jahrhundertelang bedrückt haben. Um es anders zu sagen: Wem sollten sie gehorchen, dem Priester oder dem Lehnsgrafen? Die literarischen Zeugnisse scheinen zu beweisen, daß sich die weltliche Macht kräftig behauptete. So kräftig, daß selbst geistliche Chronisten sich der weltlichen Gesinnung manchmal beugten. Nur allmählich setzten sich humanere Ideen durch. Was etwa in der Beowulfsage ein blasser Firnis über die urtümlichen Grausamkeiten ist, wird in den Artusepen zum Wesensmerkmal, endlich bei Chrestien und Wolfram von Eschenbach zu einem edleren Menschenbild. Da sind wir aber schon im »Herbst des Mittelalters«, um Huizingas schöne Prägung zu benutzen.

Wo finden wir nun die ältesten Zeugnisse weltlicher Literatur im Mittelalter?

Vielleicht sind es jene Runenzeichen, die auf Tiergehörn oder Felssteinen nordischer Länder eingeritzt zu sehen sind. Vielleicht sind es jene Sagen, die viel später — und eben dann wiederum durch forschendes Interesse von Bischöfen — unter dem Namen Edda gesammelt wurden. Zu den beiden Stoffkreisen dieser Skalden-Dichtung kommen noch die Sagas hinzu, zum größten Teil stammt das alles aus Island, vom äußersten Rand des damaligen Erdkreises. Es ist überhaupt eigenartig, daß während des hohen Mittelalters viele Ausstrahlungen von den Randgebieten ins Zentrum erfolgen, nicht umgekehrt.

In der *Edda* findet sich viel altgermanische Mythologie, es gibt auch Liedfragmente, außerdem ein förmliches Lehrbuch der Skaldentechnik. Das ist wichtiges Quellenmaterial zur germanischen Frühgeschichte. Oft wird der Leser gepackt durch sprachkräftige Bilder. Aber insgesamt kommt man der Edda doch nur mit einem bewußten Bildungswillen näher. Mir sagen die isländischen Nebel und die düstere Weltuntergangsstimmung wenig. Als Saemund (vielleicht) die ältere Edda schuf, gab es immerhin schon den Heliand, den ich weit besser verstehe. Und als im 13. Jahrhundert Snorri Sturluson, wie man annimmt, die jüngere Edda redigierte, schrieben schon Chrestien und Wolfram.

Warum werden die nordischen Mären als etwas Außerordentliches angestaunt? An der Originalität kann's nicht liegen: Längst sind mannigfache Einflüsse nachgewiesen, von Indien und Persien bis zu Homer und natürlich der Bibel. An ein baldiges Weltende aber glaubte gegen das Jahr 1000 ganz Europa. Nun kommt es freilich auf das Erfinden neuer Themen nicht an, darüber sprachen wir schon. Hat also ganz neue, eigene, eigenwillige Dichterkraft in Island und Norwegen unzweifelhafte Poesie hohen Ranges geschaffen?

Oder wie ist's mit dem *Hildebrandslied*, dem frühesten, leidlich authentischen Zeugnis deutscher Heldenzeit? Davon haben wir nur ein Bruchstück, die niederdeutsche Umschrift eines vielleicht bayerischen, vielleicht langobardischen Originals. Hier geht's noch durchaus unchristlich zu: Vater Hildebrand trifft auf Sohn Hadubrand, sie erkennen einander nicht, ein Gruß wird als Beleidigung verstanden, beide greifen zu den Waffen und wüten gegeneinander. Der Schluß fehlt, offenbar kommt der Sohn um. Da ist also der ewige Vater-Sohn-Konflikt zum Schwertkampf gesteigert. Soll ich mich daran erbauen? Eher begreife ich noch den angelsächsischen Heros *Beowulf*. Der will seine Untertanen vor schrecklichen Ungeheuern erretten und fällt im Kampf.

Hier hat man Anklänge an Vergil entdeckt. Und überhaupt war auch bei den weltlichen Sängern doch nicht jede Erinnerung an eine andere Poesie erloschen, die noch andere Gegenstände kannte als Raub, Zweikampf und Lindwurmabenteuer. Ich meine, daß es auch aus den rohesten Zeiten der Feudalherrschaft allerlei Zeugnisse dafür gibt, daß Vernunft und höherer Sinn unterirdisch fortlebten.

Da sind etwa die *»Gesta Romanorum«*: rührend naiv erzählte kleine Geschichten, großenteils mit antiken Themen. Alexander und Caesar sind mit christlichen Vorstellungen vermengt. Leider haben wir auch davon nur viel spätere Niederschriften; doch merken wir deutlich, daß solche Histörchen jahrhundertelang von Mund zu Mund weitergegeben sein müssen.

Dann entsteht gegen Ende des Mittelalters die *Vagantendichtung*, verbreitet durch wandernde Klosterschüler. Nach altlateinischen Vorbildern werden die Gaben von Bacchus und Venus gefeiert, die Priester verspottet. Ein Beispiel sind die »*Carmina burana*«, die Lieder aus Kloster Beuron, die in unserer Zeit Carl Orff wiederbelebt hat.

Vor allem aber gab es immer wieder Versuche, die antike Kultur planvoll zu erneuern. Man spricht geradezu von einer karolingischen und einer ottonischen Renaissance. Beide blieben im Anlauf stecken; erst die dritte, die frühbürgerliche, städtische Renaissance Italiens drang dann durch.

Karl der Große berief Gelehrte und Dichter aller Länder an seinen Hof, er wollte ein neuer Augustus sein. Man darf diese Bemühungen nicht überschätzen; immerhin nenne ich mit Respekt den Hofhistoriker *Einhart* und den aus England stammenden *Alcuin*, eine Universalbegabung. Sein Schüler *Hrabanus Maurus*, Kirchenfürst in Fulda und Mainz, erwarb sich durch vielfältige literarische Arbeiten den Ehrennamen eines »Praeceptor Germaniae«.

Anderthalb Jahrhunderte später blühte unter Otto dem Großen in Deutschland ein lebhaftes Kulturleben. Mittelpunkt war lange Sankt Gallen. Dort hatte schon *Notker der Stammler* eine anekdotische Chronik Kaiser Karls verfaßt. Nun schrieb *Ekkehard*, den nachmals Scheffels Roman so populär machte, das Epos von »Waltharius mit der starken Hand.« Überhaupt wurden gern fränkische, karolingische Paladine wie Roland in heroischer Poesie verherrlicht, und so mündete die höfische Literaturrenaissance zunächst doch wieder in die Heldensage.

Dann aber kündigten zwei folgenreiche Erscheinungen eine endgültige Wende an: die Verbreitung der Artussagen und der Troubadourdichtung über ganz Europa. Beides zeigt, daß die Vorstellung von einem verdeckten, beharrlichen Ringen um die Wiedergewinnung eines höheren Menschenbildes keine bloße Behauptung ist.

König *Artus* oder Artur ist, wie man heute annimmt, zunächst eine Figur der kymrischen, also keltisch-walisischen Sage gewesen; entstanden vielleicht den angelsächsischen Eroberern zum Trotz. Die unterlagen dann selbst 1066 den französisch gebildeten Normannen. Und nun erst kristallisierte sich, aus drei Kulturen angereichert, der Sagenkreis um den weisen, mächtigen König und seine Ritter, die Iwein und Gawan, Lancelot und Perceval. 1136 erscheint die Artus-Tafelrunde in der »Historia regum Britanniae« des *Geoffrey of Monmouth*. Die Normannin *Marie de France*, am englischen Hofe lebend, macht daraus gereimte leichte Liebesepen. Bis ins 15. Jahrhundert entwickeln sich die Artus-Stoffe fort. Dann gibt ihnen ein Prosaroman von *Thomas Malory* ihre sozusagen klassische Form.

Man hat schon oft gesagt, die Artusritter seien die ersten Gentlemen gewesen. Ihre Fairneß und Nächstenliebe, ihr Anstand und Gleichmut wurden späterhin vom ritterlichen Manne aller Nationen verlangt. Denn das Artusideal strahlte aus auf ganz Europa. Spuren davon findet man in einigen ersten Dokumenten neuer Literaturen: in den spanischen Nationalliedern vom Cid, dem Führer gegen die Araber; und vielleicht auch im russischen Igorlied, das Kämpfe gegen die Tataren besingt.

Vor allem aber entstand eine bedeutende Artus-Epik in Frankreich und Deutschland. Ihr Initiator ist *Chrestien von Troyes*, ein adliger Hofpoet aus der Champagne, gegen 1200. Chrestien erscheint als erster, bewußt literarisch schreibender Weltmann seit langer Zeit. Er liebt und sucht stilistische Schwierigkeiten, er schätzt Seelenzergliederung und Ironie, er bringt gern allerlei Schnörkel an — kurzum, er entspricht der Gotik, welche mit ihrer Formenfreude die klare, herbe Romantik damals in der Baukunst ablöste.

Bei ihm vielleicht noch nicht, sicherlich aber bei seinen deutschen Nachfolgern wirken die starken Eindrücke mit, welche die Ritterschaft Europas durch die Kreuzzüge im Orient empfing. Auf einmal weitet sich der Blick, ganz neue Themen und Gestalten werden aufgegriffen. Man merkt das an den drei großen deutschen Epikern des 13. Jahrhunderts.

Der Schwabe *Hartmann von Aue* behandelte mehrere Artushelden. Dann eigene Stoffe: zuerst den »Gregorius«, nach einer Anekdote aus den »Gesta Romanorum«: es handelt sich um eine modernisierte Ödipustragödie, mit untragischem Ausgang diesmal. Der ahnungslos der eigenen Mutter Angetraute verbannt sich selber auf eine öde Insel, von wo man ihn später holt und zum Papst wählt. Krasser ist die Schauermär vom »Armen Heinrich«. Den am Aussatz erkrankten Ritter kann nur das Blut einer reinen Jungfrau heilen. Ein armes Mädchen will sich opfern. Nach langem inneren Kampf lehnt Heinrich das ab, wird dennoch gesund und kann die Edelmütige freien. Der Stoff begeisterte die Romantiker; neuerdings haben ihn Gerhart Hauptmann und Thomas Mann aufgegriffen. Ich halte mich an Goethe, der fand, er würde den Ekel gegen das Thema schwer los und fühle sich schon beim Berühren des Buches selbst angesteckt.

Ein schöneres Ritter- und Menschenideal verkündet der Franke *Wolfram von Eschenbach*. Sein »Parzival« ist ein Träumer, ein verzückter Lebenspilger zum Gral hin, nicht ganz der reine Tor, den Wagner aus ihm machte. In den mehr als 24.000 Zeilen des Epos steckt auch ein aufschlußreicher Entwicklungs- und Erziehungsroman aus jenen Zeiten. Doch mindert der überladene, oft gewollt dunkle Stil die Freude an Wolframs unerschöpflicher Phantasie und seinem zuweilen aufblitzenden Humor. Vermutlich ist er die stärkste ursprüngliche Dichterbegabung der drei großen Epiker. Ob man ihn auch als einen Vollender feiern darf?

Den sehe ich eher in *Gottfried von Straßburg*, obgleich dessen »Tristan« nicht zu Ende geschrieben ist. Gottfried muß ein hochgebildeter, vermutlich städtischer Mann gewesen sein; von seinem Leben wissen wir noch weniger als von dem der beiden Rivalen. Er gilt als kalt und nüchtern; es hat ihm geschadet, daß er gegen Wolframs mystische Verstiegenheit offen polemisierte. Und dann — er wählte sich unter all den tadelfreien Artusrittern just den Ehebrecher Tristan zum Helden! Gottfried erzählt aber nicht nur die Liebe zu Isolde, sondern das ganze Leben Tristans; dabei versetzt er ihn in eine damals moderne, realistische Umwelt. Und insgesamt leitet er schon unmerklich über in ein anderes Zeitalter, zu Dantes »dolce stil nuovo«, ja zur Sinnenfreude Boccaccios.

Wolfram und Hartmann schrieben auch Gedichte. Die Lyrik aber hatte fast noch stärkeren Anteil an der Ausbildung eines neuen Menschenideals. Das begann in der Provence, jener schon lange vor Caesar romanisierten Ecke Frankreichs; sie blieb mediterranes Land, als weiter nördlich Franken, Kelten und Romanen zum neuen Franzosenvolk verschmolzen. Es gab Einflüsse aus dem arabischen Spanien. Alles war hier leichter, fröhlicher als am Hofe Karls oder auch der deutschen Ottonen und Salier.

Poesiebegabte Leute an kleinen Fürstenhöfen erfanden ein Spiel: Sie wählten sich eine Herrin, nicht um sie ernstlich zu gewinnen, nur um sie zu besingen. Außerdem kannten sie natürlich auch eine sehr irdische Liebe: Das bezeugt der bald darauf entstandene *»Roman der Rose«*, eine Verherrlichung der Erotik und auch der Sexualität in geistreichfrivolen Versen. Aber als Troubadoure verehrten sie ihre Damen platonisch — oder sagen wir gleich: literarisch.

Und eben dies hatte einen erstaunlichen Erfolg; in ganz Europa ahmte man es nach, mit besonderem Erfolg bei uns in Deutschland. Ungezählte gefühlvolle und gescheite Strophen haben die Herren *Heinrich von Veldeke*, *Neidhart von Reuental*, der *Kürenberger* und wie sie alle heißen gedichtet; ich tue ihnen nicht unrecht, wenn ich meine: Ohne das Vorbild der Ventadour und de Born wär's dazu nie gekommen. Neue, ganz eigene Töne fand erst Walther, aber den hebe ich mir noch auf. Erst soll von jenem Werk gesprochen werden, das doch wohl allgemein als Gipfel der deutschen mittelalterlichen Literatur angesehen ist: vom *Nibelungenlied.*

Freilich, ganz so hoch wie bei unseren Großvätern ist es nicht mehr geschätzt. Die hatten aber eher Wagners Musik im Ohr, manche auch Hebbels modernisierende Psychologie. Und weniger die 2.300 oder 2.400 Strophen der verschiedenen Handschriften, die im 18. Jahrhundert aufgefunden und zunächst ganz richtig als kulturgeschichtliches Kuriosum angesehen worden waren. Erst seit der Romantik galt das Epos als Meisterwerk der Dichtung; und die neuhochdeutsche Übertragung durch Karl Simrock war jahrzehntelang vielleicht tatsächlich ein Hausbuch deutscher Bürgerfamilien.

Ich habe solch ein Exemplar neben mir liegen, aus dem Jahre 1859. Darin las ich jetzt immer wieder. Dann schlug ich in vielen Literaturgeschichten nach und fand — zu meiner Beruhigung, ich sage es ehrlich —, daß sich seit neuestem endlich eine gewisse Zurückhaltung bemerkbar macht. Und doch nimmt das Nibelungenlied im allgemeinen Bewußtsein immer noch den Rang einer deutschen Ilias ein.

Davor hat schon Goethe gewarnt. Mehrfach befaßte er sich mit dem Epos. Anfangs berührte ihn die scheinbare Ursprünglichkeit, später erkannte er, daß es sich in Wahrheit um ein spätes, künstlich primitiv gehaltenes Werk handele. Die blutige Roheit ist aufgesetzt, nicht naiv, das ist zunächst einmal festzuhalten. Dagegen wäre noch nichts zu sagen, wenn das Ganze aus einem Guß wäre, in überzeugendem Schwung neu gedichtet nach alten Vorlagen. Das ist aber nicht so. Der unbekannte Bearbeiter läßt unvereinbare Dinge hart nebeneinander stehen. Christlicher Lack liegt nur hauchdünn über Mord und Raub. Allzuviel haben am Ende schon die Zeitgenossen nicht von dem grob zusammengezimmerten Gebilde gehalten; sie kannten schon die mächtigen, aus bewußter Dichterkraft gegliederten Epen; überall entfaltete sich der Minnesang. Das ungefüge Monstrum mag als seltsamer Eindringling gewirkt haben. Es geriet bald in Vergessenheit. Und während ungezählte Dichternamen aus jener Zeit bekannt sind, gibt es nicht einmal einen sagenhaften Homer des Nibelungenliedes.

Vom Inhalt brauchen wir nicht zu reden. Alles geschieht arglistig, aus bösem Willen, nahezu jeder betrügt jeden. Ganz übel hintergeht Siegfried Brunhild, geradezu kupplerisch überwältigt er sie für Gunther, im Schutz der Tarnkappe. Von da aus läuft die Kette der Lügen und Täuschungen monoton ab bis zum angeblichen Schicksalskampf in der Hunnenhalle, der ein wahnsinniges, widerwärtiges Abschlachten ist, beginnend mit einem unerhört grausamen Kindesmord. Mitgefühl erweckt allenfalls Rüdiger von Bechlaren, auch er weiß keinen anderen Ausweg als in den sinnlosen Tod, weil er mit dem Zwiespalt zwischen Verwandtenliebe und Lehnspflicht nicht fertig wird.

Blindwütige Mannentreue, das ist die einzige, die gilt, aber auch sie nicht immer. Es ist das hohe Lied der Treulosigkeit, das hier gesungen wird. Besitzgier, Blutrausch, Rachsucht sind die Triebkräfte. Manchmal die grausame Kumpanei des Wolfsrudels. Es endet, es muß enden mit Ausrottung; anders als im *Gudrunlied*, das nur wenig später entstand, das auch von Kampf und Gewalttaten erfüllt ist, und doch kommt es da zu einem besseren Ende. Sonderbarerweise fanden gewisse romantische Germanisten, eben deswegen stünde Gudrun weit unter Kriemhild. Ein richtiger Held hat sich im Untergang zu erweisen! Das wirkte fort, über Wagner und Wilhelm II. — und dann starben die armen Volkssturmkinder in den Ruinen von Berlin. Begreifen wir, daß Hitlers Ende auch ein Datum in der Weltgeschichte der Literatur ist? Dann sehen wir endlich das so lange überschätzte nationale Epos als das, was es ist: ein grausiges kulturhistorisches Dokument — nicht Gipfel unserer Dichtung.

Den düsteren Mörderberg mögen die nordischen Nebel verhüllen; dicht daneben ragen andere, lichtüberglänzte Höhen, warum übersehen wir die? Weshalb sind wir nicht stolz auf *Walther von der Vogelweide*? Nun merken Sie, weshalb ich ihn mir aufsparte: Nicht mit Worten des Abscheus möchte ich dieses Kapitel schließen, sondern mit einem Bekenntnis zum größten unserer Lyriker vor Goethe.

Leider ist Walther weniger bekannt als genannt. Wir sollten ihn ab und zu lesen. Er reinigt das verwirrte deutsche Herz von allem mythischen Blutzauber. Er jubelt, liebt und genießt. Er ist weltfromm und zugleich weltkundig. Denn dieser zarte Poet ist auch ein politischer Dichter. Als Sänger bekennt er sich stolz zur Freiheit des einzelnen; als Ritter kündet er die Kaiseridee, welche für eine kurze Weltstunde Hoffnung der Besten war. Auch Dante glaubte daran. Doch allzu rasch versank das Reich der europäischen Mitte wieder in Zwiespalt, in Nibelungenkämpfe. Eins der späten Gedichte Walthers fragt beklommen: »Ist min leben getroumet oder ist ez wâr?« Es war ein Traum gewesen. Andere Nationen und andere Literaturen sollten bald beginnen, ihn zu verwirklichen. Anders als Walther, kaum liebenswerter und menschlicher als er.

## Dichtung asiatischer Völker
# *Die Mutter der Literaturen*

Die Reihe unserer Betrachtungen verlief bis jetzt in einer fast ununterbrochenen Linie vom alten Vorderen Orient über Antike und Mittelalter bis an die Schwelle der Neuzeit. An diesem Punkt ergibt sich zwanglos die Möglichkeit zu einer Unterbrechung.

Es geht uns um Weltliteratur. Aber große Teile der Welt blieben bisher unbeachtet; Indien wurde einmal flüchtig erwähnt, China noch nie genannt. Dabei ist man sich ziemlich allgemein darüber einig, daß in Indien eine Quelle vieler Stoffe und Gestalten zu suchen ist, denen wir in Babylon oder Hellas begegneten. Und die Chinesen können geradezu als ein durch und durch literarisches Volk gelten, mehr als irgendein anderes.

Es ist sicherlich verkehrt, Kulturen und Literaturen immer nur aus dem Blickwinkel unseres kleinen Erdteils und seiner unmittelbaren geistigen Vorfahren zu sehen und zu werten. Das ergibt sozusagen ein irriges, ptolemäisches System — nur zu gern würde ich's durch ein besseres, kopernikanisches ersetzen. Leider gibt es da Schwierigkeiten.

Die Fachwissenschaft liefert uns zwar reiche Kenntnisse über den Fernen Osten; sie sind aber kaum ins allgemeine Bewußtsein gedrungen. Zu fremd erscheinen uns jene fernen Welten. Und was insbesondere die Literaturen anlangt, so hat China seine Sprache und Schrift auf völlig eigene Art entwickelt, als läge es auf einem anderen Planeten. Von Indien aus bestanden zwar immer zumindest verdeckte Beziehungen nach Westen hin; aber in Indien gibt es in unserem Sinne kein Formempfinden, auch kein dem unseren entsprechendes Zeitgefühl. Literatur wuchert dort üppig und gestaltlos wie die Tropennatur. Das Prinzip der Dichtung ist Häufung und Wiederholung. Damit entspricht sie dem Glauben an millionenfache Wiedergeburt. Wo das einzelne Dasein unwichtig ist, können sich wohl auch straff komponierte Epik oder gar Dramatik in attischem Sinne nicht entwickeln. Um so reicher blüht die lyrische Phantasie; man darf vielleicht die ganze indische Dichtung lyrisch nennen.

Indessen bleibt es eine mißliche Sache, Gefühlswerte nur mit Hilfe der Überlegung, des Verstandes erfassen zu wollen. Anders aber kommen wir jenen großen, fremden Kulturen nicht nahe — mir jedenfalls geht es so. Ich gestehe also ein, daß meine Kenntnisse der indischen und chinesischen Poesie mit wenigen Ausnahmen nur mittelbar sind, durch berufenere Betrachter ließ ich mich informieren, so gut es ging.

So mag es denn sein Bewenden dabei haben, daß ich über Indien und China kurz Bericht erstatte, so als stünden sie ganz für sich allein. Um dann zurückzufinden in unseren Westen, werde ich ein paar Bemerkungen über die Literaturen des Islam anschließen.

Um einen halbwegs lebendigen Begriff von indischer Literatur zu bekommen, versetze ich mich in jenen Augenblick, da griechischer und indischer Geist einander begegneten. 327 v. Chr. stieg Alexanders Makedonenheer von den himmelhohen Randgebirgen hinab in die Indusebene; so waren tausend Jahre vorher auch indogermanische Stämme eingedrungen und hatten die dunkleren Ureinwohner unterworfen.

Alexanders Aufenthalt war kurz, aber er hinterließ Spuren, die in Architektur und bildender Kunst längst festgestellt sind. Und nun riskiere ich eine sicherlich laienhafte Überlegung: Wäre es nicht denkbar, daß etwas Ähnliches sich auch auf literarischem Gebiet ereignet haben kann?

Zu Alexanders Zeit gab es noch keine eigentliche Kunstdichtung in Indien. Uralte religiöse Schriften waren gesammelt in den *Veden* und *Upanischaden*; diese riesigen Kompendien der brahmanischen Lehre dürfen wir hier beiseite lassen, nicht ohne anzudeuten, daß sie für die ganze spätere Dichtung einen unerschöpflichen Vorrat an Themen und Figuren lieferten.

Vermutlich war auch das *Mahabharata* schon entstanden, oder seine Redigierung wurde etwa zur selben Zeit abgeschlossen. Das 200.000 Verszeilen umfassende Werk gilt als Epos; den Kern bilden Abenteuer eines Heldengeschlechts, aber darum herum lagern sich Abhandlungen, Kommentare, Lieder. Einige Episoden sind auch bei uns bekannt geworden; so die Geschichte der treuen Savitri, die den verstorbenen Gatten Satiava vom Todesgott zurückfordert, eine Art umgedrehter Orpheussage also.

Nun fällt mir etwas auf: Bald nach Alexanders Indienzug entsteht Indiens zweites Nationalgedicht, das *Ramajana*, und das ist nun wirklich ein Epos. In weit klarer gegliedertem Ablauf schildert es den Kampf des Heros Rama mit bösartigen Dämonen, die seine Gattin entführt haben. Heere von Tieren kommen ihm zu Hilfe, das ist ganz nach indischem Geschmack; aber sein Zug quer durch Indien bis Ceylon erinnert, wie man bemerkt hat, an die Ilias.

Das gibt mir zu denken, um so mehr, als sich in der Folgezeit der Sinn für straffere Komposition wieder verliert. Dann überwiegen neuerlich tüftelnde Grübelei, abstrakte Spekulation. Oder es entstehen Spezialwerke wie das *Matangalila*, das Lehrbuch der Elefantenkunde; oder jenes berühmte *Kamasutra*, ein Leitfaden der Liebeskunst von geradezu einschläfernder Gründlichkeit. Aber lassen wir meine unbeweisbare Vermutung beiseite, es könne einmal die Mutter der Literaturen Indien ein kleines Dankgeschenk von der Urenkelin Hellas zurückempfangen haben. Jedenfalls stagnierte dann jahrhundertelang Indiens Dichtung. Daran hatte gewiß auch die langwierige Auseinandersetzung mit dem Buddhismus Anteil.

Buddha hatte um 500 v. Chr. gelebt. Er wollte den erstarrten Brahmanenglauben reformieren; im Grunde nicht als Religionsstifter, sondern als Lehrer einer tröstlicheren Lebensauffassung. Die von ihm zu Ende gedachte Idee des Nirwana, des erlösenden Nichtseins nach dem Tode, befreite den geängsteten indischen Menschen von der Furcht vor endloser Wiedergeburt. Einen persönlichen Gott kennt Buddha nicht. Er hinterließ keine Schriften, doch wurden seine Reden nachmals gesammelt; sie schenken uns immerhin den Abglanz einer ungewöhnlichen Gestalt, einer der edelsten, die je unter uns lebten. Bekanntlich verzichtete der junge Gautama auf Fürstenrang und Reichtum, um als Buddha seine Lehre glaubhaft verbreiten zu können.

Daß diese Lehre der Nächstenliebe und des einfachen, furchtlosen Lebens dann von einem beflissenen Klerus verderbt, durch wucherndes Heiligenwesen und allerlei rituellen Aberglauben fast widerlegt wurde, macht sie nicht kleiner. Daß sie außerordentliche Wirkung hätte haben können, zeigt sich an einer Figur wie König Asoka, einem gläubigen Buddhisten, der im Jahrhundert nach Alexander regierte: als Friedensfürst, Erzieher seines Volkes zu tätigem Leben, Schirmherr auch aller geistigen Bemühungen. Aber niemand setzte sein Werk fort. Dann verschwand der Buddhismus fast ganz aus Indien, er wanderte aus nach Tibet und China. Seine Idee lebt bis heute fort, genau wie die des ursprünglichen Christentums.

Indische Dichtung aber entwickelte sich erst wieder um 400 n. Chr. Als erster Dramatiker gilt *Sudraka*. Sein Bühnenstück Mritschakatika behandelt einen populären Stoff, die Liebe eines braven Händlers zur Kurtisane Vasantasena. Ihm eiferte dann *Kâlidâsa* nach, unzweifelhaft Indiens bedeutendster Dichter.

Sein Drama Sakuntala, von Goethe und der Romantik gleichermaßen bewundert, zeigt freilich für unsere Begriffe auch wieder wenig an Handlung, dafür ungemein zart empfundene Gefühlszustände. Wieder geht es um die Suche nach einer verlorenen Gattin. Kâlidâsa ist doch wohl vor allem Lyriker, man erkennt es an anderen Werken, etwa dem Meghaduta, der Wolkenbotschaft, die ein Verbannter an die ferne Geliebte sendet.

Kâlidâsa lebte vermutlich im 5. Jahrhundert n. Chr., auf genaue

Datierung legte das zeitlose Indien nicht einmal bei diesem Meister Wert. Es scheint, als eröffne er eine klassische Epoche der Dichtung; aber derartige Entwicklungsbegriffe haben in Indien auch kaum Sinn. Jedenfalls finde ich in Literaturgeschichten nun die Namen vieler Lyriker, auch Sammlungen von Märchen, belehrenden Geschichten und Tierfabeln sind aufgeführt. Und dann entsteht der Roman. Hervorgehoben wird von jeher die »Geschichte der zehn Prinzen« von *Dandin,* ein Schelmenroman, unter hochgestellten jungen Leuten spielend. Er gilt als amüsant, aber sehr gekünstelt. Zum Beweise dessen finde ich bei einigen Literarhistorikern (ich werde mich hüten, Namen zu nennen) genau dasselbe Detail erwähnt: Jemand schildert eine eben erlebte Liebesnacht und vermeidet dabei alle Labiallaute, weil er sich — die Lippen wundgeküßt habe! Es ist kaum anzunehmen, daß mehrere gelehrte Darsteller just dieselbe Einzelheit ganz zufällig herausgreifen; also hat's wohl einer vom andern übernommen, ohne das Original zu lesen. Wie auch ich . . .

711 drangen die Araber in Nordindien ein. Seitdem gab es lebhafte Einwirkung des Islam, dann auch Austausch mit dem stammverwandten, nun gleichfalls islamischen Persien. Ein berühmtes indisches Erzählungsbuch kenne ich in persischer Fassung. Das *Tuti-nameh* nämlich, das Papageienbuch. Indisch heißt es Sukasaptati. Ein kluger Papagei erzählt seiner Herrin die Liebesabenteuer vieler Damen, um sie davon abzuhalten, daß sie ihren abwesenden Mann betrügt. Stofflich ähnelt das dem Boccaccio; formal nimmt dieser Geschichtenkreis die Struktur von Tausendundeiner Nacht voraus. Und diese riesige Geschichtensammlung, erst lange nach dem Jahre 1000 abgeschlossen, enthält neben arabischen und persischen Elementen ja auch vieles Indische.

Indiens poetische Kraft erlahmte dann; ein Grund dafür ist vielleicht die sprachliche Aufsplitterung. Die großen alten Schriften sind in Sanskrit abgefaßt und mußten übertragen werden, so ins Hindi. Auf bengalisch aber schrieb zu unserer Zeit der vorerst letzte Dichter von Weltgeltung, der Nobelpreisträger von 1913, *Rabindranath Thakur*, fälschlich *Tagore* genannt, weil wir die englische Schreibform deutsch lesen.

Thakur war gleichermaßen bedeutend als Poet und als Philosoph; er hat Indiens Selbständigkeit wesentlich mit vorbereitet. Um 1920 überschwenglich gefeiert, ist er heute zu Unrecht nahezu vergessen. Sein symbolisches Drama »Das Postamt« läßt einen kleinen Jungen die ganze Welt vom Krankenbett aus erleben. Das ging damals über alle unsere Bühnen — es war aber eigentlich auch Lyrik; und als Lyriker ist Thakur wohl vor allem zu werten. Doch sind seine Verse, obwohl er selbst eine englische Ausgabe besorgte, für Europäer schwer nachzuempfinden.

*

Das gilt nun in noch weit stärkerem Maße von der gesamten Literatur Chinas, und hier wieder vor allem von der Lyrik, die der Chinese einzig und allein Dichtung nennt.

Hier fehlen uns alle ethnologischen Zusammenhänge, anders als in Indien. China hat auf dem Wege von der Sprache zur Schrift einen völlig anderen Weg eingeschlagen als wir, die Schüler der Ägypter und Phönizier. Wenige hundert, ursprünglich stets einsilbige Grundwörter werden durch verschiedene Tongebung tausendfach abgewandelt; und die Schrift kennt keine Buchstaben, sondern Begriffssinnbilder, sogenannte »Charaktere«, auch wieder nur ein paar hundert, die sich zu Zehntausenden zusammenfügen lassen. Grammatik in unserem Sinne ist unbekannt. Mit diesen scheinbar simplen Mitteln lassen sich, wie alle Kenner versichern, so zarte und genaue Wirkungen hervorbringen wie mit keinem anderen literarischen Ausdrucksmittel. Etwas Entscheidendes kommt hinzu: der graphische Eindruck der geschriebenen, vielmehr gemalten Zeichen. Das Auge muß mitgenießen, und das vermögen wir überhaupt kaum nachzuempfinden.

Chinesisch ist keine einheitliche Sprache; Norden und Süden unterscheiden sich wie in Europa Dänemark von Italien. Aber die Wortbegriffe werden überall und von alters her gleich geschrieben. Nur die gesprochene Sprache veränderte sich vielfach. So konnte also der gebildete Chinese ohne weiteres alle Werke lesen, auch die ältesten.

Bildung aber ist in China alles; und es handelt sich immer zuerst um literarische Bildung. Früher überprüften die unzähligen Examina vor allem das literarische Wissen. Heute mag sich das geändert haben. Immerhin, *Mao Tse-tung* war ein anerkannter Poet, darin lag, wie man versichert, sogar eine Voraussetzung für seine politische Führerrolle. Und vergessen wir nicht, daß in China alles langsam vorangeht; nach dortigen Zeitbegriffen hat die neue Zeit eben erst begonnen, nämlich 1911, als Sun Jat-sen die Republik ausrief. Wer weiß, ob der zähe Geist dieses Volkes, der Mongolen, Mandschus und Japaner überdauerte, nicht schon dabei ist, Marxismus und lateinisches Alphabet zu verdauen.

Denn auch dessen Einführung wird kaum etwas grundlegend ändern an Chinas festverwurzelter Eigenart. Er ist dennoch für uns leichter zu begreifen als der indische, mit dem uns doch die entfernte Verwandtschaft verbinden sollte. Vielleicht spielt hier wieder das Klima mit; der Chinese ist alles in allem ein nüchterner, tatkräftiger Mensch mittlerer Breiten. Das prägt auch den Charakter vieler Dichtungen. Wir kennen sie kaum aus getreuen Übersetzungen, sondern in bestenfalls glücklichen Nachdichtungen. Mir hat ein nach chinesischen Begriffen leidlich gebildeter Deutscher — er beherrschte ein paar tausend Zeichen —

erklärt: Keine deutsche Fassung eines chinesischen Romans oder gar Gedichts gebe das Wesentliche wieder; dies sei leider überhaupt unmöglich.

So stehen wir etwas hilflos vor einer nur geahnten Riesenliteratur. Bedenken wir, daß es dort lexikalische Werke von mehreren tausend Bänden gibt. Und aus gewissen Epochen sind Hunderte von Poetennamen überliefert, die uns nichts sagen.

Nicht zur Literatur rechnet dort das Theater. Es hat Singspielcharakter, die Schauplätze werden nur angedeutet wie bei Shakespeare, eine Aufführung dauert tagelang. Bei uns wurde der »Kreidekreis« berühmt, der in China wenig gilt. Als Meisterwerk achtet man etwa »Das Westzimmer«, aus dem 13. Jahrhundert.

Zwei Philosophen haben Kultur und Denken der Chinesen in klassische Form gebracht: *Kung Fu-tse* und *Lao-tse* stehen zueinander etwa wie Platon und Aristoteles — nur ist hier die Reihenfolge umgekehrt, was für chinesisches Wesen bezeichnend ist. Zuerst kam der durchaus auf praktische Ziele gerichtete Kung, dann der sanfte, auch ein wenig mystische Naturphilosoph Lao-tse. Kung, den später jesuitische Missionare als Konfuzius latinisierten, ist politisch urteilender Gesellschaftsmensch; Lao-tse dagegen grübelt über kosmische Zusammenhänge, das von ihm stammende oder beeinflußte Morallehrbuch »Tao-te-king« wendet sich an den einzelnen. Kein Wunder, daß Chinas Dichter von ihm stärker angezogen wurden, zumal die Lyriker.

Nach wohl allgemein anerkanntem Urteil hat die chinesische Lyrik das Höchste erreicht, was auf diesem Felde überhaupt möglich ist. Unser deutscher Klabund hat sich mit großem Einfühlungsvermögen um deutsche Nachdichtungen bemüht und ist dabei genauso unbefriedigt geblieben wie viele andere. Die Gründe beschreibt er selbst einleuchtend: »Die Worte werden kurz und prägnant ohne Bindung aneinandergereiht . . . Die Gedichte reimen sich . . . Eine Fülle klanglicher Assoziationen, auch gedanklicher . . . Helle Klarheit, verworrene Dunkelheit . . . Jedes Wort kann zwanzigfach gedeutet werden. Wird es geschrieben, entfaltet es sich wie eine Blüte noch reicher . . . Die Schriftzeichen zaubern ohne klangliche Überleitung farbige Begriffe hervor . . . Unendliche Möglichkeiten für den Dichter, der sein Gedicht zugleich denkt, malt, formt und singt. Alle Gedichte werden auch gesungen.«

Verständlich, daß unsere kargen Sprachmittel das alles nicht wiedergeben können. Ich will es noch auf andere Art begreiflich machen. Kürzlich stand in einer Zeitung folgender Wortsalat: »Spitze, Spitze, ruhig, Spitze, du findest Lärm beinahe nicht, Vögel still im Wald, warte, bald auch ruhig.« Man errät: eine plumpe Wiedergabe von Goethes

»Wandrers Nachtlied«, und zwar durch ein Elektronengerät. Ich fürchte, alle europäischen Versuche zur Übertragung chinesischer Verse sind nicht viel besser als roboterhaftes Poltern . . .

Und doch — noch aus manchen Nachdichtungen strahlt ein wenig vom Zauber einiger großer Dichternaturen. Da ist *Li T'ai-po*, der als trinkfreudiger Bohemien durch alle Provinzen zog, von Kaisern demütig geehrt, vom Volke geliebt, im Rausch selig gestorben, wie es heißt. Eins mit sich und der Welt, ein optimistischer Träumer — das aber ist etwas offenbar sehr Chinesisches. Oder doch nicht? *Tu-fu*, Lis Freund und Rivale, gilt dort mehr; und er ist ernster, gesetzter, auch gebildeter, das gibt wohl den Ausschlag. Und er kennt im Gegensatz zu Li den Zweifel am Sinn des Daseins.

Weit leichter verständigen wir uns mit der chinesischen erzählenden Prosa, die allerdings stets als untergeordnete Gattung mißachtet wurde. Es gibt in Europa, auch bei uns, verhältnismäßig viele und ein paar vorzüglich gearbeitete Übersetzungen, oder vielmehr: Nacherzählungen großer Romane; hier kommen wir den Originalen offenbar näher als bei der Lyrik. Ein paar der bekanntesten will ich nennen, wobei ich schnöderweise auf die Autorennamen verzichte. Die *»Geschichte der drei Reiche«* entstand im 14. Jahrhundert n. Chr. Eppelsheimer erkennt ihr den Rang einer chinesischen Ilias zu. Es ist eine Prosa-Ilias.

Etwa um 1500 entstand der Schelmenroman *»Die Räuber vom Liang-Schan-Moor«*: ein ungemein vergnügliches, in China lange Zeit populäres Buch, das die Übermacht der Ämter und Beamten attackiert. Im 16. Jahrhundert schrieb ein vermutlich hochgestellter Mann das *»Kin-ping-meh«*, die Geschichte vom Ruin eines Lebemannes; sie galt in China und bei uns oft als pornographisch, bietet aber vor allem kräftige Gesellschaftsschilderung. Stärker wirkt auf mich *»Der Traum der roten Kammer«*, erst 1791 erschienen; ein chinesischer Buddenbrook-Roman, Auseinandersetzung zwischen alt und jung innerhalb einer Familie, behutsam klingt dabei eine freiheitliche Opposition gegen die Mandschu-Fremdherrschaft an. Beide großen Romane hat Franz Kuhn meisterlich verdeutscht.

*

Über Japans Literatur nur ein paar knappe Angaben. Sie war lange ein Ableger des chinesischen Geistes, wie alles in Nippon. Dabei sind beide Volkscharaktere denkbar verschieden. Japan ist härter und kriegerischer, aber auch heiterer und raffinierter als China. Das drückt sich in der Dichtung aus, als sie etwa um 1000 n. Chr. selbständig wird. Ein Zug zum Kleinen, zur gestochenen Miniatur eignet der Literatur wie der bildenden Kunst. Und Frauen spielten mehrfach eine bedeutende Rolle.

So dichtete eine Hofdame den Bericht von den Liebesabenteuern des *Prinzen Genji*; nach einem neuesten Urteil »die großartigste epische Leistung, die weiblichem Gestaltungsvermögen je entsprang«. Ich gestehe, das Buch nie zu Ende gelesen zu haben. Entzückt war ich hingegen vom »Kopfkissenbuch« der Dame *Sei Shonagon*, einer bunten Sammlung impressionistischer Notizen, die gestern niedergeschrieben scheinen und nicht vor neunhundert Jahren. Verse schrieben auch Kurtisanen. Und zur Ausbildung der Geishas, der professionellen, meist ehrbaren Gesellschaftsdamen, gehört auch das Verfertigen von Gedichten, bis heute.

Später überwog, politisch wie literarisch, das recht rohe Ritterwesen der Samurai. Es spiegelt sich auf dem Theater im *No-Spiel*, das ursprünglich rituellen Charakter hatte, dann blutige Kriegsszenen übernahm. Ein heutiger Besucher nannte es eine Art von »wild-eastern« — so viele Tote lägen manchmal am Schluß auf der Bühne. Das erleben wir zuweilen ja auch in japanischen Filmen. Neuerdings gibt es interessante Bestrebungen, das No-Spiel zu modernisieren, in seinen Themen zu vermenschlichen.

Wenn Japan sich aber geistig dem Westen auch noch stärker angliche, ein Gebiet dürfte davon unberührt bleiben: die Lyrik, in der das Eigenste und Eigentliche hervorgebracht wurde und wird. *Hokku* und *Tanka*, Versgebilde von wenigen Zeilen, beispiellos feinfühlig und zugleich präzise, sie entsprechen aufs schönste dem Charakter dieses verspielt-tüchtigen Volkes. Und werden deshalb auch in Europa mit Recht bewundert.

*

Ein Blick auf die islamischen Literaturen kann zurückleiten in unseren Westen. Die Araber waren und sind die geistig führende Nation, obwohl sie selbst große Dichtung nur selten hervorbrachten.

Am Beginn steht der *Koran*, das Buch der »Lesung«, anfangs nicht zu schriftlicher Verbreitung gedacht, etwa zwanzig Jahre nach dem Tode Mohammeds konzipiert. Die 114 Suren, Kapitel, bewahren angebliche Aussprüche des Religionsstifters auf. Es wurde dann rasch daraus das Buch schlechthin, das alle anderen Bücher unnötig machte. Damit entschuldigt Amr, der Eroberer Ägyptens, die Verbrennung der unersetzlichen alexandrinischen Bibliothek. Sie ging aber wohl durch unglücklichen Zufall zugrunde, wie schon einmal durch Caesar. Die gesamte, sehr rasch einsetzende Entwicklung des Islam macht das jedenfalls wahrscheinlich. Aus einer offensichtlich im gewollten Gegensatz zu Juden und Christen anfangs buchfeindlichen Lehre wurde er zum Beschützer und Förderer der Literaturen, auch unterworfener Völker. Antike Mathematik und Philosophie wurden sorgsam bewahrt, naturwissenschaftliche Kenntnisse entwickelt; in Spanien vielfach mit Hilfe jüdischer Gelehrter. Zahlreiche arabische Wörter in unseren Sprachen erinnern daran, wieviel wir den Arabern verdanken — von denen ja auch unsere Ziffern stammen; sogar die Vokabel Ziffer ist arabisch. Gar nicht zu reden von der Astronomie, wo es von arabischen Sternnamen wimmelt.

An keinen Dichternamen geknüpft ist die bedeutendste literarische Leistung, *Tausendundeine Nacht*, davon sprach ich schon. Poesie und Kunstprosa höchsten Ranges entstand aber im unterworfenen indogermanischen Persien. Dort gipfelt die islamische Dichtung. Um 1000 schrieb *Firdausi* das »Königsbuch«, ein Riesenepos von Urzeiten bis zur arabischen Eroberung. Zweihundert Jahre später verfaßte *Saadi* berühmte Lehrgedichte über Gartenbau. Und um 1350 lebte *Hafis*, Goethes großer Bruder im Geiste; ähnlich auch dem Li T'aipo, besingt er Liebe und Wein und spottet aller biederen Pfahlbürger. Ein Nebenerzeugnis sind die »Rubaijat« des *Omar Chaijam*: Vierzeiler, spöttische Epigramme, um 1220 entstanden. Niemand weiß, weshalb sie seit hundert Jahren zur Lieblingslektüre britischer Pastoren und amerikanischer Geschäftsleute wurden — seltsam sind manchmal die Wege des Geistes.

Bei den Türken lasen Gebildete persische und indische Autoren. Original ist das Volksbuch von *Nasr-ed-din*, einer Art Eulenspiegel; fast genau zur selben Zeit entstanden wie die Sammlung der Streiche unseres Schalksnarren, etwa im 14. Jahrhundert.

## Renaissance
## *Wiedergeburt oder Neugeburt des Geistes?*

Von unserem sehr flüchtigen Ausflug zu den Literaturen Asiens kehren wir zurück nach Europa, das wir an der Schwelle zu einer neuen Zeit, zur Neuzeit, verlassen hatten.

Sie werden in Erinnerung haben, daß ich Ihnen das Mittelalter durchaus nicht als eine dunkle, dumpfe und geistlose Epoche schilderte, sondern als eine Art schöpferischer Pause. Niemals war das antike Geisteserbe ganz vergessen; am Hofe Karls des Großen, dann noch einmal unter den Ottonen wurde eine Erneuerung, eine Renaissance versucht.

Doch solche Bestrebungen setzten sich nicht durch. Erst eine dritte große Bewegung sollte im 13. und 14. Jahrhundert von Italien aus Europa von Grund auf verändern. Sie allein wird heute üblicherweise als Renaissance bezeichnet. Dabei denkt man vor allem an die wunderbare Entfaltung der bildenden Künste; sie war indessen erst die Folge einer literarischen Revolution.

Worin bestand das Neue?

Zu Beginn unserer Betrachtungen versuchte ich, die Weltliteratur als das wesentliche Mittel menschlicher Selbstverständigung zu erklären. Nach dem Untergang der alten Welt hatte diese Aufgabe an Bedeutung verloren in einer Welt, die im festen Gottesglauben innere Ruhe, in der feudalen Ordnung äußere Sicherheit fand.

Allmählich aber rührte es sich allenthalben. Der lange und tiefe Zwist zwischen Kaisertum und Papstgewalt erweckte den Zweifel. Andere Spannungen ergaben sich aus dem Gegensatz zwischen Scholastik und Mystik. Kühne Denker wie Abälard oder Meister Eckart förderten, wiewohl selbst fest in der Religion wurzelnd, die fragende Neugier ihrer Zeitgenossen. Walther von der Vogelweide bekannte sich jubelnd zum Dasein. Wernher der Gartenaere griff in der derb-realistischen Verserzählung »Meier Helmbrecht« das drückende Strauchrittertum schon offen an.

Entscheidend wurde der Gegensatz zwischen dem Adel und dem aufstrebenden Stadtbürgertum.

Durch die Araber in Spanien, dann durch die Kreuzzüge und die Mongoleneinfälle kam das lange abgeschlossene Europa mit fremden Kulturen in lebhafte Berührung. Der Bericht des Venezianers *Marco*

*Polo* über seine Reisen in Ostasien erregte riesiges Aufsehen. Und während im Mittelalter fast nur lokaler Warenaustausch stattgefunden hatte, entwickelte sich nun rasch ein ausgedehnter Handel über weite Entfernungen hin. Neue Güter wurden bekannt: Textilien, Chemikalien, Gewürze, dann auch das Papier.

Zuerst wurden einige italienische Metropolen reich, dann die nordischen Hansestädte. Überall erwachte mit dem Wohlstand neue Lust am Leben; daraus ergab sich auch eine geistige Hinwendung zu dem so lange gering geachteten Diesseits. Dabei ist ein gewisser demokratischer Zug unverkennbar. Es wird nicht mehr für ein begrenztes, privilegiertes Publikum gedichtet und geschrieben, sondern für jeden, der lesen oder auch nur hören kann. Die Initiative geht auch in der Literatur an das städtische Bürgertum über, an die nun führende Schicht. Sie wird insbesondere in Italien immer wichtiger, weil sich nach dem Zusammenbruch der staufischen Kaisermacht, um 1250, überall kleine und kleinste Stadtstaaten herausbilden.

Etwas Bezeichnendes geschah in Bologna, wo eine der ersten Universitäten blühte; fast alle Universitäten waren Träger des frühbürgerlichen Geistes. Hier lebte *Guido Guinicelli*, ein Jurist, Meister des »süßen neuen Stils«, der zunächst nichts sein wollte als Aneignung der Troubadourkunst. Aber aus spielerischer Anbetung einer Herrin wurde etwas sozusagen Seriöseres: die Verherrlichung des abstrakten Liebesprinzips, also Gedankendichtung. Doch war das nur ein kurzes Übergangsstadium; alsbald erschlossen Dante und andere den Quell neuer Dichtung, an der alle teilhaben konnten.

Und so geschah die große Verwandlung, die Neugeburt des Menschen, die ein berühmter Gelehrter vor über hundert Jahren so geschildert hat: »Im Mittelalter lagen die beiden Seiten des Bewußtseins — nach der Welt hin und nach dem Innern des Menschen selbst — wie unter einem gemeinsamen Schleier träumend oder hellwach . . . Der Mensch erkannte sich nur in irgendeiner Form des Allgemeinen. In Italien zuerst verweht dieser Schleier in die Lüfte; es erwacht eine objektive Betrachtung und Behandlung des Staates und der sämtlichen Dinge dieser Welt überhaupt; daneben aber erhebt sich mit voller Macht das Subjektive, der Mensch wird geistiges Individuum und erkennt sich als solches. So hatte sich einst erhoben der Grieche gegenüber den Barbaren, der individuelle Araber gegenüber den anderen Asiaten.«

Diese Sätze stehen in der »Kultur der Renaissance in Italien« von Jacob Burckhardt, erschienen 1860, bis in unsere Tage anerkannt als klassische Darstellung. Der Basler Patrizier Burckhardt war ein konservativ gesinnter Mann, skeptisch gegenüber dem sich anbahnenden Massenzeitalter, doch ein universal gebildeter Gelehrter: All das macht so besonders glaubhaft und überzeugend, was er über den Ursprung des neuen europäischen Menschenbildes in der Renaissance sagt. Umfassender als er hat kaum jemand die großen inneren und äußeren Zusammenhänge beschrieben, auch die politischen und wirtschaftlichen.

Jedem rate ich, bei Burckhardt nachzulesen, welche bemerkenswerten Formen die Wiedergeburt — oder eben auch: Neugeburt — des individuellen Menschen annahm. So wurde damals eigentlich das Erlebnis der Landschaft erst entdeckt. Die Phantasie wurde als Göttergabe und Element aller Poesie anerkannt. In einem humaneren Sinne als bei den Alten empfand jedermann das Streben nach Ruhm als legitime treibende Kraft; und dies galt nun insbesondere für die Schriftsteller, denen man jetzt erst den vollen Rang schaffender Künstler einräumte. Der Berufsschriftsteller ist eine Erfindung der Renaissance.

Burckhardts Überlegungen kreisen immer wieder um den neuen Begriff der Persönlichkeit, die überall in jener Ära mächtig hervortritt, freilich bald schon in ihren Ausartungen. Machtstrebende Politiker werden zu Tyrannen, ruhmgierige Literaten zu Vielschreibern. Dennoch bleiben nach Burckhardts Urteil die Italiener die »erstgeborenen Söhne des jetzigen Europa«. Von ihnen also ist zunächst fast ausschließlich zu reden; und da vor allem von der Stadt Florenz, die für lange eine Hauptstadt der Künste und Wissenschaften werden sollte wie einst Athen. Ihr nahe verbunden sind gleich die drei Großen, welche die italienische Literatur binnen weniger Jahrzehnte auf ihren Gipfel führen sollten: Dante, Petrarca und Boccaccio.

Es ließe sich eine Parallele zu den drei attischen Theaterdichtern ziehen; wirklich ergäben sich mancherlei Vergleichspunkte, aber mit derlei Gedankenspielen soll man vorsichtig sein. Nur soviel: Dante wurzelt noch tief im Mittelalter, das er abschließt und überwindet. Burckhardt formuliert: »Geist und Seele tun hier plötzlich einen gewaltigen Schritt zur Erkenntnis ihres geheimsten Lebens.« Es ist der Schritt in eine neue Zeit; dabei mag man ruhig annehmen, daß Dante ihn unbewußt tat.

Petrarca aber wollte, durch Wiedererweckung antiken Geistes, das Neue ausdrücklich; doch war er inniger an die jüngste Vergangenheit gebunden, als er selbst wußte.

Boccaccio hingegen ist wirklich der erste sozusagen moderne Schriftsteller, ein Wegweiser in die Zukunft der Literatur, wie sich erweisen sollte. Nur erreichte er das nicht mit gewichtigen Werken, von denen er sich Nachruhm erhoffte; ein Irrtum, den er übrigens mit Petrarca gemeinsam hat.

*Dante Alighieri*, Sohn eines Juristen aus adligem Hause zu Florenz, lebte von 1265 bis 1321. Mit neun Jahren sah er die achtjährige Beatrice de Portinari, die er sein Leben lang als reine Idealgestalt verherrlichte. Sie starb, nach früher Ehe mit einem andern, 24 Jahre alt. Auch Dante heiratete eine andere Frau, begann zu schreiben und wurde in die Parteikämpfe seiner Vaterstadt verstrickt. Siegreiche Gegner verbannten ihn 1302, verurteilten ihn dann in Abwesenheit zum Tode. Nie mehr kehrte er in die Heimat zurück; vergeblich erhoffte er sich die Erfüllung dieses sehnlichsten Wunsches von einer neuen Stärkung der kaiserlichen Macht, daraus erklärt sich seine Parteinahme für die Monarchie, der er einen berühmten Essay widmete.

Als Emigrant lebte er in vielen italienischen Städten, möglicherweise auch kurze Zeit in Paris. In Ravenna ist er gestorben. Von Dantes theoretischen Schriften interessiert uns hier eine Abhandlung, die — noch lateinisch abgefaßt — die Notwendigkeit einer italienischen Volks- und Schriftsprache darlegt. Als Poet hat Dante selbst diese Forderung so glücklich erfüllt, daß er als Schöpfer des Neu-Italienischen gelten kann, so wie wir in Luther den Vollender des Hochdeutschen sehen.

Dantes erstes italienisches Werk ist die »Vita nuova«, eine jugendlich begeisterte Hymne an Beatrice; eine Mischung aus Sonetten und verbindendem Prosatext. Der Dichter gesteht in immer neuen Abwandlungen seine Liebe zu einer damals schon Gestorbenen. Heftiges Begehren wechselt mit verklärenden Visionen, zuletzt ist Beatrice schon ganz zu jenem ätherischen Idealwesen geworden, dem er in seinem »Paradiso« wiederbegegnen sollte.

Das Riesengedicht von Hölle, Fegefeuer und Paradies entstand etwa zwischen 1307 und 1313. Dante nannte es »Commedia«, eine Bezeichnung, die nichts weiter besagt als das gute, das positive Ende. Divina, die göttliche, wurde die Commedia nachmals benannt: nicht um ihren Gegenstand, sondern um den Dichter zu ehren. Eine Rolle spielt die mystische Zahl Drei: durch drei Sphären des Jenseits führen drei mal dreiunddreißig Gesänge, zu denen ein einleitender kommt; das Versmaß ist die Terzine mit ihrer dreifachen Reimbindung.

Ich aber möchte, fern aller Zahlenmystik, unbefangen klarstellen: Aus drei Quellen speist sich das gewaltige Gedicht — aus christlichem Glauben, umfassender klassisch-antiker Bildung und aus Dantes eigenen Erlebnissen. Eben dadurch verschmelzen die Zeitalter. Dantes Aktualität wird oft übersehen. Er nimmt literarisch Rache an seinen politischen Gegnern, indem er ihnen Höllenstrafen auferlegt.

Thomas Carlyle hat gesagt, Dantes besondere Kraft sei eine Liebe, die sich in unversöhnliche Entrüstung verwandeln könne, »gerecht und schweigend wie die eines Gottes«. Gerade dann gelingt es ihm, das nahezu

Unschilderbare dennoch Gestalt gewinnen zu lassen. Man darf sagen, daß ihm das Inferno weit anschaulicher geriet als die Gefilde der Seligen.

Goethe, lebenslang ein Bewunderer des »hohen Berggipfels«, hat sich dennoch zuweilen abweisend über die »widerwärtige, oft abscheuliche Großheit« der höllischen Visionen geäußert. Zudem meinte er, es sei einem Ausländer unmöglich, in diese Finsternisse einzudringen, da schon Dantes Landsleute ihn kaum verstanden hätten. Tatsächlich begann das Fragen, Deuten und Kommentieren schon bald nach dem Tode des Dichters, und es hat bis heute kein Ende gefunden. Dennoch ersetzt Dante den Italienern das fehlende Heldenepos, wie schon oft bemerkt wurde. Und sicher zählt er zu den fünf oder sechs Größten der gesamten Weltliteratur, wenn er auch von allen Meistern wohl am wenigsten gelesen wird. Ich jedenfalls gebe zu, daß mir der alte Homer, daß mir Cervantes und Shakespeare weit näher stehen, ganz zu schweigen von Goethe, dem humansten aller Dichter. Und doch, wenn irgendwo, dann gilt hier die banale Sentenz: Jeder sollte Dante einmal gelesen haben. Sonst fehlt ihm ein literarischer Maßstab.

Dante war schon zu Lebzeiten hochberühmt. Die Leute auf der Straße sollen ihn einander gezeigt haben, indem sie flüsternd erklärten: das sei der Mann, der in der Hölle gewesen sei.

*Francesco Petrarca* hingegen verdankt seinen frühen Ruhm durchaus den Gebildeten. Und so wollte er's haben, er lechzte zeitlebens nach Anerkennung durch die geistige Elite, nach der Krönung als Dichter auf dem römischen Kapitol. Die erreichte er, mit Hilfe seines Freundes, des »letzten Volkstribunen« Cola di Rienzi, der die alte Republik wiederherstellen wollte, durchaus im Sinne klassischer Gelehrsamkeit, und dabei natürlich scheiterte. Petrarca wurde in Arezzo geboren, als Sohn eines zugleich mit Dante verbannten Notars aus Florenz. Nie kam er in seine eigentliche Vaterstadt, er lebte lange in Südfrankreich, in Avignon, wo damals während der jahrzehntelangen Kirchenspaltung ein Gegenpapst residierte; dann in Montpellier, Paris, Bologna und Mailand, dessen Herzöge, die Visconti, ihn als Diplomaten nach Deutschland schickten, an den Rhein und zu Kaiser Karl IV. nach Prag. Zuletzt hielt er sich in Venedig und nahe Padua auf, wo er starb.

Petrarca war buchstäblich heimatlos und so reisewütig wie auch sonst mancher Renaissancemensch. Am liebsten aber zog er sich nach Vaucluse zurück, einem abgelegenen kleinen Ort in der Provence. Diese Landschaft der Troubadours hat ihn ebenso geformt wie die Antike, deren Erforschung er sich in jungen Jahren weihte. Übrigens nahm er auch die niederen Priesterweihen, eine praktische Maßnahme, die damals wohl wenig besagte.

Die italienische Sprache verachtete er, anders als Dante, der darin weit moderner empfand. Und doch gab er sein Schönstes im »Canzoniere«, einer Liedersammlung, die er wegwerfend als vulgäres Nebenwerk abtat. Sozusagen gegen seinen Willen vollendet er darin den »dolce stil nuovo« und wird zum Vorbild italienischer Lyrik, für Jahrhunderte. Zwei grundverschiedene Themen stehen nebeneinander: aktuelle, oft politische Zeitfragen und Lobpreisungen einer Herzensdame, die er sich ganz in der Manier eines Minnesängers als Herrin erkoren hatte. Am Karfreitag 1327 soll er vor der Kirche von Avignon Donna Laura zum erstenmal gesehen haben. Vielleicht auch zum letztenmal, denn vermutlich lernte er diese verheiratete Frau, Mutter mehrerer Kinder, nie kennen. Doch bis ins Alter blieb er ihr treu, wenn auch nur als Poet; ansonsten hatte er mehrere Geliebte und auch Kinder. Laura aber war Muse, Göttin, noch im späten Preisgedicht »Trionfi« siegt sie über irdische Vergänglichkeit. Manchmal scheint der Dichter geradezu dankbar dafür, daß sie ihn nur als unirdisches Traumgebilde unerschöpflich inspirierte.

Er selbst hielt für sein Meisterwerk ein Epos in lateinischen Hexametern, betitelt »Africa«; ich kenne diese Darstellung der Taten des älteren Scipio nicht, vermute aber wohl mit Recht, daß ich nicht allzu viel versäumt habe. Sehr wichtig und folgenreich hingegen waren die Traktate und Rundbriefe, die Petrarca an seine Freunde in aller Welt verschickte; Vorformen einer anspruchsvollen wissenschaftlichen Publizistik, hundertfach nachgeahmt, auch noch, als es längst die Druckerkunst gab. Kurz vor seinem Tode hätte Petrarca endlich nach Florenz, der nie betretenen Vaterstadt, kommen dürfen; sein Bewunderer Boccaccio hatte die Erlaubnis erwirkt, doch machte der Heimatlose keinen Gebrauch mehr davon.

Auch *Giovanni Boccaccio*, der dritte große Florentiner, ist nicht am Arno geboren, sondern in Paris, als unehelicher Sohn eines Florentiner Kaufmanns und einer Französin. Bei den zunehmend freieren Auffassungen bedeutete das keinerlei Hindernis für bürgerliche Achtung und Erreichung von Ämtern. Nach einem Studium in Neapel wirkte Boccaccio in Florenz als Jurist, dann als staatlich beauftragter Dante-Biograph und -Kommentator, so etwas gab es schon.

Im übrigen bearbeitete er in mancherlei Formen antike Stoffe, schrieb auch einen Schäferroman in Prosa; der literarische Wert dieser Dinge ist bis heute umstritten. Ja — und auch er hatte sein großes Liebeserlebnis; aber diesmal verlief alles etwas anders.

An einem Ostersamstag, so heißt es, und wiederum vor einer Kirche, das war fast schon obligatorische Mode, lernte der junge Student in

Neapel eine schöne und natürlich auch schon verheiratete Dame kennen, die er später als Fiammetta andichtete. Es war eine natürliche Tochter des Königs Robert. Anders als in den Fällen Beatrice und Laura blieb's hier nicht beim Anschmachten; Maria d'Aquino — so hieß sie — erhörte ihren Anbeter, der seine erfolgreiche Amour dann freilich ebenso allegorisch verherrlichte wie Dante und Petrarca ihre vergeistigten Idealfiguren. Abgekürzt ließe sich sagen: Die neuere Liebesdichtung beginnt mit drei unsterblichen Erlebnissen, von denen zwei nur in der Einbildung stattfanden; ein Prozentsatz, der nachmals von den Poeten wohl kaum innegehalten worden ist . . .

Doch Boccaccio wäre, trotz Fiammetta und Dante-Studien, heute vergessen, hätte ihn nicht ein anderes, schreckliches Erlebnis zugleich zum wohlhabenden Manne und zum Erzähler gemacht. In halb Europa wütete 1348 die Pest. Egon Friedell läßt in diesem Jahre die Neuzeit beginnen und belegt das mit viel Geist und Verve. Nun, Boccaccio verlor seinen Vater und beerbte ihn. Und kurz danach hatte er einen überaus fruchtbaren Einfall.

Er schrieb hundert Erzählungen verschiedensten Inhalts, oft nach alten Vorlagen; die Zahl entsprach den hundert Gesängen in der Commedia des verehrten Dante. Dazu erfand er eine Rahmengeschichte: Zehn junge Leute beiderlei Geschlechts fliehen vor der Seuche aufs Land und vertreiben sich die Langeweile durch abwechselndes Erzählen dieser »Novellen«, dieser jeweils auf eine aufregende Situation, eine wirksame Pointe hin gesteigerten Geschichten. Das Ganze ist das »Decamerone«, das Zehntagebuch: wie jedermann weiß, einer der größten Erfolge der Weltliteratur.

Dazu hat selbstverständlich beigetragen, daß dieses Buch noch immer, allen gegenteiligen Versicherungen der Wissenden zum Trotz, als Inbegriff des Fragwürdigen, Lüsternen, wohl gar Pornographischen mißdeutet wird. Gewiß, es ist kein Kinderbuch; aber an erotischer Drastik wurde es zu allen Zeiten oft übertroffen.

Wir sollten Boccaccio endlich in seiner unvergänglichen Bedeutung sehen: als einen der größten Prosadichter. Grauen und Scherz, Treue und Betrug, Mut und Schlauheit — alles erleben wir gleichermaßen überzeugend. Die zahllosen Figuren sind oft durch ein paar andeutende Züge geistvoll charakterisiert. Vom Meister der sparsamen Menschendeutung haben dann alle gelernt. Von Cervantes bis Hemingway verdanken die großen Novellisten ihrem Wegbereiter vieles. Shakespeare fand mit untrüglichem Spürsinn bei Boccaccio mehr als einen wirksamen Bühnenstoff; die Novelle in ihrer Zuspitzung ist eine Stiefschwester des Dramas. Übrigens war der erste Nachahmer Boccaccios von weltliterarischer Bedeutung auch ein Brite: *Geoffrey Chaucers* »Canterbury tales« übertragen das Dekameron ins Englisch-Saftige, Derbe. Da erzählen Pilger einander im Gasthaus ihre Geschichten, so beginnt die nachmals mächtig entfaltete englische Erzählkunst.

Italiens poetische Kraft aber hatte sich, bis zu einem gewissen Grade, in den drei Großen erschöpft. In den folgenden Jahrhunderten gibt es noch viele Dichter, die allgemein zur Renaissance gerechnet werden, und mancher hochberühmte, oftgenannte ist dabei. Tue ich aber beispielsweise dem *Ariost* bitter unrecht, wenn ich sage: Sein Stanzenepos vom »Rasenden Roland« zeugt von spätem, hochbewußtem Kunstverstand und ausschweifender Phantasie — aber reicht es im entferntesten an Dante, an Petrarca heran? *Torquato Tassos* Schwermut, nun, sie ist uns aus Goethes Drama vertraut — aber wer liest, jedenfalls bei uns, sein Kreuzfahrerepos vom »Befreiten Jerusalem« noch wirklich? Ich weiß, da urteile ich voreingenommen. Aber in mancher neueren Literaturgeschichte finde ich gerade Tasso zwar ausführlich behandelt, zuletzt aber recht schnöde beurteilt; so mag's mit dieser Erwähnung sein Bewenden haben.

*Michelangelos* dunkle Sonette aber haben mich als jungen Menschen entzückt, obwohl oder weil ich sie sicherlich nicht ganz begriff. Der große bildende Künstler ringt auch als Poet mit dem Anspruch eines schaffenden Gottes um ein neues, reines Menschenbild. Doch an einer unüberschreitbaren Grenze muß er innehalten, einsam und stolz. Eine ganz andere, diesseitige Vervollkommnung des Menschen erstrebte *Leonardo da Vinci* in tiefsinnigen Erläuterungen über das Wesen der Kunst und weit vorausgreifenden technischen Theorien: Auch das wurde ganz aus dem Geist der Renaissance geschrieben.

Durchaus in seiner Zeit, aus seiner Zeit her dachte *Machiavelli*. Doch war seine tiefsinnige Staatslehre »Vom Fürsten« alles andere als gehorsame Entschuldigung brutaler Tyrannei; der blutige Cesare Borgia diente ihm als zufälliger Modellfall, eine »Geschichte von Florenz« zeigt Machiavelli in ganz anderem Licht. Und mit der lebensvollen, noch heute gespielten Hahnrei-Komödie »Mandragola« lieferte er den nahezu einzigen Renaissance-Beitrag zur theatralischen Weltliteratur.

Vielleicht brauchte das ganze Zeitalter kein Theater, weil es selbst eine einzige Aufführung von witzigen, gewalttätigen und tragischen Szenen war? Zu dieser Vermutung kann man bei der Lektüre mancher hochinteressanter Zeitdokumente kommen; so der Künstlerbiographien *Vasaris* oder der Autobiographie des Goldschmieds *Cellini*, die Goethe uns verdeutschte. Auch an Utopien mangelte es nicht, selbstverständlich, in einer Epoche, die dem planenden Geist alles zutraute. Das Buch des edlen *Pico della Mirandola* »Von der Menschenwürde« entwirft ein ideales Regime der Philosophen, gleich Platon, doch weit weniger autoritär. Staatliche Obrigkeit spielt darin eine untergeordnete, kirchliche überhaupt keine Rolle; kein Wunder, daß Pico auf den Index kam. Um 1600 ersann der Dominikaner *Campanella* seinen »Sonnenstaat«, ein System des katholischen Kommunismus; in Paraguay versuchte nachmals ein Jesuitenstaat jahrzehntelang die Verwirklichung. Der Autor aber wurde jahrzehntelang eingekerkert, diesmal von der weltlichen Gewalt. So erging es denen, die Ernst machten mit der Macht des Geistes.

Ganz ungeschoren aber kam einer davon, der seinen Geist oft zu scharfer Zeitkritik nutzte, öfter aber mißbrauchte: *Pietro Aretino*, der hochbegabte Komödiendichter, Freund aller Großen; der vollkommen amoralische Erfinder des Revolverjournalismus, noch ehe es eine Presse gab. Fürsten und Künstler erpreßte er durch veröffentlichte, wirksamer noch durch unterlassene Schmähbriefe. Jacob Burckhardt sagt, Aretino hätte ganz Italien in einer Art Belagerungszustand gehalten. Daß er nie erdolcht oder vergiftet wurde — und darin war die Zeit ja nicht zimperlich — erklärt sich wohl aus der allgemeinen Furcht, nach seinem jähen Tode könnten noch peinlichere Dinge aus den Schubladen zutage kommen.

Wieder habe ich um Jahrhunderte vorgegriffen; nun verlassen wir Italien, den Schauplatz der ursprünglichen Renaissance.

In den beiden nächsten Kapiteln werden wir miterleben, wie sich der neue Geist des Humanismus über Europa hin ausdehnte und was in vielfältiger Abwandlung daraus entstand — bis hin zur Reformation und ihrem, literarisch unendlich folgenreichen, Widerspiel, der Gegenreformation.

# Die Reformation
## *Stachel oder Hemmnis*

Die im Titel gestellte Frage mag manchem befremdlich klingen. Gehören denn Reformation und Humanismus nicht eng zusammen? Sind nicht beide Folgen jenes Aufbruchs zu neuen Zielen, der in der italienischen Renaissance begann und zwischen dem 14. und 16. Jahrhundert ganz Europa in Bewegung brachte?

Gewiß, der Humanismus war etwas wie eine Reformierung des mittelalterlichen Denkens; und die Reformation ist bis zu einem gewissen Grade eine Art Humanisierung der Religion, nämlich die Anerkennung des einzelnen gegenüber der bis dahin uneingeschränkten Allmacht des Klerus. So war es jedenfalls in den Anfängen. Nachher wurde alles erheblich komplizierter. Und man sollte keinesfalls die Zusammenhänge mit der simplen Formel erledigen: Reformation und Humanismus hätten im großen ganzen einander entsprochen und letztlich ergänzt.

Wir betreiben hier weder Religions- noch Wissenschaftsgeschichte. Wir wollen aber versuchen, das Wesen einiger außerordentlicher literarischer Erscheinungen zu begreifen, die damals und dann weiterhin durch Jahrhunderte die Welt genauso verändert haben wie Schießpulver oder Kompaß, die so gern als Symbole der Neuzeit genannt werden.

Was war denn das Neue?

Zuerst denkt wohl jeder an die Verweltlichung des Geistes; schon das Wort Humanismus meint ja nicht nur ein Studium der Alten, sondern eine Art Bekenntnis zum antiken, heidnischen Menschenbilde. Tatsächlich lernte der Renaissancemensch, nach einem treffenden Wort Egon Friedells, sich selbst erst zu genießen, dann zu vergöttern. Die Aufwertung des Diesseits war so allgemein, daß auch hohe Kirchenfürsten solch eine selbstherrliche, im christlichen Sinne also amoralische Haltung einnahmen. *Enea Silvio Piccolomini*, Kardinal und späterer Papst Pius II., behandelte die Liebesgeschichte eines nahen Freundes mit einer verheirateten Frau als Novelle; wenn er hier als Schüler Boccaccios erscheint, so zeigen ihn Reiseberichte und ein bedeutsamer Briefwechsel mit vielen Zeitgenossen als Nachfahren Petrarcas. Julius II. und Leo X. gelten bei der Nachwelt vor allem als höchst weltliche Mäzene.

Nun richtete sich aber gerade gegen diese humanistischen Päpste Luthers jugendlicher Zorn. Auch nahm der Protestantismus alsbald eine kritische, teilweise sogar feindliche Haltung gegenüber dem Humanismus der Gelehrten ein. Unter diesen gab es indessen viele fromme Leute. Andere aber fühlten sich vom Eiferertum der neuen Kirche noch stärker abgestoßen als von den Vorschriften des alten Glaubens. Ganz sicher gilt das für *Erasmus von Rotterdam*, den angesehensten aller Humanisten, der sich eben deshalb nach langem Zögern offen gegen Luther erklärte. Wegwerfend meinte er: »Überall, wo das Luthertum regiert, erschlafft das Studium der Wissenschaften.« Er fügte hinzu: »Vergleiche nur einmal die Universität von Wittenberg mit der von Löwen oder Paris!« Das waren katholische Hochschulen.

Da kündigt sich ein bemerkenswerter Frontwechsel an: Im späteren 16. und erst recht im 17. Jahrhundert sollte just die Gegenreformation zur Trägerin humanistischer Ideen werden. Meisterwerke der Baukunst und der Malerei, die Erfindung der neuen Gattung Oper und vor allem die großartige Entfaltung des spanischen und französischen Theaters — all das verdankt die Welt durchaus dem katholischen Geist. Davon werden wir noch ausführlich sprechen.

Hier gilt es, zunächst festzuhalten: Offenbar ist nicht die Säkularisierung des Geistes, die Freude am Dasein das Neue, das in Humanismus und Reformation gleichermaßen wirksam ist. Wo finden wir es dann? Vielleicht in einer verwandelten Haltung gegenüber dem damaligen politischen Zustand der Welt? Auch da kommen wir nicht viel weiter.

Allerdings änderte sich das Staatenbild Europas mehr und mehr. Die alte Kaisermacht war dahin, nur noch ein Schatten ihrer selbst. Dafür entstanden von Spanien bis Rußland die neuen nationalen Staaten. Überall wurde die Volkssprache zur Literatursprache, nach italienischem Vorbilde; das aber war dem Bildungsideal des antikisierenden Humanismus geradezu entgegengesetzt. So geriet dieser nach und nach in Verruf, blieb auf die Gelehrtenkaste und höfische Kanzleien beschränkt, wurde also gewissermaßen reaktionär. Nationale Staatsform und Sprache aber bedeuteten einen Aufstand gegen die feudalmittelalterliche Ordnung. Bernard Shaw hat diese frühbürgerliche, naiv-demokratische Erhebung der Völker in seiner »Heiligen Johanna« dargestellt; die Dramatik dieses Stückes beruht darin, daß ein Teil der Kirche sich gegen den alten Verbündeten, den Feudaladel, erklärt und mit der heraufkommenden nationalen Volksbewegung eine Einigung finden will. Das scheitert daran, daß der seiner selbst bewußte Einzelmensch — hier also Jeanne d'Arc — auch zu Gott ein unmittelbares Verhältnis zu haben verlangt, ohne Vermittlung der Priester.

Dieser bedrohliche Anspruch war auch schon früher aufgetaucht; so bei den Waldensern und Albigensern, ketzerischen Bewegungen, die blutig unterdrückt wurden. Ein etwas anders gearteter früher Vorläufer, sowohl der Reformation wie des Humanismus, war auch *Roger Bacon* gewesen, den die kirchliche Scholastik zwar als »doctor mirabilis« feierte, der aber schon Pionier höchst kritischer Denkmethoden war. Als Vorfahr des Empirismus, der dem britischen Charakter besonders entspricht, lehrte er schon um 1250, Quelle alles Wissens seien die Erfahrung, die Mathematik und das Experiment. Entschieden verdammte er allen gewohnheitsmäßigen Respekt vor überlieferten oder anbefohlenen Meinungen.

Um 1350 zog der gelehrte Oxforder Professor *John Wiclif* hieraus Folgerungen; er übersetzte die Bibel ins Englische und ließ sie durch arme Priester im Volke verbreiten. Die Kirche erkannte die Gefahr, konnte Wiclif aber erst nach seinem Tode, als Leichnam, verbrennen lassen. Seine Lehren wirkten weiter. Der bedeutendste Wiclifit war Johannes Hus, Professor in Prag, zugleich geistlicher und nationaler Vorkämpfer des tschechischen Volkes. Bekanntlich wurde er auf das Konstanzer Konzil gelockt und dort, unter Bruch des kaiserlichen freien Geleits, auf den Scheiterhaufen gebracht. Die Folge waren jahrelange erbitterte Kriege und eine tiefe Entfremdung der eben erst entstandenen tschechischen Nation von den Deutschen.

Man wird vielleicht schon aus diesen wenigen andeutenden Beispielen erkennen: Bei der Betrachtung der Phänomene Reformation und Humanismus geraten wir alsbald in ein schier undurchdringliches Geflecht von Ursachen und Wirkungen.

Die Welt war auf einmal vielschichtig geworden. Ein Widerspiel von Kräften begann, die einander oft geradezu aufzuheben schienen. An diesem Pluralismus — um ein heute beliebtes Wort anzuwenden — hatten auch die materiellen Umstände ihren Anteil. Vielmehr, sie beschleunigten diese Entwicklung, was auch derjenige zugeben wird, der sich weigert, geistige Veränderungen auf ökonomische Ursachen zurückzuführen. Beide wirken natürlich fortgesetzt gegenseitig aufeinander ein — das wußte Marx selbst recht gut, nur manche seiner entlaufenen Schüler haben es vergessen.

Wir sprachen hier ja schon von der Aufspaltung Italiens in kleine und kleinste Staaten, vielfach reich gewordene Handelsstädte. Diese Vielfalt schien dem Geist eher förderlich zu sein. Das sich von Italien aus rasch verbreitende Geldwesen löste die mittelalterliche Naturalwirtschaft ab. Zugleich erweiterte sich der allgemeine Horizont durch den Handel, der schon weite Entfernungen überbrückte. Nie gekannte Sehnsucht erwachte, materiell wie ideell. Zwar gibt es keine einfache Formel für den Zusammenhang zwischen allgemeiner Wirtschaftslage und Literatur. Aber die förmliche Eruption des europäischen Geistes riß unweigerlich auch die Schriftsteller mit; ganz gleich, zu welcher politischen und philosophischen Richtung sie gehörten.

Ein Produkt wurde unmittelbar wichtig für die Literatur: das Papier aus billigen Textilabfällen, längst in China erfunden, kam nun durch arabische Vermittlung nach Europa. Und so erst wurde die im Prinzip bekannte Methode des Druckens mit Hilfe von beweglichen Lettern endlich im Großen anwendbar. Pergament war dafür einfach zu teuer gewesen und erlaubte keine hohen Auflagen. Die Schwarze Kunst wurde rasch zum Instrument der Meinungsverbreitung, dessen sich die alte Kirche zunächst zögernd, die neue sehr entschlossen bediente; auch die hochgelehrten und hochmütigen Gelehrten ließen alsbald ihre Flugschriften unter das Volk flattern, und so begann eine Popularisierung, eine Demokratisierung des Geisteslebens.

Hätte es Papier und Druckkunst zwei Jahrhunderte früher schon gegeben, dann hieße der große Kirchenreformator vielleicht Meister Eckart und der wichtigste Humanist Roger Bacon. Nun hießen sie Luther und Erasmus. Doch sollten wir, ehe von ihnen und ihren Zeitgenossen die Rede ist, eine der denkwürdigsten Gestalten des Zeitalters nicht vergessen: *Nikolaus von Kues*, den Fischersohn von der Mosel und nachmaligen Kardinal. Eppelsheimer bezeichnet in seiner bewundernswert knappen Manier die Schlüsselstellung des Kusaners in der Geistesgeschichte, wenn er sagt: er käme von Eckart und weise schon hin auf Leibniz. Tatsächlich erscheint er als der eigentliche Vertreter der großen Wende; er war Kleriker und Naturwissenschaftler in einem, nun, das gab es öfter. Aber seine Gottesverehrung basiert auf spekulativem Denken. Er lehrt, das All spiegele sich in der kleinen Welt jedes Menschen; nur wer damit zurechtkäme, könne das Unendliche begreifen. Nikolaus von Kues fand aber vor allem eine jener Formeln, die so einfach klingen, wenn sie erst einmal ausgesprochen sind: die »coincidentia oppositorum«, das Prinzip vom letztlichen Zusammenfallen aller Gegensätze. Er bezieht das auf Gott, in dem aller Widerspruch sich auflöse. Da er aber sehr bewußt auf eine Erneuerung der Kirche hinwirkte, wenn auch ohne Erfolg, darf man doch wohl sagen: Hier dämmerte eine ganz neue Denkart auf, die keine Furcht mehr hat vor der Vielfalt, ja geradezu eine intellektuelle Freude an den dialektischen Gegensätzen des Geisteslebens und überhaupt alles Geschehens.

Das Mittelalter hätte solch eine Formulierung abgelehnt, nein — gar nicht verstanden! Und so hat Novalis schon recht mit seiner sehnsüchtigen Klage um die verlorene Einheit der mittelalterlichen Christenheit.

Ehe wir von den Reformatoren sprechen, lassen Sie mich von einigen Humanisten reden.

*Erasmus von Rotterdam* hieß von Haus aus Gerhard Gerhards. Damals kam die Humanistenmode auf, seinen Namen zu latinisieren, wovon so mancher Sartorius oder Henrici heute noch Zeugnis ablegt. Erasmus errang allein durch seine Feder so viel Weltruhm bei Lebzeiten wie nur selten ein Schriftsteller. Und das ganz mit Recht: Alles ist klug und klar geschrieben, was er publizierte oder — diese Methode war seit Petrarca unvermindert im Schwange — durch Sendbriefe an bedeutende Personen durch ganz Europa verbreitete. Von seinem wichtigsten Korrespondenzfreunde, dem Briten Thomas Morus, hören wir später in anderem Zusammenhange.

Die Nachwelt hat den Geist des Erasmus gerühmt, seinen Charakter verurteilt. Er gilt als zaghafter Stubenhocker, dem der Mut zu Entscheidungen gefehlt habe. Immerhin hat er aber in einem seiner Hauptwerke, dem »Encomium moriae«, dem »Lob der Torheit«, eine grimmige Attacke gegen Mißstände und Schwächen seiner Umwelt gerichtet, und vor allem gegen Trägheit, Käuflichkeit und Genußsucht der Kleriker. Das geschah schon 1509, als Luther noch ein gehorsamer Sohn Roms war. Zudem wagte Erasmus dies und manches andere als einzelner, auf eigene Kappe, nicht als der bis zu einem gewissen Grade geschützte Hofprediger eines wohlmeinenden Fürsten.

Ist er also ein Wegbereiter der Reformation, dieser große Humanist? Wir hörten schon, daß er die neue Kirche späterhin ablehnte. Hier bestand offensichtlich auch ein unüberbrückbarer Unterschied der Temperamente: den Mann des verfeinerten Geistes stieß die volkstümliche Derbheit des ehemaligen Mönchs Martinus ab. Indessen, bei aller Bewunderung der größeren Tatkraft, der weit stärkeren Persönlichkeit Luthers: Ein kräftiger Schuß erasmischer Weisheit und Toleranz hätte dem Protestantismus gutgetan . . .

Johan Huizinga sagt am Schluß seiner schönen Erasmus-Biographie, es läge eine Tragik in dessen Leben: »Er war der Mann, der das Neue und Kommende besser sah als irgend jemand; der sich mit dem Alten überwerfen mußte und doch das Neue nicht ergreifen konnte.« Er versteht ihn als Vorläufer und Vorbereiter großer späterer Geister bis hin zu den Menschheitserziehern Rousseau, Herder und Pestalozzi. Dann faßt er zusammen: »Die gebildete Menschheit hat Ursache, den Namen des Erasmus in Ehren zu halten, wäre es auch nur darum, weil er der tiefehrliche Prediger jener allgemeinen Milde des Herzens gewesen ist, die die Welt noch so bitter nötig hat.«

Nicht Urheber, aber gewiß geistiger Anreger war Erasmus bei der Veröffentlichung der Dunkelmännerbriefe, der »Epistolae virorum obscurorum«. Durch diese geistreiche Satire kamen ein paar Humanisten einem der Ihren zu Hilfe, dem Hebraisten *Reuchlin*, der von pfäffischen Eiferern als Ketzer denunziert worden war. Sie fingierten Reiseberichte eines frommen Magisters und ahmten das holprige Küchenlatein, die spießige Scheinmoral so vollendet nach, daß die ganze humanistische Öffentlichkeit sich totlachte. Und die Getroffenen totlachte — damals war Lächerlichkeit auch in Deutschland eine tödliche Waffe.

Einer der Mitautoren war *Ulrich von Hutten*, bald darauf erklärter Parteigänger Luthers. Überhaupt war er der geborene Partisan, eine jener anziehenden Figuren, denen die Feder nicht genügt, die ihre Ideale auch mit dem Schwert verfechten. Also das genaue Gegenteil von Erasmus, und so recht geeignet als Idealfigur für jugendliche Bewunderung. Diese Gattung taucht zu allen Zeiten auf, im letzten Jahrhundert hatten wir etwa den Vagabunden und exotischen Abenteurer Rimbaud, den Flieger Saint-Exupéry und den Revolutionär Malraux, der später de Gaulles Kultusminister wurde. Gleich allen diesen war auch Hutten ein hochpoetischer Journalist. Er bewies, daß ein edler Geist auch das Schreiben für den Tag zu veredeln vermag.

Von lange nachwirkender Bedeutung waren natürlich auch die zahlreichen damals entstehenden Übersetzungen antiker Autoren. Aus humanistischem Geist stammt das bis heute gelesene Gespräch, das der »*Ackermann aus Böhmen*« mit dem Tode führt. Der Autor, Schulrektor, hat dabei einem mittelalterlichen Thema ganz neue, dem veränderten Zeitempfinden abgelauschte Züge hinzugefügt. Und Humanist aus tiefer Überzeugung war vor allem *Philipp Melanchthon*, Luthers wichtigster Helfer. Der geborene Pädagoge und bedeutende Kenner des Griechischen war ebenso tolerant wie Erasmus. Unaufhörlich strebte er danach, den neuen Glauben mit der neuen Wissenschaft zu versöhnen. Das gelang nicht und hat ihn, den Verfasser der »Augsburgischen Konfession«, dem Freunde sogar entfremdet.

Und so wäre nun endlich der Blick frei auf jene mächtige Erscheinung, die Inbegriff der ganzen Epoche war und geblieben ist. Es ist gerade hier nicht unnütz, daran zu erinnern, daß uns bei einem Manne wie *Martin Luther* nur die literarische Bedeutung angeht; freilich auch deren gesellschaftliche und politische Voraussetzungen und Nachwirkungen. Der Theologe, der Gründer einer neuen Glaubensform bleibe beiseite; der Kirchenpolitiker wird uns beschäftigen müssen.

Mit vollem Recht gilt Luther als der Mann, dem wir unsere allgemeinverständliche Sprache, das Hochdeutsche, verdanken. Er begann mit dieser Neuprägung erst, als er aus dem Kritiker zum Gegner Roms wurde. Die 95 Thesen, mag er sie nun buchstäblich an die Wittenberger Kirche angeschlagen haben oder nicht, sind noch lateinisch abgefaßt, um eine Auseinandersetzung innerhalb der Kirche zu eröffnen. Das mißlingt, und nun kommen Schlag auf Schlag die mitreißenden Pamphlete, die mit einer neuen Frömmigkeit auch eine neue Sprache weithin verbreiten. »Von der babylonischen Gefangenschaft der Kirche«, »An den christlichen Adel deutscher Nation«, »Von der Freiheit eines Christenmenschen«: Das mußte ein breites Laienpublikum freilich anders packen als des Kusaners abgewogene Formel von der »docta ignorantia«, der Weisheit des Nichtwissens, oder als das ironische »Lob der Torheit« bei Erasmus.

Etwas auch sprachlich Neues waren die Kirchenlieder des Reformators, die eine reich ausgebildete protestantische Lyrik eröffneten. Nicht zu vergessen die oft verblüffend derben, überaus volkstümlichen Tischgespräche, die schon zu Luthers Lebzeiten verbreitet waren. Das weitaus Wichtigste aber bleibt natürlich die Bibelverdeutschung.

Sie vollzog sich nicht als willkürlicher Schöpfungsakt; ein solcher wäre kaum sogleich vom ganzen Volke aufgenommen worden. Luther legte wohlüberlegt einen immerhin schon weitverbreiteten Kanzleistil zugrunde, den er aber mit wunderbarer Begabung belebte und auflockerte. Er selber sagt bekanntlich, er habe Mutter, Kind und gemeinen Mann auf dem Markte befragt und ihnen aufs Maul gesehen, wie sie redeten. Das Beste hat er schließlich doch aus eigenem dazugetan: durch glücklich geprägte Wendungen, die dann zu Sprichwörtern wurden, und durch kräftig geformte Wortbildungen. Die etymologischen Wörterbücher zeigen, daß Luther hierin alle anderen Sprachmeister einschließlich Goethes bei weitem übertrifft. Mit seiner urwüchsigen, naiv-genialischen Sprachgewalt wurde er für uns, was Dante den Italienern, die Akademie Richelieus den Franzosen bedeutet.

Doch Humanist war Luther nicht, wollte es nicht sein. Immer verbissener nahm er gegen die Selbstherrlichkeit des Gelehrtengeistes Stellung; am heftigsten in der gegen Erasmus gerichteten Schrift »De servo arbitrio«, in der er die freie geistige Entscheidung des einzelnen überhaupt für unmöglich erklärt. Dieser Determinismus wurde bald darauf durch Calvin noch übertrumpft.

Im Kern seines Wesens blieb Luther ein Mensch des Mittelalters. Er warf mit dem Tintenfaß nach dem leibhaftigen Satan. Er glaubte an böse Zaubergeheimnisse der lügenhaften Juden — manch schlimmes Wort fiel da, das in unseren neuesten dunklen Tagen begeistert von den Verderbern zitiert wurde. Dergleichen möchte man gern als vereinzelten Irrtum beiseite lassen. Doch es gibt zu viele Zeugnisse dafür, daß Luther zwar in Glaubensdingen unbegrenzt mutig, in seinem Sprachbewußtsein vollkommen unabhängig war; politisch und gesellschaftlich aber durchaus in den Vorstellungen des feudalen Jahrtausends befangen blieb. Er wollte sein Werk mit Hilfe der Fürsten vollenden.

Und so kam es, daß der Mann des Volkes sich gegen sein Volk wendete. Die Kräfte, die er selbst entfesselt hatte, erschreckten ihn. Als die unmenschlich bedrückten Bauern mit Luthers Lied auf den Lippen aufstanden, um ein Stück des gerechten Gottesreiches auf Erden zu gewinnen, da nahm er wütig gegen sie Partei. Er rief auf, sie zu hängen, zu rädern. So half er entscheidend mit, die einzige wirkliche Revolution zu erwürgen, die jemals auf deutschem Boden entbrannte.

Das hat untilgbare Spuren im deutschen Charakter und in der deutschen Literatur hinterlassen. In den Seelen wie in den Büchern schwärt fortan ein geduckter Untertanengeist, unfroh und schal noch dort, wo er sich im Wunschreich eines angeblich reinen geistigen Strebens einmal Luft macht. Dazu kommt eine kleinliche Pedanterie, welche die zänkischen Streitereien unter den Reformatoren kennzeichnet, die doch alle Freiheit des Glaubens predigten.

Zudem war der Sieg nur halb gewonnen, Deutschland nur zur Hälfte reformiert oder lutherisch, was gewiß nicht Luthers oder Zwinglis Schuld ist. Deutschland blieb fortan schmerzlich gespalten — und dies kann nun wahrlich nicht als fruchtbare Spannung oder belebende Koinzidenz von Gegensätzen ausgelegt werden. Es war Resignation und Niedergang. Man muß auch bedenken, daß unter den großen Völkern allein die Deutschen zu keiner Entscheidung gelangten. Ein so unmoralischer Mann wie Heinrich VIII. von England brachte mit einer aus persönlichen Motiven unternommenen Reformation immerhin sein ganzes Volk hinter sich. Frankreichs allerchristlichste Könige merzten unerbittlich den Protestantismus aus, waren aber als Menschen der Raison so klug, zu gleicher Zeit ihrem Volk ein laizistisches Selbstgefühl gegenüber der römischen Kirchenherrschaft anzuerziehen.

*Johann Calvin*, der andere große Glaubenserneuerer, errichtete in Genf eine Tyrannei des Gewissens, an der gemessen die alte Kirchenzucht und Scholastik wie eitel Freigeisterei anmutet. Er wollte das Neue, Wahre durch Zwang erreichen. Überdies verkündete er ein Evangelium von der Heiligkeit der Arbeit, die in der Bibel unzweifelhaft ein Übel heißt; Belohnung der Auserwählten durch irdisches Wohlergehen — alle Ungerechtigkeiten des eben entstehenden Kapitalismus werden so gerechtfertigt. Alsbald aber erhob sich dagegen bei den westlichen Völkern ein Widerstand der Vernunft. Die calvinistische Lehre von der Prädestination hatte auf deren Denken und Schreiben eine ausgesprochene Reizwirkung.

Der deutsche Geist aber, anders vermag ich's nicht zu sehen, war durch die Reformation seltsam gelähmt. Die Dichtung verarmte zusehends. Ein Blick auf das Luther-Jahrhundert zeigt es: Darf man *Sebastian Brants* »Narrenschiff« als eine Weltdichtung rühmen? Ist der freundliche *Hans Sachs* — trotz Goethes Lob und Wagners Oper — denn mehr als eine Genrefigur? Vom *Meistersang* reden wir doch nur, weil es große Dichtung nicht mehr gab. Was die Menschen hätte packen können, das sank ab ins Derb-Populäre, in Volksbücher wie den *»Doktor Faustus«*; zur Weltliteratur gehörte das nicht mehr — oder noch nicht wieder. Und in den zuweilen heute noch ernst genommenen Spekulationen des *Paracelsus*, die eine übersinnlich-mystische Naturlehre verkünden, zeigt sich jene Flucht aus der Wirklichkeit, jene verderbliche Abneigung gegen alles Klare, Scharfumrissene, die das Volk Walthers und Eckarts mehr und mehr erfüllen und noch in schreckliche Verwirrungen führen sollte.

Die Fackel des Geistes war in andere Hände übergegangen, für lange. Daß an ihrem Feuer sich nun gerade die Seelen katholischer Völker neu entzündeten, das allerdings ist wiederum ein Vorgang von hohem dialektischem Reiz. Und von den wunderbaren humanistischen Taten der Gegenreformation, von so bedeutsamen Geistern wie Cervantes, Rabelais und Montaigne, müssen wir nun sprechen.

## Gegenreformation
### *Die wunderbaren Wege des Humanismus*

Ich versuchte, in großen Zügen deutlich zu machen, daß Humanismus und Reformation — entgegen einer verbreiteten Meinung — nicht ohne weiteres als verwandte Kräfte gelten können. Es ist sogar eher aus ihrem Gegeneinanderwirken, zumindest aus wechselnder Anziehung und Abstoßung, manches Große und Neue entstanden — jedenfalls in der Literatur.

Nun habe ich zu berichten, wie sich die alte römische Lehre wieder energisch zur Geltung brachte. Nach einem kurzen Schock weckte die Herausforderung durch den Protestantismus unerwartet starke und neuartige Fähigkeiten im katholischen Geist. Dieser griff aber nicht auf Vergangenes zurück, etwa auf die schöne mittelalterliche Einheit des Lebens. Damit war es vorbei, für immer. Der Katholizismus suchte ein Bündnis mit der neuen Wissenschaft und den Künsten.

Dabei kam ihm zugute, daß die Humanisten vom Protestantismus enttäuscht waren; dort gab es zänkische Richtungskämpfe, und der Schwung der ersten Lutherjahre verlor sich in einen neuen, eifernden Klerikalismus.

Die Gegenseite verhielt sich geschickter, bis zu einem gewissen Grade versöhnlicher. Schließlich war die »coincidentia oppositorum« ja ein katholischer Weltgedanke gewesen, wenn auch ein außenseiterischer, gerade noch geduldeter. In den beiden Jahrhunderten nach Luther verhielten sich maßgebende Männer der alten Kirche gegenüber manchen Vertretern des humanistischen Geisteslebens so, als sei das Prinzip der Entwicklung aus dialektischem Widerspruch grundsätzlich anerkannt. Das war natürlich ein Mißverständnis, so konnte es für immer nicht bleiben; aber zunächst, in der Epoche unmittelbar nach Luther, wurde fast überall in Europa das forschende und literarische Leben bereichert.

Mit Ausnahme freilich von Deutschland: Hier standen die Gegner im Glauben einander weiterhin Auge in Auge gegenüber, es war keine Entscheidung gefallen, der Kampf dauerte fort. Das verbot lässige Kompromisse, das verhärtete die Herzen. Geistliche beider Konfessionen wurden zu Zeloten, Gelehrte zu trocknen Schulmeistern; um einer schroffen Parteinahme auszuweichen, war das der sicherste Weg. So ging das Humane im Humanismus verloren.

In Spanien und Frankreich aber, dann auch in England, entfaltete sich geradezu eine zweite Renaissance, durch die vereinte katholisch-humanistische Abwehr gegen Protestantismus, vor allem Calvinismus gefördert.

Es ist aber auch noch eine andere Erklärung möglich. So meint beispielsweise Eppelsheimer, die Hochrenaissance im 16. Jahrhundert dürfe man als Durchbruch zu nationalen südländischen Formen verstehen; wörtlich: »Sie schafft ihren Idealen in einem repräsentativen Weltstil Ausdruck und führt . . . die lateinischen Schwestern zur römischen Mutter zurück; d. h. sie unterwirft die ehedem . . . schon einmal romanisierten europäischen Völker einer neuen, je nach dem Grad der ›ideologischen Symphatie‹ bald stärkeren, bald schwächeren Romanisierung und stellt dem Germanentum eine profilierte Romanità gegenüber.« Die aber, so fährt Eppelsheimer fort, verband sich mit dem aktiven, oft geradezu explosiven, jungen Nationalgefühl; und eben das ergab vielfältige, komplizierte Strukturen.

War das nun nur alter Wein in neuen Schläuchen? Eher das Gegenteil: In alten Formen, hinter scheinbar unangetasteten Fassaden entwickelt sich etwas tatsächlich Neues. Die fortan wirksamen Kräfte wachsen aus humanistischer Daseinsbejahung, aber just die Gegenreformation bringt sie ins Spiel. Wahrhaftig ein dialektischer Prozeß! Und hier sollte ich wieder einmal daran erinnern, daß nach meiner subjektiven Auffassung die Literatur der Selbstverständigung und Entfaltung der Menschheit dient — und da wurde nun ein großer Schritt voran getan eben durch diese katholische, ihrem Wesen nach rückwärts gerichtete Romanità.

Überlegen wir von diesem Standpunkt aus, welche außerordentlichen Wirkungen in literis et artibus etwa das oft verfemte Jesuitentum gehabt hat. *Ignatius von Loyola*, ein Ritter und Weltmann, wurde nach schwerer Verwundung zum religiösen Grübler, zum militanten Verteidiger des alten Glaubens. Er war ein genialer Organisator, seine berühmten »Exerzitien« und die von ihm diktierten Memoiren gehören vor allem in die Religionsgeschichte; aber unendlich folgenreich war die von ihm ausgehende Initialzündung, die alsbald den katholischen Geist in Flammen setzte. Und nun gab es gerade literarisch ganz neue Fronten: In völligem Gegensatz zum mittelalterlichen Lebensbild werden nun die Schönheiten des Daseins als etwas Gottgewolltes anerkannt und gepriesen. Das geschah in offenbarem Gegensatz zur strengen Moral, zur Nüchternheit des Protestantismus; gegen diese empfinden seit damals Menschen, die in katholischen Ländern aufwuchsen, eine Art mitleidiger Abneigung. Uns geht dieser Kontrast insoweit an, als er die Literaturen beeinflußte, und da ist zuzugeben: Der neubelebte Katholizismus erwies sich als überaus fruchtbarer Kulturboden.

Um mit Frankreich zu beginnen, so war ja dessen Anteil an der ersten, der italienischen Renaissance umstritten; die zweite Welle wird von französischen Dichtern angeführt, da kann es kaum Zweifel geben. Gallischer Geist bringt sogleich manches anderwärts Unbekannte, Nichtgewagte hervor. Dabei wendet er sich ab von bloßer Nachahmung der Alten. In einer sinnvollen, man möchte sagen vernünftigen Dosierung lateinischer, gallischer und fränkischer Elemente bildet sich der Volkscharakter aus, und mit ihm eine gleichgestimmte Literatur.

In Frankreich hatte offenbar die ganze Nation früh den laienhaften Sinn begriffen, der in der Florentiner Renaissance noch halb verdeckt geblieben war. Man erkennt das sehr gut an einigen schreibenden Frauen. Fürstinnen so gut wie Bürgerinnen griffen nämlich hier zur Feder.

Die Schwester Franz' I., *Margarete von Navarra*, verfaßte — zum Teil nach eigenen Erlebnissen — ihr »Heptameron«, das mehr ist als nur eine Nachahmung Boccaccios. Und die prachtvollen Memoiren der Frau Heinrichs IV., der *Margarete von Valois*, die Friedrich Schlegel verdeutscht hat, eröffnen die glänzende Reihe höfischer Autobiographien, die verblüffend offenherzig durch die folgenden Jahrhunderte hin geschrieben werden sollten, so daß wir über den französischen Königshof und die ihm angegliederte Gesellschaft besser unterrichtet sind als über andere Mittelpunkte damaligen Lebens.

In Lyon aber verfaßte *Louise Labé*, die »schöne Seilerin«, ihre innigen Liebessonette nach italienischen Mustern. Bis zu den Handwerkern war der Renaissancegeist gedrungen. Mancher kennt diese Verse wohl in Rilkes Nachdichtung. Es spricht aus ihnen die neue Unmittelbarkeit des Gefühls, von der um 1550 alle Welt ergriffen war. Weit zurück lag schon das stille Mittelalter . . .

Bald sammelte sich eine Gruppe von Dichtern, geeint durch den Plan, eine französische Nationalliteratur zu schaffen. Sie waren also Vorläufer der Akademie, die im folgenden Jahrhundert als Kontrollinstanz eingesetzt werden sollte; und so formulierten sie Gesetze der Sprache — leider auch des poetischen Stils. So etwas geht meist schief. Nach einem alexandrinischen Vorbild nannten sie sich »die Pléiade«, das Siebengestirn. Die wichtigsten waren *du Bellay* und *Ronsard*. Du Bellay verfaßte das Programm der Siebener-Gruppe, eine feierliche Apologie der französischen Sprache. Außerdem schrieb er — so lese ich in den Literaturgeschichten — schöne, schwermütige Sonette, die ich leider nicht kenne und die er selbst weniger wichtig nahm. Pierre de Ronsard aber nahm sich vor, ein französisches Gegenstück zu Ilias und Aeneis zu schreiben. Bei ihm ist nun gar der Gründer Frankreichs ein Flüchtling aus Troja. Diese »Franciade« blieb übrigens unvollendet.

Unheilvoll wirkte sich ein von der Pléiade verkündetes Gesetz aus: Der wahre Poet solle sich vom ungebildeten Volk fernhalten und am besten unverständlich schreiben. Glücklicherweise hat sich das auf die Dauer nicht durchgesetzt. Nur von Zeit zu Zeit macht sich seitdem in der französischen Literatur ein leicht überheblicher, esoterischer Zug bemerkbar; durchaus nicht zum Nachteil der Poesie, solange nicht Snobisten ein alleinseligmachendes Prinzip daraus machten.

Eine Generation nach den Pléiade-Dichtern kam der große Sprachmeister *Malherbe* und vollzog an den Pädagogen seinerseits eine Paukerstrafe: In Ronsards Texten korrigierte er unbekümmert herum, ehe er sie neu herausgab. Der ungemein kenntnisreiche, literaturhistorisch interessierte Malherbe wollte aber selber der Dichtung ein neues Korsett anlegen; die Lyrik hat er damit fast erstickt, und das ist nun bitter schade.

Denn seit langem entfaltete sich eine populäre, derbe Volkspoesie. Der Meister dieser Gattung lebte schon im 15. Jahrhundert, seinen Namen kennen Sie alle: *François Villon*; und vermutlich haben Sie dies und das aus seinem wilden, schnoddrig-pathetischen Œuvre einmal gehört oder gelesen, vielleicht das berühmte Testament unterm Galgen, das Brecht in die »Dreigroschenoper« übernahm. Villon vertritt glorreich eine andere Seite des französischen Wesens, die strotzende, schöpferische Vulgarität. Sein Leben ist bis auf wenige unzuverlässige Daten unbekannt; fest steht, daß er ein Dieb und Einbrecher war, der um seiner Begabung willen begnadigt wurde, wie etwa in unseren Tagen Jean Genet. Offenbar sucht französischer Geist in dergleichen Naturen eine Art Ausgleich zu raison und clarté.

Und das nicht nur in der Lyrik — *François Rabelais* beweist es, der große Prosaiker, der seine beiden riesenhaften Apostel des unmäßigen Lebensgenusses, Pantagruel und Gargantua, so ganz und gar aus der überschäumenden Lebenslust der gegenreformatorischen Zeit formt. Rabelais hatte übrigens selbst die Weihen, amtierte erst als Arzt, dann als Curé in Meudon nahe Paris. Man nahm das nicht so genau, aber wenn doch ein Kirchenoberer an den Schriften dieses geistlichen Weltkindes Anstoß nahm und ihre Verbreitung verhinderte, dann erteilte der fröhliche König Franz rasch eine neue Druckerlaubnis.

Bis heute lieben alle Gastwirte und alle Gäste in der Douce France diesen Meister der saftigen Genüsse. Oft wurde er nachgeahmt, am vollkommensten durch Balzac in den »contes drolatiques«. Darüber darf man nicht vergessen, daß Rabelais auch ein ernsthafter und geistreicher Polemiker gegen Intoleranz und Geistentfremdung war, darin durchaus ernsthafter Humanist. Und doch blieb er stets Katholik, nichts in seinem Werk ist etwa hugenottisch. Eher spürt man einen leisen Zug zum

Unglauben. Sterbend soll er gesagt haben, nun ginge er hinüber ins »große Vielleicht« — sogar diese Blasphemie nahm damals die Kirche nicht tragisch.

Katholisch geprägt war und blieb aber auch jener hohe Geist, dessen Namen ich nun mit Achtung und Liebe nenne: *Michel Montaigne*. Katholisch gewiß nur in seiner Form, seiner Bildung, nicht in seinem Temperament; und schon gar nicht in seiner Nachwirkung auf alle Generationen bis heute, die man nicht hoch genug einschätzen kann.

Montaigne, Sohn wohlhabender geadelter Bürgerkreise, selbst später zeitweise Bürgermeister von Bordeaux, erfahren in allen Geschäften der Welt, war dennoch frei von Ehrgeiz. Er hielt sich abseits von Richtungen und Strömungen, er schuf sich eine neue, eigene Gattung, die er »Essay« nannte, den Versuch also, den literarischen Versuch. Es ist, so weit ich sehe, in den Jahrhunderten seither noch nicht gelungen, eine erschöpfende Definition dieser wirksamen und beliebten Form zu finden — die keine ist, oder höchstens eine neuerdings so genannte »offene« Form. Das Standardwerk »Theorie der Literatur« von Warren und Wellek verzichtet völlig darauf, etwas über den Essay zu sagen. So versuche ich's auf eigene Faust und formuliere: Der Essay stellt präzise, verbindliche und durchdachte Inhalte in subjektiver Art dar, die zuweilen den Charakter der Notiz, der Improvisation, annehmen kann. Auf diese Weise bleiben das geistige Erlebnis des Verfassers und seine Spontaneität unmittelbarer erhalten als in durchgeformter Prosa oder Poesie. Andererseits unterscheidet sich der Essay vom, wenn auch wählerischen, Journalismus durch den berechtigten Anspruch auf dauernde Geltung.

Dies alles gilt jedenfalls für Montaignes Essays, die unvergleichlich frisch und lebendig sind wie am ersten Tag, mit leichter Hand fest gefügt und schlüssig wie die großen Systeme eines Descartes oder Spinoza, mit denen er aber nicht das mindeste gemein hat. Auch ihn bewegt die Frage nach dem Sinn des Daseins, die noch kein Philosoph befriedigend beantworten konnte. Er behauptet nicht, daß er das könne; er will nur helfen, besser zu fragen. Also mag man ihn einen Existenzphilosophen nennen, einen Verwandten von Pascal, Kierkegaard oder Nietzsche. Der schrieb über Montaigne den schönen Satz: »Daß ein solcher Mensch geschrieben hat, dadurch ist wahrlich die Lust, auf dieser Erde zu leben, vermehrt worden.«

Antriebskraft ist eine unstillbare Neugier, eine angeborene Freude an der Vielfalt des Daseins. Montaigne ist ein katholischer Epikureer, was damals so selten nicht war. Zugleich darf man ihn aber auch einen gelassenen Stoiker nennen. Und bestimmt ist er ein Moralist, sowohl im umfassenden Sinne wie in jenem speziellen, den das Wort dann in

Frankreich bekam: ein geistreicher Helfer zu praktischer Lebenskunde.

Montaigne kennt die Leidenschaften und sucht sich und andere vor ihren schlimmen Folgen zu bewahren, indem er sie lächelnd relativiert. Und natürlich ist er Zweifler, der ehrlichste vielleicht, der je schrieb. Seine berühmte Frage: »Que sais-je?« — Was weiß ich denn schon? — klingt weniger absolut als das althellenische »Ich weiß, daß ich nichts weiß«. Solch schroffe Negation erschiene ihm inhuman. Letztlich bleibt er, bei aller Skepsis, doch Optimist. Das zeigen Äußerungen wie diese: »Es gibt eine tapfere, hochherzige Unwissenheit, die an Würde und Kühnheit dem Wissenstrieb nicht nachsteht.« Oder: »Wenn es mit der Vernunft nicht gehen will, so halten wir uns an die Erfahrung, die ein weit schwächeres und minder wertvolles Erkenntnismittel ist. Aber die Wahrheit ist eine so große Sache, daß wir kein Mittel, das uns zu ihr führen könnte, mißachten dürfen.« Montaigne erstrebt also wenigstens eine Annäherung an die Wahrheit; damit ist er, bei aller Klarheit und Schärfe seines humanistischen Gehirns, zugleich schon Vorläufer des Barockzeitalters, das den Begriff des Infinitesimals finden sollte. Erstaunlich zuweilen seine sozialen und politischen Einsichten. Doch verhielt er sich gegenüber den Mächtigen vorsichtig, begreiflicherweise: In seine Lebenszeit fällt schließlich die Bartholomäusnacht, wie rasch wurde ein Mißliebiger als hugenottischer Rebell beseitigt! Er handelte wie Brechts Galilei, der die Sprengkraft seiner Gedanken bewahren möchte — und deshalb zuerst auch sich selber, der diese Gedanken hervorbringt.

Montaignes Intimus, der jung verstorbene *Etienne de La Boétie*, verfaßte, kaum ohne Mitwirkung des Freundes, ein Pamphlet: »Le contre un« — die Schrift »Gegen den Einen oder von der freiwilligen Knechtschaft«, gerichtet gegen die Monarchie und gegen jede Gewalt in der Hand eines einzelnen. Das ist beinahe ein sehr frühes Vorzeichen der großen Revolution; als Montaigne die Schriften des Freundes herausgab, ließ er diesen Text weg, spielte ihn aber offenbar hugenottischen Königsgegnern in die Hände. Hat Pascal nun wirklich recht, der nachmals Montaigne einen laschen, weichen Mann schalt? Emerson dagegen reihte ihn ein in sein Pantheon der Heldengeister und nennt ihn den »Heros als Skeptiker«. Ich selber fand in allen Lebenslagen kaum eine Lektüre, die mich nach einem enttäuschenden Tag wirksamer gestärkt hätte.

Vom wilden Skeptikergeist Montaignes berührt sind fortan viele große Franzosen. Auch manche Zeitgenossen scheinen es zu sein, so der Hofherr *Brantôme*, der das Leben berühmter Herren und galanter Damen in heute noch beliebten Büchern beschrieb, kenntnisreich und skandalfreudig. Und als ich vor Jahren in der »Anleitung zum frommen Leben« des *Franz von Sales* las, stieß ich zu meinem Staunen auf einen, wenn auch sehr entfernten Geistesverwandten Montaignes. Franz von Sales, als Bischof der höchst tatkräftige Gegenreformator in seiner savoyischen Diözese, gilt im Katholizismus als Klassiker eines besonderen frommen Humanismus. Er kannte sich aber auch in der Welt aus. Nur 43 Jahre nach seinem Tode heiliggesprochen, wurde er in unserem Jahrhundert zum Schutzpatron der Literaten erhoben; ein Beispiel für viele, wie trefflich sich die Kirche weltlichen Erfordernissen anzupassen vermag — oder diese den eigenen Wünschen . . . Meister dieser dialektischen Künste sind die Jesuiten. Einer von ihnen war *Baltasar Gracián*, er lebte erst zu Beginn des 17. Jahrhunderts, doch sammelt das Prisma seines Wesens alle Strahlen der neuen Katholizität, auch führt er uns zurück nach Spanien, dem Ursprungslande der Gegenreformation — so sei er hier schon genannt.

Graciáns »Oraculo manual«, das Handorakel, ist seit Schopenhauers Übersetzung bei uns verbreitet. Der pessimistische Nichtchrist erkannte im militanten Christen den Bruder im Geiste. Gracián durchschaut Laster und Schwächen der Menschen. Er rät, man solle sie sich zunutze machen. Auch wenn das zum Ruhme Gottes geschehen soll: die Typologie kleiner Sündenfälle liest sich doch wie ein manchmal recht amoralisches Brevier der praktischen Lebenskunst. Das ist meisterlich geschrieben, höchst genußreich zu lesen. Übrigens neigt Gracián einer Geistesrichtung zu, die nun durchaus unfromm und daseinstrunken war, dem »estilo culto«, der spanischen Abart des Manierismus.

Diese gesteigerte, hochbewußte Auffassung vom besonderen Wert umwegiger und schwieriger Kunstgenüsse, die wesentlichen Anteil hat an der Entstehung des Barock, das ja zu Zeiten unserer Urgroßväter kurzweg als »Schwulstzeit« abgetan wurde, ist neuerdings beachtet und aufgewertet worden. Wenn ich mir dazu wieder eine durchaus eigenwillige Erläuterung erlauben darf, dann möchte ich diesen Manierismus als letzte Zuspitzung des ausgesprochen gegenreformatorischen Lebensgefühls deuten. In der besonderen Künstlichkeit spiegelt sich die schließlich nicht mehr zu übersehende Erkenntnis, wie unnatürlich, wie geplant auf Grund begrenzter Zeitbedürfnisse das Bündnis zwischen dem frei schweifenden Geist und der Kirche eben doch war. Manche entzogen sich ihm durch Flucht ins Abstruse, Groteske; und eben dies charakterisiert den italienischen Manierismus, den spanischen Cultismus, das höfische Preziösentum der Franzosen, das Molière dann verspottete. Dazu gehört auch der britische »Euphuismus«, so genannt nach dem wortspielerischen Schnörkelroman »Euphues« des *John Lyly*.

Freilich wird die Kraft eines geborenen Poeten auch dann nicht ganz erstickt, wenn er sich solch willkürlicher Wucherschreiberei ergibt. Das gilt sicherlich für den spanischen Prosaisten und, vor allem, bedeutenden Lyriker *Luis de Góngora*, nach welchem wieder eine andere Variante des Schwulststils »Gongorismus« heißt. Garcia Lorca hat Góngora geliebt und gefeiert; es steckte ja wohl in dem jung gemordeten schwärmerischen Dichter unseres Jahrhunderts ein wenig vom »estilo culto«, originell vermengt mit folkloristischen und kraß realistischen Elementen.

Doch, ich gesteh's: Mich wird man kaum überzeugen von einer weltliterarischen Bedeutung der einstmals zweifellos überaus bezeichnenden Richtung. Viel Material finden Sie in der ungemein kenntnisreichen Darstellung durch Gustav René Hocke. Wenn dort aber auch Shakespeare für diese Kombinationskunst in Anspruch genommen, wenn gar Benn und Joyce als Spät-Manieristen okkupiert werden, so kann ich nicht mehr mit. Mag sein, daß in aller jemals geschriebenen Literatur etwas Manier mitwirkt. Was aber den ebenfalls bei Hocke strapazierten Cervantes angeht, so erkläre ich für meinen Teil: Nicht durch leichte manieristische Färbung, sondern ihr zum Trotz ist der »Don Quijote« das Meisterwerk jener Epoche und eins der unbegreiflich hohen Wunder aller Dichtung!

Um Cervantes zu verstehen und recht zu würdigen, muß man sich vor Augen führen, was alles er vorfand. Da gab's den guten alten Schäferroman; dann den bezeichnend spanischen Schelmenroman, ganz gewiß cultistisch beeinflußt, in Vollendung zu lesen etwa bei *Quevedo*, um einen Namen zu nennen. Vor allem aber blühte der Ritterroman, der die Rolle unserer Fortsetzungsschnulzen und Detektivschmöker spielte und nach ganz Europa exportiert wurde; bekanntes Beispiel ist der »Amadis«, dessen Autor unbekannt ist.

All das umfaßte zugleich und überwand Cervantes in seinem »Don Quijote«. Neben ihm verblaßt alles, was in jenem Jahrhundert gedichtet wurde. Don *Miguel de Cervantes Saavedra* lebte von 1547 bis 1616. Ein schweres Leben, fast immer in bedrückender Armut. Als Seesoldat verlor er einen Arm in der Schlacht bei Lepanto. Dann war er jahrelang kriegsgefangener Sklave in Algier. Endlich losgekauft, blieb er daheim ein Unbekannter, kaum jemand beachtete, was er schrieb. Seine Liebe zur Bühne war unglücklich, erfolglos. Daß er seinen Erzählungen den herausfordernden Titel »Novellas ejemplares«, Musternovellen, gab, wurde vermutlich als reiner Größenwahn belächelt. Mit dem »Don Quijote« drang er halbwegs durch, wie sich aus unerlaubten Nachdrucken erraten läßt: Es gab noch kein Urheberrecht, Cervantes blieb weiter ein armer Hund. Und daß er mit seiner einen Hand, mit seinem gewaltigen Hirn, seinem heißen Herzen den Spaniern ihr Nationalbuch schuf, wie es kaum ein anderes Volk besitzt, das ahnte noch kaum einer.

Es ist unnütz, hier vom Inhalt zu erzählen, jedes Kind kennt ihn, buchstäblich: denn mit dem »Gulliver« und dem »Robinson« teilt der »Don Quijote« den Ruhm, ein Kinderbuch geworden zu sein, wenn auch oft arg verstümmelt. Wir sollten uns hier klarmachen: Cervantes arbeitet literarisch hochbewußt, er geht von einer polemischen Absicht aus; in der Vorrede kündigt er an, er wolle dem elenden Ritterroman den Garaus machen. Dann aber geschieht das, was Heine einmal anläßlich Shakespeares sagt: »Der Genius, der Weltgeist, der im Dichter waltet, steht höher als sein Privatwille.« Und wenn alle Oberlehrer der Welt behaupten, daß es dergleichen nicht geben dürfe — hier wächst aus zeitbedingtem Plan unsterbliche Poesie! Das Wunderwerk steht da, herrlich wie am ersten Tage. Grausam verhöhnt es jeden verblasenen, verlogenen Idealismus — und erweckt im selben Augenblick unser Verlangen nach dem sinnvoll Idealen, ohne das wir nicht zu leben vermögen. Und noch immer spricht Cervantes zu uns, durch alle seine Gleichnisse des Daseins. Noch immer reiten Arme im Geist gegen Windmühlen, noch immer hauen sie die Sporen in die Flanke einer geplagten Rosinante, etwa einer längst zu Schanden gerittenen Ideologie. Und noch immer folgen die pfiffigen Sancho Pansas, die sich den Wanst vollschlagen und fünf gerade sein lassen, dem armen Ritter von der traurigen Gestalt auf dem Fuße.

Einen anderen muß ich noch nennen, mit gebührendem Abstand: Was Ronsard in Frankreich versagt blieb, gelang dem Portugiesen *Camões* mit seinen »Lusiaden«: das Nationalepos. Freilich, hier ist das Mythologisch-Historische nur Rankenwerk, die Stanzen feiern vor allem ein jüngst vergangenes Ereignis, die Fahrt Vasco da Gamas rings um Afrika. So entsteht ein Sinnbild allen Entdeckergeistes — und die Welt war damals entdeckungstrunken. Mehr noch als Amerika spukte »Utopia« in allen Köpfen: dieser Roman des Briten *Thomas Morus* bezeugt es. Dann mußte der Freund des Erasmus als Katholik aufs Schafott, ein Märtyrer der Gegenreformation, deren geistige Produktivität noch nicht erschöpft war. Denn inzwischen entdeckte die Literatur, daß eine ihrer Provinzen seit langem vergessen war: Bei drei Völkern zugleich feierte das Drama glorreiche Auferstehung, im großen Jahrhundert des europäischen Theaters.

# Barock
## *Das große Jahrhundert des Theaters*

Schon gelangten wir unmerklich vom 13. bis ins 16. Jahrhundert, und noch immer befinden wir uns im Zeitalter der Renaissance. Ich muß noch einmal daran erinnern, wie umstritten dieser Begriff ist; vielfach will man ihn in der Literatur überhaupt nicht angewendet wissen.

Besser ist es, ich bekenne Farbe und sage Ihnen rundheraus meine eigene Ansicht: Jene Neugeburt des europäischen Geistes, die zuerst ein paar kühne Italiener in Avignon und Florenz verkündeten, ist bis auf den heutigen Tag ein Wunschbild geblieben. Doch gerade indem wir weiter nach humaner Würde und humanistischer Selbstverständigung streben, sind wir immer noch Kinder des Renaissancezeitalters — wer weiß zu sagen, wann und wie es enden wird.

Damit behaupte ich selbstverständlich nicht etwa, das gesamte geistige und literarische Leben Europas in den letzten sechs Jahrhunderten ließe sich als ein unaufhaltsamer Aufstieg verstehen. Ganz im Gegenteil verrannten wir uns auf Irrwege, folgten verkehrten Wegweisern und hörten oft genug auf scheltende Stimmen, die uns zur Umkehr bewegen wollten, weil die ganze Richtung von vornherein falsch gewesen sei. Es gab also Verzögerungen, Hindernisse und Aufenthalte genug.

Und die neu entdeckte Freiheit schuf neue Gefahren. Dadurch, daß der einzelne zur Verantwortung aufgerufen wurde, kam in die Welt eine Unruhe, die der wohlbehütete mittelalterliche Mensch offenbar nicht gekannt hatte. Der Anspruch, frei über sich zu entscheiden, verlockte zu Untaten aus Machtgier, die sich auch der nüchterne Pessimist Machiavelli nicht hätte vorstellen können. Die Autonomie des Individuums kostete einen hohen Preis; einen zu hohen, wie bis heute manche meinen.

Doch in der Historie gibt es kein Zurück. Europa blieb auf dem eingeschlagenen Weg, es kam allmählich weiter, und dabei halfen gerade Widerstände und Zweifel oft kräftig nach; wir sprachen schon von diesem dialektischen Vorgang. Besonders deutlich wird er an dem erstaunlichen Phänomen der Gegenreformation, mit der wir es jetzt wieder zu tun haben werden.

Unerwartet übernehmen bald nach Luther die alten, bewahrenden Gewalten die geistige Vorhut; zunächst nur, um sich gegen Reformation und Humanismus zu verteidigen. Doch je mehr diese Strömungen versanden und verflachen, desto großartiger entfalten sich Künste und

Wissenschaften im Schutze der katholischen Romanità; ungehemmter, so scheint es, als in manchem lutherischen oder calvinistischen Lande. Alsbald aber nimmt man wiederum dort die Herausforderung an, jedenfalls in einigen Fällen, so in England. Aus diesem Widerspiel entsteht schließlich der moderne Mensch mit seiner Neugier, seinem Verlangen, alles in Frage zu stellen, und mit seiner Lust an den Gegensätzen.

In der Literatur führte dieser Zustand unaufhörlicher Spannungen zur Wiederentdeckung des Dramas. Das Theater wurde zur bezeichnenden Kunstgattung einer Epoche, deren maßgebende Figuren pompös wie Bühnenhelden auftraten; man sehe sich die Krinoline einer Maria von Medici an, den spanischen Kragen der großen Herren, ganz zu schweigen von der Allongeperücke des 17. Jahrhunderts.

Zweimal hat es in Europa großes Theater gegeben. Das attische Drama entstand aus dem stolzen Bewußtsein einer weltgeschichtlichen Entscheidung, gleich nach den siegreich bestandenen Perserkriegen. Im Barock war das Theater Ausdruck eines dramatischen Zeiterlebnisses: der Zerrissenheit einer ehedem einheitlichen Kultur. Zugleich vollendete sich aber auch auf der Bühne die Prägung der neuen Nationalcharaktere.

So hat Spaniens Theaterpoesie unzweifelhaft kultische Wurzeln. Die »Autos sacramentales« eines Calderón beispielsweise feiern den Geist des Glaubens; die »Autodafés«, die öffentlichen Ketzerverbrennungen, manifestieren die Macht der Kirche. Religion wird zum Massenschauspiel, die Tragödie zum Ritual. Dennoch wirkt sich auch hier, um mit Hegel zu sprechen, die »List der Vernunft« unmerklich aus: Durch die allgemeine Selbstdarstellung gewinnt der Einzelmensch ein neues Bewußtsein seiner Würde und seiner Rechte; und gerade dies wird dann auf der Bühne sichtbar, wie wir sehen werden.

Die Bühne des Elisabethanischen England hingegen wird zum Schauplatz des Kampfes gegen den spanisch-romanischen Anspruch auf Hegemonie. Da wird sozusagen eine geistige Armada mit den Mitteln des Theaters abgewehrt. Frankreich endlich findet ein Halbjahrhundert später, auf bezeichnende Weise, eine Synthese; der absolute Staat fördert eine absolute Bühnenkunst mit strengen, engen Vorschriften — und erlaubt doch Molières tiefe Zeit- und Sozialkritik um ihres hohen komödiantischen Reizes willen.

Weshalb aber, so könnte man fragen, tritt die Theaterliteratur erst jetzt hervor, als spätes Kind der Renaissance? Deren erklärte Hinwendung zum Dasein hätte längst Ausdruck in der körperlich dargebotenen Dichtung finden können. Aber der Humanistengeist war von durchaus literarischer Art, offenbar verachtete er die grobe Verleiblichung des reinen Wortes und Gedankens.

Das Theaterspiel hatte jahrhundertelang bescheiden am Rande der Kultur dahingelebt. Erinnern wir uns: Hrotsvith von Gandersheim bearbeitete Komödien des Terenz für Leser, nicht zu Aufführungszwecken. Mysterienspiele und Hanswurstiaden interessierten einen Erasmus kaum. Und Montaigne erwähnt, so weit ich sehe, die darstellende Kunst nur einmal, als nützliches Erziehungsmittel. Er habe, sagt er, als Schüler in Römertragödien mitgewirkt.

Nach 1550 ändert sich das also gründlich. Bald gab es an allen großen Residenzen glanzvolle Darbietungen. Und das aufsteigende Bürgertum genoß Schaupiele erst in den Höfen der Gasthäuser, dann in eigens dafür errichteten Gebäuden.

Echtes Kind des Barock ist die Oper, diese üppige Mischform. Doch zeigt auch das Sprechtheater opernhafte Züge; etwas davon spüren wir zuweilen noch bei Shakespeare, etwa im »Sommernachtstraum« oder im »Sturm«. Das spanische Drama kennt förmliche deklamatorische Arien und Duette.

Besonders in Spanien, wo die ganze Entwicklung beginnt, ist es, als sei eine Schleuse aufgezogen worden. Bühnenwerke aller Art überschwemmen das Land, das noch die führende und die reichste Macht des Kontinents ist. Dann werden Tatkraft und politische Weisheit durch die Flotten voll peruanischen Goldes erstickt; der Vorgang wurde von Wirtschaftshistorikern oft analysiert.

Wie es scheint, hat aber das spanische Theater aus Abstieg und Stagnation ebensoviel Anregung und Kraft gezogen wie aus imperialem Glanz und Reichtum. Übrigens erklärt sich so vielleicht der Unterschied zwischen Lope und Calderón, den beiden Größten. Lope lebt aus verschwenderischer Überfülle — Calderón, fünfzig Jahre später, ist durchdrungen von der Eitelkeit alles Irdischen.

*Lope de Vega*, 1562 in ärmlichen Verhältnissen geboren, ist bekanntlich einer der unbegreiflichsten Vielschreiber der Weltliteratur. 1.500 Stücke von ihm wurden aufgeführt, ein knappes Drittel blieb erhalten. Zudem schrieb er zarte Lyrik, weltliche wie geistliche; er verfaßte theatertheoretische Schriften, und viele Kenner erklären als sein wahres Meisterwerk den autobiographischen Roman »Dorotea«, den ich leider nicht kenne. Überdies war Lope ein emsiger Briefschreiber. Und er fand immer Zeit, sein Leben in Liebesabenteuern, Duellen und Reisen gründlich zu genießen. Cervantes nennt ihn, mit leisem Neid, ein »Monstrum der Natur«.

Feierliche Weihespiele vollendete er ebenso rasch wie muntere Komödien oder problemschwere Zeitstücke. Manchen Text hat er flink mit der linken Hand hingeworfen, manchmal nur skizziert. Dann wieder feilte er bis ins letzte Detail liebevoll aus. Auch heikelsten Themen wurde er gerecht, die Tragödie von der Liebe eines kastilischen Königs zur »Jüdin von Toledo« zeigt es, die Grillparzer erneuert hat. Im »Ritter vom Mirakel« wird nicht nur spanische Prahlsucht witzig verspottet, sondern auch heuchlerische Frömmelei. Lopes Columbus-Drama feiert zwar das wichtigste Ereignis der jüngeren Vergangenheit, nutzt aber schonungslos die spekulativen Hintergründe von Entdeckungsreisen als dramatisches Motiv, was gewiß höchst bemerkenswert ist. Im »Richter von Zalamea« vollends werden soziale Mißstände mit solchem Ernst aufgedeckt, daß der strenge Calderón den Stoff neu bearbeitete; in seiner Fassung lebt er heute auf unseren Bühnen.

Überhaupt wurde Lope von anderen ausgebeutet wie ein Steinbruch. Von dem, was er halbfertig liegen ließ, lebte noch mancher. Lopesche Fragmente hat zum Beispiel *Tirso de Molina* ausgearbeitet, der aber auch eigene Stoffe kraftvoll formte; so den »Verführer von Sevilla«, das Urbild aller späteren Don-Juan-Stücke; oder die vergnügliche Intrigenkomödie »Don Gil von den grünen Hosen«. Später glänzte *Moreto* in, wie man's nannte, »schöpferischer Imitation« der Lopeschen »Mantel- und Degenstücke«, die so heißen, weil sie Verkleidung oder Zweikampf gern zur abrupten Lösung der Konflikte verwenden.

Und es war auch der große *Calderón de la Barca* sich nicht zu gut dazu, den Verschwender Lope gelegentlich nachzuahmen, den er als Jüngling noch kennen durfte. Calderón stammte aus vornehmer Familie, 1600 wurde er geboren. Auch er schrieb Hunderte von Stücken, 180 ungefähr haben wir noch.

Im Gegensatz zum unbekümmert drauflosschreibenden Lope ist Calderón der tiefsinnige Klassiker eines bewußt erneuerten Katholizismus. Philosophisch und theologisch gebildet, jedem Einfluß offen, zuweilen Manierist, dann wieder rationaler Humanist, bleibt er im Innersten dennoch selbstsicher, harmonisch und unverletzbar. Er nimmt auch Elemente aus den arabischen Jahrhunderten Spaniens in sein Werk auf, wie man etwa im »Standhaften Prinzen« erlebt; der bewährt sich in maurischer Gefangenschaft als moralisch überlegener Dulder, aber auch seine marokkanischen Gegner sind achtungsvoll gezeichnet. Unsere Romantiker liebten dieses Drama ebenso wie Goethe, der gesagt hat: »Wenn die Poesie ganz von dieser Welt verlorenginge, so könnte man sie aus diesem Stück wiederherstellen.«

Orientalische Motive stecken auch in »Das Leben ein Traum«: Ein Erwachender findet sich in völlig verwandelter Umwelt, um dann zu begreifen, daß man mit ihm ein Experiment gemacht hat; ein fortan oft aufgegriffener Lieblingsstoff der Komödienschreiber. Auch »Das große Welttheater«, die Allegorie vom Sinn des Menschenlebens, regte Bearbeitungen an bis hin zu Hofmannsthal. Hingegen dichtete Calderón die kecke Spuk-Komödie »Dame Kobold« dem Tirso de Molina nach. Um die Ehre, Nationaltugend und oft Nationallaster der Spanier, geht es im »Arzt seiner Ehre« und im »Maler seiner Schmach«. Und »Der wundertätige Magus« greift die deutsche Mär vom Doktor Faustus auf, die offenbar damals ein europäischer Sensationsstoff war, gleich sehen wir's an einem anderen, britischen Beispiel.

Nach Calderón starb das spanische Theater ab. Mehr und mehr überwachte die Inquisition jede Regung, Probleme wurden unerwünscht. Schon um 1620 hatte der in Mexiko geborene *Ruiz de Alarcón* einer scheinbar in privater Sphäre spielenden Komödie den anzüglichen Titel »Die verdächtige Wahrheit« gegeben; vielleicht meinte es der scharfsinnige und boshafte Krüppel auch anders, jedenfalls war er angriffslustig wie viele seinesgleichen, von Thersites bis zu Lichtenberg.

Die große englische Dramatik, um es zu wiederholen, könnte man als Kontrapunkt zur spanischen auffassen. Die Londoner Autoren im späteren 16. Jahrhundert sind oft Raufbolde, Außenseiter der Gesellschaft, überaus vitale Burschen; echte Zeitgenossen jener unbekümmerten Kaufmanns-Abenteurer wie Raleigh und Drake, die mit Raubzügen das britische Weltreich begründeten. Hier ist, finde ich, der Zusammenhang von Politik, Ökonomie und Literatur mit Händen zu greifen.

Natürlich gab es auch Moralprediger, so *Robert Greene*, der nach ziemlich flottem Leben Traktätchen schrieb und in seinen Stücken edle Frauengestalten feierte. Ihn beeinflußte Lylys Euphuismus, den wir schon erwähnten, als die britische Spielart des Manierismus.

Shakespeares bedeutendster Wegbereiter ist aber *Christopher Marlowe*, mit 29 Jahren im Wirtshausstreit erstochen, eines jener verkommenen Genies, die der ordentliche Bürger aus gehörigem Abstand mit angenehmem Gruseln genießt. Marlowe ist als Faustus-Dichter auch Goethes wichtiger Vorläufer. Er schrieb eine wild-genialische Tamerlan-Tragödie; die zwanzig Jahre zurückliegende Bartholomäusnacht behandelte er im »Massaker von Paris«; und das psychologisch zugespitzte Drama des schwachen Herrschers »Eduard II.«, der Shakespeare inspirierte, hat viel später Brecht noch einmal erneuert, so aufregend modern ist es empfunden.

Wieder eine andere Facette britischen Wesens, den klassisch hochgebildeten Humanisten, finden wir in *Benjamin Jonson*, dem gekrönten »Poeta laureatus« Elisabeths. Er strebte danach, den Seneca zu erreichen; glücklicherweise machte sich seine poetische Gabe manchmal selbständig, etwa in »Volpone«, wo greisenhafte Lüsternheit und gierige Erbschleicherei gleich originell abgebildet sind. Berühmt ist Ben Jonsons

Nachruf auf den großen Freund *Shakespeare*. Und so sind wir endlich bei ihm, der von 1564 bis 1616 lebte. Wir haben nur wenige recht nüchterne Daten über seinen Lebenslauf. In der Kleinstadt Stratford on Avon wuchs er auf als Sohn eines kleinen Geschäftsmannes, besuchte die Lateinschule, heiratete früh, verließ plötzlich die Heimat und wurde Schauspieler in London, dann Mitdirektor mehrerer Theater. Dabei wurde er wohlhabend, ging mit Mitte Vierzig zurück nach Stratford, machte allerlei offenbar glückliche Geschäfte, kaufte sich die Nobilitierung, fuhr manchmal noch zu kurzem Besuch nach London und starb unter Hinterlassung eines sorgsam abgefaßten Testaments, in dem kein Wort über seine Stücke steht. Eine Erklärung vielleicht: Es gab eben kein Urheberrecht. Keiner seiner Verwandten hatte je eins der Stücke auf der Bühne gesehen. Ob er selber einen Begriff vom eigenen geistigen Rang hatte? Wir werden's nie erfahren. Und doch war er schon weithin berühmt! Fast alle Dichterkollegen verehrten ihn als ihren Meister! Und bald nach seinem Tode erschien eine Gesamtausgabe, was ganz unüblich war!

Da sind nur ein paar von den Shakespeare-Rätseln, die wohl auf immer ungelöst bleiben werden. Bekanntlich glauben manche Leute an einen angeblich wahren Verfasser, der sich nur hinter dem Bühnenpraktikus vom Globetheater versteckt haben soll, aus irgendwelchen Gründen. Bald soll es Graf Essex sein, Elisabeths hingerichteter Favorit, dann wieder Graf Leicester; oft dachte man an *Francis Bacon,* den hochgebildeten Fürsten der Wissenschaft, den Vorkämpfer des naturwissenschaftlichen Experiments, gleich seinem Namensvetter Roger Bacon, der dreihundert Jahre früher lebte. Nun war Francis Bacon wohl ein vorzüglich schreibender Philosoph, ein Staatsdenker, der in seiner »Nova Atlantis« eine Utopie lieferte. Aber wer mag ernstlich diesem Sammler und Ordner, diesem eingefleischten Empiristen den unbegrenzt schweifenden Schöpfergeist des großen William zutrauen? Ich jedenfalls begnüge mich, wenn's denn sein soll, mit Mark Twains geistreicher Bemerkung: Natürlich hat Shakespeare niemals gelebt — seine Werke sind von einem anderen Manne gleichen Namens geschrieben . . .

Besser als diesen Mann kennen wir sein Werk und dessen Quellen. Shakespeare ist ein großer Aneigner. Souverän schaltet er mit Historie, Literatur und Geographie. Vor Troja läßt er Aristoteles zitieren, Böhmen liegt am Meer, wenn es ihm gerade so paßt. Seine Legitimation ist die Machtvollkommenheit des Genius. Man hat ermittelt, daß Shakespeares Wortschatz den jedes andern abendländischen Poeten weit übertrifft. Wichtiger ist aber, daß die Fülle seiner originalen Prägungen, seiner Metaphern und Symbole unerreicht ist. Noch erstaunlicher ist die schlichte Tatsache, daß seine 36 Bühnenwerke — wenige, wenn wir an Lope, an Calderón denken — die ganze Welt, jede Abwandlung menschlicher Möglichkeiten nicht nur zu spiegeln scheinen, sondern wirklich umfassen. Wenn der Genius keine Abnormität ist, wie manche glauben, sondern höchste Steigerung von Gaben, die in jedem angelegt sind, dann ist Shakespeare offenbar das vollkommene Genie, in noch höherem Maße als Dante oder Goethe; vergleichbar nur mit Homer, der ja auch gleichsam jede denkbare Literatur in sich enthält. Bei ihm wie bei Shakespeare zeigt sich die poetische Urkraft gleichermaßen im Detail wie im Gesamtwerk.

Indem Shakespeare Mikrokosmos und Makrokosmos der Menschenwelt noch einmal schafft, werden alle vorher Lebenden zu seinen Helfern. Calderón, Boccaccio und Montaigne reichen dem größten Baumeister das Material so gut wie Orient und Antike.

Es wäre sinnlos, in unserem knappen Rahmen auch nur anzudeuten, was Wert und Wirkung einzelner Werke ausmacht. So beschränke ich mich auf ein paar fast zufällige Bemerkungen. Die Sonette und das Epos »Venus und Adonis« würden Shakespeare zum berühmten Lyriker und Epiker machen, die Königsdramen allein zu einem der bedeutendsten Theatraliker, wäre sonst nichts erhalten. Ganz ohne Gegenbeispiel ist die Vielfalt seiner Techniken wie der fortwährende Wechsel der geistigen Methode. »Macbeth« und »Othello« scheinen raffiniertem Kalkül zu entstammen, der »Sommernachtstraum« einer verspielten Laune; die scheinbar verfließenden Stimmungen in »Romeo und Julia« dienen doch einer wahren dramatischen Algebra. Richter Angelo in »Maß für Maß« ist der schlimmste Heuchler — dennoch zittern wir um ihn! Richard III. ist der vollkommene Schurke — und doch erregt er noch unser Mitgefühl! Wie bringt Shakespeare solche Wunder zustande? Im »Hamlet« stellt er Undarstellbares dar: Bewußtseinsspaltung in Potenz, echte Schwermut, die, zu politischem Zweck gesteigert, gespielt wird — bis nicht nur der König, fast auch der Zuschauer vom Irrsinn des Dänenprinzen überzeugt ist. Was für eine übermenschliche Harmonie vereint Lebensfreude und Pessimismus im »Sturm«! Und dann »Troilus und Cressida«, Ärgernis aller Shakespeare-Deuter! Da verhöhnt der sonst oft unzweifelhafte Reaktionär plötzlich alles Hohe, alle Großen. Da liefert er eine pazifistische Satire so gallig wie George Bernard Shaw und so graziös wie Giraudoux. Übrigens: seine Narren, Hexen und Totengräber nehmen eigentlich Brechts Verfremdung vorweg, abgesehen davon, daß, soweit wir wissen, auf der Globe-Bühne Plakate vorübergetragen wurden, die Schauplätze und Sentenzen erläuterten, ganz wie in der »Dreigroschenoper«.

Shakespeare ist modern zu allen Zeiten — und bleibt uns doch, als Mensch, als Person, so fremd wie die Natur, die auch immer neue Fragen stellt, je näher wir ihr scheinbar kommen. Vielleicht sollten wir uns deshalb damit abfinden, daß er fast anonym blieb. Das beste hat Goethe gesagt; zuerst mit 22 Jahren: »Ich fühlte aufs lebhafteste meine Existenz um eine Unendlichkeit erweitert.« Und: »Seine Stücke drehen sich alle um einen geheimen Punkt, den noch kein Philosoph gesehen und bestimmt hat.« Und nochmals mit 66: »Shakespeare gesellt sich zum Weltgeist, beiden ist nichts verborgen . . .«

Wenden wir uns nun nach Frankreich, dann treten wir gleichsam aus einem Urwald in den abgezirkelten Park von Versailles. Scheint es nicht, als wüchsen die Dramen des 17., des klassischen französischen Theaterjahrhunderts in schnurgeraden Alleen, gestutzt wie Kugelbäume? Seien wir vorsichtig, hüten wir uns vor Ungerechtigkeit! Freilich, da wacht wie eine literarische Gartenbaubehörde die »Académie Française«, begründet 1635 vom Kardinal und Staatslenker Richelieu. Glückliches Land, wo Regierende sich um Geist und Reinhaltung der Sprache kümmern: Das ist bis heute die Aufgabe der vierzig »Unsterblichen« im gestickten Frack.

Unseliges Land aber, wenn der Geist Ronsards umgeht und man Vorschriften für Dichter erläßt und befolgt! Da hatte also der alte Aristoteles als Faustregel notiert, es sei praktisch, Handlung, Zeitspanne und Ort eines dramatischen Ablaufs einheitlich zu fassen. Nun wurde in Frankreich daraus das Gesetz der drei Einheiten. Während Shakespeare alle Normen über den Haufen geworfen und das Stück aus beliebig wechselnden Bildern erfunden oder ausgebildet hatte, wurde die französische Bühnenpoesie in eine Zwangsjacke gesteckt.

Und doch atmete, jauchzte, klagte sie. Bewundernswert, wie sie sich unter solchen Umständen dennoch entfaltete. Aber in diesem Lande fechten Verstand und Vernunft unaufhörliche Schlachten aus, so auch auf diesem Schauplatz. Und vielleicht war's gar Raison, daß sich das frei gewordene Individuum erst einmal starren Regeln unterwarf? Jedenfalls brachte es *Pierre Corneille*, der erste der großen Dramatiker, zuwege, daß seine Stücke zumindest erregende Antithesen der Tugenden und Laster bieten. »Cid« feiert die Ruhmbegierde, »Horace« die Bruderliebe, »Cinna« die Herrschermilde des Augustus — nicht ohne Seitenblicke auf Ludwig XIV., versteht sich. Das alles nach dem Vorbild des Seneca, der selber ein Epigone ist, und in Alexandrinern, die freilich französisch nicht so steif klingen wie in unserer Sprache.

Bei *Jean Racine* dann, dem zweiten, bekommen die Figuren schon wieder Fleisch und Blut, sie leiden und handeln, sie deklamieren nicht nur. Häufig wählt er Frauen zu Heldinnen: Iphigenie, Esther, Athalie; vor allem Phädra, die Liebhaberin des eigenen Stiefsohns, nach dem Muster des Euripides. So weit hätte Corneille sich nicht vorgewagt; und Racine hatte auch kein rechtes Glück bei gezierten Höflingen und preziösen Damen. Er litt unter Zwang und Verkennung, er rettete sein leidenschaftliches Herz in eine heftig übersteigerte Sprache. Und das eben macht ihn bei Franzosen zum bis heute unerreichten Meister; vergessen wir nicht, daß dort die Beziehung zu Stil und Sprachgeist weit lebendiger als bei uns ist. De Gaulle redete als klassischer, latinisierter Gallier.

Alsbald aber rührt sich der andere Franzosengeist, der handfeste, rebellierende. Selbst der Sonnenkönig scheint sich von den rollenden Tiraden erholen zu wollen. Und so macht er zum Leiter seiner Komödiantentruppe den Mimen Baptiste Poquelin, der unter dem Namen *Molière* unsterblich werden sollte. Dieser dritte Stern am Himmel der Theaterklassik von Versailles strahlt uns heute noch am hellsten.

Vergleiche hinken, aber wenn Corneille ein wenig an Aeschylus, Racine entfernt an Sophokles erinnert, dann wäre Molière Euripides und Aristophanes in einer Person. Wie jeder geborene Humorist leidet er an Welt und Menschen, weil er sie durchschaut. Nach Stoffen und Figuren brauchte er nicht lange zu suchen, sie boten sich zu Dutzenden an: der »Bürger als Edelmann«, die »Preziösen«, der »Eingebildete Kranke«, der in richtiger Verdeutschung »Kranker in seiner Einbildung« heißt — und gar »Tartuffe«, der fromme Heuchler. Alle hat Molière mit leiser, melancholischer Zuneigung abgebildet, so wurden es lebendige Gestalten, nicht nur Haubenstöcke mit aufgesetzten Sentenzen-Perücken, wie oft bei Komödienschreibern. Wenn aber Gott Jupiter dem armen sterblichen »Amphitryon« die Frau stiehlt, weil ihn just danach gelüstet — dann ist das gewiß eine Anspielung auf den amourösen Souverän, der im Parkett zuschaute. Man hat das Molière als Liebedienerei angekreidet; war's nicht eher verdeckte Kritik? Bernard Shaw sagt: »Wenn wir über etwas lachen müssen, steckt allemal ein Problem dahinter.« Hier war's, vorsichtig angedeutet, das Problem der Menschenwürde für alle.

Es sollte von anderen Schriftstellern, mit anderen Mitteln fortan immer offener diskutiert werden, bis endlich das Recht auf Persönlichkeit als etwas Selbstverständliches anerkannt war. Diese Entwicklung werden wir nun weiterverfolgen, und dann wird auch wieder von Deutschland die Rede sein, das diesmal nicht zu Wort kam; aus betrüblichen Gründen, die wir bald kennenlernen werden.

## Glaube und Zweifel
## *Puritaner – Pietisten – Philosophen*

Manche von Ihnen mag es enttäuscht haben, daß solche ganz Großen wie Calderón und Shakespeare allzu knapp abgehandelt wurden. Das wird sich leider um so häufiger wiederholen, je näher wir der Gegenwart kommen. Da mehren sich die Zeugnisse, Dichter und Werke sind vielen Menschen vertrauter als die Alten oder die Renaissancepoeten. Eben deshalb muß meine Darstellung gedrängter werden.

Denn hier wird ja versucht, die Weltliteratur als ein Ganzes zu schildern. Daher gilt es, jene perspektivische Verkürzung halbwegs auszugleichen, die das Frühere gegenüber dem Späteren benachteiligt. Beispielsweise sollte ich von Goethe oder Thomas Mann nicht ausführlicher reden als von Homer oder Sophokles, und am besten auch in keinem anderen Ton. Das freilich ist eine kaum erfüllbare Forderung. Die neuere, uns nahe Literatur reizt zu erklärten Vorlieben oder Abneigungen. Zudem schwanken da die Urteile auch der Kenner, manchmal alle paar Jahrzehnte.

*

Zurück ins 17. Jahrhundert. Ins pompöse Barock, in die auftrumpfende Theater-Ära, die indessen, wie wir sehen werden, auch eine Epoche sehr ernsthafter Geisteskämpfe war. Ende und Anfang zugleich: Die Renaissance-Stimmung Europas war vergangen, aber schon wurde neuen, erstaunlichen Kräften die Bahn bereitet.

Allgemein sind wir geneigt, im 18. Jahrhundert den Beginn der »Moderne« zu sehen, was immer man darunter verstehen will. Ich frage mich indessen, ob nicht so gut wie alle wesentlichen Merkmale des sogenannten Vernunftzeitalters schon ein Jahrhundert vor Voltaire und Rousseau zu finden sind: die Säkularisierung aller einst an den Glauben gebundenen Werte — die Skepsis gegenüber allen Ordnungen — vor allem der Appell an den Menschen und seine Möglichkeiten als eine letzte Instanz. Das alles gibt es schon im 17. Jahrhundert, vor allem in England und Frankreich. Das 18. läßt diese Kraft zum Siege kommen; und zugleich entwickeln sich Gegenströmungen wie der »Sturm und Drang« in Deutschland, die Sentimentalität der Briten, die Naturanbetung Rousseaus.

Sprechen wir, ohne uns an eine genaue chronologische Aufreihung zu halten, zuerst von Deutschland. Endlich einmal wieder! Es blieb letzthin sozusagen ausgespart; nicht zufällig, sondern aus gutem, vielmehr betrüblichem Grunde.

In der deutschen Literatur trat für fast zweihundert Jahre ein Stillstand ein, eine Ebbe. Zur gleichen Zeit aber erlebte Spanien seinen wunderbaren Aufschwung; Frankreichs Geist erhob sich zu Höhen, die nie wieder ganz verlassen wurden; England erfuhr die schönste Ausprägung seines Wesens.

Dem hat Deutschland nichts Gleichwertiges entgegenzustellen; schon deshalb nicht, weil es gar kein Deutschland mehr gab. Zur gleichen Zeit, welche die Geburt der modernen Nationalstaaten sah, lebten die Deutschen aufgeteilt in Hunderte winziger Duodezherrschaften und Freien Städte. Fern, gleich einer Wolke, schwebt darüber das entmachtete Kaisertum. Nun steht aber hinter großer Dichtung immer ein ganzes, einheitlich fühlendes Volk; das war auch bei den politisch gespaltenen Griechen eine kurze Zeitlang so, und eben damals schrieben Aeschylus und Thukydides. Die politische Misere der Deutschen spiegelt sich in einer kleinlichen Literatur von oft nur regionaler Bedeutung.

Das hatte auch soziale Gründe. Die britischen Puritaner richteten ihren König im Namen Gottes und des Volkes hin; in Frankreich entwickelte sich just in dieser Zeit der Frondeur zu einem förmlichen Typus. Die Deutschen blieben seit dem so grausam niedergeschlagenen Bauernaufstand das Volk des geduldigen Untertanengehorsams.

Und nicht allzuviel an Trost und Hilfe bot ihnen die Religion. Das Luthertum verknöcherte nach anfangs prachtvollem Aufschwung. Die Kapitulation des Reformators vor dem Gottesgnadentum weltlicher Herren hatte jahrhundertelange Folgen. Zudem war Deutschland nur zur Hälfte protestantisch. In der Historie hat aber nur der Erfolgreiche recht. Die Glaubensspaltung bedeutete bei uns keine polare Spannung, sondern dauernde Lähmung. Man sehe sich, als ein Beispiel, das Theaterleben aus zweiter Hand an: Im Norden verbreiteten englische Komödiantentruppen verballhornte Stücke Shakespeares und seiner Zeitgenossen; im katholischen Süden pflegten die Jesuiten ein prächtig ausgestattetes Lehrtheater nach ihrem großen spanischen Vorbild.

Ein Jesuit war auch der tiefsinnige Lyriker *Friedrich von Spee*, der sich mutig gegen die Greuel der Hexenprozesse wendete: eine der edelsten Gestalten jener dunklen Tage. Denn nun entwickelte sich aus Glaubensspaltung und Machtlosigkeit der verheerende Dreißigjährige Krieg; die schlimmste Katastrophe der deutschen Geschichte, trotz 1945. Von zwanzig Millionen Menschen waren zuletzt nur sechs am Leben. Noch hundert Jahre später waren die materielle wie die geistige Verwüstung nicht völlig überwunden. Wir müssen es bewundern, daß während des Krieges überhaupt Literatur entstand.

Doch nur einer hat das ungeheure Elend dichterisch bemeistert: der derbe Hans Christoffel von *Grimmelshausen*, der, selbst ein armer Teufel, mit seinem Volke litt. Aus scharfer Beobachtung und schier unerschöpflicher Erfindungsgabe schuf er den »Simplicius Simplicissimus«, die »Landstörtzerin Courasche« und viele andere saftige Figuren. Er hat gewiß Rabelais und spanische Schelmenromane mit Nutzen gelesen — das Beste fand er in sich selbst. So lebt er und wirkt er fort, bis heute.

Von keinem anderen ließe sich das ernstlich behaupten. Soll ich die zahlreichen Poeten der zwei Schlesischen Dichterschulen mit Stolz aufzählen, wie einst mein Deutschlehrer? Sie gehören doch wohl mehr der Literarhistorie an als der lebendigen Literatur. Und doch sind einige außerordentliche Männer darunter. So *Martin Opitz*, dessen Lehrbuch »Von der deutschen Poeterey« wir nicht belächeln sollten: Er war ein nicht unvernünftiger Gesetzgeber, ihm verdanken wir, daß fortan in unseren Versen die natürliche Wortbetonung galt, nicht mehr die abgezählte Silbenzahl, wie bis dahin nach sklavisch befolgtem antikem Muster.

Die schlesischen Poeten beider Konfessionen klagen in rührenden Strophen über die Kriegsmisere und feiern fast ungläubig den endlich geschlossenen Frieden. »Tränen des Vaterlandes« heißt ein ergreifendes Sonett von *Andreas Gryphius* — mancher hat es in den Schreckenstagen unseres letzten Krieges neuentdeckt. Ansonsten hat Gryphius seine Bedeutung als einziger deutscher Stückeschreiber, wobei er die Alten und Corneille nachahmte, auch Shakespeare-Motive aufgriff. Amüsanter ist sein »Horribilicribrifax«, der die aufgeblasene Scheingelehrsamkeit des Barock witzig verspottet. Und einen muß ich noch nennen: Johann Scheffler aus Breslau, der konvertierte, dann aber unter dem Namen *Angelus Silesius* prachtvolle Zweizeiler verfaßte, die im freien Geiste Meister Eckarts einen herausfordernd eigenwilligen Glauben verkünden:

> Ich weiß, daß ohne mich Gott nicht ein Nu kann leben —
> Werd' ich zunicht, er muß vor Not den Geist aufgeben . . .

Den geängsteten Seelen brachten auch die gefühlsstarken Kirchenlieder Trost, mit denen *Paul Fleming*, *Paul Gerhardt* und andere eine große lutherische Tradition fortführten. Man kann überhaupt sagen, daß sich manche literarische Begabung in die Religion flüchtete, die wohl auch dadurch endlich neu belebt wurde. Gegen Ende des Jahrhunderts entstand, durch *Philipp Spener* eingeleitet, der Pietismus als eine Art Reformation innerhalb der Reformation. In seinen Konventikeln galt das Bekenntnis des einzelnen mehr als äußere Glaubensformen. Herz und Gemüt wurden aufgerufen, so kam es zu einer neuen Geltung des Individuums, das allenthalben so schmählich mißachtet worden war. Der Pietismus bedeutete moralische Stärkung besonders in den zunehmenden Kränkungen durch die Willkür aller jener Miniaturfürsten, die sich als kleine Ludwige fühlten und jeder sein kostspielieges Versailles haben mußten. Aus der pietistischen Unterwerfung allein unter Gott stammt manches von den Kräften, die später auch bei uns endlich die menschliche Würde wieder zur Geltung brachten: bei Lessing und noch beim jungen Goethe wird dieser Zusammenhang deutlich.

Besonders unheilvoll wirkte sich der allgemeine geistige Verfall aber auf die Sprache aus. Schon zuvor von mißverstandenen humanistischen Brocken durchsetzt, nahm sie nun wahllos fremde Elemente in sich auf. Auch die deutsche Sprache war jahrzehntelang ein Durchzugsland, in dem Spanier, Italiener und besonders Franzosen ihre Spuren hinterließen. Es gab ehrenwerte, aber erfolglose Versuche, sich dagegen zu wehren; etwa in der Weimarer »Fruchtbringenden Gesellschaft« oder bei den Nürnberger »Pegnitzschäfern«. Mehr erreichten einzelne begabte Wortschöpfer, so *Philipp von Zesen*, der wie alle Sprachreiniger manchmal auch des Guten zuviel tat. Aber viele seiner Prägungen leben heute noch, so etwa: Vollmacht, Liebesbrief, Tierkreis, Vertrag . . .

Hier sollte ich etwas zur Frage der Fremdwörter überhaupt anmerken. Ist es nicht schon ein Zeichen der Schwäche, daß wir so oft darüber streiten? Meine Meinung ist diese: Eine lebendige Sprache wird mit Zuwanderern und Eindringlingen allein fertig. Den fremden Wörtern geht es wie exotischen Pflanzen: Entweder sterben sie ab oder sie passen sich an, wie Kirschbaum und Platane, denen keiner mehr ansieht, daß sie im Germanien des Tacitus nicht heimisch waren.

Aber ich merke, daß ich meinem Vorsatz, knapp zu bleiben, untreu werde! Zu lange schon halte ich uns bei Dingen auf, die gewiß recht wichtig für uns sind — ganz unwesentlich aber für die Weltliteratur. Europäischen Rang sollte Deutschland erst wieder durch den universalen Denker Leibniz erlangen, von ihm werden wir noch sprechen. Der Strom der Zeit floß an uns vorüber, andere Völker nutzten ihn besser — auch kleine, wie wir neidvoll zugeben müssen.

So sehen wir in den Niederlanden gleich drei große Gestalten. *Joost van den Vondel*, auch er ein Konvertit — so stark zog die Gegenreformation noch immer die Geister an! — er stammte zwar aus Köln, bildete sich in einer Hamburger Sprachgesellschaft; aber er wurde Hollands klassischer Dramatiker. Er behandelt Zeitereignisse, wie Maria Stuarts Ende oder den Kampf der Republikaner gegen Moritz von Oranien. Interessant ist die Manier, wie er biblischen Stoffen eine aktuelle Bedeutung unterlegt; so in der Weltdichtung »Luzifer«, die an Miltons Epen denken läßt.

*Hugo Grotius* aus Delft entwickelte als erster ein allgemeines Völkerrecht, wohl unter dem Eindruck der Kriegsgreuel. Die Leistung wird dadurch nicht geringer, daß sich ein wirksames »jus gentium« im Grunde bis heute nicht umfassend durchgesetzt hat.

*Baruch Spinoza* endlich, der vom Judentum Abgefallene, Brillenschleifer und Philosoph, formulierte eine absolute, nicht mehr auf religiösen Begriffen aufbauende Ethik, die er abstrakt zu begründen suchte — »auf mathematische Art«, wie er es ausdrückte. Dieser kristallklare, manchmal leicht überhebliche, immer streng moralische Atheismus hat Generationen beunruhigt und befruchtet, bis hin zu Goethe.

Auch die Tschechen hatten ihren großen europäischen Geist: *Johann Amos Comenius*, eigentlich Komensky. Sein »Orbis pictus« war noch in meiner Kinderzeit ein populäres Weltlehrbuch; im »Labyrinth der Welt« und anderen Schriften predigt er einer wirren Zeit die Vorzüge weiser, milder Humanistenhaltung. Da fällt mir ein, daß irgendwer den Comenius ein »gelehrtes Gegenstück« zu unserem Mystiker und Laiendenker *Jakob Böhme* genannt hat. Verzeihen Sie mir, daß ich den Schuhmacher aus Görlitz noch nicht erwähnte. Ich habe ihn wohl verdrängt, weil ich mit seinen theosophischen Visionen nichts anfangen kann. So stelle ich dies fest: Die Wunder, die er in seiner Kugel sah, haben nachmals Hamann, die Romantiker und in unserer Zeit den bedenklichen Kolbenheyer lebhaft beeindruckt — vermutlich rührt meine Abneigung daher.

Von Jakob Böhme hinüber zu den glänzenden Salons von Paris: ein weiter Sprung. Ich gestehe, daß ich ihn gern wage, gleich fühle nun ich mich wieder beeindruckt, angesprochen und herausgefordert, mich wichtigen Gegensätzen zu stellen.

Wir sprachen schon von der Französischen Akademie. Jetzt möchte ich ergänzen: Die Bedeutung dieses Instituts besteht wohl auch darin, daß sich in Frankreich jedermann entscheiden muß, ob er *mit* der akademischen Würde des Geistes oder *gegen* die Regeln leben und wirken will. Beides hat zu wunderbaren Ergebnissen geführt.

Nicht etwa, daß alle Anti-Akademiker so vagabundierende Rebellen sein müßten wie Villon — o nein! Da ist gleich *René Descartes*, ganz entschieden ein durchaus unabhängiger Mann; und doch, wie gut hätte er in die Akademie gepaßt, da er allem französischen Wesen die Richtung angab, fast bis auf unseren Tag! Er zog es aber vor, auszuwandern. Seine

Hauptwerke — so der »Discours de la méthode« — erschienen in Holland; dort lebte er und dann am Hofe der exzentrischen Schwedenkönigin Christine, einer der großen Mäzeninnen, nach der britischen Elisabeth, vor der russischen Katharina, denen Europas geistige Elite viel verdankt.

Descartes fühlte sich, obwohl man darüber spottete, doch wohl mit einigem Recht bedroht. Indem er den Zweifel zur letzten Instanz alles Denkens machte, stellte er eigentlich schon Papst, König und Aristokratie grundsätzlich in Frage; er appellierte an die Entscheidung jedes einzelnen Menschen, und das führt schnurgerade über Voltaire und Renan bis zu Sartre, wenn man damit Ernst macht. Literarhistorisch wichtig ist, daß Descartes die Autorität des Aristoteles leugnete, was auch ästhetischen Umwälzungen den Weg bahnte.

Ganz und gar kein Akademiker war auch *Blaise Pascal*, gewissermaßen der Gegenspieler des Descartes; eine der erstaunlichsten Erscheinungen aller Zeitalter, sicherlich der tiefste Geist des seinen. Machen wir uns klar, daß sich um 1650 noch die härtesten, die kompromißlosesten Entscheidungen innerhalb des Christentums abspielten: ein Vorgang, den wir heute kaum mehr nachvollziehen können. Pascal also, ein frühreifes Genie, entdeckte als halbes Kind grundlegende Prinzipien der Mathematik und Physik. Er lebte als agnostischer Lebensgenießer, bis er von dem frommen Bischof Jansen bekehrt wurde. Dessen auf Augustinus basierende Glaubenslehre, der Jansenismus, strebte nach einer Kirchenreform und richtete sich gegen die inzwischen lax gewordene Moral der Jesuiten. Durchaus in diesem Sinne schrieb Pascal seine »lettres provinciales« — und damit blieb der wichtigste Jansenist siegreich für immer, als der Jansenismus längst verschwunden war. Wie neu, wie wagemutig und frei Pascal gerade in seiner Gläubigkeit dachte, lesen wir in den etwa 1.500 Notizen, Maximen und kleinen Abhandlungen, den »Pensées«, die Bausteine sein sollten für ein umfassendes theologisches Werk. Dazu kam der schon mit neununddreißig Jahren Gestorbene nicht mehr. Doch im Torso bewundern wir den kristallklaren Denker und den beispielhaften Stilisten, ganz besonders aber den seiner Zeit weit vorauseilenden Psychologen. Pascal war ein tiefer und liebender Kenner des Menschen — darin hat ihn keiner jener sogenannten »Moralisten« erreicht, die nun anderthalb Jahrhunderte hindurch ihre gescheiten Bemerkungen über Gesellschaft, Liebe, Mut, Freundschaft und vor allem über die Rolle der Eitelkeit niederschrieben.

Alle bedienen sich der lockeren Form, die Montaigne in den »Essays« zuerst anwandte, von ihm kommen sie alle her. Auch Pascal, der gelegentlich gegen Montaigne polemisiert, ihn aber mit seinem frommen

Skeptizismus mehr als einmal ergänzt und fortsetzt. Pascal ist gleichsam unabsichtlich, durch seinen frühen Tod, in die Gattung der Moralisten geraten. Die übrigen aber sind durchaus nicht immer moralisch; vielmehr Lebenskünstler, oft ausgesprochene Opportunisten; Nachfolger also des gewitzten Jesuiten Gracián, den ich früher erwähnte. Fast alle Moralisten waren Adlige, einige große Herren. Daß sie nur Arabesken, geistreiche Glossen liefern und die Welt keineswegs verändern wollen, geht allein daraus hervor, daß beispielsweise der Herzog von *La Rochefoucauld*, der 1680 starb, kaum anders schreibt als *Chamfort*, der sich 1794 der Guillotine durch Selbstmord entzog.

Wenn ich andeutend charakterisieren soll, dann ist La Rochefoucauld wohl der glanzvollste, *Vauvenargues* (um 1740) der menschlichste und herzlichste der Moralisten; *Rivarol* endlich, der 1801 als königstreuer Emigrant in Berlin starb, der kälteste Menschenverächter. Aber sie gehören alle zusammen und sind darum zu Recht auch bei uns in vortrefflichen Ausgaben fast stets vereinigt. Eine konzentrierte Geistesnahrung, sie regt zum eigenen Weiterdenken an. Und man kennt dann *eine* Seite des französischen Wesens in Vollendung, die man aber keinesfalls für *das* Wesen der Franzosen halten darf. Eine Palette des Witzes, der Pointe, des Aperçus; immer dieselbe Farbe, doch in zahlreichen Nuancen und Tönungen: So muß man's verstehen!

Natürlich gab es andere, kräftigere Naturen; wenn man will: naivere. Zu ihnen möchte ich auch ein paar geistreiche Frauen zählen: Madame *de La Fayette*, Verfasserin des berühmten Romans einer verzichtenden Liebe »Die Prinzessin von Kleve«. Oder die Marquise *de Sévigné*, deren Briefe an ihre Tochter noch immer bewundernde Leser finden, so viel Lebensklugheit und unbestechliche Beobachtungsgabe steckt darin. Zu den klassischen Briefschreiberinnen gehören auch Kurtisanen wie die vielgeliebte *Ninon de Lenclos*; deren Geist hatte ohne Zweifel Anteil an ihren Erfolgen bis ins Greisenalter.

Geistreich wollte eben jeder sein, und viele waren es wirklich: Auch fromme Kanzelredner wie der große *Bossuet* und Prinzenerzieher wie *Fénelon*, der seine Pädagogik am Beispiel des Odysseus-Sohnes Telemach entwickelte und durch seinen Freimut den Zorn Ludwigs XIV. hervorrief. Hochintelligent war auch *La Bruyère*, der die antiken »Charaktere« Theophrasts, des Aristoteles-Freundes, herausgab und durch eigene imaginäre Porträts ergänzte. Das hatte Erfolg, bei jeder neuen Auflage vermehrten sich die neugeprägten Typenfiguren; in ihrer genialischen Bosheit gelten sie bis heute als ebenso klassische Muster wie ihr Anlaß.

*Boileau* aber versuchte sich wieder einmal als Gesetzgeber der Poesie, weitherziger nun schon als Ronsard und darum wirksamer. *Scarron* schilderte das blühende Theaterleben im Roman, ein Vorläufer Wilhelm Meisters. Und natürlich gab es auch ausgesprochene Frondeure, Gegner von Kirche und Staat. Einer war der Freigeist *Gassendi*, Molières intellektueller Ratgeber, wie man annimmt; ein anderer der unaufhörlich in Verschwörungen verstrickte Herr *de Retz*, der es dennoch bis zum Kardinalshut brachte und sehr indiskrete Erinnerungen schrieb. Das geschah oft; berühmtestes Beispiel sind die geheimen Memoiren des Herzogs von *Saint-Simon*. Jedermann ahnte, wieviel sensationellen Klatsch sie enthalten müßten; sogleich nach Saint-Simons Tod, 1755, wurden sie konfisziert und konnten erst im 19. Jahrhundert erscheinen.

Eine für uns interessante Gestalt ist *Saint-Evremond*. Durch eine bissige Komödie über den Betrieb der Akademie, und auch sonst wohl, machte er sich unmöglich und floh nach London. Dort kam er auf den Einfall, verschiedene Literaturen miteinander zu vergleichen; damit war eine neue Gattung der Literaturforschung geboren.

Von einem weiß ich nicht recht: war er naiv oder stellte er sich nur so, weil gerade das Erfolg brachte? Aber ganz so harmlos ist er gar nicht, der liebe Fabeldichter *La Fontaine*, den man im französischen Unterricht meist als ersten Autor original kennenlernt. Aber eben nur eine Randfigur in einem glanzvollen Ensemble. Und das gilt wohl auch für *Cyrano de Bergerac*, den degenfuchtelnden »Gascogner Kadetten« mit der enormen Nase: So kennen wir ihn fast nur, als Helden eines verstaubten Reißerstücks von Rostand. Cyrano hat aber durchaus eigene Meriten: Er schrieb utopische Romane, zum Beispiel »Die Reise zum Mond«, die Swifts Gulliver und noch Jules Verne angeregt hat.

1648 erschien diese erste Raumphantasie. Ein Jahr später geschah in England etwas weit Phantastischeres: König Karl I. verlor seinen Kopf, Oliver Cromwell übernahm die Herrschaft, der strenge Lord-Protektor, der den fanatischen Puritanern freilich noch nicht streng genug war. Sie wollten das Gottesreich auf Erden, mit durchaus reinem Glauben, reinen Sitten — und so gab es mehr als ein Jahrzehnt lang kein Theater mehr und wenig Literatur überhaupt. Das alles war verdammt als teuflisches Blendwerk. So kurz dieser asketische Eifer währte, er hinterließ bleibende Spuren im britischen Wesen. Im Guten wie im Bösen: die von Fremden gern gerügte Scheinheiligkeit stammt ebenso von damals her wie das starke politische wie geistige Verantwortungsgefühl, das nach so bitteren Erfahrungen sich bald zu vernünftigen Formen kristallisieren sollte.

Doch die List der Vernunft war schon zu Cromwells Zeit zugunsten der Poesie wirksam, der Geist fand mächtigen Ausdruck gerade in der

Unterdrückung. Just dem Puritanismus entstammt der mächtige Dichter und Publizist *John Milton*. Er war begeisterter Rufer im Kampf gegen die Monarchie. Deshalb wurde er, der später Erblindete, nach der Restauration verfemt, war aber schon zu berühmt, um ernstlich gefährdet zu sein. Auch die Gegner sahen im »Verlorenen« wie im »Wiedergewonnenen Paradies« alsbald Englands klassische religiöse Epen. Es sind aber auch gewaltige Kampfgedichte, für uns in Übersetzung nur noch schwer genießbar. Übrigens gelingt Milton — wie den meisten Dichtern — das Böse und der Böse weit glaubhafter als die blasse Seligkeit der Engel.

1660 gab's wieder einen König — und sogleich wieder ein Theater. Es war nicht mehr die Bühne Shakespeares; *Thomas Otway* bekam das zu spüren, Nachfahre der genialischen Elisabethaner, der buchstäblich verhungerte. Man wollte das Leben genießen, von der Bühne verlangte man vor allem Unterhaltung, und ein wenig puritanische Mißbilligung war auch hängengeblieben. Aus alledem entstand eine eigentümliche unernste Bewertung der dramatischen Kunst, gegen die noch Bernard Shaw zu kämpfen hatte.

Kräftiger entfaltete sich eine belehrende, bekehrende und polemische Epik. Natürlich war sie zuerst restaurativ. *Samuel Butler* verhöhnte im »Hudibras« die heuchlerische Demut der Puritaner. Der Staatsphilosoph *Thomas Hobbes* lieferte eine pessimistische politische Theorie; sein »Leviathan« faßte eine energische Monarchie sozusagen als unausweichliches Übel auf. Doch behauptete sich auch die echte Puritanerfrömmigkeit, so in der »Pilgerreise« des *John Bunyan*; ein Buch, das allen Angelsachsen so teuer geblieben ist wie den Katholiken die »Nachfolge Christi« von Thomas a Kempis. »Pilgrim's Progress« gilt nächst der Bibel als verbreitetstes Buch in englischer Sprache.

Alle diese Auseinandersetzungen aber hatten den Einzelnen zum Gegenstand, seine Würde und sein Recht. Und das wurde nun auch theoretisch unterbaut vom englischsten aller Philosophen, von *John Locke*, der die ganze britische Denkkunst maßgebend und bis heute mitbestimmt hat, ob es nun um Ethik, Erkenntnistheorie oder Erziehung geht. Lockes politische Lehren sind eine Synthese von gemäßigtem Puritanismus und individueller Freiheit. Nach der »glorreichen« Revolution von 1688 — die so heißt, weil sie unblutig war — wurde ein Jahr später das Recht auf Schutz der einzelnen Person in der »Bill of Rights« statuiert und auch gegen die Staatsgewalt gesichert. Das geschah genau hundert Jahre vor der Französischen Revolution. Damit beginnt schon das Zeitalter der Aufklärung.

# Aufklärung
## *Allmacht und Ohnmacht des Geistes*

Just, da ich vom Vernunftzeitalter sprechen will, spüre ich, wie eng das vernünftig geplante Schema solch eines Buches ist. Zuviel Verschiedenes ist zu berichten. Denn abweichend von verbreiteten Ansichten finde ich es fast unmöglich, eine knappe Formel just für diese Epoche anzubieten.

Am Thema Aufklärung entzünden sich von jeher die Polemiken. Die einen sehen in ihr den »Ausgang des Menschen aus seiner selbstverschuldeten Unmündigkeit«, um Kants berühmte Definition zu zitieren; die anderen wollen uns den seichten, leeren »Aufkläricht« verleiden. Ich für meinen Teil fühle mich dem Jahrhundert Swifts und Lichtenbergs, Voltaires und Goethes innig verbunden. Ja, ich halte es für das bisher letzte glorreiche Säkulum der europäischen Geistesgeschichte. Doch eben deshalb will ich und darf ich nicht blindlings glorifizieren, und so stelle ich nüchtern fest:

Allmacht wie Ohnmacht der Vernunft spiegeln sich gleichermaßen in den Äußerungen eines Zeitalters, das nach dieser Vernunft heißt. Das »lumen naturale«, das Descartes von jeder Glaubensoffenbarung nachdrücklich unterschieden hatte, es erleuchtete keineswegs alle seine Bewunderer. »Les lumieres«, die Lichter — das ist der schöne französische Ausdruck für die Aufklärung — sie strahlen nicht überall in reinem Glanz, manchmal rußen sie recht ärgerlich.

Die Attacke der Gegner aber richtete sich oft gar nicht gegen die schaffende Vernunft, sondern gegen den auftrumpfenden Verstand; und gerade dieser wurde damals durch die kritische, ordnende Vernunft ja gezügelt. Hume und Kant sind die wahren Fürsten einer Aufklärung, die ihre Grenzen erkannte und festlegte.

Dann ist zu sagen, daß Pietismus, Puritanismus und ähnliche Strömungen des Gemüts und Glaubens sich durchaus behaupteten. Überhaupt vergißt man leicht, daß dem scheinbar empfindungsarmen Jahrhundert ein recht unmittelbares Verhältnis zu den Verwirrungen des Herzens, zur Dämmerwelt der Gefühle eignete.

Etwas ganz anderes aber läßt die Aufklärung als gänzlich neue Zeit erscheinen: das erklärte »Engagement« des Geistes und zumal der Literatur. Sie setzt sich Ziele, erlegt sich Pflichten auf. Das gab's auch vordem, doch nebenher, nicht als Programm. Und worin bestand nun dieses Programm?

Ich zögere, ein heute verstaubtes Wort zu gebrauchen — doch damals hatte es Kraft und Farbe: Es ging um die Tugend.

Tugend war das allgemein ausgerufene, wenn auch recht unterschiedlich verstandene Ideal. Es gab die absolute ethische Forderung, etwa im Sinne Spinozas; auch die calvinistische Lebenstüchtigkeit, die John Locke, besonders im »Versuch über den Verstand«, in faßliche Lehrsätze gebracht hatte, wurde Trägerin der Aufklärungsideen; und man erstrebte optimistisch eine Verbesserung aller Weltumstände, wie das der große Leibniz für möglich gehalten hatte.

Da nenne ich ihn, fast zufällig, so soll zuerst von ihm die Rede sein, der am Beginn der eigentlichen Aufklärungszeit steht, einer der wichtigsten Wegbereiter. *Gottfried Wilhelm Leibniz,* der 1716 starb, war in fast zwei Jahrhunderten der einzige deutsche Geist von weltweiter Wirkung. Auf zahlreichen Gebieten unermüdlich tätig, bemühte er sich vor allem um internationale Zusammenarbeit der Wissenschaft, gründete Akademien und propagierte die Wiedervereinigung der Kirchen. Seine »Theodizee« verteidigt die bestehende Welt als die beste aller möglichen. Als Mathematiker und Physiker war er ein schöpferisches Genie. Seine »Monaden«, angenommene kleinste Bausteine alles Bestehenden, sind Vorstufen der modernen Atomlehre, zugleich aber Ausdruck eines unzerstörbaren Individualismus in der Natur: So hat Goethe die Monadenlehre verstanden und verwendet.

Das Universalgenie Leibniz war noch einmal ein Grandseigneur des Geistes, einer vom Schlage der Montaigne und Erasmus. Nach ihm begann schon die Zeit der Spezialisten. Und der Bürger. Denn dies ist auch ein entscheidender Unterschied des Vernunftzeitalters gegenüber früheren: Es wird getragen vom aufsteigenden Bürgertum. Der dritte Stand aber wollte vor allem moralischer sein als die frivole Aristokratie. Daß bald mancher Adlige zum Vernunftanbeter wurde, änderte nichts an dieser Entwicklung.

Das erste vorwiegend bürgerliche Volk aber waren die Engländer, wenn sie das auch bis heute gern hinter treu bewahrten Feudalformen verbergen. Von ihnen übernahmen dann die Franzosen und die anderen Völker die siegreichen neuen Grundsätze. Eben weil die Aufklärung in England organisch gewachsen war, brachte sie dort nicht nur Philosophen hervor, sondern nicht wenige unzweifelhafte Poeten. Selbst britische Publizisten haben oft eine dichterische Ader; hingegen wirken bei den Franzosen auch große Dichter, von Voltaire bis Anatole France und André Gide, leicht etwas predigerhaft; und wie zum Ausgleich dafür sind die »poètes maudits« manchmal ganz und gar unvernünftig.

Doch wir sprechen nun von England, dem Mutterland der Aufklärung. Diese kündigt sich schon in den Epen Miltons an; und noch am Ende des 17. Jahrhunderts gewinnt sie Gestalt in einigen Schriftstellern, die eigentlich mit besserem Recht, oder sagen wir: nach unserem heutigen Sprachgebrauch, »Moralisten« heißen könnten. Da ist *Shaftesbury:* ein begeisteter Theoretiker der Moral, die er aber durchaus nicht trocken abhandelt, sondern mit viel Schwung feiert. Shaftesbury meint, der Motor aller geistigen Leistungen sei der Enthusiasmus; ihm widmete er eine eigene Schrift. Sein Einfluß auf die nächsten hundert Jahre kann kaum überschätzt werden.

*Mandeville* hingegen war ein Skeptiker, was wir sogleich aus dem Untertitel seiner »Bienenfabel« erkennen: »Laster des einzelnen bewirken Nutzen für die Allgemeinheit« — eine erstaunliche Formel. Mandeville ist also das Gegenteil eines Heuchlers, er deckt die Karten auf — aber auch Heuchelei ist gewiß eins seiner als wohltätig erklärten Laster! Noch unbefangener denkt der Earl of *Chesterfield* in seinen berühmten Briefen an einen illegitimen Sohn, den er in die Welt einführen will. Chesterfield hat das Ideal des Gentleman mitgeformt, der überlegen, freundlich und wohl auch eine Spur zynisch sein muß. Als Beispiel jener Satz, der erfahrene Frauen über die gemeinhin hochgefeierten Jungfrauen stellt: »Poliertes Gold ist stets wertvoller als rohes.« Doch ist Chesterfield weder hartherzig noch besonders bösartig; er setzt sich nur hinweg über den »cant«, diese britische Spielart der Scheinheiligkeit, die gar keine ist: weil der »Heuchler« aufrichtig von seinem guten Glauben durchdrungen ist — es handelt sich also um nützlichen Selbstbetrug. Nur einer Menschengattung in England ist fast alles erlaubt, sogar Bruch des Cant-Tabus: den Sonderlingen, den Originalen. Solch einer aber war, ein Halbjahrhundert später, der Doktor *Samuel Johnson*; eben deswegen wird er bis heute als britischster Brite bewundert.

Der große, schwere Mann — ein verspäteter Barockmensch — wirkte durch seine Person nachhaltiger noch als durch zahlreiche Werke. Was schrieb er nicht alles: Dramen, Wochenschriften, Shakespeare-Kommentare, ein sorgfältig erarbeitetes Wörterbuch. Überdies residierte er in Clubs und Caféhäusern als Mittelpunkt eines Kreises gescheiter Leute, als Diktator der Literatur. Manchmal war er insular borniert, öfter prachtvoll instinktsicher, dafür hören wir nachher ein Beispiel. So konnte Thackeray mit Recht von Johnsons »unermeßlicher Autorität« sprechen; und Carlyle fand gar, dieser eine Mann hätte England eine Revolution erspart. Die großartige Gestalt lebt fort in den Erinnerungen, die der Schotte *James Boswell* aufzeichnete: getreu wie Eckermann, aber viel einflußreicher als Goethes Adlatus bei uns.

Noch manche andere saftige Figur wirkt wie ein Spiegel oder auch

Zerrspiegel des Zeitalters. Wenigstens nennen möchte ich den großen Dilettanten *Horace Walpole* und *Mary Montagu,* die tintenfreudige Orientreisende, Typus der globetrottenden Lady, die überall selbstsicher zu Hause ist.

Beim Doktor Johnson erwähnte ich schon die Zeitschriften, diesen speziell britischen Beitrag zur Aufklärung. Seit 1693 schon bestand in London Pressefreiheit. Um 1710 gaben dann *Steele* und *Addison* den »Tatler« und den »Spectator« heraus: Muster solcher moralisch-literarisch-kritischen Blätter, die aus dem öffentlichen Leben der Insel nie mehr verschwanden.

Der Philosoph des Zeitalters ist *David Hume.* Er setzt John Locke fort und bereitet Kant vor. Als Positivist nimmt er die alten Gottesbeweise unter seine scharfe Lupe, ohne Gott zu leugnen. Unaufhörlich beschäftigt ihn die Natur des Menschen und dessen Verhältnis zur Moral.

Ein hochbewundertes klassisches Werk ist *Edward Gibbons* Historie von Aufstieg und Fall des Römerreichs. Und um 1770 wurden anonym die bis heute berühmten *Junius-Briefe* veröffentlicht: ein Appell an König und Parlament, die verfassungsmäßigen Rechte besser zu achten. Als Autor gilt der damals 32jährige Diplomat Philip Francis, dem etwas ganz Seltenes gelang: politische Polemik von hohem literarischem Rang!

Endlich zu den Poeten, die nun so vielfältig hervortreten. Das seit etwa 1680 aufblühende Gesellschaftstheater bereicherten *Dryden* und *Congreve;* jener alles in allem ein etwas steifer Klassizist, der von sich sagte, er sei kein Schriftsteller, sondern ein Gentleman; und so schrieb er denn auch. Congreve hingegen ein gewitzter, gar nicht immer platter Unterhalter von der Art *Sheridans*, der die heute noch gespielte »Lästerschule« schrieb; sie alle sind Vorläufer Oscar Wildes.

Gewichtiger ist *Alexander Pope,* Katholik, also Außenseiter; dazu ein kleiner, verwachsener Mann, doch durch seinen Geist und seine lyrische Kraft anerkannter arbiter literarum. Seine »Dunciade« ist eine bissige Literatursatire; der »Lockenraub« macht witzig aus nichtigem Anlaß ein pathetisches Heldenepos. Pope übersetzte aber auch den Homer und schrieb philosophische Traktate.

Ähnlich vielfältig ist das Werk *Daniel Defoes,* eines der beiden Großen der britischen Aufklärungsdichtung. Der andere ist Jonathan Swift. Die Unsterblichkeit der beiden grundverschiedenen Männer zeigt sich unter anderem darin, daß sie jeder ein weltberühmtes gesellschaftskritisches Buch schrieben, das zum klassischen Kinderbuch wurde.

Im Falle des »Robinson Crusoe« ist das begreiflich. Der Autor entwickelt am Beispiel des hilflos Ausgesetzten alle Gesellschaftsprobleme, welche das Zeitalter erregten. Dabei wird der tüchtige Einsiedler für sein Do-it-yourself zuletzt gebührend belohnt. Aber seine Taten werden nicht mit erhobenem Zeigefinger vorgeführt, sondern mit poetischer Kunst so wunderbar glaubhaft gemacht, daß jeder Leser in sich ungeweckte Kräfte spürt. Den Robinson ergänzen Defoes übrige Schriften. Er verbreitete ökonomische Theorien, beschrieb die Londoner Pest und schilderte im Dirnenroman »Moll Flanders« die soziale Unterwelt mit fast Balzacscher Kraft, doch wiederum mit einem calvinistischen Happy-End. Denn der ewig abenteuernde Spekulant Defoe, zeitweilig Insasse des Schuldgefängnisses, fühlte sich immer getrieben von einer moralischen Mission.

*Jonathan Swift* hingegen ist geborener Zweifler und, trotz seinem geistlichen Brotberuf, Agnostiker; in religiösem wie moralischem Sinne. Seine gallige Menschenfeindschaft inspiriert ihn zu unglaublich haßerfüllten Einfällen. Im »Tonnenmärchen« entlarvt er die Heuchelei jeder Kirche. Die »Tuchhändlerbriefe« enthalten Attacken auf die verlogene Humanität, die sich bis ins Widerwärtige steigern; wie denn dieser merkwürdige Dechant von Dublin vor nahezu nichts zurückschreckt, um die elende Menschheit so recht zu entlarven. Nun sagt E.M. Forster, der bedeutende Romancier und Kritiker, einmal: Literarische Entrüstung mißlänge stets, weil sie antimythisch sei. Dann wäre Swift die große Ausnahme: Bei ihm wird Entrüstung schöpferisch.

Darin besteht die Genialität von »Gullivers Reisen«. Längst ist bis ins einzelne erforscht, daß die bösartigen Phantasien politisch gemeint sind; wie wurde daraus ein heißgeliebtes Kinderbuch? Nun, in den Jugendausgaben wird das Bitterste, das Tiefsinnigste weggelassen: die staubleckenden Untertanen des Königs von Luggnagg; die zu grausamer Unsterblichkeit verdammten Struldbrugs; und die Houynhmns, edle Pferdewesen, die Verbrechen und Lüge nicht kennen und deshalb die schmutzigen Yahus verachten — die Menschen. Zwerge aber und Riesen sind jedem Kind vertraut: Unter Erwachsenen fühlt sich's als Liliputwesen, die Giganten von Brobdignag erlauben ihm eine erträumte Rache an den allmächtigen Großen.

Swift selber erlebte mit Gulliver eine Art Selbstbefreiung, auch Selbstbestrafung; er war ein Yahu und wußte es; seinem Leben voll erotischer Wirrnisse und ewig enttäuschtem Ehrgeiz entspringt die dunkle Magie seiner Dichtung. Wer will sagen, ob sie der Aufklärung widerspricht oder deren Gipfel bedeutet? Sicher ist, daß gegen Swifts erbarmungslose Schärfe alles folgende schal wirkt. Denn nun bricht die Sentimentalität herein, die Empfindsamkeit, wie Lessing später glücklich verdeutschte. Sie ist ein illegitimes Kind der Aufklärung, und wir werden erleben, wieviel von deren Erbe der weinerliche kleine Bastard an sich brachte.

Die Tränenflut setzt ein mit *Samuel Richardsons* moralisierenden Romanen; ganz Europa schluchzte über Clarissa, Pamela und wie die Heldinnen alle heißen. Vergeblich möchte der kräftige *Henry Fielding* einen Damm errichten, so mit dem schönen Findlingsroman »Tom Jones«, den wir heute noch genießen können. Was dann alles folgt, mag ich im einzelnen nicht durchmustern — die lange Reihe der *Gray, Thomson, Young* und so weiter. Ich weiß, da gibt es mancherlei Unterschiede, doch bei allem Respekt: Was ich davon kenne, wirkt auf mich ungewollt parodistisch; da halte ich mich lieber an die Travestie des larmoyanten Musikdramas, die *John Gay* in seiner »Bettleroper« lieferte — bekanntlich dem Urbild unserer Dreigroschenoper. Einigermaßen lesbar ist vielleicht noch *Oliver Goldsmith,* dessen »Landpfarrer von Wakefield« Goethe so entzückte. Aber nur einer überzeugt mich noch ganz: *Laurence Sterne,* der seltene Fall eines geistreichen Gefühlsvirtuosen. Im »Tristram Shandy« treibt er unendlichen britischen Nonsens; und »Yoricks sentimentale Reise« exportiert die neue Seelendroge wenigstens in amüsanter Verpackung auf den Kontinent.

Auch dort schlug sozusagen ein Kurzschluß durchs überlastete Stromnetz der Vernunft. Auf einmal verlangte es die Lesewelt nach Dämmer, nach seliger Unvernunft, nach Mythen — und sie wurden geliefert. Der Schotte *Macpherson* klitterte aus einigen echten Brocken und viel Selbsterfundenem die Gesänge eines angeblich altkeltischen Barden Ossian zusammen; es wurde das Erfolgsbuch des sinkenden Jahrhunderts. Ganz aus ossianischem Geist ist Goethes »Werther« empfunden, Napoleon führte seinen Ossian im Schlachtgepäck mit; unseren redlichen Herder regten die Talmi-Mythen gar an zu seinen wunderbaren Untersuchungen über ursprüngliche Volkspoesie. Und das alles, obwohl Macpherson ziemlich rasch entlarvt worden war, zuerst übrigens durch den scharfsichtigen Doktor Johnson. Die sagasüchtige Welt nahm's nicht zur Kenntnis; wozu die nüchternen Theoretiker Warren und Wellek uns heute erläutern: Es käme in der Literatur zuletzt weniger auf Echtheit denn auf Wirkung an. Was wir oft vergessen.

Tragisch endete ein ähnlicher Fall: Der blutjunge *Thomas Chatterton,* angesteckt vom Ossianfieber, erfand und veröffentlichte gleichfalls altertümliche Texte. Erst wurde der arme Junge als Wunderkind der Forschung herumgereicht; als er sich seiner Erfindung rühmte, ließ man ihn fallen, der sich doch gerade als begabter Poet erwiesen hatte. Verzweifelt brachte sich der knapp Achtzehnjährige um.

Solche Tragödien finden wir kaum im Frankreich der Aufklärung. Den Beginn macht dort gleich ein systematisches Werk: das historisch-kritische Wörterbuch des *Pierre Bayle,* 1697 erschienen. Darin grenzt ein

Schüler von Descartes, ein Vorläufer der Enzyklopädie, säuberlich die Begriffe ab; etwa Vernunft vom Glauben, den er nahezu mit Aberglauben gleichsetzt — kein Wunder, daß auch er nach Holland emigrieren mußte.

Es folgen ein paar große Herren, die auch große Geister waren. *Montesquieu* statuiert im »Geist der Gesetze« die seitdem klassische »Dreiteilung der Gewalten« — Legislative, Exekutive, Jurisdiktion. Seine »Briefe zweier Frankreich bereisender Perser« kritisieren die Mißstände im Lande.

*Buffon* hingegen formuliert Gesetze der Naturwissenschaften. Als glänzender Schriftsteller durfte er den Satz wagen: »Der Stil ist der Mensch« — eine vollkommen aufklärerische und höchst französische Behauptung, der in diesem glücklichen Volke nicht nur Dichter gerecht werden, auch Forscher und Betrachter.

Die Prosa-Poeten verstanden es gerade damals, Geist und Grazie harmonisch zu vereinen. So der ironische *Lesage,* dessen »Hinkender Teufel« von allen Häusern die schützenden Dächer indiskret abdeckt; so *Choderlos de Laclos,* dessen »Gefährliche Liebschaften« eine illusionslose Strategie des Herzens lehren. Einige Sentimentalität, wenn auch durch Esprit gewürzt, führt schon dem Abbé *Prévost* die Feder — diesen vorteilhaften geistlichen Titel führte damals so mancher Literat — als er die Beziehung der kleinen Halbweltdame »Manon Lescaut« zu ihrem Chevalier Des Grieux schilderte.

Höhepunkt der Aufklärung aber war, in der Jahrhundertmitte, die *Enzyklopädie,* »Le dictionnaire raisonné des sciences, des arts et des métiers« — und wirklich waren in den achtundzwanzig Bänden Wissen, Künste und Fertigkeiten der Zeit dargestellt; nicht nur vernünftig, sondern meist von hervorragenden Mitarbeitern in vortreffliche Form gebracht. Gefährliche Erörterungen wurden bei harmlosen Stichworten versteckt, bald wußte jeder Interessierte den Sprengstoff zu finden.

Die Leitung des Ganzen hatten ein Dichter und ein Mathematiker, Diderot und *d'Alembert.* Dieser verfaßte die vielbewunderte Einleitung, im übrigen war er ein Organisator der Wissenschaft von Leibnizens Art. *Diderot,* ein unbeirrbar gütiger Menschenfreund, Goethes erklärter Liebling, opferte dem Riesenunternehmen viel von seiner Dichterkraft, die sich etwa im Dialog »Rameaus Neffe« gezeigt hatte. Goethe hat ihn übersetzt. Im »Traum d'Alemberts« läßt Diderot den Freund einen brillanten Kurzlehrgang der Vernunftphilosophie erleben.

Nur einen Blick können wir auf den Kreis der vielen Enzyklopädisten werfen. Auch sie versammelten sich, gleich den gescheiten Aristokraten, gern in den Salons geistreicher Damen. Zwei Deutsche waren unter ihnen: *Melchior Grimm,* unermüdlicher Korrespondent, der sogar

Katharina II. in Petersburg zeitweise zur Aufklärung bekehrte, und der pedantische Baron *Dietrich von Holbach,* der ungefähr wie Mandeville allen Fortschritt auf Egoismus zurückführte; ein Gedanke, den nachmals Karl Marx auf seine Art fortentwickelte. Viele Mitglieder des Kreises waren erklärte Materialisten. *La Mettrie* wollte gar im Ernst den menschlichen Körper als Maschine erklären; die leicht irre Übertreibung macht ihn zum liebsten Zeugen aller Gegner der Vernunft, die damit ebensowenig ad absurdum geführt wird wie, sagen wir, das Heizen durch einen leichtfertig verursachten Brand.

Die beiden wesentlichen Männer stehen nur am Rande des Enzyklopädisten-Zirkels; der eine Grandseigneur von eigenen Gnaden: Voltaire; der andere lebenslang ein armer Teufel, weil er sich in dieser Rolle gefiel: Rousseau.

*Jean Jacques Rousseau* wird wohl für immer zu den Umstrittenen gehören. Nie kam der Uhrmacherjunge von seiner Kindheit los, er pflegte seine Minderwertigkeitsgefühle und überkompensierte sie, er war verlogen, anmaßend, launisch, überhaupt unausstehlich. Und doch klingt hell und herzbewegend sein Schrei nach Erlösung des Menschen von allen Fesseln der Gesellschaft. Elf Jahre nach Rousseaus Tod wurde die Forderung nach gleichem, natürlichem Recht für alle, die er im »Gesellschaftsvertrag« erhoben hatte, zur Parole der Revolution. Übrigens definierte Jean Jacques den Staat als freiwilligen Zusammenschluß der Individuen und berief sich dabei, wie stets, auf die ursprüngliche Natur — so wie er sie auffaßte. Oft irrte er, und fast immer lebte er gegen die eigenen Schlagworte. Er schrieb den idealisierenden Erziehungsroman »Emile« und war der unfähigste aller Väter. In der »Neuen Heloise« proklamiert er die freie, würdige Liebeswahl — sein eigenes erotisches Leben war eine Kette von Katastrophen.

All das ist nun verblaßt. Lebendig und lesbar sind allein die »Bekenntnisse«. Mit dem Werk des Augustinus haben sie nicht nur den Titel gemein, auch den heißen Wunsch des Autors, ganz aufrichtig zu sein. Er vermochte ihn nicht zu erfüllen, zahlreiche Aufschneidereien und Verdrehungen sind ihm nachgewiesen worden. Und doch, welch ein document humain! Vielleicht eben durch seine Fehler? Rousseaus Irrtum war der Glaube an eine ursprüngliche Güte des Menschen, den er doch selbst fortwährend widerlegte. Und so allgemein ist die Illusion von einer natürlichen Harmonie ohne Zwang, daß er zum erfolgreichsten Anreger wurde: Sturm und Drang, die ganze Romantik stammt von ihm her. Natürlich auch solche saccharinsüßen Dinge wie »Paul und Virginie«, die Südsee-Idylle voll künstlicher Primitivität, ein Bestseller, den Herr von *Saint-Pierre* vier Jahre vor der Revolution herausbrachte.

*Voltaire* aber, als Bürgersohn François-Marie Arouet geboren, er hat eigentlich überhaupt nur Bestseller geschrieben. In allem das Gegenteil von Jean Jacques — die beiden mochten einander nicht — galt er in jungen Jahren schon als Fürst nicht nur der Dichtung, auch der Philosophie und der Historie. Doch weder die Geschichte des Schwedenkönigs Karl XII. wirkt mehr auf uns noch die frivole »Pucelle«, die Schiller so sehr erbitterte, daß er seine »Jungfrau von Orleans« schrieb. Voltaires »Henriade« wurde nicht das Nationalepos Frankreichs. Seine Dramen sind undramatisch, wenn auch Goethe den »Mahomet« übersetzte. Es meldet sich die alte fatale Frage: Was blieb denn nun von ihm?

Immerhin einige Romane. Vor allem der »Candide«: entworfen als Parodie auf Leibniz, auf die angeblich beste der Welten — das Wunder poetischer Kraft machte daraus die Odyssee eines reinen, arglosen Mannes durch alle Übel und Gefahren der schlechten Welt. Und durchaus lebendig blieb der Mensch Voltaire, die Gestalt. Hier läßt sich wie kaum irgendwo sonst beobachten, daß höchster literarischer Rang auch losgelöst vom Werk möglich ist. Der Nachwelt erscheinen alle Fehler und alle Vorzüge Voltaires ins Typische gesteigert. Ein Beispiel: Der angebliche Erz-Atheist war in Wahrheit nur unendlich gleichgültig gegenüber jedem Glauben, daher zu manchem Kompromiß bereit.

Man hat ihm Habsucht vorgeworfen — er war der großherzige Gönner jedes jungen Autors, der zu ihm kam. Man hat ihm übelgenommen, daß er der erste Großverdiener der Literatur war. Bei Goethe stört das niemanden mehr. Und er war maßlos eitel, gewiß, aber zu jedem Opfer bereit, wenn es galt, ein Unrecht zu bekämpfen. So wurde der große Immoralist zur obersten moralischen Instanz eines Erdteils. Und obgleich niemals Rebell, immer nur Frondeur, wirkte er zuletzt fast nachhaltiger in die Zukunft als der atemlose Neuerer Jean Jacques Rousseau.

## Deutsche Klassik
### *Form und Humanität*

Über den hohen Rang des Gegenstandes, der uns nun beschäftigen wird, kann es Meinungsverschiedenheiten kaum geben — wir sprechen von der deutschen klassischen Literatur. Wohl aber frage ich mich, ob es mir nicht besonders schwerfallen wird, Ihnen verständlich zu machen, worin ich für meinen Teil die eigentliche Bedeutung dieser großen Epoche sehe.

Sie entwickelte sich rasch. Zwei Jahrhunderte lang hatte deutscher Geist kaum etwas Wesentliches zur Weltliteratur beigetragen; in der zweiten Hälfte des 18. Jahrhunderts aber steigerte er sich in Dichtung und Philosophie mit prachtvollem Schwung zu jener Weltgeltung, auf die wir seitdem gehörig stolz sind. Als unseren heiligsten Besitz feiern wir nun Goethe und Kant, Schiller und Kleist, etwas weniger laut Lessing, Herder und Hölderlin. Aber sind sie uns so vertraut wie einst den Griechen ihr Homer? Oder auch nur so bekannt wie Racine bei den Franzosen? Ich zögere, mit einem klaren Ja zu antworten.

Und es taucht die schon manchmal erhobene Frage auf: Sind unsere Klassiker überhaupt klassisch?

Einigen wir uns über den Sinn dieser Vokabel. Kluge/Goetzes Etymologisches Wörterbuch definiert »klassisch« rundheraus als »mustergültig«; daran schließt sich die unerwartete Ergänzung, der Gegensatz »unklassisch« besage soviel wie »barbarisch« — wir wollen uns das einen Moment lang merken.

Wie ist das nun: empfinden oder empfanden wir unsere Klassiker als Muster? Als verbindliche Ausprägung solcher Anlagen, die in unserem Charakter angelegt sind?

Ich vermute — nein, ich bin ziemlich sicher: So ist es nicht! Eins steht fest: Die Klassiker selbst haben sich kaum jemals so gesehen. Zu häufig und zu eindeutig sind ihre Äußerungen, die zeigen, wie einsam, wie isoliert vom deutschen Volke sie sich fühlten. Besonders bei Goethe und Hölderlin taucht wiederholt die Wendung auf, sie kämen als Fremdlinge unter Barbaren; hatten am Ende Kluge/Goetze just dies im Sinne?

Es finden sich aber viel grimmigere Ausfälle gegen die deutsche Umwelt, von Lichtenberg bis Hölderlin, der sich im »Hyperion« geradezu in eine Verachtung alles Deutschen hineinsteigert, die so schroff nur bei Friedrich Nietzsche ein Gegenstück hat.

Da ich diesen Namen nenne, darf ich einen Aphorismus Nietzsches zitieren: »Alle Zustände und Lebensweisen«, sagt er, »haben einen seligen Moment.« Dazu sagte Johanna Gräfe in einem anregenden, kurz nach 1945 erschienenen Buch »Wege deutschen Geistes«, die Klassik sei eben der »deutsche seliger Moment«. Ein vorübergehender Zustand, der nicht dauerte und nicht ins Allgemeine nachwirkte. Was war ihr Gegenstand, ihre Ordnung, ihre Leistung? »Indem sich diese Fragen vor uns bilden, fühlen wir: wir haben darauf keine klare Antwort, die Klassik ist uns fremder als irgendeine andere Epoche.« Das klingt hart; aber ein Vergleich beispielsweise mit der später so unheilvoll populären Romantik zeigt, wie recht die Autorin hat, wenn sie von der Klassik sagt: »Sie thront hoch über unserem Leben, unangefochten gültig zwar, doch kaum noch Leib von unserem Leibe. Klassik hat isolierenden Sinn.«

Das erklärt sich ganz gewiß auch aus den miserablen politischen und gesellschaftlichen Zuständen. Im seit Jahrhunderten ohnmächtigen, zerrissenen Deutschland mochte das unerwartete Entstehen einer großen Nationalliteratur wie ein überirdisches Wunder erscheinen. Bis auf den heutigen Tag sehen daher unvoreingenommene Geister unsere Klassik als etwas eigentümlich Deutsches, das sich außerhalb der europäischen Geistesentwicklung vollzog, ja, geradezu im Gegensatz zu dieser. Und so lesen wir in fast jeder Literaturgeschichte: Lessing samt dem Sturm und Drang hätten die Aufklärung überwunden, Kant und Goethe sie erledigt.

Gewiß, insofern jede Entwicklung ihre Voraussetzungen »überwindet«, hat die deutsche Klassik die Aufklärung überwunden. Aber dort sind ihre Wurzeln!

Lessing hat den Theaterautor Voltaire kritisch gezaust, aber den großen Wegbahner dankbar gefeiert. Er war eng befreundet mit Moses Mendelssohn und Nicolai, den preußischen Aufklärern. Goethe, der Student von Straßburg, kehrte in späteren Jahren immer entschiedener den Lehrer und Förderer einer geistigen Befreiung seines Volkes heraus — oder sind »Wilhelm Meisters Wanderjahre« nicht recht eigentlich ein später Aufklärungsroman? Schiller aber forderte zeitlebens, um seinen eigenen Ausdruck zu gebrauchen, »Leben und Freiheit, im größten möglichen Umfange«; auch als er längst kein jugendlicher Rebell mehr war, blieb er Neuerer. Kant hat niemals jenen Kadavergehorsam gegenüber Staat und Obrigkeit gelehrt, den man nachmals in seinen kategorischen Imperativ hineindeutete, sondern geradezu das Gegenteil: die freie Verantwortung des einzelnen für das Allgemeine! Überdies bekannte er sich mit zunehmenden Jahren immer unzweideutiger zur Aufklärung, die seine eine Altersschrift ebenso schwungvoll feiert wie die andere, berühmtere die Idee vom ewigen Frieden. Und was Lichtenberg, Herder und beide Humboldt von der seltsamen deutschen Antipathie gegen das Licht der Vernunft halten, haben sie hundertfach bezeugt.

Selbstverständlich war unsere Klassik nicht ausschließlich Fortentwicklung übernommener Menschheitsideen. Viel Eigenes, Eigenwilliges floß mit ein, etwa aus dem Pietismus, dem selbst der »Heide« Goethe manches verdankt, oder vom genialisch-sprunghaften, dunklen Visionär *Hamann* her und besonders aus der merkwürdigen Ossian-Begeisterung. Doch gerade bei Goethe läßt sich beobachten, wie er solchen antirationalen Elementen nie ganz anheimfällt, sich vielmehr immer wieder bewußt von ihnen befreit. Daraus erklärt sich seine später so heftige Abneigung gegen das Romantische, das er »das Kranke« nannte, weil da das Mystische, Unbewußte die Humanität überwucherte.

Eins freilich sollte klar erkannt werden: Weil die höchste Blüte unserer Literatur sich abseits vom allgemeinen, auch geistigen Leben der Nation entfaltete, die es in vollem Sinne noch gar nicht gab, mußten die Dichter und Philosophen sich dieses Volk gleichsam erschaffen, im Gegensatz zur Wirklichkeit. Das ist die tragische Bedeutung des Idealismus, den wir daher nicht unbedacht als oberste Stufe aller Geistesentwicklung verherrlichen sollten.

Volk und Literatur blieben einander fremd, ja zuweilen geradezu feindlich: so als in der Napoleonzeit eine erklärliche Abneigung gegen das Westliche, »Welsche« aufkam — dorthin aber tendierten die Großen. Goethe nahm man es übel, daß er »unpatriotisch« war. Schiller deutete man zu einem größeren Theodor Körner um. Ich fürchte: bis heute.

Nun erinnern Sie sich bitte daran, daß hier Literatur als lebendige Selbstverständigung der Menschheit aufgefaßt wird. Dann wird es Sie nicht überraschen, wenn ich nun die Summe ziehe: Unsere Klassik blieb ohne legitime, harmonische Wirkung; sie stand oft beiseite; sie galt oft auch den Besten als unverbindliches Spiel des Geistes. Damit setze ich die Dichter nicht herab, nein, ich bewundere sie um so tiefer, da sie unbeirrt schufen, in einer Zeit, die nicht für sie bereit war.

Fast möchte ich behaupten, daß sie sich in einer inneren Emigration befanden. Weimar wurde Refugium, weil Berlin und Wien keine Metropolen waren wie Paris und London. So konnte die Literatur unser Volk nicht repräsentieren, wie das der französischen oder jüngst wieder der amerikanischen Literatur gelang. Die elenden deutschen Zustände blieben unberührt von den wunderbaren geistigen und dichterischen Schöpfungen. Und eben dies wird bei uns bis heute als selbstverständlich angesehen; andere Literaturen aber haben die Realität verändern helfen! Unter Deutschen verbreitete sich die Vorstellung, Kunst trüge ihren Wert in sich selbst, ohne Beziehung zur banalen materiellen Welt.

Damit bahnte sich eine ausgesprochen nihilistische Abwertung des Geistes an — Unverbindlichkeit ist Nihilismus —, die von der Romantik zum Programm erhoben werden sollte. Goethe hat diese Gefahr im Alter vorausgesehen, wie man beim getreuen Eckermann nachlesen kann.

Genug der einigermaßen trüben Überlegungen, die in mir alsbald auftauchen, wenn ich an unsere strahlende, beglückende Klassik denke. Sie sollen diese Bedenken nicht teilen; es ist nur, meine ich, nicht sinnlos, unseren stolzen Besitz auch einmal unter verändertem Blickwinkel zu sehen.

Es kommt den Leugnern einer deutschen Aufklärung zugute, daß zuerst meist kleinere Geister das neue Panier ergriffen, die man trefflich abfertigen kann. Als Prügelknabe muß da besonders der Leibniz-Popularisator *Christian Wolff* herhalten, ein arger Pedant; doch hebt selbst sein Verächter Egon Friedell hervor, er habe Verdienste um Reinheit der Sprache und Klärung philosophischer Ausdrücke.

Es steht auch fest, daß wir wenig mehr anfangen können mit Rokoko-Poetlein wie dem Fabeldichter *Gellert,* dem heiteren Lyriker *Hagedorn;* und daß der mäkelnde Bakelschwinger *Gottsched*, neben manchem Verdienst ums Theater der Neuberin, rechten Unfug stiftete. Aber beweisen solche Exempel, daß Aufklärungsideen bei uns nicht gedeihen konnten? Weshalb vergessen wir so kräftige Autoren wie den großen Naturschilderer *Albrecht von Haller*? Und *Klopstocks* Bardentum ist so lebensfern nicht, wie es lange Zeit schien. Der ewige Jüngling wurde fast wie ein geborener Greis behandelt; und ist doch, einmal abgesehen vom »Messias«, im Grunde das Gegenteil eines verstaubten Vor-Klassikers. Seit kurzem wird er wieder in seiner vollen Bedeutung begriffen: Als früher Aufklärer, ja geradezu als ein Vorläufer der Französischen Revolution.

Hingegen läßt sich Friedrich II. kaum als Zeuge für eine deutsche Aufklärung retten. Dem blind befangenen Schüler Voltaires legen manche eine Bedeutung bei, die er jedenfalls in unserer Geistesgeschichte nicht hat. Seine wegwerfenden Äußerungen über deutsche Literatur sind lächerlich: 1780 wußte der königliche Kritiker noch nichts vom Welterfolg des Werther, nun gut; aber auch nichts von Lessing, der doch ein preußischer Dichter war, wenn auch kaum nach friderizianischem Gusto. Bis heute muß *Lessing* als einer der großen Verkannten gelten, obwohl ungefähr alle dreißig Jahre ernsthafte Versuche gemacht werden, ihn uns endlich so vertraut zu machen, wie sich's gehört. Gewiß, jeder Schüler erfährt, »Minna von Barnhelm« sei eins der seltenen deutschen Lustspiele, aber kaum etwas vom schlimmen gesellschaftlichen Hintergrund, den der Untertitel »Das Soldatenglück« doch sarkastisch andeutet.

Die Kunsttheorien, die Dramaturgie Lessings lassen wir als »Bildungsgut« gelten. Und »Nathan der Weise« liefert von allen Bühnen ein Alibi dafür, daß Toleranz und Humanität in zwei Jahrhunderten leider so wenig vorangebracht wurden. »Emilia Galotti« wird als Versuch abgetan, wobei wir uns auf des allzu bescheidenen Dichters eigenes Urteil berufen. Doch was er als Durchleuchter aller Dunkelheit und Dumpfheit in kurzen zweiundfünfzig Lebensjahren vollbrachte, das ist immer noch nur denen bewußt, die es sowieso bei ihm suchen. Wann endlich werden wir dem großen Manne gerecht werden, der, laut Goethe, »den entscheidenden Schritt zur sittlich erregten Opposition« tat?

Abgedrängt in die Nebenrolle eines Witzboldes ist Lessings Zeitgenosse *Lichtenberg;* und er war doch fast ein deutscher Swift, gewiß ohne den großen Atem des Anglo-Iren, dafür von höherem Karatwert des Charakters. Wer etwas vom Glanz und moralischen Gewicht deutscher Aufklärung spüren will, der lese Lichtenberg!

Noch ungerechter fast behandeln wir *Christoph Martin Wieland,* der doch, zusammen mit Herder, Initiator und Förderer der anerkannten Großen gewesen ist. Wie überlegen druckte der heiter-gütige Mann in seiner eigenen Zeitschrift die kecke Persiflage des jungen Goethe ab, die Wieland als eine komische Figur antikisch verspottete! Und die »Abderiten« lassen uns heute noch erleben, daß Phantasie durch kristallklare Vernunft keineswegs gelähmt, sondern zu schönster Kraft gesteigert wird.

Nach bleibender Wirkung so feiner, heller Geister wie des armen, freiheitsseligen Lyrikers *Schubart,* der zehn Jahre im Kerker verkam, oder des Weltreisenden und Revolutionsschwärmers *Forster* dürfen wir gar nicht erst suchen. Und der Freiherr von *Knigge,* Rousseaujünger, begeisterter Menschenerzieher, wurde nachmals abgewertet zu einem Anstandslehrer: welche bezeichnende Verharmlosung!

Eine höchst eigentümliche Wirkung hat jene besondere Verehrung der Antike gespielt, die *Johann Joachim Winckelmann* lehrte. Er erhob die Alten zu unerreichbaren Vorbildern, denen wir höchstens nacheifern dürften. Nun hat es die von ihm statuierte »edle Einfalt und stille Größe« im alten Hellas nie gegeben, davon haben wir schon gesprochen. Doch dies blasse Ideal wurde geglaubt, ja glühend geliebt. Und so hat es auf den ganzen Idealismus unserer Klassik einen fahlen Schimmer geworfen. Doch könnte man Leben und Schaffen Goethes und Schillers sehr wohl auch einmal daraufhin untersuchen, wie deren geniale Selbstsicherheit sich nach und nach, fast gegen ihren Willen, von Winckelmanns Vorstellungen wieder befreite. Der behält dennoch seinen Rang als Kunsthistoriker. Vielleicht als eine Art »letzter Humanist«? So sieht ihn Friedell, der übrigens auch freimütig die Rolle der Winckelmannschen Homo-Erotik erörtert. Hat schon jemand untersucht, ob nicht hier ein verborgener Anlaß liegen könnte zur Isolierung der deutschen Klassik vom Leben der Nation?

Seien wir ehrlich: Iphigenie und die Braut von Messina, durchaus winckelmannisch empfunden, packen uns doch niemals so wie die Räuber und Egmont! Mir scheint, hier trennen sich schon innerhalb des Werkes unserer Größten Sphären, die im Elisabethanischen England, in Dantes Italien oder gar in Hellas eins waren. Auf dem Gipfel unserer Dichtung begegnen wir wiederum dem Problem, das in dieser Betrachtung immer wieder auftauchte: was verbindet Dichtung und Leben, Literatur und Gesellschaft, Schöpfung und Wirkung? Ich weiß, es gilt als banal, so zu fragen. Und doch fragt jeder so, und sei es insgeheim. Erlauben Sie mir — nun, keine Antwort, aber einen Hinweis: Bei *Schiller* spüre ich, wie brennend die Frage ist; *Goethe* macht sie mich vergessen. Und so erweist er sich auch hierin als der Meister.

Unsinnig wäre es, irgendeine beiläufige Deutung Goethes zu versuchen. Erinnern wir uns einiger einfacher Tatsachen. Als er mit vierundzwanzig den Götz schrieb, ging das deutsche Mittelalter erst zu Ende. Sechzig Jahre lang arbeitete er am Faust; als er ihn abschloß, war schon unsere Epoche da, und er wußte es. Denn bis ins dreiundachtzigste Jahr wuchs er, noch immer jung, als Poet, als Denker, als Liebender. Wie ein Jüngling fühlte er sich dem vierzig Jahre jüngeren Byron innig vertraut.

Die kalte klassische Statue ist das falscheste aller Goethebilder. Gewiß entzog er sich oft dem, was ihm ungemäß war. So dem patriotischen Rausch von 1813, nie wurde ihm das ganz verziehen. Er hielt von sich fern, was ihn gefährden konnte; so erklärt sich die brüske Abweisung Kleists. Denn er war jedem Erlebnis ausgeliefert wie selten ein Mensch. Daß dennoch sein Lebenslauf, wie mit Recht immer wieder gesagt wird, Goethes größtes Kunstwerk ist, verdankt er unablässiger Bemühung, die dennoch nie zu manierierter Selbstvergötzung wurde.

Zum Nachdenken reizt folgender Gegensatz: »Werther«, dieses Zeugnis persönlichster Selbstbefreiung, wurde zum Welterfolg bis in fernste Zonen; die weisen Weltdichtungen — »Wahlverwandtschaften« und der zweite Faust — blieben im wesentlichen auf Deutschland beschränkt, und auch da nur auf die wenigen, die danach verlangten. Hingegen wirken die elegischen Altersverse fast ebenso wie die stürmischen Prometheusstrophen des jungen Goethe. Hier bieten sich weite Aspekte auf die Beziehungen zwischen Inspiration und Planung; Wellek und Warren haben sie unbefangen untersucht und klugerweise auf alle formelhaften Festlegungen verzichtet.

Bei Goethe versagen alle Regeln — und alle lassen sich aus ihm ableiten. Auch das wußte er und sprach es aus, Chronist des eigenen Lebens wie der Weltströmungen. Vergessen wir auch den Spracherneuerer nicht, den Wortschöpfer!

Die Begegnung mit ihm ist zugleich das einfachste und schwierigste, was in aller Literatur möglich ist. Sich Goethe anzuvertrauen, gehört aber zu den seltenen Erlebnissen, die immer wiederholbar sind, ohne je an Kraft zu verlieren.

Unser Verhältnis zu Schiller erscheint unkomplizierter, unbelasteter; doch vielleicht ist das ein Irrtum, den Carl Jacob Burckhardt so erklärt: »Der vertrauliche, ja triviale Umgang hat sein Bild gefälscht, hat sein Wort verbraucht und entstellt.« Daran ist Schiller selbst gewiß nicht völlig unschuldig. In seinem Pathos, seiner angeborenen Theatralik liegt ein Wille zu unbedingter Wirkung, den Goethe nie kannte. Man hat neuerdings gesagt, in Schiller habe der Poet lebenslang mit dem Publizisten in Streit gelegen. Das mag in gewissem Sinne aber für alle Dramatiker zutreffen. Auch wäre es eine teilweise zutreffende Deutung des von Schiller entdeckten Gegensatzes zwischen sentimentalischer und naiver Dichtung, zwischen ihm selber also und Goethe.

Egon Friedell faßt den Kontrast etwas anders auf. Goethe, sagt er, mache bei aller Produktivität immer den Eindruck, daß nicht diese das Wesentliche war, daß »vielmehr seine Dichtungen Nebenprodukte, organische, aber sekundäre Sekrete waren«. Und zwar aus männlicher Lebensbejahung. Bei Schiller hingegen findet Friedell, daß »seine ganze Genialität in die Feder floß und sein Leben fast restlos in seinen Gestalten und Gedanken aufgebraucht wurde«. Was Friedell nicht als Wertung, sondern Konstatierung zweier polarer, gleichberechtigter Dichtertypen verstanden wissen will.

Eine vorläufig letzte Summe zog Thomas Mann in der berühmten Schillerrede von 1955, die uns aufrief, Schillers »sanftgewaltigen Willen« anzunehmen und sein Beispiel: »die rettende Ehrfurcht des Menschen vor sich selbst«. Was freilich mehr noch für Goethe gelten muß, denke ich.

Sicher scheint mir, daß Schiller die Welt nicht nur betrachten, sondern verändern wollte. Er war Schüler Kants, während Goethe sich alles in allem recht distanziert zum Kritiker der Vernunft und des Urteilsvermögens verhielt. Von *Kleist* aber hat man gesagt, er sei an Kant zerbrochen. Tatsächlich stammen nicht nur sein wütiger Patriotismus, seine dramatische Unbedingtheit aus einem übersteigerten moralischen Pflichtbewußtsein; noch die abartigen Exaltationen der demütigen Magd Käthchen, der Mänade Penthesilea exerziert er gleichsam durch, als äußerste Möglichkeiten am Rande der Moral. Das konnte der kühle

Wieland leichter begreifen als Goethe, der sich absperrte gegen einen, der von sich sagte: »Meine ganze jauchzende Lust ist, einen Abgrund tief genug zu finden, um hinabzustürzen.« Er hat ihn gefunden. Doch mißverstand man diese Todessehnsucht als romantisch. Kleist ist ganz und gar kein Romantiker, mit seinem harten Formwillen, seinem Drang nach genauer Wirkung. Er beschönigt und verhüllt nichts. Völlig ohne romantische Ironie ist sein grimmiger Humor, der auch bei schrecklichstem Anlaß aufklingt. Mir steht, ich gestehe es, am nächsten seine meisterliche Prosa; »Michael Kohlhaas« und die kleinen Erzählungen haben kaum ihresgleichen.

Auf ganz andere Art als Kleist wurde *Hölderlin* Opfer der deutschen Misere. Weil er scheinbar ein so ganz »reiner« Poet ist, sah man auch ihn lange als Romantiker, bis, ich glaube, Friedrich Gundolf den wollenden, heldenhaften, zeitgebundenen Hölderlin erkannte. Gundolf meint: »Unter Griechen hätte er nicht zu singen brauchen — unter Deutschen wußte er sich als Hüter des heiligen Feuers« — was auch gesellschaftlich, ja politisch zu verstehen ist.

Denn die furchtbaren Haßausbrüche gegen alles Deutsche im »Hyperion« sind nicht, wie man entschuldigend oft erklärt, Anzeichen der beginnenden Geisteskrankheit, sondern hier enthüllt sich uns zumindest *eine* Ursache der Entrückung, die wir doch wohl als gütiges Schicksal verstehen müssen. Hölderlin konnte nicht in ein idealisches Hellas auswandern, weil er von Beginn an dort zu Hause war, ein selig-unseliger Fremdling, und doch der poetischste aller deutschen Poeten.

*Herder* aber, der große Anreger, wird alle paar Jahrzehnte ohne Erfolg wiederentdeckt; so jüngst durch den Außenseiter Arno Schmidt, der sehr schön sagt: Herder sei »eine klaftertiefe Schwarze Erde, die noch jahrhundertelang satte Ernten verbürgt«. Wenig gelesen und gekannt sind auch die beiden *Humboldt: Wilhelm,* der unzeitgemäße Politiker mit der antipreußischen Vorstellung vom Staat als »bloßem Mittel, welchem der wahre Zweck des Menschen nicht aufgeopfert werden darf« — zugleich unser erster großer Sprachphilosoph; und *Alexander*, der als weitgereister Weltbürger angestaunt, aber nicht als mahnendes Vorbild verstanden wurde.

Eine Art sekundärer Klassiker ist *Jean Paul,* der fast Vergessene, denn alle Wiederbelebungsversuche schlagen nicht recht an. Lichtenberg fand schon früh, seine Verbindung von Witz, Phantasie und Empfindung sei eine Art »große Konjunktion« am Himmel der Schriftstellerei. Doch erkannte auch er Jean Pauls Schwäche: »Er weiß seinen Reichtum nicht mit Geschmack anzuwenden . . . Eine Blüte erstickt die andere.« Mag sein. Doch da ist noch etwas anderes: Der Rebell Jean Paul! Ludwig

Börne sah ihn als einen seinesgleichen. Und in unseren Tagen hat Wolfgang Harich den »heroischen« Epiker der Revolution wiederentdeckt.

Anders *Grillparzer,* der Nachzügler, der erst 1872 starb. Er zwang sich zu strenger Klassizität, teils aus Abneigung gegen das Vage, Fragmentarische der Romantiker, gewiß aber auch, um der Zensur des Metternichschen Biedermeier zu entgehen; hinter dessen jovialer Fröhlichkeit verbarg sich eine tückische Geistfeindschaft, die freilich Operetten und Kostümfilme besonders gern weglügen. Grillparzers Habsburgdramen sind so harmlos nicht, wie sie im Schulunterricht ausgelegt werden.

Er kam zu spät. Längst hatte sich der deutsche Geist völlig der Romantik ergeben. Sie eigentlich verdiente — wenn wir das Wort ungenau und obenhin anwenden — den Titel einer klassischen, nämlich exemplarischen und anerkannten deutschen Dichtung.

## Deutsche Romantik
## *Fragment der Unendlichkeit*

Ich sprach eben von einer merkwürdigen Verschiebung der Begriffe: Bei uns Deutschen wirke, so behauptete ich, nicht die Klassik als das Mustergültige — also in strengem Wortsinne: Klassische — fort; diesen höchsten Rang nähme vielmehr die erklärtermaßen antiklassische Romantik ein.

Das ist eine polemische These, jetzt gilt es, sie zu beweisen. Damit Sie aber nicht glauben, hier mache sich nur meine subjektive Abneigung gegen alles Romantische breit, werde ich nun gleich ein paar Zeugen, glaubhafte Experten, aufrufen.

Zunächst erinnere ich an ein schon erwähntes Wort Johanna Gräfes: »Klassik hat isolierenden Sinn.« Wirklich, wir empfinden unsere Klassiker als etwas kühl, entfernt, ja geradezu abstrakt; während ohne Zweifel schon beim bloßen Klang des Wortes »romantisch« deutsche Herzen höher schlagen. Es sind wenige Epochen der Geistesgeschichte so liebevoll durchforscht und so geistreich ausgedeutet worden wie eben diese romantische.

Eine wichtige Untersuchung erschien bald nach 1945. Ferdinand Lion, Freund Thomas Manns, veröffentlichte ein Buch »Romantik als deutsches Schicksal«. Lion ist ein Verteidiger, ja Parteigänger der Romantik; beispielsweise nimmt er den Gegensatz zwischen Kultur und Zivilisation auf metaphysische Weise ernst. Doch auch er erkennt eine romantische Wurzel des Unheils und der Schande, die über uns gekommen sind. Gleich seine ersten Sätze lauten:

»Wenn die deutsche Romantik nur ein ästhetisches Ereignis gewesen wäre, so dürfte man sie vergleichend neben die Romantik der anderen europäischen Völker stellen und müßte dann erkennen, daß sie in einigen ihrer Schöpfungen ganz Außerordentliches hervorgebracht hat. Aber ihre Bedeutung für Deutschland geht weit über das Ästhetische hinaus.«

Weiter erläutert Lion: Während in Frankreich und England die literarische Entwicklung »entsprechend der neuen soziologischen und wirtschaftlichen Struktur« organisch zum Realismus führte, blieb Deutschland weiter generationenlang romantisch. Die Romantik »hat das gesamte Leben nicht nur der Gebildeten, sondern aller Klassen durchdrungen. Tief sickerte sie ein, modelte den deutschen Charakter um, wurde zu einem schicksalsträchtigen Ereignis wie vorher nur die Reformation und übte stärksten Einfluß auf die deutsche Politik aus«.

Eindringlich untersucht Lion dann die folgenreiche Verbindung zwischen Romantik und Preußentum.

Wie man sieht, hält auch Lion die Romantik fast für die letzte, allgemein anerkannte Ausprägung des deutschen Geistes. Sie blieb bis heute ein Ideal, warum denn?

Warren und Wellek sprechen vom auch sonst oft hervorgehobenen Gegensatz zwischen germanischen Gefühls- und romanischen Vernunftmenschen, ja sie verschärfen ihn zum Kontrast des Dämonischen zum Rationalen. Das Dämonische nun ist offenbar formfeindlich; wohl deshalb achten die beiden Forscher just das nicht allzu hoch, was gemeinhin an der Romantik bewundert wird: das Poetische, Produktive. Schlegel und Novalis erscheinen als »Grenzfälle, deren eigentlich künstlerisches Werk weder von ganz zentraler Bedeutung noch auch künstlerisch vollkommen gelungen ist«.

Nun sind Warren und Wellek keine Betrachter, die von der Literatursoziologie ausgehen; sie wenden sich vielmehr gegen eine Literatur, die ihre eigenen Gesetze durchbricht. Und das gilt eben auch für die Romantik, die das Ungefähre, Ungeformte, kurzum: das Fragment als eins ihrer Wesenselemente pries und pflegte.

Tatsächlich kann man die Bedeutung des Fragmentarischen in sämtlichen Äußerungen der Romantiker kaum überschätzen. Hier vollzieht sich geradezu ein Aufstand gegen die Form; das meint offensichtlich auch Egon Friedell, wenn er — wahrhaftig doch kein Rationalist! — die Romantik einen »Literatenputsch gegen die Literatur« nennt.

Man muß sich wohl klarmachen, daß die ersten und bedeutendsten Führer der ganzen Bewegung viel Scharfsinn darauf verwendet haben, das schlechthin Unbeweisbare zu beweisen: die Regellosigkeit nämlich und alles das, was später die gescheite Rahel Varnhagen »die unendliche Tiefe der Leere« genannt hat.

*Friedrich Schlegel* war in jungen Jahren ein hochbegabter Kritiker, einer der bedeutendsten, die jemals unter Deutschen hervortraten. Mich überzeugt er stärker, wenn er ihm wesensfremde Erscheinungen betrachtet; spricht er in eigener Sache, dann klingt das so, wie etwa in dem berühmten »Gespräch über Poesie«, das 1800 im »Athenäum«, der romantischen Programm-Zeitschrift, erschien:

»Die Vernunft«, sagt Schlegel da, »ist nur eine und in allen dieselbe; wie aber jeder Mensch seine eigene Natur hat und seine eigene Liebe, so trägt auch jeder seine eigene Poesie in sich ... und keine Kritik darf ihm sein eigenstes Wesen rauben, um ihn zu einem allgemeinen Bild ohne Geist und ohne Sinn zu läutern und zu reinigen.« Das mutet noch sinnvoll an, aber wenige Sätze später heißt es schon: »Nie wird der Geist, welcher die Orgien der wahren Muse kennt, auf dieser Bahn bis ans Ende dringen oder wähnen, daß er es erreicht.« Und dann erklärt Schlegel rundweg: »Die Ansicht eines jeden von der Poesie ist wahr und gut, insofern sie selbst Poesie ist«, was man bei ruhigem Abwägen doch wohl als Proklamierung einer hemmungslosen Willkür verstehen muß.

So deutet denn auch *Schleiermacher,* der Theologe unter den Frühromantikern, eben diesen Schlegel-Text als »ästhetisierende Philosophie und Streben nach Universalwissenschaft«. Das ist zustimmend gemeint, spricht aber aus, daß alle theoretischen Bemühungen der Romantik unverbindliche Gefühlsschilderungen blieben und sogar bleiben wollten. Ganz deutlich wurde das, als später *Schelling* auf solch schwankender Grundlage etwas wie ein philosophisches System errichtete und lehrte.

Um noch einmal Egon Friedell zu zitieren: »Wir haben hier den sonderbaren Fall, daß eine große geistige Bewegung, eine ganz neue Dichtung und Philosophie, aus ein paar glänzend geprägten und farbig geschliffenen Schlagworten und Leitvokabeln hervorgewachsen ist.« Eben dies mache die romantische Schule zur typischen »Moderne« von damals: »Selbstbewußt, rechthaberisch und aufs tiefste überzeugt, die einzig richtige und endgültige Ansicht vom Wesen der Kunst zu besitzen; sehr betriebsam, propagandasüchtig und tumultuarisch.«

All das paßt ja nun wenig zum romantischen Ideal des Unsagbaren, Verfließenden; aber das hat sich so entschieden durchgesetzt, daß seither das deutsche Publikum die Begriffe Romantik und Kunst nahezu als gleichbedeutend gelten läßt. Nebenbei: das wiederum führte zu einer zeitweise weltweiten Gleichsetzung von deutsch und romantisch. Hier sei wenigstens gestreift die innige Neigung der Romantik zur Musik, zur wortlosen Kunst; von ihr sagt Johanna Gräfe: »Sie verwischt das quälende Bewußtsein des Abgespaltenseins von der Unendlichkeit« — was mir als vortreffliche Definition für alles romantische Kunststreben erscheint.

Nun könnte man diese Dinge auf sich beruhen lassen und hoffen, sie würden durch die Entwicklung ganz von selber zurechtgerückt wie noch jede einseitige Übertreibung. Leider aber hat just diese zunächst rein literarische Schule einen erstaunlich tiefen Einfluß auf das Denken, das gesellschaftliche Bewußtsein und letztlich auf die Politik in Deutschland gehabt. Auch in diesen Bereichen das Gefühlig-Ungenaue zum Ideal auszurufen, war gewissermaßen ein Trost, da nach dem kurzen Aufschwung von 1813 das deutsche Leben wiederum stagnierte. Und das wiederholte sich noch einmal nach der mißglückten Revolution von 1848.

Bedeutende Führer der Romantik gaben das Beispiel. Friedrich Schlegel, Görres, Brentano begannen als aufbegehrende Neuerer und endeten als Helfer der politischen Reaktion Metternichs; man darf wohl sagen, daß sie eben auf Grund ihrer romantischen Wesensstruktur außerstande waren, die materielle Welt zu ändern, und so machten sie aus ihrer Schwäche ein Programm.

Friedell hat von *Novalis* gesagt, sein Grundcharakter sei eine »edle Unvollkommenheit« gewesen. Das trifft aber für alle Romantiker mehr oder weniger zu; auch für einen der letzten, *Schopenhauer*. Die romantische Wurzel bei ihm ist für mich unverkennbar; zwar beruft er sich stets auf Kant, aber der verbissene Kampf gegen Hegel, den »letzten Idealisten« — wobei Schopenhauer oft die besseren Argumente hat — er ist doch wohl auch ein romantisches Aufbegehren gegen den klassizistischen Formalismus des preußischen Staatsphilosophen. Übrigens, auch der junge *Marx,* dieser abtrünnige Hegelschüler, hat es schwer gehabt, mit gewissen romantischen Elementen in sich fertig zu werden. Könnte es nicht sein, daß hier die letzte Ursache mancher Widersprüche liegt, die den Marxismus bis heute so auslegbar machen? Doch das ist nur eine Randbemerkung. Ein unzweideutiger Romantiker aber, im verderblichsten Sinne des Begriffs, ist vor allem *Richard Wagner.* Auch er zuerst unklarer Revoluzzer, dann Barde eines neuen, imperialen Barbarenmythos. Er war mit seiner wogenden Pracht für Deutsche weit verführerischer als die stählerne Sprachkraft Schopenhauers; die hat Wagner und den jungen Nietzsche, von dem wir noch zu sprechen haben, maßgebend beeindruckt. Leider dient da ein vollkommener Stil dem fatalistischen Pessimismus, der nur einen Ausweg kennt: in den selbstherrlichen Willen. Das mag sich philosophisch hören lassen; in der politischen Praxis führte es nach Versailles und Stalingrad.

Unser Erwachen nach solchen Katastrophen war immer nur kurz, stets sanken wir zurück in romantische Träumerei. Mir scheint, auch heute. Vergeblich alle Mahnungen, die den Deutschen ihre heißgeliebten Holzwege verleiden wollten. Ein Beispiel: die 1946 erschienene Schrift von Gerhard Szczesny »Europa oder die Anarchie der Seele«. Darin heißt ein Abschnitt »Der Rückkehr zur Natur folgt die Rache der Geschichte«. Ist das nicht hinreichend verständlich? Die ganze Entwicklung von Hamann bis zu Spengler, vom Traum-Mittelalter des Novalis bis zu »Blut und Boden« steckt darin. »Für barbarische Zeitläufe gibt es kaum ein sichereres Symptom als das steigende Bedürfnis, zur Natur zurückzukehren.« Szczesny gibt Beispiele der sinnlosen Flucht aus einer angeblich unnütz lastenden Zivilisation in eine angeblich natürliche, wahre Ordnung; derlei entfesselt stets primitive Kräfte, im speziellen Fall unserer deutschen Romantik den Nationalismus. »Zunächst nur poetische Schwärmerei einer literarischen Clique, wird das romantische Nationalgefühl zum bürgerlichen Nationalbewußtsein und endet auf dem unvermeidlichen Wege in die Tiefe als politische Ideologie des Kleinbürgertums . . . seiner letzten und folgenschwersten Erscheinungsweise.«

Aus solchen Überlegungen wird heute erst so recht klar, was Goethe meinte, als er das Romantische kurzweg als »das Kranke« ablehnte. Es war eine Infektion, die bis heute nicht überwunden ist. Diese Zusammenhänge muß wohl auch eine literargeschichtliche Darstellung einmal hervorheben.

Aber nach so viel Polemik und Kritik zu angenehmeren Dingen. Auch ein Fiebertraum kann bunt sein — lassen Sie mich jetzt hervorheben, was die deutsche Romantik an unzweifelhaft schönen Dingen, an unvergänglichen Werten hervorgebracht hat.

Andeutend erwähnte ich schon die Steigerung des kritischen Vermögens, die wir ohne Zweifel vor allem der frühen Romantik von Jena verdanken. Von hier ging eine Belebung aus, der Heine und Nietzsche ihre stilistischen und — in hohem Sinne verstanden — ihre publizistischen Wirkungen verdanken.

Dann möchte ich das Prinzip der romantischen Ironie hervorheben: jenes Sicherheben des Autors über das eigene Werk und die eigene Gabe. Es ist dies alles andere als ein bloßer Effekt, vielmehr Ausdruck bewußt erlebter innerer Freiheit. Friedrich Schlegel hat die poetische Ironie mit der Idee Fichtes erklärt, welche das Ich über das Nicht-Ich stellt. Das lesende deutsche Publikum aber hat dieses souveräne Spiel des Geistes mit sich selbst belächelt, weit seltener leider als ein Element befreiender Vernunft begriffen. Und das ist es ja, und insofern ein antiromantisches Element innerhalb der Romantik. Doch jegliche Ironie, auch im banaleren Wortsinne, steht bei uns bis heute nicht hoch im Kurs.

Eine anerkannte Bereicherung bot hingegen das romantische Landschaftserlebnis, das auch von anderen Völkern übernommen wurde. Bis dahin war Landschaft, auch bei Rousseau, immer nur eine Art gefälliger Kulisse gewesen. Nun wurde sie Lebenselement.

Ja — und nach einigem Zögern bin ich dankbar doch auch für das romantische Bekenntnis zum Fragment als einer eigenen Gattung. Im jungen Industriekapitalismus entstand die bis dahin unbekannte Gefahr, Leistung und Tüchtigkeit überzubewerten. Heute leiden wir sogar unter Perfektionismus in mannigfacher Gestalt; da sollten wir uns freuen über jedes Gegengift. Und die Freude am Fragmentarischen, am Versuch, kann so etwas sein.

Zwiespältig hingegen ist mein Urteil über die besondere Beziehung der Romantik zur Jugend. Einige Romantiker starben sehr früh, so

Novalis oder *Wackenroder,* der Enthusiast, der den Künsten religiösen Rang zuwies. Anderen eignete bis ins Alter etwas ausgesprochen Jugendliches; so vor allem *Bettina* Brentano, der späteren Frau Achim von Arnims. Sie nannte ja ihre berühmte, teilweise fingierte Korrespondenz mit Goethe dessen »Briefwechsel mit einem Kinde« — und war damals immerhin in ihren zwanziger Jahren. Man darf sagen, daß der Romantiker ganz allgemein als ein Jüngling vorgestellt wird, im Gegensatz zum würdigen, reifen Klassiker. Andererseits schreibt man aber auch jedem jungen Menschen ohne weiteres romantische Regungen zu und entschuldigt damit vieles.

Das hat nach und nach, im Leben wie in der Literatur, zu einer blinden Überbewertung des Jungseins an sich geführt. Und das hatte Folgen. Ich will nicht übertreiben und behaupten, die HJ oder Ulbrichts Staatsjugend seien aus romantischer Tradition entstanden; mitgeholfen hat sie dabei wohl doch. Und es gibt ein anderes, böseres Beispiel dafür, was dabei herauskommt, wenn Jugend auf eine romantische — oder sagen wir meinetwegen: pseudoromantische — Art als Idol aufgefaßt und dann auch noch in besonderen Formen organisiert wird.

Ich meine das deutsche Studentenwesen. Und denke dabei nicht allein an die allzuoft besungene Romantik Alt-Heidelbergs, die auch solche dürren Herzen höher schlagen läßt, die keines eigenen starken Empfindens mehr fähig sind. Ich rede gar nicht vom Kastendünkel der auserwählten Farbenträger und ihrem paramilitärischen Drill beim Bierkomment, nicht von den Verbindungen, die ihren Namen Rechtens führen, weil sie nützliche Verbindungen fürs erfolgreiche Leben schaffen. Ich meine es viel allgemeiner.

Während in allen Völkern der Student eine geistige und politische Avantgarde bildet, war der deutsche Student spätestens seit 1848 in einer weltanschaulichen Nachhut; wozu ich nebenbei erwähne, daß die Vokabel »Weltanschauung«, von Goethe selten und stets gegenständlich genau angewendet, erst in der Romantik ihren verwaschenen Allerweltssinn bekam. Deutsche Studenten waren in ihrer Mehrzahl reichstreu, bismarckbegeistert, sie stürmten bei Langemarck in den Tod, wofür sie nichts konnten; und lange vor 1933 als treueste SA-Mannen in die Saalschlachten; dafür war die romantische Heroisierung der Jugend eine Ursache.

Hinzu kam, daß viele akademische Lehrer Romantiker waren. Ursprünglich will Romantik ganz und gar keine Wissenschaft sein, doch den Widerspruch überbrückten Scheinlehren wie der Mystizismus Schellings. Und zumal viele Germanisten hingen an romantischen Vorstellungen. Lachmanns Forschungen über das Nibelungenlied machten aus einem Kulturkuriosum, einem Gegenstand der Betrachtung ein nationales Epos: Das Hohelied der Untreue galt nun als deutsche Ilias, wir haben früher schon von dieser verhängnisvollen Umdeutung gesprochen.

Sie kann gar nicht überschätzt werden in ihrer verderblichen Wirkung. Das wüste Schlachten in Etzels Halle ist Leitbild für Härte und Unbarmherzigkeit der Ausrottungen in Polen, Rußland, in den Lagern. Himmler war ganz und gar ein blutiger Romantiker. Hitler sah die Welt nur noch als Wille — das ist Schopenhauer, zum Menschheitsverbrecher herabgewürdigt. Was aber eine durch Humanismus geleitete romantische Bemühung zu leisten vermochte, das erweisen zwei der schönsten Werke: »Des Knaben Wunderhorn«, die Sammlung deutscher Volkslieder durch *Arnim* und *Brentano*, und die »Kinder- und Hausmärchen« der *Brüder Grimm.* Diese werden überdies für immer bedeutsam bleiben als Begründer des »Deutschen Wörterbuches«. Endlich verdanken wir der Romantik die Shakespeare-Übersetzung durch Schlegel-Tieck; bis heute blieb sie, allen neueren Versuchen zum Trotz, die jedermann vertraute Fassung.

Das alles sind keine poetischen Schöpfungen, sondern Leistungen aus zweiter Hand; was ihren hohen Wert durchaus nicht verringert, aber doch bezeichnend ist. Denn wenn ich nun die großen originalen Werke der Romantik nennen soll, so gerate ich in Verlegenheit. Gibt es da überhaupt etwas, was sich gegen die mächtige Fülle unserer Klassik behaupten kann? Soll ich Brentanos Märchenprosa ins Feld führen? Oder Arnims ein wenig trockenen Charme? Ist das umfangreiche Werk *Tiecks* mehr als ein Zeugnis dafür, daß — um Goethes Worte zu benutzen — »poetische Naturen unserer Nation zuletzt gewöhnlich ein trauriges prosaisches Ende nehmen«? Und *Eichendorff?* Sein gelegentlicher Nacht- und Waldzauber mutet mich pedantisch an, und das gilt doch auch für den »Taugenichts«, dieses harmlos-liebenswürdige Spielchen, das von allen Pädagogen gern empfohlen wird, weil es jugendliches Ungestüm eher dämpft als ausdrückt. *Chamisso* aber, *Uhland* und den armen *Lenau* muß ich kaum zur Weltliteratur rechnen. Auf diese hat indessen *E.T.A. Hoffmann* unzweifelhaft gewirkt; wie ich meine, um seines genialisch-sprunghaften Wesens willen, das man überall als bezeichnend deutsch, insbesondere als romantisch-deutsch empfand.

Vielleicht haben romantische Publizisten wie *Görres* oder der geistreiche *Friedrich von Gentz* zustande gebracht, was der romantischen Poesie so oft versagt blieb: die runde, fertige Leistung. Der Essay ist überhaupt eine bezeichnend romantische Gattung, in der schon der junge Friedrich Schlegel glänzte und später *Heinrich Heine.* Der freilich war unser wichtigster antiromantischer Romantiker; doch von dieser Art gab's mehr, als wir uns meist bewußt machen; Leute also, die ihr Bestes aus innerem Widerspruch zu den Idealen der Romantik vollbrachten, der sie doch ihre Entwicklung verdankten. Hierher gehört *Ernst Moritz Arndt,* der sich aus einem antinapoleonischen Publizisten zum Vorkämpfer liberaler Gedanken wandelte; natürlich auch der mit ihm befreundete Freiherr vom Stein, dessen Reformpläne nur teilweise Erfolg hatten, und Gneisenau, der mit den unzureichenden Mitteln des Soldaten den Versuch unternahm, die besten Kräfte der Französischen Revolution auf die deutsche Wirklichkeit zu übertragen.

Aber solche Außenseiter errangen keinen festen Platz im Herzen des Volkes, mag man sie auch gern nennen. Fast ganz vergessen ist der tapfere, redliche *Seume;* dessen »Spaziergang nach Syrakus« und mehr noch seine Lebenserinnerungen spiegeln auf ergreifende Art jene innere Auseinandersetzung mit romantischer Resignation. Und ob die strenge, düstere *Annette von Droste-Hülshoff* überhaupt zur Romantik gehört, muß man bezweifeln; in ihrer kraftvollen Prosa wird deutlich, daß die Jahrzehnte träumerischer Weltflucht sehr wohl hätten zu Ende gehen können — hätten sich die Deutschen nicht allzu wohl gefühlt in dieser lauwarmen Atmosphäre. Sie waren nur allzu bereit, Unverbindlichkeit der Literatur als ein ewiges Gesetz anzunehmen; sie wünschten fortan eine säuberliche Trennung zwischen Leben und Literatur. Dichtung wurde Ablenkung, allenfalls Trost. Mit den geliebten Romantikern kamen die immerhin geachteten Klassiker hinter Glas, in die gute Stube. Das war etwas für den Sonntag; alltags arbeitete man und gehorchte der im wesentlichen noch immer feudalen Obrigkeit. Das alles ist nicht *Schuld* der Romantik, sondern *Folge* einer langen, betrüblichen Entwicklung, die ich wenigstens im Umriß skizzierte. Die Romantik zog nur die Summe unseliger Jahrhunderte.

Vergebens hatte Goethe geraten, das Wort »Gemüt« hundert Jahre lang aus unserer Sprache zu verbannen. Nun wurde daraus gar trügerische Gemütlichkeit: erst die des Metternichschen Biedermeier, dann die der wilhelminischen Butzenscheiben-Mittelalterei. Natürlich gab es einzelne Opponenten, wir werden von ihnen hören. Einfluß bekamen sie nie mehr. Nach 1848 hatte kein Schriftsteller mit eigenen Ansichten mehr etwas im öffentlichen Leben zu sagen.

Fremde Völker aber griffen gewisse Elemente der Romantik auf. Auch in England und Frankreich, in Italien, Polen und sogar Rußland träumte die poetisch gestimmte Jugend — doch nicht von vergangenem Glanz, sondern von einer schöneren Zukunft. Uns lähmte der Traum. Andere feuerte er an zu geistiger und gesellschaftlicher Erneuerung.

## Romantik der anderen Völker

## *Traum von der Zukunft*

Die Romantik gilt vielfach als etwas bezeichnend Deutsches, bei uns und überall auf der Welt. Indessen trifft das allenfalls auf die sogenannte Frühromantik zu. Nachher sah es recht anders aus. Wir stellen uns gern vor — auch manche unserer Literarhistoriker tun das —, unser ureigenster heiliger Besitz sei von anderen Völkern übernommen, dann verändert, ja geradezu verfälscht worden; dabei denken wir, bewußt oder unbewußt, an eine schnöde Verweltlichung, an eine Art Verrat am reinen Geist der Poesie.

Es ist auch nicht so, daß etwa die Blaue Blume, das zarte Symbol romantischer Träumerei, draußen in der kalten Welt verdorrt wäre. Sie wurde auch dort gepflegt und gekräftigt; mir scheint, daß sie oft einen guten Boden vorfand, ihr Same wurde weithin ausgestreut. Bei uns endete sie zur selben Zeit, um im Bilde zu bleiben, im Herbarium, nur noch Gegenstand einer unverbindlichen Bewunderung.

Durch ganz Europa, bald auch durch das junge Nordamerika ging gegen Ende des 18. Jahrhunderts ein Verlangen nach Lockerung altehrwürdiger, erstarrter Formen. Man war zweifellos auch der Bevormundung durch die ein wenig pedantisch gewordene Vernunftherrschaft müde. Darauf beruht die außerordentliche Wirkung von Rousseaus Parole »Zurück zur Natur«, und sei's eine unrechte, konstruierte Natur.

Die Gesellschaft der meisten Länder wurde durch ganz neue Wirtschaftsformen von Grund auf umgemodelt. Bewußt oder unbewußt sehnten die Menschen sich nach größerer Freiheit des Fühlens, Denkens, Urteilens — und des Handelns. Daran hat die deutsche Frühromantik noch durchaus Anteil; wir sehen das beim jungen Schlegel, vor allem aber bei Fichte, der in einer Schrift die »Denkfreiheit von den Fürsten Europas zurückfordert« und dann in den berühmten Atheismusstreit verwickelt wird.

Bald aber geht die Entwicklung zum Verzicht hin, zur Flucht aus dem tätigen Dasein in ein Reich der Phantasie. Unter den späteren deutschen Romantikern gibt es keine Rebellen, keine Neuerer mehr. Die Linie vom jugendlichen Aufbruch der Jenaer über die Heidelberger zur Berliner Romantik, vom jungen Fichte über Brentano und Görres bis zu Eichendorff und zum stockkonservativen Staatsdenker Adam Müller ist unübersehbar.

Bei anderen europäischen Nationen liegt die Sache nahezu umgekehrt. Dort gibt es zwar ziemlich frühzeitig einen Schock, ein Zurückweichen; offensichtlich als Folge der revolutionären Schreckenszeit in Frankreich. Aber dabei handelt es sich sozusagen nur um eine Inkubationsfrist. Ziemlich bald erkennen führende Geister Frankreichs, Englands und Italiens, was an der großen Revolution wesentlich war. Sie nehmen den Traum von einer besseren Zukunft wieder auf; und nun vereint sich die Sehnsucht der geistigen Elite mit der Kraft der aufstrebenden Völker. Auf diese Weise wird das romantische Element bei Lamartine und Hugo, Byron und Shelley, Puschkin und Mickiewicz zum Motor der Entwicklung; oder sagen wir's doch gleich ganz eindeutig: zum Glauben an einen Fortschritt der Menschheit.

In Frankreich kann als erster Romantiker im vollen Wortsinne *André Chénier* gelten: der Sohn einer griechischen Mutter, Erbe der Antike wie der Aufklärung, ein hymnischer Lyriker, der sich für die Revolution begeistert und dann von ihr, wie so viele, verschlungen wird. Babits sagt von ihm: »Er starb, aber was er ins Leben gerufen hatte, blieb am Leben, und man kann sich weder Victor Hugo noch Baudelaire ohne ihn vorstellen.«

Durchaus romantisch wirken auch *Germaine de Staël* und ihr Geliebter *Benjamin Constant,* ein schwieriger Egozentriker und leicht pathologischer Selbstzergliederer. Madame de Staël führte bekanntlich einen unerbittlichen Privatkrieg gegen Napoleon, mit ihrer Feder und ihren Beziehungen. Eine Zeitlang war August Wilhelm Schlegel, der Shakespeare-Übersetzer, ihr Sekretär; daraus entstand das Buch »Über Deutschland«: ein romantisch verklärtes Deutschland, als Kontrast zum verhaßten Empire dargestellt, zweifellos ein Anstoß für alle folgenden Romantiker Frankreichs.

Erst aber kam es zu der erwähnten »Inkubationszeit«, deren beide Hauptvertreter manches mit der deutschen Spätromantik gemein haben, die sich eben entwickelte.

*Chateaubriand*, ein glänzender, wenn auch wohl blasierter und herzenskühler Stilist, kommt gelegentlich in seinem Werk »Das Genie des Christentums« den idealischen Träumen unserer Novalis und Wackenroder nahe. Doch verliert er sich in pompöse Beredsamkeit. In seinen vielbewunderten Indianererzählungen »Atala« und »René«, die Teile eines romantischen Riesenepos sein sollten, bildet er recht parfümierte, frisierte Naturkinder ab. Im übrigen war er ein kompromißbereiter Karrierist und diente dem von ihm verachteten Emporkömmling Napoleon wie den zurückgekehrten Bourbonen gleichermaßen als gewandter Diplomat.

Ein weit strengerer Geist ist Chateaubriands royalistischer Kampfgefährte *Joseph de Maistre,* dessen Apologie des Papsttums zu einem klassischen Werk des Katholizismus wurde.

Dann aber setzte sich unaufhaltsam jene andere, zukunftsfrohe, fordernde romantische Richtung durch. Einer ihrer Wegbereiter ist *Stendhal,* der im Grunde gar kein Romantiker war, sondern Vermittler zwischen der Aufklärung und dem literarischen Realismus des späteren 19. Jahrhunderts; sprechen wir besser dort von ihm.

Der Führer in der Schlacht, die buchstäblich für diese, wie man heute sagen würde, »progressive« Romantik geschlagen wurde, war *Victor Hugo.* Der Theaterskandal um dessen Drama »Hernani« fällt zusammen mit der Revolution von 1830, die durchaus als Sieg der Romantik zu verstehen ist, man sehe sich nur das berühmte Barrikadenbild von Delacroix an.

Victor Hugo gilt den Franzosen als Olympier vom Range Goethes, was wir nur schwer begreifen. Offenbar geht die Pracht seiner Sprache in Übersetzungen verloren; aber seien wir ehrlich, uns ist wohl auch das Pathos des Freiheitsdichters verdächtig. Es ist ein glaubhaftes Pathos, tief begründet im Charakter des lebenslang rebellierenden, protestierenden, polemisierenden Mannes. Als Dramatiker war er, trotz »Hernani«, nie sehr erfolgreich. Seine Lyrik überzeugt noch heute viele seiner Landsleute. Enorm war die Wirkung seiner großen Romane, die meist eine These verfechten: »Die Elenden« richtet sich gegen soziale Ungerechtigkeit, »Der Glöckner von Notre-Dame« gegen mittelalterlichen Klerikalismus, »Dreiundneunzig« feiert die große Revolution. Als Volksliebling und Dichterfürst stellte Hugo sich gegen den dritten Napoleon, ging ins Exil und bekämpfte ihn von da aus unversöhnlich. Im Alter war er Senator der Dritten Republik und eine Art Nationalheiligtum. Seine Bedeutung ist nur dem verständlich, der die Parole »Literatur ist Zivilisation!« wenigstens als eine denkbare Formel gelten läßt. Wie erstaunlich, daß auch sie romantischem Geiste entsprang! Der hat eben, ich kann's nicht deutlich genug hervorheben, gerade in Frankreich eine ganz andere Richtung genommen. Um nur ein paar Namen zu nennen: *Alfred de Vigny* beschreibt in drei Meisternovellen »Knechtschaft und Größe der Soldaten« — das Thema war seit Napoleon noch aktuell. Den Korsen feiert posthum *Pierre Jean de Béranger* als einen Volksbefreier. *Alphonse de Lamartine* hingegen besang die Republik und diente ihr kurze Zeit lang auch als Politiker, recht erfolglos, wie das Lyrikern eben passiert. *Alfred de Musset,* knabenhaft zart, wird von Eppelsheimer der romantischste aller Franzosen genannt; berühmt ist seine unglückliche Liebesgeschichte mit der robusten *George Sand,* deren zahlreiche Romane schon realistisch sind; sie predigt Emanzipation der Frau wie des einfachen Mannes; nach allgemeinem Urteil gelingen ihr ein paar schlichte Dorfgeschichten am besten.

Später erlebt Frankreich noch Generationen romantisch angehauchter Poeten, die Paul Wiegler »falsche Romantiker« nennt: Sie entfernen sich von ihrem Ursprung und entwickeln ein Kunstideal, das auch bei uns häufig bewundert und imitiert wird — das »L'art pour l'art«, die Selbstherrlichkeit einer zweckfreien Kunst und Literatur.

Da besang *Théophile Gautier* »Email und Kameen« und verfiel zeitweise dem, was er dann selbstkritisch seine »gotische Krankheit« nannte. Ich finde dennoch, daß alle französischen Décadents, Parnassiens, Symbolisten, und wie immer sie sich nannten, niemals aufhörten, sich mit der realen Umwelt auseinanderzusetzen; oft freilich schroff ablehnend.

Ihrer aller Meister war *Charles Baudelaire,* ein Genie des Selbsthasses und der Existenzangst; den außerordentlichen Lyriker verglich sein zögernder Bewunderer Sartre mit dem Selbstpeiniger, dem Heautontimorumenos des alten Römers Terenz. Baudelaire betrachtet die eigene Existenz nicht nur angstvoll wie der Däne *Kierkegaard,* sein Zeitgenosse, er kostet Sünde und Erniedrigung aus als begnadetes Poetenschicksal. Zur Rettung wird ihm das künstliche Paradies eines verruchten Dandyismus; in diese Einöde haben viele ihm folgen wollen. *Paul Verlaine* besang den Gott und das Tier im Menschen, Reinheit und Rausch, Unschuld und Verbrechen, mit der gleichen genialischen Hemmungslosigkeit. Sein Freund *Arthur Rimbaud* war eines der erstaunlichsten frühreifen Genies; mit achtzehn Jahren veröffentlichte er seine ersten Verse. Ihre eigenwillige Sprachkraft nimmt schon den Expressionismus und Brecht vorweg. Rimbaud wurde begeistert als ›shakespearegleiches Kind‹ gefeiert. Doch zwei Jahre später warf er die Literatur beiseite, ging als abenteuernder Händler nach Ostafrika; und starb 15 Jahre später, ohne je wieder eine Zeile drucken zu lassen. Zahllosen Poeten, die an der realen Welt verzweifelten, blieb er Vorbild.

Nun läge es nahe, zu vermuten, Baudelaire sei auf irgendeine Weise von der deutschen romantischen Daseinsflucht angeregt worden. Aber sein Ideal war ein ganz anderer: *Edgar Allan Poe,* der Spieler und Trinker, der erste große Dichter Amerikas. Vierzig elende Jahre verbrachte er in unsäglicher Verwirrung — und zwang doch viele seiner grauenvollen Gesichte in wunderbare Verse und noch wunderbarere, knappe, glaskare Novellen. Sehr merkwürdig, daß Amerikas Literatur mit diesem schwarzen Magier beginnt: als hätte ein daseinsfrohes Volk sich in seiner Jugend von den Viren der Existenzangst befreien wollen.

Was natürlich nicht der Fall war, es hat sie nur verdrängt, verkapselt, immer wieder kamen und kommen sie zum Vorschein.

Freundlichere Romantiker im frühen Amerika waren *Washington Irving,* mit dessen Reiseskizzen die »short story« beginnt: ein ziemlich originaler Beitrag Amerikas zur Weltliteratur. Und *James Fenimore Cooper,* dessen Saga von den Trappern und Indianern viel mehr ist als eine Knabenlektüre, aber die ist der »Lederstrumpf« geblieben.

Kurz sollte ich noch zwei Erscheinungen der französischen Spätromantik streifen. Da gab es eine Gruppe christlicher Satansanbeter; zwei Buchtitel mögen andeuten, was damit gemeint ist. 1874 erschienen »Die Teuflischen« von *Barbey d'Aurevilly,* 1883 die »Grausamen Geschichten« von *Villiers de l'Isle-Adam.* Katholische Autoren beschreiben den ästhetischen Genuß der Unmenschlichkeit. Diesen Antihumanismus steigerte *Joris Karl Huysmans* zu letzter literarischer Verfeinerung. Lauter merkwürdige Beispiele dafür, daß just in Frankreich, dem Lande der Clarté, ab und zu Außenseiter aller Vernunft und Gesittung provozierend ins Gesicht schlagen; ein Volk, das ja seit langem zugleich katholisch und laizistisch ist, läßt solche Extravaganz zu, ohne ihr bleibenden Einfluß zu erlauben.

Und dann die zahlreichen französischen Romantiker dritten und fünften Ranges! *Alexandre Dumas* père gehört hierher, mit seiner enormen Romanfabrik; und *Eugène Sue,* der aus sozialer Anklage schmissige Kolportagewirkungen herausholte. Vor allem *Henri Murger,* mit seinen süßlichen »Szenen aus der Bohème« — daran ergötzt sich der honorige Bürger nun schon hundert Jahre lang, Puccini hat den Kitsch veropert, und er wird wohl noch oft verfilmt werden.

Recht anders entwickelte sich Englands Romantik. Sie war von Beginn an eigenwüchsiger, weil sie auf altes, meist keltisches Erbe zurückgriff. Man sieht das gleich bei dem schottischen Arbeiter-Poeten *Robert Burns,* den viele für den größten angelsächsischen Lyriker halten. Er ließ sich von Volksliedern, nicht etwa vom unechten Ossian, anregen. Es ist auch bezeichnend, daß Burns stets offene Sympathie für die Revolution zeigte. Hingegen verbreitete der arme Londoner Kupferstecher *William Blake* in selbstgedruckten hymnischen Versen eigenwillige Vorstellungen von Weltverbesserung. Eins seiner Liederbücher heißt »Songs of Experience«, Gesänge der Erfahrung. Der Visionär schlug sich, um seinen Ausdruck zu gebrauchen, heroisch mit dem wunderschönen, grausamen Tiger Realität herum.

Warren und Wellek heben hervor, daß sich britische Autoren spät und nur zögernd Romantiker nennen — sie sahen sich im Grunde immer anders. Das gilt auch noch von den *Präraffaeliten,* die unter Führung von

*Dante Gabriel Rossetti* malend und dichtend eine sanfte Lebensreform propagierten, wiederum ungemein britisch.

Die eigentliche Romantik Englands beginnt mit den Dioskuren Wordsworth und Coleridge. *William Wordsworth,* unermüdlicher Verkünder der schöpferischen Phantasie, ein milder, humaner Charakter, er eilte 1791 in den Pariser Hexenkessel und wurde um ein Haar mit den Girondisten hingerichtet. *Samuel Taylor Coleridge* schrieb ein Robespierre-Drama und wollte in Amerika eine poetisch-kommunistische Gemeinschaft gründen. Es entstand dann aber die Lake School, die berühmte Seeschule, ein Dichterkreis im idyllischen Westmoreland. Dort wurde Wordsworth zum Barden der englischen Landschaft, endlich zum gekrönten Poeta laureatus. Coleridge aber, vielseitig begabt, hervorragend als Balladendichter, endete beim Opium — fast möchte man's das britische Romantiker-Laster nennen. Das bezeugt *Thomas de Quincey* mit seinen »Aufzeichnungen eines englischen Opiumessers« in so vollendeter Prosa, daß sie trotz des schockierenden Themas bis heute unbestritten als Meisterwerk gelten. Doch die Könige der englischen Romantik sind Scott, Byron und Shelley.

*Walter Scott* träumte gleich Novalis von einem wunderbar harmonischen Mittelalter. Er erschuf es noch einmal in seinen historischen Romanen — Waverley, Ivanhoe, Quentin Durward und wie sie alle heißen — mit so außerordentlicher Detailkenntnis, daß dieser romantische Naturalismus selbst Goethe Staunen abnötigte. Scotts Verherrlichung des Feudalismus hatte im ganzen nachnapoleonischen Europa ungeheuren Erfolg; er konnte sich sein eigenes Märchen-Ritterschloß bauen, verlor aber später fast sein ganzes Riesenvermögen, weil er, ein Tory-Ehrenmann, seinen Verleger aus einem Bankrott retten wollte. Im Grunde war er, der Schilderer so vieler vergangener blutiger Katastrophen, der realen Dramatik abhold: das zeigt sich in seiner Napoleon-Biographie, die ein Pamphlet gegen den ärgerlichen Störer alter Ordnungen ist.

Wie auf Victor Hugo die Dumas und Sue, so folgten auf Scott Sekundär-Romantiker von der Art des Lord *Bulwer;* dessen »Letzte Tage von Pompeji« gehören zum eisernen Vorrat unverbindlicher Historienschnulzen, natürlich auch in Filmgestalt.

Von *George Gordon Lord Byron* sagt Eppelsheimer, er sei »weder die tiefste noch die unbedingteste, wohl aber die faszinierendste Erscheinung der europäischen Romantik«. Das trifft völlig zu, wobei vielleicht zu ergänzen wäre: Byrons Schwung und Sprachkraft gehen offenbar in Übersetzung verloren. Doch wirkte vor allem seine Rebellengestalt nachhaltig auf ganz Europa.

Byron erfuhr die bezeichnend romantische Aufspaltung der Lebenssphären von jung auf an sich selbst und trug sie dann hinaus unter die Menschen, als Weltgesetz der Poesie wie der Politik. Vielleicht konnte nur ein Brite so sehr zum Genius der Auflehnung gegen Konvention, gegen »cant« werden.

Frühreif und hochbegabt, Sproß der herrschenden Aristokratie, war Byron schon als Knabe von einem trotzigen Nonkonformismus erfüllt. Einer der wesentlichen Antriebe war zweifellos ein durch einen Geburtsfehler verkrüppelter Fuß; den körperlichen Mangel suchte Byron durch herausfordernde Tollkühnheit auszugleichen, körperlich wie seelisch. Er wurde zum Sportsmann und Abenteurer, zum Frauenliebling und zum unversöhnlichen Opponenten der Mächtigen — und das alles aus der seit Freud hinreichend bekannten Überkompensation eines heimlichen Minderwertigkeitsgefühls.

Durch ein paar literarische Fehden und durch die ersten Gesänge seines »Childe Harold« — einer weltschmerzlichen Autobiographie in prachtvollen Versen — schon berühmt, verließ er England für immer, weil er seit einer Liebesaffäre mit seiner Halbschwester Augusta verfemt wurde; und gewiß auch, weil ihm die Rolle des »Korsaren«, des heimatlosen »Don Juan«, des ungebundenen Globetrotters von Natur lag. Meist lebte er nun in der ihm tief verwandten mittelmeerischen Welt. Dem ewigen Jüngling wuchsen Flügel des Geistes — Goethes Euphorion, Sohn Fausts und Helenas, ist bekanntlich ein Abbild der erstaunlichen Gestalt Byrons, den der Olympier nachdrücklich als den einzigen anerkannte, der ihm ebenbürtig sei. Goethe sagt ergriffen von dem »hohen Schreibenden«, das Leben sei ihm ein Gefängnis gewesen; vom ziemlich sinnlosen Opfertode Byrons in Griechenland, ehe er noch am Freiheitskampf gegen die Türken teilnehmen konnte, zeigte sich der große Weimarer Bejaher des Daseins tief erschüttert. Nie hat er aufgehört, den weit jüngeren Bruder in Apoll zu lieben, zu bewundern, durchaus im Gegensatz zu seiner entschiedenen Ablehnung der *deutschen* Romantik.

Byron wurde dann zum Idol ganzer junger Völker, so wie er im Leben Anreger einer Generation gewesen war. Das gilt zuerst von seinen Landsleuten Shelley und Keats, die in jungen Jahren starben: Keats an Tuberkulose in Rom, Shelley beim Segeln nahe von Spezia, nachdem er dem Freunde in der »Adonais« ein Totenlied gesungen hatte.

*John Keats,* Sohn armer Leute, glaubte an eine Erneuerung der Welt durch die Wirkung reiner Kunst. Sehnsucht nach der Antike trieb ihn in den Süden, unendlich beglückte den schon todkranken Sohn des nebligen Nordens der mediterrane Glanz; aus dieser romantischen Spannung entstanden seine Oden, seine ästhetischen Visionen. *Percy Bysshe*

*Shelley* dagegen war Rebell schon als Eton-Schüler, als Oxford-Student. Relegiert wegen einer Schrift, die den Atheismus als Notwendigkeit definiert, wurde er zum Schriftsteller, vielleicht zum freiesten, ungebundensten, den es je gab. Sein Hauptwerk, »Der entfesselte Prometheus«, ist das Programm einer geistigen Revolte; der Halbgott wird zum Heros des ewigen Aufruhrs. Daß Shelley dennoch kein nihilistischer Zerstörer war, zeigt sein Märchen von der gütigen Feenkönigin Mab; aber auch sie schützt und segnet jugendliche agnostische Träumer, die an eine schönere Zukunft in diesem Leben glauben. Das taten sie alle: Keats, sein Freund Shelley und dessen großer Freund Byron. Und alle starben jung, wie übrigens noch so mancher romantische Poet aus manchem anderen Lande, nicht zuletzt der große Edgar Allan Poe in Amerika. Ist also die Welt nicht bereit für unbedingte Forderungen ungebärdiger Jünglinge, seien es ästhetische, seien es moralisch-politische? Oder war sie das nur damals noch nicht?

Übrigens: Byron und Shelley strebten, anders als unsere Romantiker, nach Kontur, nach Abschluß in ihren Dichtungen; Fragment blieb nur ihr Leben. Eine eigenwillige Form fand der geistreiche *Walter Savage Landor;* er ersann imaginäre Gespräche zwischen einst berühmten Zeitgenossen, etwa zwischen Perikles und Sophokles, dialogisierte Essays also, und diese neuen Platon-Dialoge schlagen gern Brücken zwischen Politik und Literatur. Wie stark aber romantischer Einfluß weiterhin bei allen frühen Realisten Englands wirkt — bei Carlyle, der großen Prosaistin Jane Austen, bei Disraeli und Tennyson — das werden wir noch sehen.

Rußland tritt in die Weltliteratur damals mit zwei bedeutenden Romantikern ein. Hundert Jahre zuvor hatte der Naturwissenschaftler, Sprachforscher und Odendichter *Michail Lomonossow* Rußlands Literatur eröffnet; es ist töricht, wenn man sich bei uns über diese große Universalbegabung deshalb lustig macht, weil Stalins Kulturbeamte albern mit ihr protzten. Um 1830 und 1840 kamen Puschkin und Lermontow, und fortan sind die Russen eine der großen Dichternationen. *Alexander Puschkin* schrieb seine großartigen Erzählungen und das Versepos »Eugen Onegin«. *Michail Lermontow* stellt in den Mittelpunkt seines Romans »Ein Held unserer Zeit« den »überflüssigen Menschen« Petschorin. Beide Dichter erklärten, in Nachfolge Byrons, der festgefügten zaristischen Gesellschaft den Krieg; beide fielen als Opfer dieser Gesellschaft: in sinnlosen Duellen, deren Absicht offensichtlich war, die Unbequemen zu erledigen. Daran konnte nicht einmal die private Sympathie etwas ändern, die Zar Nikolaus I. für Puschkin empfand. Und von da ab wurde die russische Literatur entweder revolutionäre Propaganda, oder sie zog sich in melancholische Resignation zurück, für Jahrzehnte. Mancher zerbrach daran, so Gogol, davon später.

In Polen dagegen war die romantische Dichtung ein Teil der Freiheitsbewegung. Eppelsheimer sagt, dies Volk hätte »den Byronismus als Nation erlitten«. *Mickiewicz, Slowacki* und andere schrieben in den Pausen zwischen Aufständen. Auch Italiens Streben nach Selbständigkeit, nach Wiederaufstieg, Risorgimento, entwickelte sich unter durchaus romantischen Umständen. *Silvio Pellico* beschrieb seine langjährige Kerkerhaft in Österreich. Der dunkle *Leopardi* flüchtete aus den Enttäuschungen der Zeit in seine pessimistischen »Gedanken«. Und der von Goethe bewunderte Meisterroman »Die Verlobten« des *Alessandro Manzoni,* der ein konservativer Katholik war, spielt beziehungsvoll im spanisch besetzten Mailand einer früheren Zeit.

So drängte überall romantisch-rebellischer Geist nach Wirkung auf die trübe Gegenwart und mündete so in jene Strömung, die das 19. Jahrhundert repräsentieren sollte, in den Realismus.

# Realismus
## *Literatur des Bürgerzeitalters*

Vor ein bis anderthalb Jahrhunderten traten alle führenden Völker der Erde in das Stadium des Hochkapitalismus ein. Diese Ära geht inzwischen zu Ende; nicht nur, wie Karl Marx annahm, in revolutionären Klassenkämpfen, die es in weniger entwickelten Ländern, vor allem ehemaligen Kolonialgebieten, noch gibt. Sonst vielfach Evolution, zuweilen in ungemein stürmischen Formen. Und wenn kein atomarer Wahnsinn ausbricht, dürfte es so weitergehen, in Richtung auf noch mehr Technik und hoffentlich auf zunehmend gerechtere soziale Organisation.

Die Literatur entwickelte und entwickelt sich entsprechend. Ausdruck des tüchtigen, robusten Bürgerzeitalters war eine wirklichkeitsnahe Kunst, basierend auf dem Glauben an die Naturwissenschaften, erfüllt von weitgehend positivistischer Philosophie, gerichtet auf die damals erregend neuen Fragen der Massengesellschaft; nur ausnahmsweise noch religiös gestimmt, manchmal auch Instrument spätromantischer Flucht aus dem, wie viele beklagten, allzu nüchternen Dasein.

Es herrschte der Realismus. Den gab es allerdings zu allen Zeiten, er ist eine ewige Kunstauffassung, wie der alternde Goethe zustimmend festgestellt hat. Immer wieder gab es gegen den Realismus als Programm Protestbewegungen, so den Symbolismus und die Neuromantik, die Auswege aus dem angeblich so grauen Diesseits anboten. Dergleichen drang aber ebensowenig durch wie gewisse Übertreibungen; dazu rechne ich den Naturalismus, der die Nachahmung der sogenannten Wirklichkeit zur einzig gültigen Literaturform erheben wollte, während sie nur in Ausnahmefällen sinnvoll ist; oder in unseren Tagen jener beflissene Gehilfe von Parteiprogrammen, der sogenannte »sozialistische Realismus« — den im Grunde schon Hitler wollte und der heute in Moskau abzuwirtschaften scheint.

Realistische Literatur ist alles andere als nüchtern und phantasielos. In ihr entstanden vielmehr Werke von solcher Kraft und Größe, wie sie vordem kaum denkbar waren; vor allem in der Prosadichtung; der *Roman* wurde und blieb die führende Gattung. Eins ist noch zu bedenken: Selbstverständlich hatte es der formende, spielende Geist in der bürgerlichen Erfolgswelt erst einmal schwerer als früher. Denn mit aller Vorsicht darf man sagen: Sophokles bedeutete für Perikles und noch Rousseau für Robespierre mehr als, sagen wir, Fontane für Bismarck, Thomas Mann für Ebert oder auch Malraux für de Gaulle.

Aber gegen diese Unterbewertung richtet sich seit hundert Jahren eine Art Gegenoffensive der Literatur: Diese stellt sich der Realität, will sie durchdringen, mitbestimmen, sie will endlich wieder verbindlich sein. Dabei ergab sich ohne Zweifel eine weitgehende Politisierung des Geistes, die kein Platon, ja kein Hegel so hätte voraussehen können.

Und noch etwas. Die Literaturen der Völker wuchsen nun tatsächlich zu einer Weltliteratur zusammen. Es wurde fast alles Wesentliche übersetzt, nicht selten hatte ein Autor zuerst bei anderen Nationen Erfolg. Im Grunde gibt es eben nur noch eine Geisteskultur, deshalb dürfen wir hier fortan die wichtigsten Werke und Dichter ohne mühselige Aufgliederung nach Nationen betrachten.

Die realistische Ära eröffnen einige bedeutende Schriftsteller, die mit populär-philosophischen Werken den künftigen Weg abstecken: Carlyle, Emerson, Taine; bei uns Feuerbach; auch Nietzsche gehört in gewissem Sinne später noch dazu.

Der Schotte *Thomas Carlyle,* ein Idealist, eine Predigernatur, wollte Erzieher der Briten sein. Goethe nennt den noch jungen Mann schon »eine moralische Instanz erster Ordnung«. Dazu reifte Carlyle in unablässigem Kampf mit dem eigenen, schwierigen Charakter. Mich hat immer lebhaft beeindruckt, wie in diesem Konservativen das soziale Gewissen den Sieg über traditionelle Bindungen gewinnt. Die höchst originelle Autobiographie »Sartor resartus« — Der zurechtgeflickte Schneider — spiegelt, in einem manchmal an Swift erinnernden Stil, einen jener Einzelgänger, die gerade in England oft mehr erreichen als offizielle Fortschrittsapostel.

Carlyles »Geschichte der Französischen Revolution« nimmt schroff gegen die Jakobiner Partei; es handelt sich insgesamt um ein, freilich mit hohem dichterischen Schwung entworfenes, Zeugnis der urbritischen Abneigung gegen gewaltsame Lösungen. Etwas Ähnliches sind auch seine Darstellungen bedeutender Männer alle Zeiten: »Von Helden und Heldenverehrung« — doch in meiner Jugend wurden sie von deutschen Pädagogen lebhaft empfohlen; das bloße Wort Heldenverehrung genügte offenbar, um Carlyle zum wilhelminischen Klassiker zu machen.

Eine Mißdeutung: in Wahrheit stellt Carlyle Geisteshelden weit über Eroberer. Ähnlich urteilte wenige Jahre später der Amerikaner *Ralph Waldo Emerson* in den Essays »Repräsentative Männer«. Seine Lehre, große Ideen müßten zu Taten führen, wirkt noch immer in den besten Bürgern der USA fort.

Freund und Schüler dieses Verkünders eines reinen, hochgesinnten Individualismus war der romantische *Thoreau;* als Einsiedler lebte er jahrelang in den Wäldern, dann beschrieb er hinreißend dies Rousseau-

Erlebnis. Aber zugleich trat er für die Befreiung der Negersklaven auf — und das tat gleichzeitig, mit weit größerer Wirkung, auch *Harriet Beecher-Stowe.* »Onkel Toms Hütte« ist gewiß keine hohe Dichtung, aber einer der seltenen Welterfolge der Humanität, auch er gehört zur Literaturgeschichte.

Emersons Geist erfüllt die beiden Großen Amerikas im 19. Jahrhundert: Whitman und Melville. Der hymnische Barde der Demokratie, *Walt Whitman,* Pantheist und Panerotiker, der »camerado«, war puritanischer Engherzigkeit zum Trotz schon zu Lebzeiten ein Nationaldichter. *Herman Melville* aber wurde erst lange nach seinem Tode als der mächtige, hintergründige Prosa-Poet erkannt, den wir heute bestaunen. Bei Melville verschmilzt poetische Naivität und kenntnisreiche Berechnung aller literarischen Möglichkeiten zu unnachahmlicher Gesamtwirkung. »Moby Dick« — das ist obenhin gesehen der Kampf Kapitän Ahabs mit dem weißen Wal; daraus wird ein realistischer Mythos vom Promethidenlos des Menschen; und zugleich bekommen wir ein fast erdrückend genaues Tatsachenbuch über Seefahrt und Walfang mitgeliefert.

All das stört nicht, sondern steigert einander. Und diese Synthese der Formen erscheint mir als eine Stilrevolution, die weit tiefer greift als die Künste der vielbewunderten Proust, Kafka und Joyce — aber das ist meine Meinung.

*Hawthorne* schildert im Ehebruchsroman »Der scharlachrote Buchstabe« eine jener puritanischen Hexenverfolgungen, die wir heute durch Arthur Miller kennen. *Longfellows* Gedichte feiern indianische und weiße Väter Amerikas, mit einer an europäischen Mustern geschulten Verskunst. *Bret Harte* wird zum ersten Epiker des fernen rauhen Westens. Und dann *Mark Twain.* Häufig wird er unterschätzt als bloßer Humorist, als Jugendautor, seine stromernden Jungen Tom Sawyer und Huckleberry Finn sind aber wahre Sinnbilder des gesamten, damals jugendlichen Amerikanertums. Mark Twain wurde weltberühmt und weltverkannt: Der scheinbar heitere Optimist ist ein grimmiger Zweifler, der dennoch zum Leben ja sagt. Beweis: seine wenig bekannten, teilweise bis heute unterdrückten Altersschriften, die alles lässige Scheinchristentum — nicht nur Amerikas — erbittert angreifen.

*

Zurück nach Europa. Da muß, nach den Angelsachsen Carlyle und Emerson, der Franzose *Hippolyte Taine* als Wegbereiter genannt werden. Er entdeckte das »Milieu«, die Umwelt des Alltags, als auch literarisch formende Kraft. Mitsamt seinen Zeitgenossen *Charles-Augustin Sainte-Beuve,* einem förmlich literaturbesessenen Kritiker, und *Ernest Renan,* dem skeptischen Religionsforscher, wurde Taine zum Lehrmeister von Generationen; insbesondere durch die sechs Bände seiner »Ursprünge des modernen Frankreich«. Darin steckt die positivistische Philosophie *Auguste Comtes;* aber auch einiges vom Elan des *Alexis de Tocqueville,* der durch mehrjährigen Aufenthalt in den USA zum scharfsichtigen Theoretiker und — Kritiker der Demokratie wurde.

Als Taine seine analytischen Zeitbetrachtungen schrieb, lag das mächtige Prosawerk der beiden größten Erzähler Frankreichs längst abgeschlossen vor: Stendhal und Balzac, sie stehen in gleichem Range neben Melville und dem Russen Tolstoj.

Henri Beyle, der sich *Stendhal* nannte, erscheint mir als vollkommenster aller Romankünstler. Immer wieder packt und überzeugt mich der Autor von »Rot und Schwarz«, der »Kartause von Parma« und vieler kleiner Novellen; nicht zu vergessen das grandiose Romanfragment »Lucien Leuwen«, in dem schon der halbe Balzac steckt. Stendhals Geheimnis ist, daß er für die Jugend, für die Zukunft, schreibt. Immer dachte er an »den Leser von 1900«, und an die »happy few«, die Auserwählten — ohne damit eine snobistische Eliteschicht zu meinen. Er verkündet einen kritischen Egoismus, den er »Egotismus« nannte. Sein Leben verlief in fortwährender Rebellion gegen das Durchschnittliche, gegen die Nutznießer der Restauration, zuletzt gegen das »juste milieu« Louis Philippes, das rechtens so genannte Bürgerkönigtum. In Italien verbrachte er einen großen Teil seines Lebens, dort stand ihm eine Zeitlang Byron nahe. Stendhal war auch ein Klassiker der Erotik; nicht durch glückliche Amouren, so gern er uns das glauben machen möchte, aber als einer, der in die Liebe unaufhörlich verliebt war. Seine Abhandlung »De l'amour« enthält ein paar psychologische Finessen, von denen seither alle Schilderer des Eros leben, bis zur Madame de Beauvoir. Paul Valéry nannte Stendhal »den am wenigstens törichten aller Schriftsteller« und rühmte an ihm das »Genaue und Nervige«. Bei ihm erfahren wir, daß ein Dichter nicht schwierig und unverständlich schreiben muß, um tief zu sein.

*Honoré de Balzac* hingegen war fern der trockenen Sorgfalt, der kargen Einfachheit Stendhals, den er übrigens hoch bewunderte. Balzac überzeugt nicht, er überwältigt: mit einer wuchernden Fülle von Gestalten, Intrigen, Verwicklungen. Von den zweitausend Personen, die in seinem Werk auftreten sollen, sind tausendfünfhundert nur Puppen, denen ein paar Charakterfetzen lässig übergeworfen sind; die restlichen fünfhundert aber unbegreiflich komplette, komplizierte Wesen, voller

Eigenheiten, oft voller Rätsel, die der Dichter selbst nicht lösen zu können scheint. Balzac ist der vollendete Erzähler. Er schreibt spannender als jeder Kriminalautor. Ein Hang zur Mystik, wohl auch zu gelegentlicher Mystifikation ist unverkennbar.

Warren und Wellek machen auf eine eigentümliche Wesensspaltung aufmerksam: Obwohl Balzac mit seinen Sympathien auf seiten der alten Ordnung, der Kirche und Aristokratie war, fühlten sich sein Instinkt und seine Einbildungskraft weit mehr von den starken Männern des aufstrebenden Bürgertums angezogen. Ich glaube, daß gerade diese verdeckte Spannung seinen besonderen Reiz ausmacht. Übrigens, nicht wenige seiner berühmten Titel deuten etwas davon an: »Glanz und Elend der Kurtisanen« — »Verlorene Illusionen« . . .

Er begann mit Groschenschmökern, lieferte bis zuletzt seine Meisterromane stückweise zum Fortsetzungsabdruck und behielt immer einen leicht kolportagehaften Zug. Doch nie verfiel er plattem Naturalismus. Oft aber spürt man, daß er tatsächlich, nach seinen eigenen Worten, das mit der Feder vollenden will, was Napoleon mit dem Degen mißlang: die Eroberung der Welt. Auch in dem Sinne, daß er Geltung, Liebe und Reichtum erringen wollte. Der erfolglos spekulierende Dichter Balzac hätte eine seiner besten Figuren sein können. Mit nur einundfünfzig starb er, zermürbt durch Zwangsarbeit am Schreibtisch. Laut Hofmannsthals Ausspruch »die größte substantielle Phantasie seit Shakespeare«.

Ein schreibender Schwerarbeiter war auch *Gustave Flaubert,* der dritte große Prosaiker des französischen Realismus. Doch ihn trieb etwas ganz anderes: Sucht nach äußerster Genauigkeit, nach höchster Qualität, nach vollkommen reiner Sprache. Keine Vokabel sollte zweimal auf einer Seite vorkommen! Darüber bekam sein Stil unvermeidbar etwas Angestrengtes, Starres. Hinzu kam das selbstgesetzte Ideal unbedingter Gefühlskälte — »impassibilité« — und doch gelang ihm die Ehebruchstragödie der belanglosen Provinzlerin »Madame Bovary«. Und, nach dem Versagen bei der konstruierten Karthago-Historie »Salammbô«, kam er seinem Wunschbild sehr nahe mit »Bouvard und Pécuchet«, der quälend präzisen Darstellung zweier völlig uninteressanter Alltagsmenschen. Und da überschlägt sich nun eine vorgefaßte Theorie, führt sich ad absurdum, in einem kaum mehr lesbaren Meisterstück. Wärmer, menschlicher sind Flauberts herrliche Reisebriefe und ein paar vollendete kurze Erzählungen.

In dieser Gattung gab es dann noch mindestens zwei Meister: *Mérimée,* den Dichter der »Carmen«-Novelle, einen Geistesbruder Stendhals; und später den kranken, lebenshungrigen *Maupassant,* der heute als Klassiker der kleinen Prosaform anerkannt ist.

*Charles Dickens* ist der britische Balzac genannt worden; der Vergleich ist ziemlich schief. Gewiß, auch er verblüfft uns durch die Unzahl seiner Personen, durch gut beobachtete Details. Aber der einstige Londoner Armenjunge träumte auch später, als er wohlhabend und berühmt geworden war, nie davon, die Welt zu erobern — er wollte sie belehren, bessern. Man sagt, Dickens hätte für die Enterbten mehr erreicht als alle Parlamentsbeschlüsse. Gewiß ließ er sich nicht durch höchste Kunstmaßstäbe leiten. Aber immer nutzte er auf ebenso kluge wie ehrenwerte Weise seine Feder als wohltätiges Machtmittel. Größte Wirkung hatte er auch in Amerika, wenn er aus seinen Romanen vorlas, etwa »David Copperfield« oder den »Pickwickiern«, um zwei der berühmten Titel zu nennen. Der humorvolle, redliche Mann verstand es, eine graue Welt und unansehnliche Leute anziehend zu zeichnen; die Briten sind ihm dafür bis heute dankbar und lesen ihn noch immer mehr als zwei weit anspruchsvollere Prosakünstler: *Thackeray,* ein Lebensgenießer, erging sich lange selber auf jenem »Jahrmarkt der Eitelkeit«, den er dann distanziert und kunstvoll abschilderte; und *Meredith,* ein Psychologe von fast stendhalscher Finesse, schuf mit seinem »Egoisten« einen Jahrhunderttypus.

Auffallend ist eine Reihe bedeutender Frauen, die zwischen 1800 und 1850 in England schrieben. Erst die strenge, heute wieder hochangesehene *Jane Austen;* dann die drei Schwestern *Brontë*, deren wohl begabteste *Emily* war, mit dem wilden Roman tödlicher Leidenschaften »Sturmhöhe« — auch bei uns wird er ab und zu immer wieder neu entdeckt. *George Eliot,* die eigentlich Mary Ann Evans hieß, war eine hochgebildete Philosophenfreundin, ihr gelangen prachtvolle Schilderungen kleiner Leute. Endlich *Elizabeth Barrett Browning,* durch ihre vollkommenen Sonette zweifellos bedeutsamer als ihr Mann *Robert Browning,* der mit der Kranken nach Italien zog und sie dort, Shelley und Keats nacheifernd, als träumerischer Rebell noch lange überlebte; die Zeit war zu rauh geworden für seine soziale Mystik.

Wie schneiden nun wir Deutschen ab im allgemeinen literarischen Aufbruch zur Wirklichkeitskunst? Gar nicht so schlecht, meine ich — nur weiß die Welt wenig davon. Einen kennt sie freilich, und stellt ihn fast neben Goethe: *Heinrich Heine!* Er emigrierte aus Metternichs Gefilden nach Paris, als eine Art Nachlaßpfleger der Romantik, zeitweise Gesandter jenes »Jungen Deutschlands«, das von unseren Literarhistorikern wilhelminischer und sonstwie nationalbewußter Art von jeher unterschätzt wurde — obwohl der treffliche *Immermann,* der tüchtige *Laube* dazugehörten und der allzu unbekannte *Gutzkow.* Lassen wir die alle beiseite — Heine jedenfalls reifte heran zum Weltbürger, zum Künder eines künftigen Deutschland und Europa, die beide wir noch immer nicht besitzen.

Aus dem jahrzehntelang überbewerteten Liebeslyriker wurde der große Prosakünstler, der heute endlich gelesen wird. Heine ist kein Zerstörer, sondern ein großer, verzweifelter Liebender, auch in seinen polemischen und politischen Schriften. Und sozialer Schriftsteller in dem Sinne, daß er den einzelnen gegen die heraufkommende Masse verteidigt, auch das sollten wir endlich begreifen.

Bürger zweier Nationen gleich ihm wurde auch *Ludwig Börne,* ein Moralist von höchst ehrenwertem, oft ungerecht schroffem Wesen. Ihn kennt man draußen schon weit weniger; und so gut wie gar nicht *Georg Büchner.* Bei ihm ist doch die Behauptung einmal am Platze: Er wäre einer der Größten geworden, hätte er länger als dreiundzwanzig Jahre gelebt. Und was gelang ihm schon bis dahin: der unvergleichliche »Woyzeck«, das grandiose Danton-Drama, das schwebend leichte und doch realistisch-aktuelle Lustspiel »Leonce und Lena«. Zu schweigen vom »Hessischen Landboten«, unserem ersten wortmächtigen Dokument der sozialen Revolution, noch vor dem »Kommunistischen Manifest« von Marx und Engels — das mit seinem mächtigen Schwung dann freilich ein Stück Weltliteratur wurde.

Ein interner deutscher Sonderfall blieb der wilde *Grabbe* so gut wie der sanfte *Mörike* und *Wilhelm Hauff,* seltenes Beispiel eines realistischen Märchendichters. *Friedrich Hebbels* grüblerische Ideendramen haben die Welt draußen sowenig erreicht wie seine Tagebücher, aus denen ein Carlyle verwandter Geist spricht. Und *Fritz Reuter? Anzengruber?* Der hintergründige Spaßvogel *Nestroy?* Der warmherzige Skeptiker *Storm?* Der weise Schweizer Bauernpfarrer *Gotthelf?* Der weltmännische Zürcher Großbürger *Conrad Ferdinand Meyer,* mit meisterlichen historischen Novellen? Eine glorreiche Liste — und doch sind sie alle nur regionale Erscheinungen, um das absprechende Wort provinziell zu vermeiden.

Das gilt sogar von den beiden bedeutendsten Prosadichtern des deutschen Realismus und von dessen großem Lyriker; von *Gottfried Keller* also, *Theodor Fontane* und *Detlev von Liliencron.* Bei ihm ist's am leichtesten zu begreifen: Er betonte in seiner Haltung den Offizier, der er einst gewesen, und reifte doch zum zartesten, innigsten Poeten, der heute auch bei uns fast vergessen scheint. Am Fehlen einer Weltgeltung *Fontanes* haben gewiß auch dessen vielfach ausgeprägt preußische Themen schuld. Zu leicht übersieht man, welch ein liberaler, kritischer Geist in diesem Sproß eines Hugenottengeschlechts lebte. Heute erlebt sein Werk endlich eine wahre Renaissance bei uns; wohl kaum in anderen Sprachen. Und dann *Gottfried Keller,* dessen »Grüner Heinrich« mir von jeher als der legitime deutsche Beitrag zum Weltrealismus erschien. Wie aus einem romantisch-verblasenen Halbkünstler nach und nach ein tätiger, ja politisch verantwortungsbewußter Mann und Bürger wird, darf sich das nicht durchaus neben den Entwicklungsromanen Stendhals sehen lassen? Vielleicht spürten andere Völker, daß dieser Reifeprozeß unter Deutschen eine Ausnahme war . . . Und bei uns selber ahnte man unbewußt, welch aufsässiger Freigeist in diesem Keller steckte! Nie vergaß er, was er als Jüngling zu Heidelberg vom großen Atheisten Ludwig Feuerbach gelernt hatte. Aggressiven Freiheitssinn bezeugen auch viele der prachtvollen Novellen und Gedichte Kellers — aber wer will's bei uns wissen?

*

Zu großartiger Entfaltung und voller Weltgeltung gelangten aber einige Russen — ungefähr gleichzeitig mit der zögernden Befreiung der leibeigenen Bauern.

*Gogol* freilich, geistreicher Bühnensatiriker mit dem unsterblichen »Revisor« und grimmiger Kritiker des korrupten Despotismus im Roman »Die toten Seelen«, er zerbrach am kaiserlichen Unwillen, rettete sich in fromme Mystik, verbrannte den zweiten Band seines Meisterwerkes mit eigener Hand. Und der »Oblomow« des erstaunlichen *Gontscharow* — Eppelsheimer nennt ihn einen russischen Flaubert — wurde jahrzehntelang fälschlich als eine minuziös genaue Abschilderung des angeblich ewigen Russen mit seinem Gleichmut und seiner Trägheit aufgefaßt, bis die Welt jäh über diesen Irrtum belehrt wurde.

Die beiden ganz Großen sind natürlich Dostojewskij und Tolstoj. Wer mir bis hierher mit Verständnis oder wenigstens Nachsicht gefolgt ist, wird es hinnehmen, wenn ich den mystischen *Fedor Dostojewskij,* den zu Orthodoxie und Zarentreue bekehrten einstigen Rebellen und Sträfling, bei aller staunenswerten Kunst der Seelenzergliederung ganz so hoch nicht zu schätzen vermag wie seine Verehrer. Der selbst mit Epilepsie Geschlagene fühlte sich zu allen Erniedrigten und Beleidigten hingezogen; er liebt den Menschenbruder im Mörder Raskolnikow wie im »Idioten« Myschkin; ihn und viele seiner Gestalten peinigen Dämonen. Das alles gibt es, viel davon ist edel und achtenswert — aber wurde nicht doch eine große schriftstellerische Gabe da letztlich vertan? Ich kann es anders nicht sehen.

*Leo Tolstoj* aber, Graf und Gardeoffizier, wurde im blutigen Krimkrieg zum Dichter. Seine beiden Riesenepen »Krieg und Frieden« und »Anna Karenina« erschaffen die vergangene und die zeitgenössische Welt Rußlands noch einmal. Älter geworden, wütete dieser vollkommene Prosakünstler gegen alle Kunst, also auch gegen das eigene Werk; nicht aus dumpfer Verzweiflung wie Gogol, sondern aus angeblich urchristlichem Eifer gegen die Kirche, die Gesellschaft und die fleischliche Liebe. Er schrieb noch Lehrstücke und Programmprosa, die keinen Vergleich mit seinen Meisterwerken vertragen. Der Tod des Zweiundachtzigjährigen, in einem kleinen Bahnhof auf zielloser Flucht, erregte die Welt. Mich erschüttert, ich gestehe es, viel tiefer jener Brief, den ein paar Jahre zuvor *Iwan Turgenjew,* der ruhige und klare Sprecher der russischen Intelligenz, an Tolstoj schrieb: Vergebens beschwor er darin den Größeren, seinem Genius treu zu bleiben.

*Maxim Gorkij,* Kind ganz armer Leute, Bewunderer Tolstojs, gab mit dem »Nachtasyl« die bis heute packende Spiegelung des fünften Standes, der Verlorenen. In Stanislawskijs großartiger Inszenierung ging das ebenso durch die Welt wie »Die Möwe« und »Der Kirschgarten«: zarte Reminiszenzen des jung verstorbenen *Anton Tschechow* an eine heute vergangene russische Welt.

Bedeutende Realisten gab es während des ganzen 19. Jahrhunderts in Skandinavien. Manchen mag es wundern, wenn ich da zuerst *Hans Christian Andersen* nenne, den dänischen Märchendichter. Sind Märchen denn nicht etwas ganz und gar Romantisches? Jedenfalls etwas Naives?

Doch sei wiederholt, daß Romantik auch durchaus unnaiv, reflektierend sein kann. Andersen war alles andere als naiv. Er erneuerte die uralte Vorform der Literatur, die kindliche Mär, und er tat das in einem durchaus modernen Lebensgefühl. Aus dem Dämmer der Frühzeit hob er das Märchen heraus ins volle, zuweilen ins grelle Licht unserer hochbewußten Welt. Mir scheint, er wollte gar nicht naiv sein. Aber nun geschah das Wunder der Gabe: Die kunstvoll ersonnenen Märchen Andersens behaupteten sich fortan neben den Zeugnissen der Volkspoesie, von denen wir ja so ganz genau auch nicht wissen können, ob nicht irgendein Sänger sie irgendwann einmal aus beliebten Motiven komponiert hat.

Erzählen wir einem Kinde die Geschichte vom häßlichen Entlein, von der Prinzessin auf der Erbse, von des Kaisers neuen Kleidern; es wird diese vor hundert Jahren geformten Texte nie und nimmer unterscheiden von dem, was jahrhundertelang wuchs und etwa von den Brüdern Grimm aufgezeichnet wurde.

Einer der großen Veränderer der Welt aber, mit literarischen Mitteln, war der Norweger *Henrik Ibsen.* Ihn stellt Friedell neben Shakespeare und Goethe; Hamlet sei, sagt er, der ewige Skeptiker, Faust der unbeirrbare Idealist und Hjalmar Ekdal, aus Ibsens Drama »Die Wildente«, der unsterbliche Realist in uns. Doch der Bühnenmagier Ibsen gibt niemals äußere Realität allein, stets spielen Hintergründe, ungreifbare Schwingungen mit. Und die Mythenwelt seiner Jugendstücke scheint in den Altersdramen auf gespenstische und rührende Weise noch einmal aufzuklingen. Ibsen ist der wahre Theater-Klassiker des Bürgerzeitalters. Neben diesem Jahrhundertkerl, so nennt ihn Alfred Kerr, besteht keiner; gewiß nicht der redliche Mahner *Björnson* und schon gar nicht der verworrene *Strindberg*. Unheilbar leidend an sich selber, an der Welt, besonders an den argen Frauen, eröffnete er alle paar Jahre ein neues Weltanschauungskonto — und alle waren dann ungedeckt. Ein skurriler menschlicher Sonderfall, kein literarischer — ich weiß, auch da sind viele ganz anderer Meinung.

Bleibt anzudeuten: Noch mancher Dichter manchen Volkes trug bei zur jahrzehntelangen Blüte des Realismus. *Petöfi*, der im Rebellenkampf gefallene Ungar, mit schönen Versen. Der Flame *De Coster* mit dem Ulenspiegel-Roman und Douwes Dekker, der sich *Multatuli* nannte und im Roman »Max Havelaar«, ebenso prophetisch wie unwirksam den unheilvollen Kolonialismus angriff. Oder das große Bauernepos des Polen *Reymont*, bei uns nie gebührend gewürdigt. Soviel ist hoffentlich, bei aller Kürze, deutlich geworden: Von Monotonie war in jenen Jahrzehnten realistischer Prosa nicht die Rede. Dann, gegen Ende des Jahrhunderts, löste sich die einheitliche Wirklichkeitsliteratur unmerklich auf in viele teils verwandte, teils widerstrebende Formen. Überwunden ist sie dennoch bis heute nicht.

## Naturalismus und Symbolismus
### *Verbindlich und selbstherrlich*

Nun nähern wir uns der Schwelle unseres Jahrhunderts. Das Jahr 1900 wurde damals als Zeitenwende gefeiert; so etwas kann ein willkürlich gesetztes Datum nicht sein. Das 19. Säkulum dauerte denn auch fort, mindestens bis 1914, wie die Welt noch zu spüren bekommen sollte.

Auch die Literatur um 1910 sah nicht viel anders aus als die von 1890. Daher wird sie von Betrachtern gern als zweitrangig, kraftlos und eklektisch abgetan. Aber fand da wirklich nur noch Verwaltung eines überkommenen Erbes statt? Mir will es so vorkommen, als hätten unsere Großväter zu Beginn des Jahrhunderts sich sogar besonders eifrig, ja manchmal besessen um neue Wege bemüht. Und gewiß ist einiges dabei herausgekommen.

Eins fällt auf: Noch immer gibt es zwei Grundströmungen, die realistische und die romantische. Doch die Spannung, die Polarität zwischen ihnen ändert sich, sie verschärft sich und führt auch zu Übergangsformen. Übrigens, beide Richtungen gingen vom selben Irrtum aus, wir wüßten, was Realität ist; die umstürzenden Erkenntnisse von Planck und Einstein, kurz nach 1900 gewonnen, wirkten sich da noch nicht aus.

Wir sahen schon: der Realismus steigerte oder verstieg sich nach und nach zum Naturalismus, zur pedantischen Naturnachahmung als einem Stilprinzip.

Diese gewollte Entfremdung von der organischen Harmonie ist im Grunde auch — eine romantische Flucht aus dem Dasein. Die neuen Romantiker aber entwickelten ihr Ideal einer absoluten, selbstherrlichen Kunst mit stetem Blick auf die schnöde Wirklichkeit, der sie just dadurch unterworfen blieben.

Das Lebendige paßt nie in säuberlich etikettierte Kästchen. Und gar in der Literatur durchdringen Phantasie und Gegenstand einander unaufhörlich. Es wäre auch eine unerlaubte Vereinfachung, wollte man in jedem Spätromantiker ohne weiteres einen Reaktionär sehen und sämtliche Realisten und Naturalisten als den glorreichen Vortrupp der Menschheit von Morgen. Auch Hitlers und Stalins Hofbarden hatten ein realistisches Programm; dagegen war der große Formkünstler *Algernon Swinburne* ein radikaler, wortmächtiger Rebell, sein Nihilismus und Atheismus haben das Viktorianische England nicht nur schockiert, sondern recht wirkungsvoll unterminiert.

Lassen wir uns nicht durch unterschiedliche Bezeichnungen verwirren. Nur bei uns Deutschen hießen Bekenner der reinen Kunst Neuromantiker; in Frankreich Symbolisten. Ihr Hochmeister *Mallarmé* verkündete, das Leben sei unbegreiflich und die Kunst ein Wunder, allein den Willen und die geheimnisvollen Fähigkeiten der Nerven erkannte er an, nicht die Vernunft. So wurde ihm, einem Wortzauberer, alles zum Symbol, zum bloßen Sinnbild des Unfaßbaren. Dergleichen galt Andersdenkenden als dekadent; ein Begriff, den *Nietzsche* bewußt als Ehrentitel beanspruchte.

Da wir ihn nennen, sollte ich gleich sagen: Kaum ein anderer Großer jener Zeit war so vieldeutig, so ambivalent. Deshalb konnte er später so arg mißbraucht werden: Alldeutsche Imperialisten zitierten zu ihrer Rechtfertigung den »Willen zur Macht«, der ein Denk-Ideal war; Hitler empfand sich als »Übermensch«, als »Jenseits von Gut und Böse«; solange jedenfalls, wie niemand ihn darauf aufmerksam machte, daß Friedrich Nietzsche wie kein anderer den barbarischen Aberwitz des Antisemitismus verdammt und deutsche Plumpheit mit unermüdlichem Witz verhöhnt hatte.

Nietzsches Haß gegen sokratische wie christliche Nächstenliebe ist ein Wüten gegen sich selbst, eine einzige gigantische Verdrängung. Zarathustra fürchtet sich vor dem Mitleid, das ihn daran hindern könnte, die Welt zu ändern, Nietzsche fühlte sich als Gegner seiner Zeit und all ihrer politischen und sozialen Formen; freilich waren die Rezepte, die er zur Gesundung anbot, mißverständlich. Anderswo wurden sie besser als bei uns begriffen; Geister höchsten humanen Ranges gingen durch Nietzsches Schule. Ganz rein und unverfälscht wirkte aber auf Generationen deutscher Dichter seine rhythmische Wortkunst; apollinisch klar und dionysisch verzückt — diese Polarität geistiger Sphären hat ja er entdeckt. Die ganze folgende Entwicklung ist ohne ihn nicht zu denken.

Ambivalent sind auch andere Theoretiker und Lehrmeister jener Tage. Etwa der Däne *Brandes,* Materialist aus der Schule des Briten Mill, grimmiger Feind Kierkegaards, Förderer Ibsens — und einer der frühesten Entdecker Nietzsches. Umgekehrt lehrte der Franzose *Bergson,* der »élan vital«, eine ziemlich mystische Lebenskraft, sei Ursache allen geistigen und sozialen Geschehens; gerade damit wurde er zum Anreger höchst unterschiedlicher, oft diesseitig-progressiver Schulen, bis hin zum Surrealismus, und selbst der Existentialismus hat wohl noch von Bergson profitiert. Das mag sich daraus erklären, daß auch das Vage, Ungenaue in französischer Sprache noch den Anschein von Präzision bekommt; während deutsche Pedanterie sich unversehens in nordische Nebel verirrt, darüber hat Nietzsche boshafte Bonmots formuliert.

Die starken Spannungen der ganzen Epoche zeigen sich auch darin, daß man ihre Großen unschwer paarweise einander gegenüberstellen kann. So empfinde ich als eine Art Gegenpol Nietzsches den Klassiker der naturalistischen Prosa, *Emile Zola.* Auch er hatte einmal ungeheuren Einfluß; offenbar aber weniger durch sein Programm als durch sein Beispiel: Schönstes Zeugnis dafür ist das Hervortreten im Dreyfusskandal, durch den Aufruf »J'accuse«, der den Sieg der Humanität über einen unmenschlichen Kastengeist entschied.

Zola erklärt, ein Kunstwerk sei ein Stück Natur, gesehen durch ein Temperament. Zum Glück überwog bei ihm häufig das Temperament; dann entstanden Meisterwerke wie der Roman des gnadenlosen Liebeshasses »Therese Raquin«. Im Zwanzig-Bände-Zyklus der »Rougon-Macquart« wollte er am Beispiel einer weitverzweigten Familie und quasi wissenschaftlich die gesamte Gesellschaft seiner Zeit darstellen. Dabei ließ er sich weniger von sozialen Gesetzen leiten, etwa denen von Marx, als von der Vererbungslehre Darwins; darüber geht ihm der Atem manchmal aus, und heute wirken gerade diejenigen Bände, bei denen Zola seinen Plan vergißt und seinem Balzac vergleichbaren Erzähltalent die Zügel freigibt.

Später versuchte er, mit geringerem Erfolge, die sozialen, wirtschaftlichen und religiösen Triebkräfte der Epoche in Prosadichtungen mit Symbolnamen gültig zu deuten, er nannte sie seine »Evangelien«.

Nach Zola haben dann noch andere in großen Romanzyklen den gesamten sozialen Kosmos darstellen wollen. *Roger Martin du Gard* benutzte für die zehn Bände seiner »Thibaults« amtliche Akten. *Jules Romains'* »Menschen guten Willens« schwollen gar zu siebenundzwanzig Bänden an; alle drehen sich um die Verlorenheit des einzelnen in der Masse. Romains klärt das Problem, vielleicht das wichtigste des neuen Jahrhunderts, durch Statuierung einer besonderen Kollektiv-Seele, der »Vie unanime«. Eine Idee, die mir geradewegs von Bergson abzustammen scheint. Der Zyklus erschien erst gegen 1930. Schon um 1910 gab es die drei Bände des »Jean-Christophe« von *Romain Rolland;* in der Manier eines deutschen Entwicklungsromans soll den Franzosen ihr Nachbarvolk jenseits des Rheins nahegebracht werden. Überhaupt war Rolland ein erklärter Versöhner der Nationen, so als vortrefflicher Musikkenner, als Biograph Beethovens. Im ersten großen Kriege wirkte er von der Schweiz aus als unbedingter Friedensfreund. Ähnliches unternahm *Duhamel* mit dem »Leben der Märtyrer«; und zum wohl berühmtesten Kriegsbuch wurde der grausig-realistische Schützengrabenroman »Das Feuer« von *Barbusse.*

Der einst bedeutende Ruhm all dieser Autoren wird heute überstrahlt durch den vielbewunderten *Marcel Proust.* Der Fall ist ungewöhnlich: Ein reicher Mann, nicht ganz Mitglied, doch häufiger Besucher der feudalen Elite, wird schwer krank, lebt bis zum Tode in seinem Zimmer, buchstäblich abgedichtet gegen die äußere Welt, und begibt sich erinnernd auf die »Suche nach der verlorenen Zeit«, indem er jedes, auch das belangloseste Detail, mit anspruchsvoller Genauigkeit fixiert. Es entsteht ein unvergleichlich authentisches, aber enges, freilich nicht unbedingt wesentliches Kulturdokument. Als eine große Dichtung vermag ich es nicht zu lesen und zu werten. Wurde da nicht wieder einmal die Welt verblüfft durch eine absonderliche Gestalt, nicht aber durch deren Werk? Thomas Mann spricht von der »phantastischen Müßigkeit« dieser Künste. Isaak Babel, der russische Meister kunstvoll verdichteter Prosa, hat sich gewundert: »Ein großer Schriftsteller und doch langweilig . . . Sollte er sich selber gelangweilt haben, als er das alles schrieb?«

Solche Vermutungen wird kaum jemand hegen, der einen Roman von *Anatole France* liest, obwohl die heitere Skepsis dieses vernünftigen Genießers schon leicht verstaubt ist. France war einer der drei großen Lateiner zu Jahrhundertbeginn. Die beiden anderen sind *André Gide* und *Paul Valéry.*

*Paul Valéry* war sozusagen geborener Klassiker, geformt durch mediterrane Herkunft. Seine Gedankenlyrik ist von Mallarmé beeinflußt: Vor allem seine kühl-präzise Prosa machte ihn zum bewunderten Vorbild vieler Zeitgenossen. Sein Ideal eines alles umfassenden Dichters sah Valéry in Goethe. Dazu paßt freilich der durch ihn weltweit bekannt gewordene Begriff einer ›poésie pure‹ nicht unbedingt. Er schrieb gleichermaßen kundig über Poetik und Tanz, Musik und Malerei.

Sein vertrauter Freund *André Gide* ähnelt ihm scheinbar und ist doch ein völlig anderer. Gides zuweilen fast schockierende Kälte ist Selbstschutz. Als protestantischer Puritaner erzogen, verstrickte er sich lebenslang in qualvolle Gewissenskonflikte. Ihrer wurde er Herr, indem er sich in seinen Romanen, Tagebüchern und Briefen rückhaltlos entblößte; eine der großen Konfessionen in der Art des Augustinus oder Rousseau entstand so. Aufregend liest sich der über Jahre hin geführte Disput mit dem Freund-Feind *Paul Claudel.* Dieser erzkatholische, sprachmächtige Dramatiker sah im Dasein ein Mysterium, das sich allein ihm erschloß, und diese eigenwillige Religion verfocht er mit hoher Kunst, oft mit unfrommem Eifer.

Gegenüber dieser glänzenden französischen Phalanx wirkt der pompöse Italiener *d'Annunzio* leer und aufgedonnert — und doch wurde er einmal angestaunt als Fürst der europäischen Poesie. Er war nur ein Effekthascher; und der »Verismus«, den er verkörpert, eine etwas gewaltsame Verbindung von süßlichem Romantizismus und krassestem Naturalismus. Man kann's aber auch rundweg literarischen Vor-Faschismus nennen, denke ich.

Völlig unbeachtet schuf in Triest ein heimlicher König der italienischen Prosa seine wenigen Meisterwerke: *Italo Svevo*, einer der ersten literarischen Schüler der Psychoanalyse. In den zwanziger Jahren entdeckte ihn sein Englischlehrer, der hieß James Joyce. Heute erst ist Svevo ganz, nein: fast ganz anerkannt.

Und da ist noch einer: der Belgier *Maeterlinck.* Welterfolg und Nobelpreis heimste er ein mit bizarren Märchenspielen. Viel bedeutender scheinen mir seine schönen Bücher über die staatenbildenden Insekten; und durch Bienen und Ameisen kam er zur Betrachtung des Daseinssinnes. Sie gipfelt in der Vorstellung einer unpersönlichen, gottlosen Unsterblichkeit. Das wird von Fachphilosophen herablassend belächelt, von Theologen ärgerlich abgetan als platt und anmaßend. Ich finde aber, es sei bedeutende und hochpoetische Ausdeutung der ganzen neueren Naturwissenschaft, und rate, diese Dinge einmal zu lesen; etwa »Vor dem großen Schweigen« oder »Geheimnisse des Weltalls«.

Die englische Literatur regierte ein Halbjahrhundert lang der humane Klassizist *Tennyson,* Poeta laureatus der Königin Victoria. Dann ereignete sich also die Rebellion des kühnen Sonderlings *Swinburne.* Und es gab zugleich wieder einmal einen ganzen Schub keltischen Geistes. *William Butler Yeats,* Erneuerer irischer Dichtung, schuf mit Sagen- und Feendramen romantische Bollwerke eines entschiedenen Anti-Viktorianismus. *Oscar Wilde* attackierte mit seinen geistreichen, treffsicheren Komödien die britische Gesellschaft; erst bejubelte sie ihn, dann brachte sie ihn moralisch durch einen Prozeß zur Strecke; und im Zuchthaus zu Reading wurde aus dem frivolen Geistspieler ein Grübler, ein Poet, doch er war zerbrochen und ging in Paris zugrunde.

Anglo-Ire war auch *George Bernard Shaw,* und sein Lehrmeister in gewitzter Dramaturgie wohl auch Wilde. Wichtiger sind die geistigen Väter: Marx, Ibsen, zeitweise Wagner und vor allem Nietzsche, den kaum einer tiefer begriffen hat als Shaw.

Sehen wir aber ihn selbst heute richtig? Gewiß, der Dramatiker ist mit einigen Stücken schon Klassiker: »Caesar und Cleopatra«, »Die heilige Johanna«; doch auch »Mensch und Übermensch« gehört dazu, Mozarts Wiedergeburt aus dem Geiste Nietzsches, Don Juan als göttlich-teuflischer Humorist fühlt sich von den Frauen verfolgt.

Shaw hat nun behauptet, er hätte keine Zeile um der reinen Kunst willen geschrieben. Das ist sogar wahr. Und wenn er seine Stücke erklärt als bloße Vorwände für die berühmten langen Vorreden, so ist auch das mehr als ein Witz. Er ist Erzieher zur Vernunft, mit allen ihm gegebenen Mitteln. Dabei sollten wir seine eigentümliche Religiosität nicht übersehen, einen Glauben an den biologischen Optimismus, dessen Heilslehre heißt: schöpferische Evolution. Deren außerordentliches Zeugnis ist das fünfteilige Riesendrama »Zurück zu Methusalem«: Menschheits-Utopie, reichend vom Paradies bis in ferne Zukunft. Ihre Wahrheit könnte sich noch erweisen, wenn der Menschengeist lernt, mit Physik und Technik Schritt zu halten. Hier steht ein grenzenlos schweifender Intellekt den mythischen Gewalten, den Goetheschen »Müttern«, näher als dumpfe Anbeter magischer Geheimnisse.

Mir scheint es kein Zufall, daß GBS nicht nur wunderbare Frauenrollen schrieb, sondern auch sein politisches Glaubensbekenntnis so betitelte: »Wegweiser für die intelligente Frau zum Sozialismus und Kapitalismus«. Welch ein Programm! Er vermochte, einander sonst hemmende Ideen zu neuen, übergeordneten Kräften zu verschmelzen. Dieser Mitbegründer des evolutionären Sozialismus der Fabier war letztlich Vollender der im 18. Jahrhundert begonnenen bürgerlichen Revolution, die heute in Washington und vielleicht schon in Moskau siegreich ist. Sein heiterer und zuversichtlicher Genius dürfte noch oft Auferstehung feiern.

Shaws Humor fehlte dem Mitstreiter *H.G. Wells,* dem redlichen Utopisten, Fabulierer von kommenden Zeiten, die einen sinnlosen Existenzkampf nicht mehr kennen werden. Da fehlen jede Spannung und Dialektik; die finden wir aber, und zwar in höchst origineller Weise, bei Shaws Widersacher *Chesterton;* wie dessen Verteidigung des Christentums gegen Shaws frommen Agnostizismus zuweilen geradezu ketzerische Züge bekommt, das ist eins der merkwürdigsten Paradoxa der neuen Geistesgeschichte, vergleichbar dem Duell zwischen Gide und Claudel.

Eine ganz andere Art englischer Literatur begleitet und verklärt die Entstehung des Weltreichs, das unsere Großväter für unzerstörbar hielten. Zuerst denkt man da an *Kipling,* den kolonialen Balladensänger, den großartigen Novellisten. Im Roman »Das Licht erlosch« schrieb er den Roman des Journalismus. Vor Kipling gab es schon den zarten, kranken *Stevenson,* den impressionistischen Schilderer der Südsee. Und größer als beide ist *Joseph Conrad,* der, als Pole geboren, lange Jahre auf britischen Schiffen zur See fuhr, um sie und ihre Menschen dann in Romanen zu beschreiben, die sich nur mit Melville vergleichen lassen. Eine slawische, fast möchte ich sagen, eine dostojewskijhaft zergrübelte Seele, gebändigt durch die männliche Härte eines britischen Kapitäns: einzigartiges Wunder einer literarischen Verwandlung.

Schlicht und gerade wirkt dagegen *Galsworthy,* seine »Forsyte-Saga«

spiegelt getreu die spätviktorianische Gesellschaft. Weltreich-Klassiker aber, und nicht der geringste, ist *Somerset Maugham,* weitgereister Kenner aller Rassen und zumindest mit einigen seiner Werke Prosapoet vom Range Maupassants. Stendhalsche Seelenkunst beweist »Der Menschen Hörigkeit«, autobiographische Entwicklungsschilderung; beklemmend ist ein dem Leben Gauguins nachgeformtes Malerschicksal in »The Moon and Sixpence«, Untergang eines von der Kunst Besessenen.

*

Endlich spielte auch Deutschland wieder eine Rolle. Manchmal durch Mißverständnisse, wie sie bei Übertragungen aus einer Sprache in andere nie ganz zu vermeiden sind. Ich denke da an *Hermann Sudermann,* den zeitweise Weltberühmten. Seine Romane wurden überall verschlungen, später auch verfilmt; um die Paraderollen seiner knalligen Dramen rissen sich die Stars aller Nationen, obwohl es sich um konstruierte Puppen handelt, die Scheinprobleme abwickeln.

Sehr zu Recht hingegen betrachtete die Welt *Gerhart Hauptmann* als einen der ganz Großen; jedenfalls in seiner ersten Lebenshälfte. Nachher hat er sich noch oft gewandelt, kaum gesteigert. Als Naturalist begann er, da schuf er glaubwürdige Gestalten voll Kraft. Dann erschien er plötzlich als Neuromantiker, wollte aber zugleich noch ein wenig naturalistische Farbe zugeben, so entstanden sonderbare Zwittergebilde. Kann denn im Ernst Hannele oder Rautendelein bewundern, wer Fuhrmann Henschel liebt, Rose Bernd, die gespenstische Berliner Speicherwelt der »Ratten«, Mutter Wolffen und nun gar »Die Weber«? Noch später unternahm Hauptmann, als goethegleicher Nationaldichter gefeiert und sich selber so empfindend, eine Wendung ins Antikische. Es entstanden die bleichklassizistischen Altersdramen. Und zugleich, schreckliche Verirrung, bekannte sich der Freiheitskünder zu Hitler, ein Beispiel deutscher Obrigkeitsseligkeit. Dennoch, ein halbes Dutzend seiner Stücke dürfte überleben.

Das gilt wohl kaum von den großen Neuromantikern: George, Rilke, Hofmannsthal. Am längsten mag *Hugo von Hofmannsthal* fortwirken. Aus dem frühreifen Wunderjüngling wurde ein strenger Erzieher seiner selbst und seines Volkes zu Ernst und Würde der Dichtung. Solche Mahnung ist noch nicht verklungen.

*Stefan George* aber, trunken von eigener Bedeutsamkeit, aus Weihrauchschwaden sich anbetenden Jüngern offenbarend, er ist mit all seinen ziselierenden Künsten das, was der handfeste *Richard Dehmel* grob einen »Tapezierer im Tempel der Kunst« nannte. Nur allegorisch gemeint war Georges Kult mit Macht und Heroentum; die Nazi-Unkultur versuchte, das zu mißbrauchen, davor floh George in den Tod des verzweifelten Emigranten. Schwieriger und vielleicht bedenklicher erscheint mir die ungemein starke Wirkung *Rainer Maria Rilkes.* Ein Sprachkünstler ureigener Prägung, dem Impressionen, nie zuvor gehörte Bilder und Formeln gelingen, das ist er gewiß. Aber kein Lebensführer, und just so wurde und wird er noch verstanden. Darüber geht sein Bestes fast verloren: eine tapfere Weltfreude, eine gegen alle Traditionen behauptete Selbständigkeit. Darf man hoffen, daß eine spätere Generation das schöne, aber deutlich begrenzte Bild dieses Dichters noch ins rechte Licht rückt?

Eine Reihe von Einzelgängern stehen am Jahrhundertbeginn, keiner der Hauptströmungen ganz zugehörig. In dem versponnenen Romantiker *Hermann Hesse* erwachte im Unheilsjahr 1914 der altschwäbische humanistische Bekennermut. Fortan blieb er, von der Schweiz aus, unermüdlicher Mahner in allen deutschen Miseren. »Der Steppenwolf« spiegelt und analysiert Hesses tiefe Sorge. Spät noch versucht »Das Glasperlenspiel«, ergreifend in seiner poetischen Naivität, eine geistige Menschheitserziehung durch das Vorbild eines Ordens. Als Hesse, eine fremden Nationen kaum begreifbare Dichternatur, 1946 den Nobelpreis empfing, erschien das als Akt der Gerechtigkeit durch Mißbrauch: eine Haltung wurde gekrönt, nicht ein Werk.

Ein Fall wie Shaw, ein revoltierender Bürger, ist *Frank Wedekind.* Nicht ein Bohemien, wie man meinte. Seine Attacke zielt auf ein einziges Objekt: die Sexualheuchelei, wobei er selber manchmal zum eifernden Pedanten wird. Wedekinds Mitentdecker *Karl Kraus* hat ähnlich monomane Züge. Der strenge Zuchtmeister der verlotterten Sprache haßte als deren Verderber die Journalisten; mehr noch, er sah an ihrer Schwarzen Magie die Welt untergehen und hat allen Ernstes daran geglaubt, sie hätten den Weltkrieg eigentlich gemacht, was zu einem kleinen Teil natürlich stimmte. Eine gigantische Dokumentation dieses Krieges ist das kaum aufführbare ›Mars-Drama‹: »Die letzten Tage der Menschheit« — nie wurde die Wucht dieses von einem Geist-Poeten aufgetürmten Schreckensbildes wieder erreicht. Auch nicht von *Leonhard Frank,* der zu Ende des Krieges mit dem Titel »Der Mensch ist gut«, nicht mit dem Text, die Illusion erweckte, eine deutsche Bekehrung zu Friedfertigkeit und Humanität sei gekommen. Als es anders lief, trösteten uns noch Franks schöne fränkische Heimatromane, voran »Die Räuberbande«.

Berühmt waren schon vor 1910 die Brüder *Heinrich* und *Thomas Mann.* Scheinbar grundverschieden, noch war nicht erkennbar, daß auch in den »Buddenbrooks«, im »Tonio Kröger« der »Untertan« bloßgestellt, das wilhelminische »Schlaraffenland« der Bürger entlarvt wird, das Bruder Heinrich so bissig karikierte. Im Kriege schalt Thomas, der friderizianisch gestimmte Patriot, den Bruder einen westlich orientieren »Zivilisationsliteraten«. Die alte romantische Kampfstellung: Seele gegen Geist! Bald sollte Thomas sich wandeln und nun gemeinsam mit Heinrich das wahre, leider immer noch heimliche Deutschland würdig vertreten.

Ganz für sich steht eine bedeutende Frau: *Ricarda Huch,* in Romanen und dichterisch beschwingten Deutungen der Vergangenheit so treffsicher und unerbittlich wie wenige Männer. Ihr ein wenig verwandt erscheint die große Schwedin *Selma Lagerlöf;* deren kraftvolle Prosahistorien überzeugen mich mehr als Strindbergs Bemühungen.

Eine fast weibliche Zartheit erfüllt hingegen die schwebende Nebelprosa des Dänen *Jens Peter Jacobsen;* und noch mehr die melancholischen Erzählungen seines Landsmanns *Herman Bang,* die beiden sind die reinsten Impressionisten der Weltliteratur.

Und da ist noch *Knut Hamsun.* Der wunderbare Naturschilderer, der Aufspürer entlegener Seelenregungen, besonders in scheinbar einfachen, klaren Charakteren. Ein naturalistischer Meister, wer will's abstreiten? Doch insgeheim getrieben von einem romantischen Entsagungswillen. So entsteht ein Bruch in den absonderlichen Figuren des großen Menschenformers, er war damals noch unsichtbar. Enttäuschende Jugenderlebnisse hatten ihn zum grimmigen Feinde der modernen, insbesondere angelsächsischen Zivilisation gemacht. Auf erschreckende Weise enthüllte sich das, als dieser Abgott unserer Jugendjahre sich zur grausigläppischen Tyrannei der tausend germanischen Jahre bekannte, zu den Unterdrückern seines Volkes, das ihm bis heute nicht ganz verziehen hat. Ich kann es verstehen — freilich, auch aus mir spricht hier enttäuschte Liebe. Es gibt natürlich eine Erklärung, sie heißt: das Unbehagen in der Kultur. Das aber hat der deutsche Jude Sigmund Freud beschrieben, dessen Psychoanalyse noch tiefere, noch bedrohlichere Seelenschichten entdeckte als Hamsun.

*

Rußland erlebte, nach den Riesen des 19. Jahrhunderts, eine Atempause. Eigenartigerweise haben damals einige symbolistische Dichter, obwohl zarentreu und orthodox, die kommende Umwälzung nicht nur vorausgeahnt, sondern sogar mit vorbereitet. So *Solowjew, Bjelij,* vor allem aber der Philosoph *Berdjajew,* der nachmals noch in der Emigration eine christliche Versöhnung mit dem Bolschewismus predigte. Er lehrte die grundsätzliche Paradoxie des modernen Menschen. Aus dieser Wurzel erwuchs auch die gewaltige Lyrik von *Alexander Blok,* die mit ihren Symbolen die Revolution von 1917 feierte.

## Zeitalter der Weltkriege
## *Erwartung, Enttäuschung, Existenzangst*

### [I]

Längst sind wir, unmerklich, in der Gegenwart angelangt. Und da darf gefragt werden, was darunter denn zu verstehen sei. Es läßt sich ja daran zweifeln, ob es eine Gegenwart überhaupt gibt. Schiller dichtete: »Pfeilschnell ist die Gegenwart entflogen.« So ist es: Eben noch Zukunft, im Nu ein Stück Vergangenheit — wo ist Raum für eine Literatur der Gegenwart?

Das mag müßiges Gedankenspiel sein; es führt aber sogleich zu ernsthaften Überlegungen. Was immer „in unseren Tagen" geschrieben wird, ist uns so nahe wie kein Zeugnis früherer Epochen. Die sehen wir in vielleicht blassen, aber insgesamt einfachen Konturen; den Hügel, auf dem wir stehen, erfassen wir nicht als ein Ganzes; zu viele Steine, Pflanzen, Rinnsale fallen auf. Also Details, die im einzelnen wenig bedeuten.

So gehts auch dem Betrachter der Literatur. Was alles drängt, strömt, bricht auf ihn unaufhörlich herein! Gewiß, er kann entschlossen das Übermaß nach irgendwelchen Normen ordnen, er wird Zusammenhänge suchen; dabei wird er letztlich willkürlich entscheiden. Das darf ich nicht verdammen — bei diesem Buch verhalte ich mich selbst eigenmächtig. Doch spüre ich, daß gegenüber Schillers „Jetzt" einige Vorsicht geboten ist. Das hat dazu geführt, daß ich darauf verzichtet habe, die Weltliteratur meines Jahrhunderts schön ordentlich einzuteilen, chronologisch oder nach wohlbekannten Grundbegriffen aufzugliedern. Ich ziehe mich auf meine subjektive Meinung zurück und teile sie mit; in der Hoffnung, andere zu eignen Ansichten zu ermuntern.

*

Den Abschluß dieses Buches wird also ein ganz privat entworfenes Mosaik neuester Literatur bilden. Vorher aber noch einiges mehr Allgemeine.

Daß Literatur kein Gebilde sui generis ist, sondern Produkt der jeweiligen gesellschaftlichen Umstände, war längst vor Marx und seinen Interpreten bekannt. Diese erst haben Schriftstellerei kategorisch dem „Überbau" zugeordnet, mit einschüchternder Strenge. Doch wage ich zu behaupten: An neuerer und neuester Literatur fällt auf, wie stark sie von außerliterarischen Kräften gezielt beeinflußt wird. Wie kommt es dazu? Nun, zunächst einmal können einfach weit mehr Leute lesen als zu den Zeiten Voltaires oder noch Lassalles. Zum gedruckten Wort aber kommen immer neue Medien, die Halbbildung, aber auch gesunden Bildungsdurst fördern. Darüber ist leicht spotten; wir sollten die beachtlichen wie die bedrohlichen Einflüsse ernstnehmen.

Ein Beispiel aus dem ersten Drittel unsres Saeculums. Vor Jahrhunderten wurden umwälzende Entdeckungen der Naturwissenschaften von der Mehrheit der Zeitgenossen kaum bemerkt. Anders erging es der Theorie Albert Einsteins. Schriftsteller verstanden davon meist genau so wenig wie andere Laien; doch schon die Vokabel, der bloße Begriff Relativität faszinierte sie. Alles mögliche wurde relativiert, überkommene Formen muteten fragwürdig an, Traditionen starben ab, anarchische Gesten avancierten zu gewichtigen Lehren. Hoffentlich muß ich mich jetzt nicht gegen den Vorwurf verteidigen, ich diffamierte spießbürgerlich alles Neue. Es scheint mir eben so neu nicht zu sein, bekommt oft nur eine grelle Tünche aufgemalt. Und dabei ruinieren sich auch kräftige Begabungen. Der wildgewordne Kleinbürger als Revoluzzer: Am Ende eine Leitfigur unserer Aera . . .

Über alledem verblaßte das Ideal der Aufklärung mehr und mehr; ja, sie geriet geradezu in Verruf, wurde als „Aufkläricht" verhöhnt. Da hätten alle Schriftsteller alarmiert sein müssen; die Bedrohung kümmert sich ganz und gar nicht um den jeweiligen politischen Standpunkt. Und ich wiederhole die beweisbare These: Grade gescheite konservative Autoren sind dazu berufen und imstande, radikale Kritik am Bestehenden zu üben. Freilich muß ich gleich hinzusetzen: Der Typus des „linken Rechten" ist bei uns Deutschen nicht allzu häufig anzutreffen . . .

*

Zurück zur merkwürdigen Wirkung der Relativität, die wohl mehr war als eine Mode. Sie wurde übrigens unterstützt durch mancherlei andere, ganz entlegene Kräfte. Da war beispielsweise Hans Vaihinger, Kantforscher und Begründer des Fiktionalismus; diese Philosophie des „Als-Ob" eignete sich gut für Künstler aller Art. Ich habe mich gewundert, daß sie bei Autoren nie populärer wurde. Da hatten andere mehr Glück; so etwa *Sigmund Freud*.

Sein Einfluß ist von vielen dankbar anerkannt worden, so von Thomas Mann und Hermann Broch. Jean-Paul Sartre war zeitlebens bemüht, Freud und Marx unter einen Hut zu bringen, was aber auch ihm nicht restlos gelungen sein dürfte. Unverkennbar ist vor allem Freuds Wirkung auf solche Autoren, die ihn möglicherweise niemals gelesen haben; so Kafka, Joyce, Proust. Und Freud selbst gehört zur Literatur: Er schrieb ein vorzügliches Deutsch, das zu lesen ein Genuß ist. Und er, Kenner klassischer Autoren, hat so manchen einer analytischen Durchleuchtung unterzogen. Gewissen seiner Zeitgenossen hätte das gutgetan, einiges an mystischer Verstiegenheit und religiösem Eiferertum wäre uns erspart geblieben . . .

Der streitbare Schweizer Walter Muschg veröffentlichte in den Fünfzigerjahren die Essay-Sammlung »Die Zerstörung der deutschen Literatur«. Den Schluß des Bandes bildet ein Aufsatz »Freud als Schriftsteller«. Muschg erinnert daran, daß Freud schon in der ersten seiner berühmten »Vorlesungen zur Einführung in die Psychoanalyse« zur Ehrfurcht vor der Sprache aufgerufen hat. Es heißt dort unter anderm: »Worte waren ursprünglich Zauber, und das Wort hat noch heute viel von seiner alten Zauberkraft bewahrt. Durch Worte kann ein Mensch den andern selig machen oder zur Verzweiflung treiben. — Worte rufen Affekte hervor und sind das allgemeine Mittel zur Beeinflussung der Menschen untereinander.«

Dazu bemerkt Muschg: »Wo hat man in unserer Zeit gleich Schönes gehört, wenn nicht bei einigen Dichtern, und wer erkennt darin nicht die Liebe des Schaffenden zu seinem Werkzeug, das er noch immer getreu erfand?«

Damit gehe ich über zu dem, noch einmal sei es wiederholt, ganz und gar eigenmächtigen Panorama der Weltliteratur in meiner Lebenszeit. Auf den Streit, was dazu gehört und was nicht, lasse ich mich nicht ein. Nur soviel sei vorweg noch einmal, wie schon öfter, klargestellt: Erfolg und Wirkung sind in der Literatur nicht dasselbe. Ruhm ist kein unbedingt zuverlässiger Maßstab für die Bedeutung eines Autors. Vergessen wir nie, daß so mancher geniale Geist erst lange nach seinem Tode begriffen und gewürdigt wurde, aber auch mehr als nur ein begeistert Gefeierter wenige Jahre später vergessen war . . .

So dürfte es *Thomas Stearns Eliot* vorerst nicht ergehen; er gilt konservativen Bürgern als eine Art moderner Klassiker. Mir sagt er wenig; um genau zu sein, nicht mehr viel. Nach dem ersten Weltkrieg interessierte mich sein formal brillanter Zyklus „The waste Land“, eine Abrechnung mit den Übeln der modernen Zivilisation. Auch erfuhr ich, daß Eliot energisch anderen Autoren beratend half; auch solchen, die ihm fremd sein mußten, Joyce etwa oder Auden. Sinn für literarische Qualität wird ihm niemand abstreiten.

Doch mit den Jahren trat bei ihm eine zelotische Religiosität mehr und mehr hervor. Aufgewachsen als puritanischer Yankee, konvertierte er zur katholisierenden Hochkirche Englands und wurde Brite. Fortan verfocht er seine neuen Ideale als Chef von Zeitschriften, Verlagsleiter, Essayist; und in zeitweise sehr erfolgreichen Bühnenstücken. Ich vergaß ihn; so sehr, daß er in einer früheren Fassung dieses Überblicks nicht erwähnt wurde. Kritiker von rechts kreideten mir das als Todsünde an. Nun bessere ich den Fehler aus. Nicht etwa weil ich meine Meinung geändert hätte, sondern aus besonderem Grund.

Der eifernde Christ Eliot schrieb einmal über Shelley, den frühverstorbenen Freund Byrons: dessen Ideen seien kindisch, schwachsinnig, ihm selber seien sie »widerwärtig«. Nun gut, Shelleys agnostische Lebensfreude konnte er nicht ertragen. Nun fühle ich mich durch sein rüdes Schimpfen legitimiert, ihn als stockreaktionären Frömmler zu bezeichnen. Und damit basta. Da ich einmal beim kräftigen Neinsagen bin, will ich gleich noch andere Fälle einer entschiedenen Ablehnung hinter mich bringen. Besonderen Genuß empfinde ich dabei keineswegs; vielmehr halte ich's mit Carl von Ossietzky, der von sich gesagt hat: »Nur die Umstände haben es mit sich gebracht, daß ich entgegen meinen Neigungen im Leben mehr Unfreundliches als Freundliches sagen und tun konnte.«

Solche »Umstände« ergeben sich in der Welt der Literatur manchmal dadurch, daß ein Autor seine scheinbar unerschütterlichen Überzeugungen ändert, was seine Bewunderer enttäuscht. Berühmtes Beispiel: Der Amerikaner *Ezra Pound*. Ohne Zweifel eine genialische Begabung; wenn sich auch seine »Cantos« mit ihren gelehrten Anspielungen aus Dutzenden fremder Sprachen so lesen, als wolle der Dichter verhindern, daß man ihn gottbehüte kapieren könne. Es kann nun sein, daß dieses Streben nach Originalität ihn, den subtilen Ästheten, den Verächter allen Spießertums, zum Helfer der dumpfesten Geistfeindlichkeit werden ließ: Im Kriege propagierte er im italienischen Radio den Faschismus. Dafür steckten ihn nachher die Sieger in ein Irrenhaus, für Jahre. Damit hatte es sein Bewenden, prominente Kollegen hatten sich für ihn eingesetzt.

Ähnlich war das Schicksal von *Knut Hamsun*. Mit ihm, dem Verfasser spröder, eigenwilliger Romane trieben gerade linke Intellektuelle lange Zeit einen förmlichen Kult. Auch Siegfried Jacobsohn, Kurt Tucholsky und Carl von Ossietzky feierten ihn immer wieder in der »Weltbühne«. Daß ihm fast jede Beziehung zu sozialen Fragen fehlte, wurde übersehen. Dann kam nach 1933 der Schock: Der Norweger bekannte sich zu Hitler. Er hatte in seiner Jugend schwere Zeiten in den USA erlebt; war zuerst in Deutschland erfolgreich gewesen. Das mochte einiges erklären. Unverzeihlich blieb die schäbige Art, wie er gegen den im KZ gequälten Ossietzky hetzte, als dem der Nobelpreis zuerkannt worden war. Dennoch — Hamsun bleibt, um ein Urteil Jean Amérys zu zitieren, »einer der großen Dichter des Jahrhunderts«.

Literarische Qualität und Charakterstärke fallen eben leider nicht immer zusammen. Ich erinnere an Gerhart Hauptmann, von dem schon die Rede war. Anderes Beispiel: *Gottfried Benn*. Der enge Freund vieler linker Schriftsteller legte 1933 ein flammendes Bekenntnis zum Nazismus ab. Der Kotau nützte ihm wenig, er blieb für die Braunen ein zersetzender Asphaltliterat. Wer gut beobachtete, hätte Benns Sündenfall lange vorhersehen können; als rabiat übertreibender Nietzschefreund sah er sich über allem, einsam, fern den »Rieselfeldern der Zivilisation«. Die üble Kumpanei mit dem Tyrannen dauerte nicht lange; Benn zog sich zurück, überlebte als Militärarzt das Hitlerreich. Dann aber, ein bestürzender Vorgang, wurde der eiskalte Leugner jeglicher sozialen Moral zum Idol junger und jüngster Leute. Walter Muschg, den ich hier gern noch einmal zitiere, zog die Summe dieses Dichterlebens: »Das Rätsel Benn ist der nicht durchschaute Zusammenhang zwischen Kunst und Moral.«

Ein verbissener Einzelgänger war auch der Franzose *Louis-Ferdinand Céline*. Bei uns wurde sein Roman »Reise ans Ende der Nacht« vor 1933 begeistert aufgenommen; eine Beschreibung afrikanischen Koloniallebens in einer eigentümlichen, atemlos gehetzten Sprache. Die kultivierte Céline später weiter; auch als er einen wüsten Privat-Antisemitismus betrieb, den er für edler hielt als den des plumpen Proleten Hitler. Ein pathologischer Fall, dementia poetica. Partisanentum um jeden Preis — das wars wohl.

Fast möchte ich ähnliches über *Ernst Jünger* sagen. Da berichtet ein recht guter, wenn auch merkwürdig gläsern anmutender Stilist und scharfer Beobachter über Reisen, Spracherfahrungen, über die »subtile Jagd« nach seltenen Insekten. Und über »Afrikanische Spiele« seiner jungen Jahre, in der Fremdenlegion, wohin ihn seine Abenteuerlust verlockt hatte. Überhaupt mag es nicht ungerecht sein, Jünger einen Spieler mit dem Leben, um das Leben zu nennen. Er blieb für lange dem Thema Krieg verfallen, seit er vierzehnmal verwundet, hoch ausgezeichnet, zum Paradebeispiel soldatischen Heldentums wurde. Nie freilich wurde er Nazi; doch sein Vorbild hat zahllose junge Leute zu Hitler geführt, der Rache für Versailles versprach. Um 1939 lasen wir Jüngers Roman »Auf den Marmorklippen« als verkappte Attacke auf das Dritte Reich; heute wirkt das Buch harmlos. Aber seine autobiographischen Aufzeichnungen aller Art dokumentieren ein leicht snobistisches Herrenmenschentum. So erlebte er den zweiten großen Krieg in Pariser Stabsquartieren; Kenner französischer Literaten und Weine, halber

Mitwisser jener am 20. Juli 1944 gescheiterten Putschpläne, doch zu klug mitzumachen, er sah keine Chancen.

Es müßte nicht so viel über ihn zu reden sein, wäre er nicht nach 1945 unerwartet zu einer Art elitären Leitfigur stilisiert worden. Das blieb er ganz offiziell, bis heute — kein Ruhmesblatt für unsern neuen Staat . . .

Aristokraten, ob geborene oder gespielte, hatten und haben bei uns ständig Konjunktur. So bin ich davon überzeugt, daß *Carl Sternheims* schmissige Adels- und Bürger-Satiren sich nie so lange frisch gehalten hätten, wenn die von ihm Gezausten sich nicht geschmeichelt fühlten. Hinter der fröhlichen Bosheit des Dichters spüren sie dessen eignen elitären Hochmut. Und die abgehackte Sprache des feudalen Kasinos oder auch des Kasernenhofs — die kennen wir aus guten alten Zeiten und lieben sie, noch immer. Für immer?

Eine andere Art arroganten Sprachspiels trieb, höchst erfolgreich bei hochgestochnen Kritikern, *Arno Schmidt.* Ein bemerkenswerter Fall. Nach 1945 trat er hervor als Antifaschist, Anglophiler und Agnostiker. Erste originelle Prosawerke wurden lebhaft diskutiert. Ein eher vergnüglicher Manierismus (bis in die munter verspielte Orthographie) amüsierte. Aber er beharrte Jahr um Jahr auf seiner Masche, wurde darüber zum Pedanten; was sich ja nun schlecht mit Außenseitertum verträgt. Er verlegte sich auf das Entdecken vergessner Autoren früherer Zeiten; verblüffte durch Zettelkastenwissen. »Zettels Traum« hieß doppelsinnig ein in Riesenformat fotomechanisch hergestelltes Opus, das kein Buch mehr im üblichen Sinn war. Dargeboten wurde ein Geflecht aus Witz, Sprachexperiment, Kommentaren und schlichten Mätzchen.

Da hatte sich um Arno Schmidt längst eine treue Gemeinde à la Stefan George gebildet. So etwas gab es weder bei Dada noch bei Ringelnatz oder Morgenstern noch beim fast verschollenen Arno Holz; lauter Vorläufer, wenn man will. Arno Schmidt zog sich in ein entlegenes Heidedorf zurück, pflegte sein Image, verzichtete auf jede gesellschaftliche Wirkung. L'art pour l'art feierte Urständ. Hochmütig wurde eine große literarische Potenz, nun erlaube ich mir einen Kalauer, ver-zettelt.

*

Noch manchen andern könnte ich mit ähnlicher Zurückhaltung kritisieren. Doch genug der Schelte, mancher Leser wird der vielen Einwände überdrüssig sein. Kommen wir zu freundlicheren Aspekten. Dabei kann ich noch bei den Einzelgängern bleiben; von denen gibts nämlich auch ganz andere Sorten. Solche, die das literarische Metier nutzen, um Ideen, Ideale, Überzeugungen zu verfechten. Die müssen, das sei noch einmal hervorgehoben, durchaus nicht den meinen gleichen. Da ist etwa der Franzose *André Malraux*. Von Natur ein Partisan. Was für Wandlungen hat er erlebt! In der Jugend reiste er als Archäologe in Indochina herum, war aber tatsächlich ein leicht krimineller Altertümer-Räuber. Dann kommunistischer Organisator in China. Dann im Spanischen Bürgerkrieg Kampfflieger auf der republikanischen Seite. Dann während der Naziokkupation Frankreichs Oberst in der Resistance. Und schließlich Kulturminister unter de Gaulle . . . Alle diese grellbunten Abenteuer hat er authentisch beschrieben in Romanen und Berichten.

Ein Einzelkämpfer völlig anderer Art war *Egon Erwin Kirsch*. Durchaus kein »Rasender Reporter« — das war flotte Verlagsreklame. Nein, Kisch arbeitete geduldig, forschte gründlich, ehe er schrieb — mit der Hand! Dann wurden seine Reportagen nicht selten hochkarätige Literatur, ja zarte Poesie; das erklärt den Erfolg des notorischen Kommunisten auch bei bürgerlichen Lesern. Seine Vaterstadt Prag hat er ebenso unvergeßlich geschildert wie China oder Mexiko. Und nicht zu vergessen: Er war ein zuverlässiger Ratgeber für Kollegen, auch für andersdenkende. Was seinen Genossen nicht immer lieb war.

Ob Kisch in seinem mexikanischen Asyl jemals *Traven* begegnet ist? Ich weiß es nicht. Es wäre so recht ein Meisterstück des großen Rechercheurs gewesen, wenn ihm das gelungen wäre, was bis heute noch keinem restlos geglückt ist: Die Identität des geheimnisvollen Autors mit dem Buchstaben B. als Vornamen und dem enormen Welterfolg herauszubekommen. Was alles soll dieser Traven gewesen sein: Amerikaner, Brite, Norweger, gar unehelicher Sohn Kaiser Wilhelms II.

Als 1969 ein gewisser Torsvan in Mexiko City starb, war ziemlich sicher, daß dies Traven gewesen war. Auch war unbestritten, daß er unter dem Namen Ret Marut vor und während der Münchener Räterepublik von 1919 eine kleine Zeitschrift herausgegeben hat, den »Ziegelbrenner«. Aber sonst? Woher kam er tatsächlich? Das hat neuerdings der britische Journalist Will Wyatt mit annäherner Sicherheit eruiert.

Traven wurde 1882 als Sohn eines wenig begüterten Paares im heute polnischen Städtchen Schwiebus geboren; die Eltern heirateten erst später, da bekam auch er den Vatersnamen Feige. Mitglieder der Familie leben noch heute im Weserland. Otto, so sein wahrer Vorname, leistete seinen Militärdienst und verschwand dann für immer. Spuren zeigen ihn als Schauspieler, offenbar reiste er viel und weit, war 1919 in München, später in London. Ab 1924 blieb er verschollen. 1925 erschienen bei der Büchergilde Gutenberg auf deutsch die ersten Romane. Traven wurde binnen weniger Jahre weltbekannter Bestsellerautor. Aber nie gab er seine strikte Anonymität preis.

Das etwas holperige Deutsch und die fast auf jeder Seite hervorstechende Unabhängigkeit seines Denkens von jedem Schema machen seine Bücher unverwechselbar. Nie schloß der anarchisch Gesinnte sich einer Partei an; schrieb und agitierte aber lebenslang für alle Unterdrückten und Ausgebeuteten auf der Welt. Ich bin davon überzeugt, daß er noch lange gelesen werden wird.

Ebenso wie *Ernest Hemingway*, der Amerikaner, der ein beinahe ebenso wildbewegtes Leben geführt hat; doch keineswegs ein anonymes, ganz im Gegenteil, immer stand er im grellen Licht des Ruhms. Als ganzer Mann wollte er sich hervortun, schreibend, schießend und liebend.

Die reiche, literarisch experimentierende *Gertrude Stein* allerdings, die den jungen Hemingway in Paris protegierte, hat ihm seinen Heldenmut nie recht abgenommen. Die beiden stritten übrigens darüber, wer von ihnen den Begriff »Verlorene Generation« für die Jugend nach 1918 erfunden hätte. Sie glaubte ihm dem Abenteurer nicht, der er aber war. Millionen Lesern wird er als einer der Meister kurzer Prosa teuer bleiben. Darin steht er gleichrangig neben dem Franzosen Maupassant und dem Briten Maugham; als Verfasser von Romanen übertrifft er wohl beide. »In einem andern Land« dürfte zu den klassischen Büchern unseres Jahrhunderts gehören.

Befreundet war Hemingway mit *Francis Scott Fitzgerald.* Der Hochbegabte war gefährdet durch ein gradezu krankhaftes Verlangen nach Ruhm und Reichtum. Einmal, in dem Roman »Der große Gatsby«, gelang ihm die unerbittlich genaue Darstellung jener ganz Reichen, zu denen er brennend gern gehört hätte. Einige Jahre lang galt er als Protagonist der »Verlorenen Generation«. Doch fehlte ihm jegliches politische Gespür, als er 44jährig starb, war er ausgebrannt.

Um zwei ihm Ähnliche vorwegzunehmen: Ein Halbjahrhundert später eroberten Mailer und Capote tatsächlich einen Platz in der high society. *Truman Capote* zuerst mit zarten kleinen Romanen; dann entdeckte er, was für Erfolgschancen große, literarisch aufgezäumte Reportagen boten, insbesondere solche über sensationelle Verbrechen. Ein Genre, das selbst Schiller einmal beschäftigt hat — im »Geisterseher« ...

*Norman Mailer*, robuster als Capote, wurde bekannt durch den grandiosen Anti-Kriegsroman »Die Nackten und die Toten«. Später liebte er provozierende Auftritte als Superman. Das minderte seine Glaubwürdigkeit. Ich stellte mir früher vor, er könnte ein neuer *Jack London* werden.

Der war, springen wir sieben, acht Jahrzehnte zurück, einst weltweit gefeierter Bestsellerautor. In bitterer Armut aufgewachsen, Landstreicher, Goldgräber, Seemann, dann Farmer, wurde der Autodidakt zum sozialistischen Propheten; ohne die Scheuklappen einer sturen Parteidoktrin, aber mit optimistischem Glauben an eine bessere Zukunft. Alles, was er je schrieb, hatte er erlebt und erlitten; auch den Kampf mit »König Alkohol«, dem er mit nur vierzig Jahren unterlag. Zahllose Romane, Kurzgeschichten, Tierbücher, politische Utopien entstanden in seinem kurzen Leben. Immer tut sich die ganze, weite Welt auf; selbst seine meinetwegen leicht sentimentalen Liebesgeschichten sind doch unverlogen. Bis heute lieben ihn anspruchsvolle wie unverbildete Leser. Er könnte so manchen abbringen von den fragwürdigen Produkten des kleinbürgerlich deutschen Salon-Abenteurers *Karl May*.

(Das ist ein mir unbegreiflicher Fall. Lieblingslektüre von Hitler, dem Philosophen Ernst Bloch, dem Dichter Carl Zuckmayer und immer noch verschlungen von geistigen Koryphäen . . . Eine Generation nach der andern läßt sich die Serienfabrikate des Pseudo-Heroen aufschwatzen. Mag man mich dafür hassen — ich kann nur mit Tucholsky sagen: Uff dem Ooge bin ik blind . . .)

Zurück noch einmal nach den USA. Da ist noch einiges nachzuholen. *Upton Sinclair* zum Beispiel, der 1968 mit neunzig Jahren starb, hinterließ an die neunzig Romane, dazu Bühnenstücke, populär-philosophische Schriften. Eine komplette sozialkritische Bibliothek. Alle herrschenden Mächte hat er, der klassische »Schmutzaufwirbler«, attackiert: Justiz, Schule, Kirche, Regierung, das große Geld und besonders heftig dessen publizistische Handlanger. Sinclairs oft spannende, manchmal lehrhaft trockene Bücher haben in den USA erstaunliche soziale Verbesserungen vorbereitet, bis hin zu Roosevelts »New Deal« (der heute freilich in Verruf geraten ist . . .) Die etablierten Kritiker haben den Autor nie ernstgenommen, er war ihnen zu nüchtern, zu gradlinig.

Eins ist sicher: Er hat anderen Schriftstellern die Bahn gebrochen. So dem schwerblütigen, immer mit eigenen wie mit gesellschaftlichen Problemen hart ringenden *Theodore Dreiser*. Sein Roman »Eine amerikanische Tragödie« erscheint mir wie eine klassische Darstellung sozialer Konflikte im intimsten Bereich. Dreiser wurde als Atheist und Amoralist verfolgt. So erging es anfangs auch *Sinclair Lewis*, der aber dann ungemein erfolgreich wurde. Sein bekanntester Roman »Babbitt« schildert meisterhaft den Typus des Durchschnittsbürgers, mit seinen infantilen, allzu menschlichen und deshalb inhumanen Zügen. Sein gesamtes Oeuvre zeigt ein Panoptikum der USA, das sich bis heute kaum grundlegend verändert hat.

Als Lewis 1930 den Nobelpreis bekam, rühmte er in seiner Dankrede ein noch unbekanntes, künftiges Genie, *Thomas Wolfe*. Der wurde dann solchem Anspruch nicht voll gerecht, meine ich. Seine ungebändigt dahinströmende Prosa, ganz und gar aus eignem Erleben gespeist, mutet an wie ein einziger enormer Entwurf. Atemlos ist da jeder Einfall hingeschrieben, als hätte Wolfe gewußt, daß er nur 38 Jahre leben sollte.

*

In den beiden großen Kriegen dieses Jahrhunderts waren wir Deutsche jahrelang vom geistigen Leben der Welt abgeschnitten. Beidemal begeisterte uns nachher um so mehr, was wir entbehrt hatten; vor allem amerikanische Erzähler und Dramatiker. So dominierte *Eugene O'Neill* 1920 wie 1950 auf unseren Bühnen. Dabei ist er im Grunde kein Neuerer. Virtuos kombiniert er Strindberg und Ibsen, Hauptmann und altgriechische Klassiker, wirkungsvolle Mixturen entstehen dabei. Das ist legitim. Auf dem Theater haben Wort und Gedanke von jeher die Wirkung zu dienen; was Philologen nicht zugeben mögen.

*Tennessee Williams* mutete zuerst wie ein Nachfahr O'Neills an. Indessen finde ich bei ihm von Beginn an die sanfte Passivität Tschechows und den Symbolismus Maeterlincks. Weniger poesievoll ist der von Natur sozialkritische *Arthur Miller*. Es scheint, daß »Der Tod eines Handlungsreisenden« sich noch lange auf dem Theater behaupten wird. Miller schrieb übrigens auch vortreffliche kurze Prosawerke.

Auch *Thornton Wilder* war nach 1945 ein Mann der Stunde; nicht nur, weil der Titel »Wir sind noch einmal davongekommen« uns erklärlicherweise faszinierte — der stammte vom deutschen Übersetzer. Nein, es war schon diese formlos phantastische Vision einer künftigen Eiszeit, die uns in Bann schlug. Später überraschte der hochgelehrte Professor Wilder mit amüsanten Komödien wie »Die Heiratsvermittlerin«. Sein Meisterwerk »Unsere kleine Stadt« präsentiert mit Hilfe gewitzter szenischer Tricks lauter Lebensläufe von der Geburt bis zum Begräbnis. Unscheinbare kleine Leute gewinnen Gewicht und Kontur. Kritiker fanden, da sei ein Hörspiel ins Theater gebracht worden.

Umgekehrter Fall: Der junge *Dylan Thomas* aus Wales, dem Lande der Kohle und der keltischen Sagen, zudem ein gewaltiger Trinker, schrieb »Unter dem Milchwald« fürs Radio; doch wurde das Spiel sogleich auch als Bühnenstück aufgeführt. Der Dichter läßt uns einen einzigen Tag in seiner Heimat miterleben; und wir werden unwiderstehlich hineingesogen in unscheinbare Ereignisse, sind auf einmal armseligen Existenzen ganz nah — durch unheimlich scharfe, knappe Charakterisierungen und, das vor allem, eine prachtvolle, absolut eigenwillige Sprachkraft. Immer ist da Romantik mit im Spiel; aber es ist die aufbegehrende, rebellische Romantik der Angelsachsen, nicht die resignierende unserer Blauen Blume. Ohne Einschränkung: ein Meisterwerk.

So etwas ist zwei anderen Angelsachsen nie völlig gelungen: Dem Briten *David Herbert Lawrence* so wenig wie *Henry Miller* aus den USA. Beide waren fixiert auf ein und dieselbe Idee: Radikale sexuelle Freiheit müsse die ganze Menschenwelt ein für allemal von sämtlichen Übeln erlösen. Dabei war Lawrence ein Moralist, zuweilen mutet er geradezu prüde an. Er litt darunter, daß man ihn als Pornographen verfemte; aber er konnte nicht heucheln. Henry Miller hingegen genoß die Skandale offensichtlich, die seine rabiate Forderung nach gänzlicher Enthemmung ständig provozierte. Er war übrigens recht unpolitisch; während Lawrence durch entschiedenen Pazifismus seine Landsleute mitten im ersten Weltkrieg aufbrachte. Er mußte die Heimat für immer verlassen. Es ist ungerecht, ihn immer nur als Autor der »Lady Chatterley« zu sehen. (Ähnlich erging es ein Vierteljahrhundert später dem amerikanisierten Russen *Wladimir Nabokow*, der viele bedeutendere Romane geschrieben hat als die ach so berüchtigte »Lolita«.)

Lawrence wie Miller haben schöne, weit weniger gelesene Schilderungen exotischer Länder geschrieben. Doch Sexbesessenheit ist wohl ein leicht zu erregender Massenwahn; den man, nur kein Mißverständnis, keinesfalls durch Zensur bekämpfen darf! Dadurch gewinnt die Sucht nur an Attraktivität. Es muß aber gestattet sein, die Monotonie des Pornographischen langweilig zu finden.

Langweilig habe ich *William Faulkner* selbstverständlich niemals gefunden. Aber doch oft monoton, auf wenige, wenn auch krasse Themen fixiert: Den Süden der USA, mit seinem bis heute nicht überwundenen Trauma des 1865 verlorenen Bürgerkriegs. Immer spüre ich Faulkners Rang und Kraft; dennoch bleibt er mir fremd. Ausnahmemenschen, Ausnahmesituationen, sie regen mich sonderbar wenig auf. Alles spielt in ländlicher Umwelt, Faulkner machte selber gern den Agrarier, ich bin nun einmal urban veranlagt. Auch kommt mir's vor, als wenn Faulkner die Unterdrückung der Farbigen nicht immer entschieden verurteilt hätte. Ich wundere mich, daß André Gide ihn für den größten, Sartre zumindest für einen der wichtigsten Schriftsteller unserer Zeit hielten.

Ich riskiere es, ihn auf eine Formel zu bringen: Er litt unter Verstrickungen und Irrtümern, beschrieb sie, tat aber letztlich nichts Entscheidenes dagegen — weil er als Pessimist nicht an den möglichen Sieg des Besseren glaubte.

Andere gaben diese Hoffnung nie auf. So *Sherwood Anderson*, dem Faulkner freundschaftliche Starthilfe verdankte. Anderson ist bei uns weniger bekannt, wohl weil er seinen lebenslangen Kampf gegen jede Art Unterdrückung, Ausbeutung, geistige Verarmung durch Zivilisation mit keineswegs veralteten, aber nie aufdringlichen literarischen Methoden führte. Ein Aufklärer — kein Prediger. Eppelsheimer nennt ihn mit knappem Schlagwort einen »visionären Realisten«.

*

Wenigstens einen kurzen Abstecher mache ich von Nord- nach Südamerika. Dort hat sich eine eigene reiche Literatur entwickelt, von der bei uns nur einzelne Proben bekannt wurden. Einer allerdings wurde jahrelang gefeiert, der Argentinier *Jorge Luis Borges*. Denn dieser ausgesprochen intellektuelle Autor kannte Europa aus eigener Erfahrung und wollte unsere jahrtausendalte Kultur quasi in seine Heimat importieren. Dazu schien er als kritischer Kopf durchaus am rechten Platz. Leider kapitulierte er später vor Peron und den dann folgenden Generälen. Aus einem Avantgardisten wurde ein Verteidiger faschistischer Diktatoren. Den im Alter Erblindeten dürfte sein früherer Ruhm kaum lange überleben.

Denn unverkennbar wird die lateinamerikanische Literatur von einer freiheitlichen Grundströmung getragen. In vielen Ländern begann sie mit Pamphleten und sozialen Analysen. Aber auch die Dichtung, insbesondere die große Prosa, blieb populär, was in diesem Erdteil heißt: bewußt progressiv. Spürbar wird das in den folkloristisch angereicherten Romanen des Brasilianers *Jorge Amado*. Er schrieb unter anderm die wunderschöne, hintergründige Liebesgeschichte »Gabriela wie Zimt und Nelken«. Und *Garcia Marquez* aus Kolumbien erzählt in dem Epos »Hundert Jahre Einsamkeit« die Historie seines Landes in einer phantastischen Mischung aus Mythologie und Modernität; ein Buch, das rasch international berühmt wurde.

Andere Weltgegenden müßten nun auch ins Auge gefaßt werden. Ich gebe zu, daß ich dazu außerstande bin; meine Kenntnis reicht dafür nicht aus. So begnüge ich mich mit wenigen bei uns bekannten Namen.

Die Literatur der schwarzen Rasse ist in lebhafter Entwicklung begriffen. Meist wird noch in der Sprache der jeweiligen früheren Kolonialherren geschrieben; Beispiele sind *Frantz Fanon* aus Algerien und *Aimé Césaire* aus Martinique. Berühmt war vor Jahren *Léopold Senghor*. Er propagierte eine Afro-Kultur unter dem Schlagwort Négritude; ein künstliches Produkt, inzwischen ist es still darum geworden. Der in Senegal geborene Senghor wurde als Christ an französischen Universitäten geschult, lehrte dort selber, saß als Abgeordneter im Pariser Parlament; schließlich avancierte er zum Staatschef seines Heimatlandes. Da ist es doch wohl fraglich, ob ein derart domestizierter Mann als notorischer Vertreter schwarzer Eigenart gelten kann.

Mehr für die soziale und geistige Emanzipation haben sicherlich die USA-Bürger *Richard Wright* und *James Baldwin* geleistet, um sie als Beispiele zu nennen; es gibt viele andere. Wright war zeitweise Kommunist; in Baldwins Romanen spielt die Auseinandersetzung der Religion mit dem Außenseitertum (vor allem auch dem sexuellen) eine große Rolle. Solche Konflikte verschärfen die rassische Verfemung, hängen aber gewiß nicht unmittelbar mit ihr zusammen.

In den bei uns als »exotisch« empfundenen Literaturen vermengen sich eben die unterschiedlichsten Probleme. So spielen die alten Idealbilder Rousseaus vom »reinen« Leben der Primitiven immer noch mit; bei uns, aber auch bei den sogenannten »Eingeborenen« — was für ein irreführendes Wort! Wer ist nicht »eingeboren« in irgendeinem Geburtsland. Es gibt aber auch umgekehrt bei uns blinden Respekt vor uralten fremden Kulturen. Da passieren manchmal recht komische Dinge.

Um 1920 wurde der Inder *Rabindranath Tagore* als Poet und als Deuter aller Lebensgeheimnisse weltweit verehrt; fast so wie fünfzig Jahre später die dubiosen Gurus. Er war aber ein ernstzunehmender Autor und höchst tüchtig: Stets sorgte er selber dafür, daß seine Werke umgehend ins Englische übersetzt wurden. Anglisiert war ja schon sein Name, der Thakur lautete. Als Tagore grade bei uns Deutschen groß in Mode war, geriet er alsbald in Vergessenheit. Das nun auch zu unrecht; Inder haben mir versichert, zumindest seine philosophischen Bücher seien denn doch nicht unbedeutend.

## [II]

Wir kehren zurück von der kurzen Exkursion in exotische Gegenden zum Abendland. Das erstreckt sich ja inzwischen, entgegen dem Wortsinn, rund um den Globus von San Francisco bis Wladiwostok. Doch so wenig wie politisch ist das literarisch eine Einheit; wird's auch so bald nicht werden, denn allenthalben breitet sich ein neuer Nationalismus aus; das spiegelt sich auch in den Literaturen wider.

Doch halte ich just gegen Ende dieser Übersicht fest an meiner Hoffnung, es werde dennoch irgendwann zur großen geistigen Verbrüderung kommen. Unbekümmerter denn je bleibe ich bei der amateurhaften Unordnung, richte mich allein nach dem privaten Kompaß, dessen Nadel heftig ausschlägt; von Abscheu bis Bewunderung. Zwischen diesen beiden Extremen registriert sie natürlich viele verschiedene Grade der Emotion.

Da strömen nun die Namen auf mich ein; unmöglich, auch nur denen halbwegs gerecht zu werden, die als prominent gelten. Dazu gehören gewiß auch Krimi-Autoren, oft hochbegabte Leute, doch ist hier nichts von ihnen zu lesen, weil mich dieses Genre nicht interessiert. Auch Simenon und Patricia Highsmith haben mich nicht bekehrt. Eher greife ich noch nach Johannes Mario Simmel; der baut in seine handfesten Schmöker unauffällig ganz ernsthafte Passagen ein, sozialkritische und politische; mit spürbarer Anteilnahme.

Bleiben wir bei denen, die sich als seriös verstehen, mit oder ohne Recht. Noch einmal frage ich mich, obs nicht doch eine halbwegs sinnvolle Methode gibt, sie zu ordnen, zu sieben, zu sichten. Ich weiß es nicht. Etwas aber erlaube ich mir immerhin: Eine kleine Gruppe von Autoren soll noch aufgehoben werden bis zum Schluß dieser Arbeit. Solche, von denen ich wünschte, sie hätten weltliterarischen Rang und behielten ihn lange. Auf faktisch errungenen Ruf kommt es dabei nicht an; wenn er mit meiner Meinung übereinstimmt, soll mirs recht sein. Doch bedarf diese Selbstherrlichkeit einer Einschränkung. In meiner »Auslese« werden Namen fehlen, denen niemand ihre Bedeutung bestreiten wird. Beispiel: beide Brüder Mann. Von ihnen war schon die Rede; jetzt versuche ich zu erklären, was mich daran hindert, sie zu *lieben*. Das ist doch der beste Maßstab für den Amateur . . .

Ein hochgescheites Buch über *Thomas Mann* bekam den berühmt gewordenen Untertitel »Der ironische Deutsche«; geschrieben hatte es ein Kenner von Werk und Person des Dichters. Einleuchtend wird vor allem die bewußt betriebene Entfernung, ja Entfremdung des Künstlerischen vom Menschlichen vorgeführt. Dazu gehört noch etwas Besonderes: Der große Romancier, Novellist, Essayist war ungewöhnlich indiskret, sich selbst gegenüber, erst recht anderen. Über Thomas Manns Kühle ist viel geklagt worden. Überliefert ist, daß er Besuchern, die sein Haus verließen, mit dem Feldstecher nachspähte; eine erstaunliche Art der Ausforschung. Ob die bewunderte Intimität des Meisters mit seinen Figuren oft auf so dubiose Art zustandegekommen ist? Schon die Frage verrät, woher meine Distanzierung stammt: Thomas Mann mutet zuweilen so taktlos an wie kaum ein anderer Schriftsteller. Zudem finde ich es beunruhigend, wie unsicher er in seiner politischen Haltung war, verglichen mit Sohn Klaus und Bruder Heinrich. Dennoch — »Der Zauberberg« bleibt ein Schlüsselbuch meines Jahrhunderts, alle paar Jahre lese ichs wieder, mit Nutzen und Genuß.

Wer nun ein uneingeschränktes Bekenntnis zu *Heinrich*, dem Demokraten und Humanisten erwartet, der wird enttäuscht sein; auch dem älteren Bruder konnte ich mich nie ohne Vorbehalt anvertrauen. Vielleicht liegt das daran, daß mir immer wieder seine neuromantischschwelgenden frühen Romane in den Sinn kamen? Entstanden im Stil d'Annunzios, des nachmaligen Mussolini-Barden? Nein, die Sache liegt etwas komplizierter. Beide Brüder Mann waren in ihren Anfängen durch ihre großbürgerliche Erziehung recht konservativ gesinnt. Davon befreite sich Thomas ohne Verlust an Substanz, blieb aber doch lebenslang gemessen, behutsam. Heinrich ging schroffer mit sich selber um. Er zwang sich zu spröder Herbheit, zu moralischer Haltung in gradezu puritanischer Strenge; auch dann, grade dann, wenn er entschieden gegen Staat und Gesellschaft opponierte. Dadurch entstand nicht selten ein spürbarer Bruch. Der ist überbrückt in Meisterwerken wie »Professor Unrat« oder »Der Untertan«. Wo Heinrich Mann aber ja sagen will, wo er sich den freundlichen Seiten des Daseins zuwendet, da fehlt auf einmal der lange Atem, den der weniger mit dem Herzen beteiligte Thomas geduldig abwartete; oder wohl auch erzwang.

Ein weites Feld. Es ist vorstellbar, daß Leben und Werk dieser beiden Brüder irgendwann einmal den Stoff abgeben könnten für einen künftigen großen Epiker. Zeitgenossen waren dazu kaum imstande. Am wenigsten solche, die mit Recht oder Unrecht auf Thomas Mann eifersüchtig waren. An solchen hat es nicht gefehlt. Einer sah sich davon in zuerst verdeckter, später hemmungsloser Weise derart getrieben, daß man von Verfolgungswahn sprechen muß: Der große vielschichtige Prosaiker *Alfred Döblin*. Es begann schon damit, daß er alles andre war denn ein Großbürgersohn. Nach schwerer Jugend endlich im Osten Berlins als Armenarzt amtierend, errang der Expressionist und Sozialist ersten bescheidenen Ruhm. Zuweilen geriet er schon damals in Versuchung, in mythologische Phantasiereiche auszuweichen; deutlicher wurde das im grandios konzipierten »Wallenstein« und besonders in der mit schier unglaublicher Phantasie entworfenen Utopie »Berge Meere und Giganten« (mich hat dies Buch jahrelang begeistert). Noch immer blieb Döblin zugleich ein scharfblickender Zeitkritiker. 1929 erschien dann »Berlin Alexanderplatz«, der einzige wirkliche Erfolg. In dem Roman sind alle die grundverschiedenen Elemente seines Wesens gebändigt, zusammengefaßt. Doch drei Jahre später war alles aus, Hitler zwang ihn in die Emigration; die er zweifellos besonders schwer ertrug. In Frankreich wurde er eingebürgert, aber nie recht anerkannt. Dann in den USA scheint er noch einsamer geworden zu sein. Private Tragödien spielten mit, als er, der Agnostiker, zum Katholizismus übertrat. 1945 kam er als Oberst der französischen Armee nach Baden-Baden und begann, die Deutschen zu guten Demokraten zu erziehen. Das ging nicht gut. Jetzt brach sein Haß gegen Thomas Mann rabiat aus, er stiftete einen ihm ergebenen jungen Mann an, unentschuldbar Blödsinniges gegen den

Gegner zusammenzuschreiben. Dadurch geriet Döblin vollends ins Abseits. Erst Jahrzehnte später entdeckte ihn eine neue Jugend wieder; freilich ohne zu sehen, worin Döblins tragische Verstrickung lag: Er stand sich selber im Weg, weil er mit seinen Widersprüchen nicht fertig wurde.

Man wird, so hoffe ich, hinter diesem negativ anmutenden Resümee den Kummer spüren, den mir die Wandlungen dieses Mannes gemacht haben — der einstmals mir nicht ganz fremd war.

*

Andere standen viel tiefer im Schatten des großen Thomas. So *Robert Musil*, der das unumwunden zugegeben hat; für ihn war der Verfasser der »Buddenbrooks« ein »Groß-Schriftsteller« und »Erzphilister«. Seine Aversion hat Musil bis zum bittern Ende im Schweizer Exil geplagt. Hat das am Ende mitgespielt, als sein eigner Roman »Der Mann ohne Eigenschaften« ein Torso blieb? Doch auch so ist er das großartige Panorama der satten Gesellschaft vor 1914, die späteren Generationen so fern gerückt ist. Musil war auch ein Novellist und ein Essayist von Rang. Er wird oft genannt, aber wenig gelesen; was sich eines Tages noch ändern könnte.

Auch bei *Hermann Broch*? Um 1930 machte seine Romantrilogie »Die Schlafwandler« Furore. Nachher in der Emigration schrieb er sein wichtigstes Werk »Der Tod des Vergil«. Der lateinische Klassiker liegt im Sterben, zweifelt am Sinn jeglicher Kunst, will seine »Aeneis« vernichten; Kaiser Augustus schmeichelt ihm das Manuskript ab, so bleibt es erhalten. Die Parallele zu *Franz Kafka* hat Broch nach eigener Aussage gewollt.

Da taucht nun dieser Name gleichsam nebenbei auf, was viele wundern, ja kränken wird. Ist dies etwa kein Kardinalfall bedeutsamer Weltliteratur? Überall wird Kafka so gesehen, neuerdings auch in der lange abweisenden östlichen Welthälfte. Der Westen wird nicht müde, den in seinem kurzen Leben unauffälligen Prager als Klassiker unserer Ära zu preisen, zum Deuter, zum Lebensführer zu erheben. Das ist Kafka so wenig wie Rilke; er selber würde diese Rolle ablehnen. Bestimmt war er ein von Krankheit gepeinigter Mensch. Er schrieb, um das eigene Martyrium zu ertragen; nicht um Leiden als Ideal oder moralisches Verdienst zu preisen.

Die Menschheit, zumal die westliche, geängstigt durch selbstverschuldete Katastrophen ohnegleichen, sehnt sich nach einem Helfer, einem »Guru«. Das nun ist Kafka wahrlich nicht. Zu hoffen steht, daß die

Kafka-Mode irgendwann einmal abklingen wird; dann mag um so reiner und rührender der Poet erkennbar werden, still, scheu, vielleicht auch etwas verschmitzt; nach meiner ketzerischen Überzeugung parodiert er zuweilen, in seiner kargen Sprache, genau die Sphäre des Geheimnisvollen, in der ihn sein Freundeskreis gern sah. Vor allem natürlich Max Brod, der Kafkas zur Verbrennung bestimmte Skripte rettete und aus deren Interpretation für sich eine Lebensaufgabe machte.

Diese von den üblichen abweichenden Vorstellungen habe ich nicht nur am Schreibtisch ausgedacht, sondern mindestens teilweise mit Jugendfreunden Kafkas erörtert. So mit *Willy Haas*, dem verdienstvollen Herausgeber der »Literarischen Welt«; und vor allem mit *Ernst Weiß*, dem Arzt und Prosadichter von hohen Graden. Er sah selbstverständlich die Sache anders als ich; hätte es wohl gradezu als Blasphemie angesehen, wenn ich ihm ins Gesicht gesagt hätte, ich hielte ihn für bedeutender als Kafka. Darauf bestehe ich heute nicht unbedingt, solche Vergleiche bringen ja selten etwas. Aber es freut mich, daß Ernst Weiß jüngst wieder entdeckt worden ist. Der recht eigenartige, realistische Moralist, fasziniert von dem Phänomen des Bösen in der Welt, ist mir als ein ungemein gütiger Mensch in Erinnerung. Er litt buchstäblich an der Unvollkommenheit der Menschennatur; eindringlich zeigt das zum Beispiel der Roman »Georg Letham, Arzt und Mörder«. In der Emigration entwarf er eine Auseinandersetzung mit Hitler, als einem medizinischen Fall. Ehe er den Roman fertig ausarbeiten konnte, näherten sich die Heere des Tyrannen Paris, Weiss machte seinem Leben ein Ende.

Lange nur noch wenigen bekannt, hat er jetzt wieder eine Lesergemeinde; zum Glück kommt so etwas vor. Da war z. B. *Edlef Köppen* jahrzehntelang buchstäblich verschollen. Als sein Kriegsroman »Heeresbericht« in den 70er Jahren wiederentdeckt wurde, verwechselten manche den Autor mit Wolfgang Koeppen, dem zeitkritischen Prosaiker unsrer Tage. Edlef Köppen starb 1939, neun Jahre nach dem Erscheinen seines Buches, an den Folgen einer Verschüttung im ersten Weltkrieg.

Den schildert er mit einem konzessionslosen Realismus, wie ihn allenfalls der Franzose *Henri Barbusse* in »Das Feuer« erreicht hat. Die vollkommen sinnlose Schlächterei im Schlamm von Flandern und Artois wirkt bei Köppen noch grauenvoller, weil ihre authentische Beschreibung unterbrochen wird durch dazwischengesetzte Dokumente, historische und ganz kleine, private; von kaiserlichen Erlassen bis zur Anpreisung künstlerisch verarbeiteter Granatsplitter als Geschenk für die Lieben daheim. Das alles geht weit hinaus über den Welt-Bestseller »Im Westen nichts Neues« von *Erich Maria Remarque*; der war ein Jahr früher herausgebracht worden, Köppen kam zu spät. Und soeben begann der Aufstieg der Hitlerpartei. Es half nicht mehr, daß liberale und sozialistische Kritiker den außerordentlichen Rang des Dokumentarromans sofort erkannten. Remarque galt nun einmal, gilt vielfach noch heute als *der* Autor der Anti-Kriegsliteratur, was ganz sicher ungerecht gegen andere ist.

So gegen *Arnold Zweig*. Sein Roman »Der Streit um den Sergeanten Grischa« zeigt sozusagen die Rückseite des Massenwahns Krieg, die Organisation, die Hierarchie der oberen Führung, die Bürokratie des Mordens. Auf andre Art ist Zweig ebenso radikal pazifistisch wie Köppen, wenn er zeigt, wie ein völlig Unschuldiger vom Räderwerk stumpfsinnigen Gehorsams zermalmt wird.

Das Buch war wohl manchen nach 1945 noch in Erinnerung. Aber wer weiß, daß es zu einem Romanzyklus gehört, der den ersten Weltkrieg umfassend darstellt? Die anderen Bände sind wohl schwächer als der Grischa-Roman; bei uns wurden sie erst gar nicht gelesen. Denn Zweig lebte, aus Exiljahren in Palästina heimgekehrt, im anderen, also »falschen« Teil Berlins, bis zu seinem Tode; als Kenner Freuds und angeblicher Zionist keineswegs immer beliebt, doch offiziell gefeiert. So einer reüssiert bei uns nicht. Wäre er herübergewechselt, dann hätte man ihn hofiert wie so manchen unbedeutenderen Kollegen.

Auch die große *Anna Seghers* wurde im Westen nie populär, da mochten kundige Kritiker noch so dringend raten, wenigstens den Roman »Das siebte Kreuz« zu lesen, die Geschichte der Flucht aus einem Nazi-KZ. Oder »Transit«, den erschütternden Bericht über das Elend politischer Flüchtlinge. Vielleicht kommt noch einmal die Zeit für diese ebenso revolutionäre wie sensible Dichterin.

Bei *Lion Feuchtwanger* ist es nun vielleicht so weit; sein hundertster Geburtstag war Anlaß, ihn auch bei uns als den großartigen Prosaiker zu begreifen, den die ganze Welt in ihm sieht. Da zuzustimmen fällt manchem noch immer schwer. Zwar verbrachte Feuchtwanger die letzten Jahrzehnte seines Lebens in den USA. Aber 1937, als Hitler von den Westmächten noch mit Glacéhandschuhen behandelt wurde, sah der Dichter in Stalin den einzigen ernstzunehmenden Nazifeind. Und der unbeirrbare Demokrat äußerte öffentlich seine Sympathie mit dem Diktator; nie wurde dieser Sündenfall vergessen — als ob einem Gottfried Benn das flammende Bekenntnis zum Dritten Reich je ernstlich geschadet hätte. Übrigens hat Feuchtwanger den Georgier später als geisteskrank bezeichnet — das half ihm nicht, er war und blieb ein Ärgernis. Er schrieb gut, lesbar, »readable« — das rühmte Thomas Mann am »kleinen Meister«. Bei uns wurde er deswegen als flacher Unterhaltungsschreiber mit Riesenauflagen abgetan. Verübelt wurde ihm die Freundschaft mit

Brecht, den er als jungen Mann gefördert hatte. Und insgeheim verzieh ihm seine bayerische Heimat nie den Roman »Erfolg — Drei Jahre Geschichte einer Provinz«. Darin beschrieb er 1930 den Hitlerputsch von 1923, mitsamt seiner Vorgeschichte. Wie bajuwarische Klüngel zu Brutstätten finsterer Reaktion werden, das liest sich noch immer wie ein aktueller Polit-Thriller, erzählt von einem Meister der Aufklärung.

Natürlich gibts von der Sorte mehr. Zwei nenne ich: *Ilja Ehrenburg*, der auf seinen Irrfahrten durch Europa auch einmal in Berlin lebte. Daß er, schon als Knabe Sozialist, ungestört zwischen Moskau und Paris hin und her reiste, mußte ihn ordentlichen deutschen Bürgern suspekt machen. Gegen Ende des Zweiten Weltkriegs erfand Goebbels die geschickte Verleumdung, der jüdische Stalinfreund Ehrenburg hätte Sowjetsoldaten zur Vergewaltigung deutscher Frauen aufgerufen. Da half bis heute keine spätere Ehrenerklärung; der Autor, der als erster das »Tauwetter« nach Stalins Tod proklamierte, wird bei uns bis heute boykottiert. Sehr schade: Der Anarcho-Schwank »Julio Jurenito«, ein frühes Buch Ehrenburgs, übt witzige Kritik an so ziemlich allen politischen Systemen. Seine mehrbändigen Memoiren sind eine Fundgrube für Zeithistoriker. Und in der Utopie »Trust D.E.« zeigt er warnend die Zerstörung Europas in einem künftigen amerikanisch-russischen Krieg. Geschrieben 1923! Hoffentlich bleibt das Buch eine genialische Utopie . . .

Und noch einen muß ich hier erwähnen: *Robert Neumann*, den vielseitig begabten. Nur seine fabelhaften Parodien »Mit fremden Federn« haben Generationen amüsiert; der Dichter ist zehn Jahre nach seinem Tode fast vergessen. Wenigstens der originelle Zeitroman »Tatbestand« sollte wieder entdeckt werden.

Das verdienen auch seine autobiographischen Bücher. Er war etwas recht seltenes: ein heiterer Melancholiker. Die Jahre im englischen Exil hat er höchst ergötzlich beschrieben. Seine letzten Jahre verlebte er im Tessin. Dort ergab sich eine Feind-Freund-Beziehung zu *Alfred Andersch*, der unweit wohnte.

Andersch war, absichtlich gebrauche ich das altmodische Wort, einer der redlichsten Menschen, die mir je begegneten; und ein ausgezeichneter Schriftsteller. In der Jugend Kommunist, versuchte er später, das Ideal einer sozialen Gerechtigkeit mit der Forderung nach individueller Freiheit zu vereinen, was noch kaum jemandem gelungen ist. Diese Auseinandersetzung steht, offen oder verdeckt, hinter allen seinen Werken. Sehr deutlich in »Sansibar oder Der letzte Grund«, einer Geschichte aus dem Widerstand. In einer anderen Erzählung schildert Andersch seinen einstigen Schullehrer als »Vater eines Mörders« — nämlich Heinrich Himmlers. Ein wahres Meisterstück ist der schmale Band »Die Kirschen der

Freiheit«; da wird ohne Pathos, ohne stilistische Kapriolen berichtet, wie der Autor 1944 aus der verhaßten Armee Hitlers desertierte.

Bedeutsam erscheinen mir einige Prosastücke von *Hans Erich Nossack*, der in Frankreich bekannter wurde als bei uns. Er ähnelt in seiner verhaltenen Art Andersch; ein hanseatischer Geistesbruder des Müncheners sozusagen. Er selber nannte gern *Hans Henny Jahnn* als Vorbild; ich gestehe, daß der Schüler mich mehr überzeugt als der Mentor. Ein halbes Jahrhundert lang vermochte ich nicht herauszubringen, weshalb der zweifellos originelle Jahnn von so vielen Autoritäten zu unseren größten Dichtern gerechnet wird. Seine Verdienste als Musikforscher, Orgelbauer, Agrarreformer können mein Urteil über den Schriftsteller nicht beeinflussen. Und da steht die Sache so: Jahnn hat sich als unbeugsamer Pazifist in zwei Weltkriegen bewährt; hat jederzeit seine Stimme gegen Unrecht und Unterdrückung erhoben. Und doch — fremd blieben mir die wild auftrumpfenden Dramen wie die düster-lastende Prosa. Manchmal staunte ich, nie vermochte ich zu lieben.

*

Nach 1945 fragten manche nach Werken, die während der dunklen Jahre heimlich entstanden, in Schubladen aufbewahrt sein müßten. Es gab sie nicht. Nur ausnahmsweise gedeiht Literatur ohne jede Resonanz, im stillen Kämmerlein. Erstaunlich war vielmehr, daß junge deutsche Autoren alsbald Erfolg in aller Welt errangen: der virtuose Grass, der vielgelesene Lenz, vor allem *Heinrich Böll*, Nobelpreisträger von 1972. Er hat seinen Mut vor Königsthronen und — was mehr zählt — vor Zeitungszaren und deren Paladinen unentwegt bewiesen. Er war und ist stets auf der Seite der Schwächeren zu finden. Er ruht sich nicht auf seinem Ruhm aus. Und er ist hilfsbereit; was freilich manchen zugute kam, die es ihm schlecht dankten; man denke an *Alexander Solschenizyn*, der von Amerika aus den Russen die Rückkehr zu Zar, Knute und mittelalterlicher Orthodoxie empfahl. Das kann dem unbotmäßigen Katholiken Böll schwerlich zusagen; er hat sich mehrfach mit dem Klerus angelegt, ja mit dem Papst selber. Agnostiker wie ich bestaunten es respektvoll. Kritik an Obrigkeiten aller Art üben auch Bölls Romane. Mich entzücken aber vor allem zwei ganz kleine Bücher aus den Fünfzigerjahren: »Nicht nur zur Weihnachtszeit« verspottet sklavisch befolgte Konventionen; und »Dr. Murkes gesammeltes Schweigen« persifliert jene ängstliche Duckmäuserei in den Funkhäusern, die inzwischen allgemein unter der Bezeichnung »Schere im Kopf« berüchtigt wurde. Da erreicht der freundliche Kölner den bissigen Witz des Berliners Tucholsky.

*Günter Grass* sei einer Novelle wegen erwähnt: »Katz und Maus« ist ein Ableger des Bestsellers »Die Blechtrommel«. Grass vermochte sich jahrelang von der Erinnerung an seine Vaterstadt Danzig nicht zu lösen; seit er es tat, scheint ein guter Teil seiner urwüchsigen Eigenart verblaßt. Ähnliches läßt sich bei dem Ostpreußen *Siegfried Lenz* beobachten. Wie genau paßte der Titel »So zärtlich war Suleyken« auf seine kleinen Erzählungen. Die späteren Romane muten oft konstruiert an, überlastet mit Konflikten; die Fabulierfreude hat ihren Schwung verloren.

Gerechterweise muß man engagierten Schriftstellern wie den eben genannten Drei zubilligen, daß die im ganzen entäuschende Entwicklung unserer zweiten Republik nicht spurlos an ihnen vorübergeht. Daraus lassen sich gewiß unterschiedliche Folgerungen ziehen. *Wolfgang Koeppen*, nach dem Kriege berühmt durch drei zeitkritische Romane, veröffentlichte seit langem nur noch kluge Reiseberichte; und das schöne Erinnerungsbuch »Jugend«. Doch eins jener frühen Werke hat über die Jahre hin Gewicht behalten: »Das Treibhaus«, noch immer eine wichtige Zeitkritik, zeigt die Zufalls-Hauptstadt Bonn so, wie sie ihre Kümmernisse, Kabalen und Untaten gelassen hinnimmt. Unsere zweite Republik ist ein einziger Stoff für oppositionelle Magazine, aber auch für Schriftsteller von Rang; *Kuby* und *Enzensberger* sollen als Beispiele genannt sein. Und das politische Kabarett, Stieftochter der Literatur, blühte zeitweise wie in Weimarer Jahren. *Kurt Tucholsky* kam posthum zu Millionenauflagen; was ihn gewiß amüsiert hätte. Weniger Glück hatte sein Bruder im Geiste *Walter Mehring*, der im hohen Alter bitter über Mangel an Resonanz klagte. Einer konnte über mehrere Generationen hin eine Brücke schlagen: *Erich Kästners* scheinbar sanfte, ironisch aggressive Chansons haben um 1946 Heimkehrer wie heimatlos Gewordene getröstet und ermutigt. Heute sehen ihn viele nur als Klassiker des Kinderbuchs; das ist er, aber seine ganze Bedeutung ist damit nicht erfaßt.

Vom Kabarett kam 1947 auch *Wolfgang Borchert*. Erst 27, von Strafdienst und Einzelhaft zerbrochen, starb er. Doch vorher brachte er noch die Kraft auf, in wenigen Tagen ein Spiel für Radio und Bühne zu schreiben, »Draußen vor der Tür«. Dieser Aufschrei einer sinnlos geopferten Jugend ist lebendig geblieben, mögen auch noch so viele Ästheten ihn »künstlerisch nicht befriedigend« schelten. Auf mich wirkt Borcherts elementarer Pazifismus ebenso nachhaltig wie (und absichtlich ziehe ich grade *diesen* Vergleich) die hoch artifizielle, unerbittlich anklagende

Prosa von *Alfred Polgar*, der viel gelobt und wenig gelesen wird. Diese kleinen Texte, einst »Filigranit« von einem Kenner genannt, werden noch in fünfzig Jahren Zeugnis ablegen dafür, daß subtiler Kunstverstand und politische Humanität einander nicht ausschließen.

Ich riskiere die Prophezeiung, wenngleich ich mich dabei vorsehen sollte. Da habe ich vor zwanzig Jahren *Martin Walser* als den (wenigstens schrieb ichs im abwägenden Konjunktiv ...) wohl wichtigsten deutschen Romancier unsrer Tage gerühmt. So kategorisch behaupte ich das nicht mehr, doch noch immer scheint mir der nun 58jährige eine Hoffnung. Man soll sich auch einmal zu einem Vorurteil bekennen ... Was auch für negative Urteile gilt. Beispiel: *Uwe Johnson*. Um dessen Nachlaß tobte jüngst ein Streit; einig waren sich alle Beteiligten über Johnsons Rang; wie schon früher wurde er mit Faulkner verglichen. Nun ja — daher stammt wohl meine Distanzierung. Die besteht auch, weniger eindeutig, zu *Peter Weiss*. Dessen kunstvoll gebautes Drama um den Marquis de Sade und den Jakobiner Marat fasziniert durch eine phantasievolle Verfremdung: Die Vorgänge werden durch Insassen eines Irrenhauses gespielt. Leider verlegte Weiss sich später vorwiegend auf Dokumentar-Dramatik: Trotzki im Exil, der Auschwitzprozeß, auch Hölderlins Dämmerleben, gedeutet als Taktik eines Nonkonformisten — lauter interessante Themen. Doch allzu gern werden Szenen als »Gesänge« angekündigt, wird in freien Rhythmen eine grausige Realität überhöht vorgeführt. Und die autobiographische »Ästhetik des Widerstandes«, eine eindrucksvolle Leistung, wird durch den pathetischen Titel unnötig verschleiert.

Meister des Dokumentar-Dramas war *Heinar Kipphardt*; »In der Sache J. Robert Oppenheimer« prangerte eine Justiz an, die sich zur Helferin atomarer Aufrüstung hergab; und zwar ganz sachlich, ohne effektvolle Zuspitzung. Noch erfolgreicher auf diesem Felde war *Rolf Hochhuth*, dem Kritiker beharrlich vorwerfen, er sei so gar kein Poet. Mag sein. Doch »Der Stellvertreter« zog einen Papst wegen moralischer Feigheit vor das Tribunal der Literatur. Und es geschah, daß ein hoher deutscher Politiker durch den Autor Hochhuth zum Rücktritt gezwungen wurde. Literatur beeinflußte die Welt einmal unmittelbar; nicht ihre wahre Aufgabe, aber wie befriedigend, daß es vorkommen kann ... Eine rabiatere »direkte Aktion« hat *Günter Wallraff* erfunden, der durch originelle Künste der Recherche berühmt wurde. Und *Bernt Engelmanns* umfangreiches Werk ist fast ausnahmslos der gesellschaftspolitischen Kritik gewidmet. Ihn darf man einen klassischen modernen Aufklärer nennen. Das wird ja wohl nur einer, der von vornherein auf die Rolle des Poeten verzichtet. Nur wenige anerkannte Dichter veränderten die Welt auch als Publizisten: Beaumarchais, Zola, Heinrich Mann. Über den Grenzfall Upton Sinclair haben wir hier ja gesprochen.

In totalitär regierten Staaten wird, das ist eine ganz andere Sache, der Rückzug in ästhetische Vereinzelung zum Mittel der Opposition. Um so erstaunlicher, wenn ausgemachte Poeten dort zu Prominenten werden, ohne sich anzupassen. In den frühen Jahren der Sowjetunion traf das auf *Alexander Blok* zu, der mit dem Versepos »Die Zwölf« den Bolschewismus geradezu mystisch überhöhte. *Sergej Jessenin* lebte und schrieb sogar als anarchischer Bohemien im roten Moskau. Und der großartige *Wladimir Majakowskij* blieb experimentierender Futurist noch, als er in gewaltigen Visionen den Sieg des Kommunismus feierte. Freilich war damals der Literaturkenner Lunatscharskij Kulturkommissar. Und nicht zu vergessen — Jessenin und Majakowskij entgingen nachher Stalins Säuberungen durch Selbstmord.

Jahrzehnte später hatte es die Literatur in der DDR stets schwer. *Johannes R. Becher*, in jungen Jahren führender Expressionist, spielte als Minister den Vormund der staatsgelenkten Autoren. Viele von ihnen wurden Opfer der Justiz oder gingen ins Exil. Behauptet hat sich *Stefan Heym*, freilich erscheinen seine Romane zum Teil nur bei uns. Und *Stephan Hermlin*, als hochbegabter Lyriker anerkannt, macht sich bei uns verdächtig und drüben unbeliebt, weil er die Gemeinschaft aller Schriftsteller in beiden Deutschland propagiert.

DDR-Autoren, die jetzt bei uns wohnen, werden nicht selten zu kalten Kriegern, die jede Versöhnung für Schwindel halten. Nicht alle denken so; etwa *Erich Loest* nicht, der doch einst drüben im Gefängnis saß. Auch nicht *Günter Kunert*, der vielseitig begabte: er wirkt nun bei uns durch Vers und Prosa für eine Veränderung der Welt zum Besseren.

Bin ich zu Ende? Ach — noch immer nicht. Und sehe doch, daß unser Erkundungsgang zur Parforcejagd über Stock und Stein wurde. Unwillig gebe ich zu, daß noch viele wichtige Namen fehlen. Will man Beispiele — bitte, ein paar notiere ich: *Giraudoux*, der gallischen Esprit mit deutscher Romantik paarte. *Maurois*, Meister der Roman-Biographie. *Cocteau*, virtuoser Spieler aller literarischen Instrumente. *Moravia*, in vielen Romanen immer ein lateinischer Moralist. *Aldous Huxley*, der am britischen Beispiel die ahnungslose bürgerliche Gesellschaft zwischen den Weltkriegen zeigte. Und die Russen *Bunin*, *Pasternak*, *Scholochow*, *Fedin*, *Katajew*, jeder auf seine Art Zeuge der enormen Wandlungen seit 1917. Und dann die Polen, Griechen, Jugoslawen und . . . Nein, es sei genug. Ich breche die Parforcejagd ab. Hole Atem.

Und wende mich endlich den längst angekündigten Favoriten zu.

## [III]

Da sind sie, wenige nur, mit den Namen beginne ich:
*Virginia Woolf. James Joyce. Bertolt Brecht. Jean-Paul Sartre. John Dos Passos. Jean Améry.* Nur sechs. Mir bedeuten sie so etwas wie die Essenz, aus der sich die ganze Literatur meiner Epoche wiederherstellen ließe, ginge sie je verloren. Andere mögen einen andern Extrakt bevorzugen, gut so, dazu soll ja hier angeregt werden.

Sechs grundverschiedene Schriftsteller. Eine Britin, ein Ire, ein Deutscher, ein Franzose, ein Amerikaner, ein Österreicher. Passable Mischung; freilich, ich weiß, da fehlt die östliche und die sogenannte Dritte Welt. Immerhin standen mindestens zwei meiner Kandidaten dem Kommunismus nahe, wenn sie sich ihm auch nicht mit Haut und Haaren verschrieben.

Da sind wir gleich bei einem wichtigen Punkt. Alle sechs waren ganz unbestreitbar Nonkonformisten; worunter hier nicht nur verstanden wird, daß sie sich gegen die unvollkommene Welt ringsum auflehnten, nein, sie opponierten mit ähnlicher Entschiedenheit gegen sich selber, gegen ihre Anlagen, auch gegen ihre soziale Herkunft. Ganz deutlich wird das bei Virginia Woolf, der Erbin des victorianischen Zeitalters, die bewußt den sozialistischen Juden Leonard Woolf heiratete; und bei Brecht, dem Bürgersohn, der schon als Schüler gegen Konventionen aufbegehrte. Beide schlugen sich lebenslang mit ihrem Charakter herum, und eben daraus entsprangen Werke, die weltberühmt wurden.

Man sollte sich meine sechs Ausgewählten einmal an einem Tisch vorstellen, disputierend, einander beobachtend, belauernd: Ein Symposion, das an Platos Gesprächsrunde heranreichen könnte. Was alles würden sie einander unter die Nase reiben . . . Aber dann würde sich herausstellen, das just aus Irrtümern oft wunderbare Ergebnisse wachsen. Denn anders als in der Logik oder in Naturwissenschaften wird in der Literatur zuweilen auch das mißlungene Experiment fruchtbar. Joyce war gradezu ein Genie im Irrtum; eben deshalb sind ihm ergreifende Dinge geglückt, an die andere sich gar nicht erst heranwagen.

Doch läßt sich fragen, ob Teile des »Ulysses« und wohl »Finnegans Wake« insgesamt noch Literatur heißen dürfen; oder ob sich nicht ein Erzpoet aufgeopfert hat, um ein für allemal die äußerste Grenze der Wortkunst abzustecken. Kurt Tucholsky formulierte zutreffend: »Liebigs Fleischextrakt. Man kann es nicht essen. Aber es werden noch viele Suppen damit zubereitet werden.« Zu viele wurden es — verwässerte oder versalzene. Selbst Joyce's zeitweise getreuer Knappe *Samuel Beckett* gehört zu den Köchen, die sich vergriffen haben. Absurdität als

Prinzip aller Literatur — dem könnte in meiner Runde wohl widersprochen werden. Und sollte jemand Sartre als Zeugen für Godot betrachten, dann könnte der Philosoph erwidern: »L'existence procède l'essence« — erst muß man leben, dann kann man darüber nachdenken, ob Leben zu Formeln komprimiert werden kann.

Dem dürfte Dos Passos kaum widersprechen. Brecht hingegen würde auf Befragen verschmitzt andeuten, er hätte ja vor, ein Gegenstück zu »Warten auf Godot« zu schreiben. Diesen Plan soll er tatsächlich gehabt haben. Doch genaues ist darüber nicht bekannt. Hier muß mein Spiel abgebrochen werden — schließlich riskiere ich's nicht, Brechts Entwurf pro oder contra Beckett weiterzuerfinden — das könnte nicht einmal ein Poet, und ich bin keiner.

*

Lassen wir die Sechs nacheinander auftreten, so wie sie uns und ihren Zeitgenossen bekannt wurden. Da ist also *Virginia Woolf*, als erste präsentiert nicht aus Höflichkeit, sondern weil sie die älteste ist. 1882 in eine hochgeistige Familie hineingeboren, hat sie sich später zu produktiver Einfachheit förmlich erzogen. Schon deshalb ist die Frage recht müßig, ob nun sie oder Joyce den berühmten »Inneren Monolog« erfunden hätte. Antwort: Keiner von beiden. Sie wendeten Bekanntes bewußter an. In alten Romanen heißt es doch ständig: Er dachte . . . Oder: Sie überlegte . . . Und dann kommen formulierte oder meinetwegen abgerissene Sätze, die genau so kein Mensch denkt.

Virginia Woolf hat an der Prosa, im Gegensatz zu allen anderen Gattungen, das »Fehlen jeder Künstlichkeit« gerühmt. Lesende Laien empfinden das wohl ähnlich, sprechens aber nicht aus, um sich nicht zu blamieren. Lieber heucheln sie Begeisterung für überstopfte Lyrik. Derlei war Virginia fremd. Dennoch war sie ein Snob, und zugleich Snobverächterin. Das Programm der »Hogarth Press«, des kleinen Verlages, den sie mit ihrem Mann gemeinsam betrieb, verrät allerlei. Joyce wurde abgelehnt, er war ihr zu rüde, vor allem zu obszön. Seinen Triester Freund Italo Svevo, den ganz unbekannten, brachte man heraus. Umgekehrt wären die Woolfs reich geworden. Das waren sie nie, Virginia mußte fürs Geld schreiben, diesem Zwang verdanken wir Essays und Kritiken, die gleichrangig neben den Romanen stehen.

Lebenslang war sie schwer nervenleidend, mußte sich jede Arbeit in depressiven Krisen abringen. Auch war sie, die eindeutig Asexuelle, zu wilder Eifersucht fähig; darunter litt die Beziehung zu *Katherine Mansfield*, der junggestorbenen, Virginia fast ebenbürtigen Novellistin aus

Neuseeland. Selbst die herrische Lesbierin Vita Sackville-West mußte erleben, daß die geliebte Virginia, so zerbrechlich sie schien, letztlich überlegen blieb. Vor zwei Jahrhunderten wäre sie, die Muse der Intellektuellen von Bloomsbury, als Hexe verbrannt worden. So aber wurde sie, der Ausdruck wiederholt sich bei ihren Bewunderern, »der seltene Fall eines weiblichen Genies«; was sie, erklärte Feministin, so nicht gebilligt hätte . . .

*

Allzu leicht wird *James Joyce* mit ihr zusammen genannt. Allzuviel haben beide nicht gemeinsam, außer Geburts- wie Todesjahr. Und den Kampf mit der Krankheit! Virginia machte ein Ende, als die ihr nur zu gut bekannten Anzeichen depressiven Wahns unerträglich wurden. Joyce erlebte jahrzehntelang sein allmähliches Erblinden. Er wurde dem sagenhaften Homer immer ähnlicher, dem er seinen neuen »Ulysses« nachgeformt hatte — eine unheimliche Parallele, die schon oft bemerkt wurde, Sinnbild der schier unglaublichen Vertrautheit des Dichters mit zahlreichen Kulturen, Epochen, Sprachen. Ein poeta doctus ohnegleichen, ein scheinbar hemmungsloser Fabulierer — doch in Wahrheit ein Bändiger des Chaos und ein stilbewußter Lehrmeister, den später (es wurde schon kurz erwähnt) die Eleven diskreditierten. Ich habe viel von ihm gelernt. Auch das gehört zum Wesen der Literatur: daß man mit Genuß lernen kann.

*

*Bertolt Brecht* hat den »Ulysses« als »Nachschlagebuch für Schriftsteller« gerühmt; da haben wir schon wieder einen Lehrer — und was für einen. Brecht wollte belehren, immer und überall. Und zugleich erfreuen, amüsieren. Das ist ihm auf erstaunliche Weise gelungen.

Vielleicht durch die Zwiespältigkeit seines Wesens? Dieser Proteus bedeutete jedem etwas anderes. Der Sohn des deutschen Chaos wurde zum pedantischen Pädagogen. Der Marxist blieb stets ein wenig der Anarchist Baal. Der Apostel der Schlichtheit verstand zu genießen. Aber was immer er berührte — es wurde daraus Literatur, Dichtung, Poesie, ich mag die Vokabeln nicht säuberlich auseinandersortieren. Gegner haben ihn als Heuchler und Opportunisten beschimpft; er war, nach eignem Wort, »listig und freundlich«. Und auf Wirkung aus! Über seine Theorien von Entfremdung, vom epischen Theater lachte er, alles sei »überhaupt viel naiver als man sich denkt und — als meine Ausdrucksweise vermuten läßt . . .«

Ein Mann der Paradoxe. Auch privatim. Der als »Macho« auftrumpfte, suchte starke feminine Humanität. Wie sonst hätte er »Mutter Courage« und »Johanna der Schlachthöfe« und Shen Te in »Der gute Mensch von Sezuan« so einfühlsam formen können; und zarte Liebesverse . . .

Viele haben von diesem Lehrer profitiert. *Walter Benjamin*, der bedeutende Essayist, hat es bezeugt. Noch heute spüre ich bei viel Jüngeren, bei *Erich Fried* oder *Peter Rühmkorf* den frischen Wind, der seit B. B. durch deutsche Poetenbuden weht. Und nun gar die beiden aus der Schweiz: *Friedrich Dürrenmatts* »Besuch der alten Dame« könnte dem bösen Meister selbst nicht besser gelungen sein, und *Max Frisch* hat sich oft, zumal in seinen schönen Tagebüchern, zu Brecht bekannt. Von dessen Geist ist Frisch als Dramatiker wie als Romancier erfüllt; wenn er die »Unarten voreiliger Metaphysik« anprangert, wenn er angewidert ist von Leuten, die »sich in Sphären des Ewigen ansiedeln«, dann höre ich den agnostischen Bibelkenner Brecht beifällig knurren . . .

*

Schwer vorstellbar, daß *Jean-Paul Sartre* gern die Bibel las. Wer so selbstverständlich im Nichts zuhaus war, den konnten (soweit wir wissen) religiöse Fragen nicht beunruhigen. Sartre wollte nie provozieren. Für ihn war die Tatsache der Existenz ein Wunder, das alle anderen einschloß. Irrtümer mußten bekämpft werden; so vergriff er sich, offensichtlich arglos, an den heiligen Gütern sämtlicher Hierarchien; natürlich auch der ihm scheinbar nahestehenden. Marx und Freud zu versöhnen — eine Todsünde für gläubige Kommunisten . . . Welcher Skandal, daß er für seinen Existentialismus so suspekte Väter wie Kierkegaard, Kafka und gar Heidegger in Anspruch nahm. Er war gegen alle Gifte gefeit. Seiner selbst sicher. Und noch etwas, Jean Améry hat es erkannt: Sartre war »generös«. Daß er den Nobelpreis ablehnte, wurde als Angeberei mißdeutet. Nein — er und seine Gefährtin Simone de Beauvoir brauchten das Geld nicht, verdienten so viel, daß sie anderen ständig helfen konnten. Sartre wollte ernstlich den Mitmenschen helfen, auch Albert Camus, dem abgefallenen Freund, es ist aus einem verhaltenen Nachruf zu erraten.

Die Essenz dieses Lebens heißt: Konsequenz. Stets hielt er an wenigen klaren, durch subtile Erörterung scheinbar komplizierten Grundsätzen fest. Ob als Philosoph, Romancier, Dramatiker oder aktiv beteiligter Partisan politischer Bewegungen — immer wollte er die eine Synthese: Den einzelnen frei in einer sozialistisch geordneten Gesellschaft erhalten.

Und das schönste, ganz einfache kleine Buch entstand fast nebenbei: »Die Wörter«; der Bericht vom Entstehen des Intellektuellen in einem Kinde. Zweihundert Seiten, die ein Literaturfreund alle paar Jahre mit hohem Vergnügen lesen kann.

*

*John Dos Passos* — da kann einer fragen: Wie kommt der in diese Auswahl? Gewiß, Sartre hat ihn »den größten Schriftsteller unserer Zeit« genannt. Im August 1938, wenige Monate vor dem Sieg Francos im Spanischen Bürgerkrieg; der Gepriesene hatte ihn auf seiten der Republikaner mitgemacht. Wie so viele erlebte er, daß hinter der Front Stalins Geheimjustiz ebenso sinnlos wütete wie in Moskau. Tief enttäuscht wendete Dos Passos sich vom Kommunismus ab, wandelte sich zum Verteidiger der USA-Demokratie, dann zum verbissenen Reaktionär. Und zugleich versiegte mehr und mehr seine vorher mächtig strömende literarische Produktivität. Er wurde langweilig.

Dennoch gehört er in diese Liste. Ich bin ihm immer noch dankbar. Sein Roman »Drei Soldaten« von 1921 ist (neben *William Saroyans* Buch »Wesleys Abenteuer« von 1946) die behutsamste und eben deshalb wirkungsvollste Verdammung des Imperialismus und Militarismus, die sich denken läßt. Ich wurde dadurch kräftig in meinem jugendlichen Rebellentum bestärkt, so etwas vergißt man nicht. Dann kamen die großen zeitkritischen Romane, von »Manhattan Transfer« bis »Hochfinanz«; ein riesiges Fresko der gesamten modernen Welt, gegen die, für die ich unentwegt mich schlug. Und alles war dargeboten mit einer stilistischen Kraft und Eigenart, die noch heute verblüfft. Von Natur einer vom Schlage Balzacs, eignete Dos Passos sich die Technik von Joyce sinnvoll an, entwickelte sie weiter, machte sie für Leser jeder Art fruchtbar.

Das alles kann und will ich nicht verlieren. Für mich ist dieser Dichter vierzigjährig gestorben. Irgendwo existierte noch lange Jahre einer mit seinem Namen, den kannte ich nicht mehr. Manchmal in einer stillen Stunde stelle ich mir vor, der große Dos Passos könnte im Alter wieder gewußt haben, wohin er gehörte . . .

*

Der letzte Name — *Jean Améry*. Außer Brecht der einzige meiner Sechs, den ich kennengelernt habe. Viel zu spät. Wir hatten grade noch ein paar Jahre, uns als gründlich verschieden zu akzeptieren. Doch muß mein halsstarriger Optimismus den unbedingten Pessimisten zuweilen verletzt haben. Im Folterkeller der Gestapo hatte er für immer sein »Weltvertrauen« verloren, so nannte ers. Als argloser »Waldmensch« war er herangewachsen, studierte in Wien Philosophie, dann trieb ihn Hitlers Einmarsch ins Elend des Exils. Noch wenige Jahre in Frankreich, Belgien, dann geriet er in die Gewalt der Henker. Überlebte als ein an Leib und Seele Zerbrochener — und brachte doch die Kraft auf, noch jahrelang zu schreiben. Im Geiste Lessings. Aufklärung hat er einmal eine »Philosophia perennis« genannt — er, der beharrliche Verneiner — ein Wunder der Literatur ereignete sich. Eine Reihe schmaler Bücher entstand. Eins hat im voraus das Ende des Autors philosophisch erläutert, »Hand an sich legen«; manche hielten das für ein unerlaubtes Spiel, doch wars bitterernst gemeint. Als er es im zermarterten Körper nicht mehr aushielt, zog er die Konsequenz.

Ganz unbegreiflich finden manche ein anderes Buch. »Jenseits von Schuld und Sühne« heißt es. Und in der Tat stellt Améry sich da außerhalb von Beziehungen, denen wir alle unterliegen. Er beschreibt minutiös seine Folterung; nicht als Sensation des Grauens, sondern als philosophische Betrachtung. Seiner Sinne kaum noch Herr, überlegt er, was in den Peinigern vorgehen mag . . .

Noch einmal will ich Prophet spielen: Wenn in fünfzig Jahren überhaupt noch Bücher gelesen werden, wenn am Ende die Lesenden ein wenig humaner wären als heute — hier können sie unwiderlegbar erfahren, wessen wir, ihre Vorfahren, fähig waren.

*Gäbe es die Literatur nicht, liefe die Welt
vielleicht nicht anders, aber sie würde
anders gesehen, nämlich so wie die jeweiligen
Nutznießer sie gesehen haben möchten:
Nicht in Frage gestellt.*

*(Max Frisch)*

# Register

Das Register verzeichnet die im Text behandelten und erwähnten Schriftsteller und anonymen Werke. Bei mehreren Seitennachweisen sind die Hauptstellen durch kursive Ziffern gekennzeichnet.

## 1. *Anonyme Werke und Werke von verschiedenen Verfassern*


Amadis de Gaula (15./16. Jh.), spanischer Ritterroman 113

Beowulf (8. Jh.; Aufzeichnung 10. Jh.), altenglisches Heldengedicht, erstes germanisches Versepos 72, *73*

Bibel (12. Jh. v. Chr. bis 4. Jh. n. Chr.), Heilige Schrift des Christentums, bestehend aus dem ursprünglich hebräischen Alten Testament (12. Jh. v. Chr. bis 2. Jh. n. Chr.), einer Sammlung von Gesetz-, Geschichts- und Prophetenbüchern des Judentums, und dem ursprünglich griechischen Neuen Testament (1.—4. Jh. n. Chr.), einer Sammlung von Geschichts-, Lehr- und Offenbarungsbüchern des Christentums 18, 29, 32, 60, *61–64*, 73, 99, 103, 132, 214

Carmina burana (Lieder aus Beuron) (Aufzeichnung 13. Jh.), bedeutendste Sammlung anonymer mittellateinischer, teils auch mittelhochdeutscher Vagantenlieder 74

Cid-Lied (12. Jh.), spanisches Heldenepos 75

Edda (Ältere Edda) (9.—12. Jh.; Aufzeichnung 13. Jh.), altnordische Sammlung von Götter- und Heldendichtungen, früher dem isländischen Gelehrten Saemund (1056—1133) zugeschrieben 66, *72/73*

Encyclopédie, ou Dictionnaire raisonné des sciences, des arts et des métiers (1751—1772), grundlegendes französisches enzyklopädisches Lexikon, herausgegeben von Diderot und d'Alembert 139

Epistolae virorum obscurorum (Dunkelmännerbriefe) (1515—1517), humanistische Satire in Form von fingierten Briefen in neulateinischer Sprache 101/102

Faustbuch (16. Jh.), deutsches Volksbuch (mehrere Versionen; älteste gedruckte Fassung: „Historia von D. Johann Fausten", 1587) *105*, 119

Die Geschichte der drei Reiche (14.—18. Jh.), chinesischer Roman (mehrere Versionen) 85

Gesta Romanorum (Taten der Römer) (Aufzeichnung 13.—15. Jh.), mittellateinische Sammlung von Erzählungen, Sagen und Anekdoten aus der römischen Geschichte und mittelalterlichen Legende *73*, 75

Gilgamesch-Epos (19.—13. Jh. v. Chr.), altbabylonische epische Dichtung unter Verwendung älterer sumerischer Vorlagen (mehrere Versionen) 31/32

Gudrun (Kudrun) (um 1230/1240), mittelhochdeutsches Heldenepos in stilistischer und sprachlicher Nachfolge des Nibelungenliedes 77/78

Heliand (9. Jh.), altsächsische Evangelienharmonie *67*, 73

Hildebrandslied (8. Jh.; Aufzeichnung 9. Jh.), althochdeutsches Heldenlied (nur als Bruchstück erhalten) 73
Igorlied (12. Jh.; Aufzeichnung 16. Jh.), altostslawisches höfisches Epos in Prosa 75
Junius-Briefe (1769—1772), in englischem Nachrichtenblatt erschienene Serie zeitkritischer Briefe, vermutlich verfaßt von Sir Philip Francis (1740—1818) 136
Kamasutra (3./4. Jh.), altindisches Lehrbuch der Liebe 80/81
Kin-ping-meh (Pflaumenblüten in der Goldvase) (16. Jh.), chinesischer Roman 85
Koran (7. Jh.), Heilige Schrift des Islam, Sammlung der Offenbarungen des arabischen Propheten Mohammed 86/87
Mahabharata (5. Jh. v. Chr. bis 4. Jh. n. Chr.), altindisches Heldenepos mit eingestreuten Abhandlungen (mehrere Versionen) 80
Matangalila, altindische Dichtung aus unbestimmter Zeit 80
Nasr-ed-din (14.—17. Jh.), türkisches Volksbuch (mehrere Versionen; erste gedruckte Sammlung: 1837) 87
Nibelungenlied (um 1200), mittelhochdeutsches Heldenepos 26, 66, *76–78*, 156/157
Die Räuber vom Liang-Schan-Moor (14.—17. Jh.), chinesischer Roman (mehrere Versionen) 85
Ramajana (4. Jh. v. Chr. bis 2. Jh. n. Chr.), altindisches Heldenepos (mehrere Versionen) 80
Der Roman der Rose (1225—1280), altfranzösischer Versroman, begonnen von Guillaume de Lorris (etwa 1205—1240) und fortgesetzt von Jean de Meun (etwa 1250—1305) 76
Das Schatzhaus des Rampsinit (vor dem 5. Jh. v. Chr.), altägyptische Erzählung 30
Sukasaptati (Geschichten eines Papageis) (vor 1300), indisches Erzählwerk (mehrere Versionen) 82
Talmud (2. Jh. v. Chr. bis 5. Jh. n. Chr.), Sammlung der Lehre des Judentums (Mischna) und der Kommentierungen der Lehre (Gemara) in hebräischer und chaldäischer Sprache 63
Tausendundeine Nacht (10.—16. Jh.), arabische Sammlung von Märchen und Erzählungen mit indischem Ursprung 82, *87*
Till Eulenspiegel (15./16. Jh.), deutsches Volksbuch (mehrere Versionen; ältester Druck in niederdeutscher Sprache: 1478) 87
Der Traum der roten Kammer (18. Jh.), chinesischer Roman 85
Tuti-nameh (Das Papageienbuch) (14.—17. Jh.), persische Bearbeitung der indischen Erzählsammlung „Sukasaptati" (mehrere Versionen) 82
Upanischaden (etwa 700—300 v. Chr.), der Veda angefügte Sammlung altindischer religionsphilosophischer Schriften 80
Veda (etwa 1500—300 v. Chr.), Heilige Schrift des Brahmaismus, Sammlung altindischer religiöser Lieder, Sprüche und Prosastücke 80

## 2. *Einzelne Autoren*

Abälard, Peter (Petrus Abaelardus) (1079—1142), französischer Scholastiker; philosophische, theologische, poetische und autobiographische Werke in mittellateinischer Sprache (fiktiver Briefwechsel mit Heloise) *68*, 88
Addison, Joseph (1672—1719), englischer Dichter, Essayist und Staatsmann, Herausgeber der moralischen Wochenschriften „Tatler" und „Spectator" (gemeinsam mit Steele) 136

Aischylos (Aeschylus) (525/524—456 v. Chr.), griechischer Dramatiker; von 90 Tragödien und Satyrspielen nur sieben Tragödien erhalten („Die Perser", „Prometheus", Trilogie „Die Orestie") *40*, 41, 123, 125
Alcuin (um 730—804), angelsächsischer Gelehrter und Theologe; theologische, didaktische, biographische und poetische Werke sowie Briefe in mittellateinischer Sprache 74
d'Alembert, Jean le Rond (1717—1783), französischer Naturwissenschaftler, Herausgeber der „Encyclopédie" (gemeinsam mit Diderot) 139
Alkaios (um 600 v. Chr.), griechischer Lyriker; überwiegend Trink- und Kampflieder 38/39
Amado, Jorge (geb. 1912), brasilianischer Romanschriftsteller („Tote See", „Gabriela wie Zimt und Nelken", „Tieta aus Agregeste") 199
Améry, Jean (eigentl. Hans Mayer) (1912—1978), österreichischer Prosaist und Journalist; Romane („Lefeu oder der Abbruch", „Charles Bovary, Landarzt"), Essays („Jenseits von Schuld und Sühne", „Über das Altern", „Hand an sich legen"), kulturhistorische und literaturkritische Studien 192, 211, 214, *215/216*
Ammianus Marcellinus (2. Hälfte des 4. Jhs. n. Chr.), römischer Historiker griechischer Herkunft; an Tacitus anknüpfendes Geschichtswerk (nur teilweise erhalten) 66
Anakreon (Mitte des 6. Jhs. v. Chr.), griechischer Lyriker; nur drei vollständige Gedichte und Bruchstücke erhalten 39
Andersch, Alfred (1914—1980), deutscher Prosaist; Romane („Sansibar oder Der letzte Grund", „Die Rote", „Winterspelt"), Erzählungen, Essays, autobiographischer Bericht „Die Kirschen der Freiheit" 206/207
Andersen, Hans Christian (1805—1875), dänischer Dichter, bedeutend als Märchendichter 176
Anderson, Sherwood (1876—1941), amerikanischer Prosaist; Romane („Der arme Weiße", „Dunkles Lachen"), Kurzgeschichten (Zyklus „Winesburg, Ohio"), Essays, autobiographische Schriften 198/199
Angelus Silesius (eigentl. Johann Scheffler) (1624—1677), deutscher geistlicher Dichter (Spruchsammlung „Cherubinischer Wandersmann") 126
d'Annunzio, Gabriele (1863—1938), italienischer Dichter; Gedichte, Dramen („Die Tochter des Iorio"), Romane („Lust"), Novellen *181/182*, 202
Anzengruber, Ludwig (1839—1889), österreichischer Heimatdichter; tragische und komische Volksstücke in stilisiertem Dialekt („Der Meineidbauer", „Der G'wissenswurm"), Roman „Der Sternsteinhof", Erzählungen 174
Apollonios von Rhodos (3. Jh. v. Chr.), griechischer Epiker („Argonautenzug") 53
Apuleius (Lucius A.) (2. Jh. n. Chr.), römischer, aus Afrika stammender Schriftsteller; Hauptwerk: Roman „Metamorphosen oder Der goldene Esel" 59
Aretino, Pietro (1492—1556), italienischer Dichter; Komödien, Satiren, Dialoge, Briefe 21/22, *96*
Ariosto, Ludovico (1474—1533), italienischer Dichter; Hauptwerk: Epos „Der rasende Roland" 95
Aristophanes (um 445—386 v. Chr.), griechischer Komödiendichter; von ca. 40 Stücken nur elf erhalten („Die Vögel", „Lysistrata", „Die Frösche") 29, *41*, 123
Aristoteles (384—322 v. Chr.), griechischer Gelehrter und Philosoph, Begründer der Schule der Peripatetiker; systematische Schriften über alle Wissensgebiete 17, 39, 42, 52, *54*, 68, 84, 120, 122, 129, 130
Arndt, Ernst Moritz (1769—1860), deutscher Dichter, Publizist und Historiker der Befreiungskriege; patriotische Gedichte und Schriften 158

Arnim, Achim von (1781—1831), deutscher Dichter; Romane, Erzählungen, Bearbeitungen alter Stoffe in Novellen und Dramen; Herausgeber der Volksliedsammlung „Des Knaben Wunderhorn“ (gemeinsam mit Brentano) 156, *157*

Arnim, Bettina von, geb. Brentano (1785—1859), deutsche Prosaistin; Erinnerungsbücher und Briefromane („Goethes Briefwechsel mit einem Kinde“) 156

Auden, Wystan Hugh (1907—1973), englischer Lyriker, Dramatiker und Essayist 190

Augustinus (Aurelius A.) (354—430), Bischof von Hippo, bedeutendster lateinischer Kirchenschriftsteller; theologische und philosophische Schriften („Der Gottesstaat“, Autobiographie „Bekenntnisse“) *65,* 129, 140, 181

Austen, Jane (1775—1817), englische Romanschriftstellerin; parodistisch angelegte empfindsame Romane und Schreckensromane 166, *173*

Babel, Isaak E. (1894—1941), russischer Prosaist und Dramatiker; bedeutend in seinen Erzählungen 181

Bacon, Francis, Baron Verulam (1561—1626), englischer Staatsmann und Gelehrter; philosophische Abhandlung „Neues Organon“ und utopischer Roman „Das neue Atlantis“ (beides unvollendet) in neulateinischer Sprache 120

Bacon, Roger (etwa 1215—1292), englischer gelehrter Franziskaner; enzyklopädische Werke und wissenschaftskritische Abhandlungen in mittellateinischer Sprache *99,* 100, 120

Baldwin, James (geb. 1924), amerikanischer Schriftsteller; Dramen („Amen Corner“, „Blues für Mister Charlie“), Romane („Giovannis Zimmer“, „Eine andere Welt“), Erzählungen, Essays 200

Balzac, Honoré de (1799—1850), französischer Prosaist; großangelegter Romanzyklus „Die menschliche Komödie“ (nur 51 Romane vollendet, u. a. „Oberst Chabert“, „Vater Goriot“, „Verlorene Illusionen“, „Die Frau von dreißig Jahren“, „Glanz und Elend der Kurtisanen“, sowie 40 Erzählungen der geplanten Sammlung „Die hundert tolldreisten Geschichten“) 16, 58, 109, 137, *171/172,* 173, 180, 215

Bang, Herman (1857—1912), dänischer Prosaist; Romane („Hoffnungslose Geschlechter“, „Am Wege“, „Ludwigshöhe“, „Die Vaterlandslosen“), Novellen, literaturkritische Studien 186

Barbey d'Aurevilly, Jules (1808—1889), französischer Prosaist; Romane („Die Teuflischen“), Erzählungen, Essays 163

Barbusse, Henri (1873—1935), französischer Schriftsteller; Hauptwerk: Roman „Das Feuer. Tagebuch einer Korporalschaft“ 180, *204*

Barrett Browning, Elizabeth (1806—1861), englische Dichterin; Hauptwerke: „Sonette aus dem Portugiesischen“, Versroman „Aurora Leigh“ 173

Baudelaire, Charles (1821—1861), französischer Dichter; Gedichte (Zyklus „Die Blumen des Bösen“), Prosa, Reiseerinnerungen, dichtungstheoretische und kunstkritische Schriften 47, 160, *162*

Bayle, Pierre (1647—1706), französischer Philosoph und Schriftsteller; Hauptwerk: „Historisch-kritisches Wörterbuch“ 138/139

Beaumarchais, Pierre-Augustin Caron de (1732—1799), französischer Dramatiker; Hauptwerke: Komödien „Der Barbier von Sevilla“ und „Figaros Hochzeit“, pamphletistische Memoiren 210

Beauvoir, Simone de (geb. 1908), französische Prosaistin (Roman „Die Mandarins von Paris“, Untersuchung „Das andere Geschlecht“) 171, 214

Becher, Johannes Robert (1891—1958), deutscher Dichter; Gedichte, Dramen, Prosawerke, literaturtheoretische und politische Essays, Autobiographie „Abschied“ 210

Beckett, Samuel (geb. 1906), irischer Dichter englischer und französischer Sprache; Gedichte, Dramen („Warten auf Godot“, „Endspiel“), Romane („Molloy“), Erzählungen, kritische Schriften 211/212

Beecher-Stowe, Harriet (1811—1896), amerikanische Prosaistin; Hauptwerk: Roman „Onkel Toms Hütte“ 21, *170*

Benjamin, Walter (1892—1940), deutscher Essayist und Kunstkritiker 214

Benn, Gottfried (1886—1956), deutscher Dichter; Gedichte (Zyklus „Morgue“), Dramen, Novellen („Gehirne“, „Der Ptolemäer“), kulturkritische und literaturtheoretische Essays („Der neue Staat und die Intellektuellen“, 1933), Autobiographie „Doppelleben“ 113, *192,* 205

Béranger, Pierre Jean de (1780—1857), französischer Lyriker; hauptsächlich politische Lieder 161

Berdjajew, Nikolaj A. (1874—1948), russischer Philosoph („Geist und Wirklichkeit“, „Von des Menschen Knechtschaft und Freiheit“, „Selbsterkenntnis“) 186/187

Bergson, Henri (1859—1941), französischer Philosoph und Ästhetiker; Hauptwerk: „Die schöpferische Entwicklung“ *179,* 180

Bernart de Ventadour (etwa 1125—1195), provenzalischer Troubadour; Minnelieder 76

Bertran de Born (etwa 1140—1215), provenzalischer Troubadour; politisch-satirische Lieder, Minnelieder 76

Bismarck, Otto von (1815—1898), deutscher Staatsmann (Memoiren „Gedanken und Erinnerungen“) 21

Bjelij, Andrej (1880—1934), russischer Dichter, bedeutend als Romanschriftsteller („Die silberne Taube“, „Petersburg“) 186

Bjørnson, Bjørnstjerne (1832—1910), norwegischer Dichter und Publizist; Gedichte, Versepen, Dramen, Erzählungen, politische und religiöse Schriften 177

Blake, William (1757—1827), englischer Dichter und Kupferstecher; Gedichte (Sammlungen „Lieder der Unschuld“, „Lieder der Erfahrung“), Versepen 163

Blok, Alexander A. (1880—1921), russischer Dichter; Gedichte, Versepos „Die Zwölf“, Dramen („Die Schaubude“, „Rose und Kreuz“), Essays 187, *210*

Boccaccio, Giovanni (1313—1375), italienischer Dichter; Novellenzyklus „Decamerone“, Romane („Fiammetta“), Versepen, allegorische und idyllische Dichtungen, Dante-Biographie und -Vorlesungen in italienischer Sprache; biographische Werke in neulateinischer Sprache 76, 82, 90, *93–95,* 97, 108, 121

Böhme, Jakob (1575—1624), deutscher Mystiker und Theosoph 128

Böll, Heinrich (geb. 1917), deutscher Prosaist; Romane („Wo warst du, Adam?“, „Billard um halbzehn“, „Gruppenbild mit Dame“, „Fürsorgliche Belagerung“), Erzählungen („Nicht nur zur Weihnachtszeit“, „Doktor Murkes gesammeltes Schweigen“), literarische und politische Essays 207/208

Börne, Ludwig (eigentl. Löb Baruch) (1786—1837), deutscher Schriftsteller und Publizist; politische, kulturpolitische und literaturkritische Schriften (feuilletonistische Berichtsfolge „Briefe aus Paris“) 149/150, *174*

Boethius (Anicius Manlius Severinus B.) (um 480—524), römischer Beamter, Schriftsteller und Philosoph; Hauptwerk: „Der Trost der Philosophie“ 66

Boileau-Despréaux, Nicolas (1636—1711), französischer Dichter und Dichtungstheoretiker (Lehrgedicht „Die Dichtkunst“) 130/131

Borchert, Wolfgang (1921—1947), deutscher Dichter; Gedichte, Drama „Draußen vor der Tür“, Erzählungen 208

Borges, Jorge Luis (geb. 1899), argentinischer Schriftsteller; Gedichte, Erzählungen („Labyrinthe“), Essays 199

Bossuet, Jacques-Bénigne (1627—1704), bedeutender französischer Kanzelredner 130
Boswell, James (1740—1795), schottischer Schriftsteller und Biograph Samuel Johnsons 135
Brandes, Georg (1842—1927), dänischer Kritiker und Kulturhistoriker; Hauptwerk: „Hauptströmungen der Literatur des 19. Jahrhunderts" 179
Brant, Sebastian (1457—1521), deutscher Dichter; Hauptwerk: gereimte Moralsatire „Das Narrenschiff" 105
Brantôme, Pierre de Bourdeille, Sieur de (1540—1614), französischer Memoirenschriftsteller 111
Brecht, Bertolt (1898—1956), deutscher Dichter; Gedichte, Dramen („Baal", „Mann ist Mann", „Die Dreigroschenoper", „Die heilige Johanna der Schlachthöfe", „Mutter Courage und ihre Kinder", „Der aufhaltsame Aufstieg des Arturo Ui", „Leben des Galilei", „Der gute Mensch von Sezuan", „Furcht und Elend des dritten Reiches", „Herr Puntila und sein Knecht Matti", „Der kaukasische Kreidekreis"), Prosawerke, Schriften zu Theater, Literatur, Kunst und Politik, Tagebücher, Briefe 49, 109, 111, 119, 121, 162, 206, 211, 212, *213/214,* 215
Brentano, Clemens (1778—1842), deutscher Dichter; Gedichte, Lustspiele, Roman „Godwi", Erzählungen, Märchen; Herausgeber der Volksliedsammlung „Des Knaben Wunderhorn" (gemeinsam mit Arnim) 154, *157,* 159
Broch, Hermann (1886—1951), österreichischer Schriftsteller; Romane (Trilogie „Die Schlafwandler", „Der Tod des Vergil" „Die Schuldlosen"), Drama „Die Entsühnung", kulturphilosophische Essays 189, *203*
Brontë, Anne (1820—1849), Charlotte (1816—1855) und Emily (1818—1848), englische Schriftstellerinnen; Charlotte Brontës Hauptwerke: Romane „Jane Eyre", „Shirley", „Villette"; Emily Brontës Hauptwerk: Roman „Sturmhöhe" 173
Browning, Robert (1812—1889), englischer Dichter; Hauptwerk: Versepos „Der Ring und das Buch" 173
Büchner, Georg (1813—1837), deutscher Dichter; Drama „Dantons Tod", fragmentarisches Drama „Woyzeck", Lustspiel „Leonce und Lena", Novellenfragment „Lenz", politische Flugschrift „Der Hessische Landbote" 174
Buffon, Georges-Louis Leclerc, Comte de (1707—1788), französischer Naturwissenschaftler; Hauptwerk: „Allgemeine und besondere Naturgeschichte" 139
Bulwer, Edward George, Lord Lytton (1803—1873), englischer Schriftsteller und Staatsmann; Hauptwerk: Roman „Die letzten Tage von Pompeji" 164
Bunin, Iwan A. (1870—1953), russischer Lyriker und Prosaist (Erzählung „Der Herr aus San Francisco") 210
Bunyan, John (1628—1688), englischer religiöser Schriftsteller und Laienprediger; Hauptwerk: Erbauungsbuch „Des Pilgers Reise" 20, *132*
Burns, Robert (1759—1796), schottischer Lyriker; Lieder und Balladen in volksliedhaftem Ton 163
Butler, Samuel, der Ältere (1612—1680), englischer Satiriker; Hauptwerk: burleskes Versepos „Hudibras" 132
Byron, George Gordon Lord (1788—1824), englischer Dichter; autobiographisches episches Gedicht „Junker Harolds Pilgerfahrt", Verserzählungen („Der Korsar"), Dramen („Manfred", „Kain"), unvollendete Verssatire „Don Juan" 147, 160, *164/165*, 166, 171, 191
Caesar (Gaius Julius C.) (100—44 v. Chr.), römischer Staatsmann und Schriftsteller; nur Memoirenwerke erhalten („Aufzeichnungen über den Gallischen Krieg", „Aufzeichnungen über den Bürgerkrieg") 20, 47, *48/49,* 50

Calderón de la Barca, Pedro (1600—1681), spanischer Dramatiker; Werke nur z. T. erhalten („Der standhafte Prinz“, „Das Leben ein Traum“, „Das große Welttheater“, „Dame Kobold“, „Der Richter von Zalamea“) 116, 117, *118/119,*, 121, 124

Calvin, Johann (eigentl. Jean Caulvin) (1509—1564), französisch-schweizerischer kirchlicher Reformator; theologische und kirchenpolitische Schriften in neulateinischer und französischer Sprache 103, *104*

Camões, Luis Vaz de (1525—1580), portugiesischer Dichter; Gedichte, Epos „Die Lusiaden“, Dramen 114

Campanella, Tommaso (1568—1639), italienischer Philosoph; Hauptwerk: utopischer Dialog „Der Sonnenstaat“ 96

Camus, Albert (1913—1960), französischer Schriftsteller; Dramen („Der Belagerungszustand“), Romane („Der Fremde“, „Die Pest“), literarische und philosophische Essays 214

Capote, Truman (1925—1984), amerikanischer Prosaist; Romane („Die Grasharfe“, „Frühstück bei Tiffany“), Erzählungen, Tatsachenroman „Kaltblütig“ 195

Carlyle, Thomas (1795—1881), schottischer Schriftsteller, Literaturkritiker und Historiker; fiktive Biographie „Sartor resartus“, Essays zur deutschen Literatur, biographische, historische und geschichtsphilosophische Werke 20, 91, 135, 166, *169,* 170, 174

Cato (Marcus Porcius C.) (234—149 v. Chr.), römischer Staatsmann und Schriftsteller („Urgeschichte Roms“, nur in Bruchstücken erhalten; „Über den Ackerbau“) 44/45

Catull (Gaius Valerius Catullus) (um 87—54 v. Chr.), römischer Lyriker 44, *47/48,* 52, 53

Céline, Louis-Ferdinand (eigentl. L.-F. Destouches) (1894—1961), französischer Romanschriftsteller und Essayist; Hauptwerk: Roman „Reise ans Ende der Nacht“ 192

Cellini, Benvenuto (1500—1571), italienischer Goldschmied und Bildhauer, Verfasser einer später von Goethe ins Deutsche übersetzten Autobiographie 21, *95*

Cervantes Saavedra, Miguel de (1547—1616), spanischer Dichter; Roman „Don Quijote de la Mancha“, Novellen, Komödien 92, 94, 105, *113/114,* 117

Césaire, Aimé (geb. 1913), kolonialfranzösischer Schriftsteller; Gedichte, Dramen („Und die Hunde schwiegen“), Essays 199

Chamfort, Sébastien-Roch Nicolas (1741—1794), französischer Schriftsteller; Hauptwerk: „Maximen, Gedanken, Charaktere und Anekdoten“ 130

Chamisso, Adalbert von (1781—1838), deutscher Lyriker und Prosaist („Peter Schlemihls wundersame Geschichte“) 157

Chateaubriand, François René, Vicomte de (1768—1848), französischer Schriftsteller und Staatsmann; Romane, Novellen („Atala“, „René“), Reiseschilderungen, philosophische Werke („Das Genie des Christentums“), politische und historische Schriften, Memoiren 160

Chatterton, Thomas (1752—1770), englischer Dichter; gab seine im Stil des Mittelalters gehaltenen Dichtungen als Werke eines von ihm erfundenen Mönchs des 15. Jhs. aus 138

Chaucer, Geoffrey (um 1340—1400), mittelenglischer Dichter; Hauptwerk: „Die Canterbury-Geschichten“, Zyklus von Vers- und Prosaerzählungen (unvollendet) 95

Chénier, André (1762—1794), französischer Lyriker; Idyllen, Elegien, Liebesgedichte, politische Gedichte 160

Chesterfield, Philip Dormer Stanhope, Earl of (1694—1773), englischer Staatsmann

und Schriftsteller; Hauptwerk: postum veröffentlichte „Briefe an seinen Sohn“ in neulateinischer, englischer und französischer Sprache 135
Chesterton, Gilbert Keith (1874—1936), englischer Prosaist; Romane („Der Mann, der Donnerstag war“), Kurzgeschichten („Geschichten von Pater Brown“), literaturkritische Essays und Studien 183
Choderlos de Laclos, Pierre Ambroise François (1741—1803), französischer Schriftsteller; Hauptwerk: Briefroman „Gefährliche Liebschaften“ 139
Chrestien de Troyes (etwa 1135—1190), altfranzösischer Romandichter, Begründer der höfischen Epik (mehrere Artus-Versromane) 72, 73, *75*
Churchill, Sir Winston (1874—1965), englischer Staatsmann und historischer Schriftsteller (Kriegserinnerungen „Der Zweite Weltkrieg“) 21
Cicero (Marcus Tullius C.) (106—43 v. Chr.), römischer Schriftsteller und Redner; Gerichts-, Senats- und Volksreden, rhetorische und philosophische Schriften, Briefe 47, 48, *49/50,* 53, 57
Claudel, Paul (1868—1955), französischer Dichter; Gedichte, Dramen („Mittagswende“, „Verkündigung“, „Der seidene Schuh“, „Johanna auf dem Scheiterhaufen“), dichtungstheoretische und kritische Schriften, Briefe *181,* 183
Cocteau, Jean (1889—1963), französischer Dichter; Gedichte, Dramen („Orpheus“), Romane („Kinder der Nacht“), Essays, autobiographische Schriften 210
Coleridge, Samuel Taylor (1772—1834), englischer Dichter, Philosoph und Kritiker; Gedichte („Lyrische Balladen“, gemeinsam mit Wordsworth; Balladen), Dramen („Der Fall Robespierres“), philosophische und literaturkritische Schriften („Biographia Literaria“), Essays 164
Comenius, Johann Amos (eigentl. Jan Amos Komenský) (1592—1670), tschechischer Pädagoge, Prediger und Bischof; didaktische Schriften in neulateinischer und tschechischer Sprache 128
Comte, Auguste (1798—1857), französischer Philosoph; Hauptwerk: „Abhandlung über die Philosophie des Positivismus“ 171
Congreve, William (1670—1729), englischer Dramatiker, Hauptvertreter der „Comedy of manners“ („Der Lauf der Welt“) 136
Conrad, Joseph (eigentl. Josef Konrad Korzeniowski) (1857—1924), englischer Prosaist; Romane („Der Verdammte der Inseln“, „Lord Jim“), Kurzgeschichten 183
Constant, Benjamin (1767—1830), französisch-schweizerischer Schriftsteller und Politiker; Hauptwerk: Roman „Adolph“ 160
Cooper, James Fenimore (1789—1851), amerikanischer Prosaist; „Lederstrumpf“-Erzählungen, sozialkritische Romane, Seeromane 163
Corneille, Pierre (1606—1684), französischer Dramatiker und Theatertheoretiker; Tragödien („Der Cid“), Komödien („Der Lügner“), Abhandlungen 54, *122,* 123, 126
Coster, Charles de (1827—1879), belgischer Schriftsteller französischer Sprache; Hauptwerk: Epos „Die Legende von Ulenspiegel“ 177
Cyrano de Bergerac (eigentl. Hector-Savinien de Cyrano) (1619—1655), französischer Schriftsteller; Hauptwerk: utopischer Doppelroman „Komische Geschichte der Staaten und Reiche des Mondes und der Sonne“ 131
Dandin (7./8. Jh.), indischer Dichter; Hauptwerk: Prosaroman „Die Geschichte der zehn Prinzen“ 82
Dante Alighieri (1265—1321), italienischer Dichter; prosaisch-lyrische Dichtung „Das neue Leben“, Versepos „Göttliche Komödie“ in italienischer Sprache; theoretische Schriften in mittellateinischer Sprache 22, 66, 68, 76, 78, 89, 90, *90–92,* 93, 94, 95, 103, 121, 147

Defoe, Daniel (eigentl. D. Foe) (1660—1731), englischer Prosaist und Publizist; Romane („Robinson Crusoe", „Moll Flanders"), fiktiver Dokumentarbericht „Tagebuch aus dem Pestjahr" 114, *136/137*
Dehmel, Richard (1863—1920), deutscher Dichter, bedeutend als Lyriker; Hauptwerk: Romanzenzyklus „Zwei Menschen" 184
Demokrit (Mitte des 5. Jhs. v. Chr.), griechischer Philosoph; Werke nur fragmentarisch überliefert *38*, 55
Demosthenes (384—322 v. Chr.), berühmtester griechischer Redner; Staats- und Gerichtsreden 53/54
Descartes, René (Renatus Cartesius) (1596—1650), französischer Philosoph; Schriften in neulateinischer und französischer Sprache („Abhandlung über die Methode", „Meditationen über die metaphysischen Grundlagen der Philosophie") 110, *128/129*, 133, 139
Dickens, Charles (1811—1870), englischer Prosaist; Romane („Die nachgelassenen Aufzeichnungen des Pickwick-Clubs", „Oliver Twist", „David Copperfield"), Erzählungen („Ein Weihnachtslied") 173
Diderot, Denis (1713—1784), französischer Dichter und Philosoph, Herausgeber der „Encyclopédie"; Dramen, Romane (Dialogroman „Rameaus Neffe"), philosophische, dichtungstheoretische und kunstkritische Abhandlungen 139
Disraeli, Benjamin, Earl of Beaconsfield (1804—1881), englischer Staatsmann und Romanschriftsteller 166
Döblin, Alfred (1878—1957), deutscher Schriftsteller; Romane („Wallenstein", „Berge, Meere und Giganten", „Berlin Alexanderplatz", „Pardon wird nicht gegeben", „Hamlet oder Die lange Nacht nimmt ein Ende"), Erzählungen, Dramen, Essays, Kritiken, Autobiographie „Schicksalsreise" 202/203
Dos Passos, John (1896—1970), amerikanischer Schriftsteller; Romane („Drei Soldaten", „Manhattan Transfer", „Der 42. Breitengrad", „Neunzehnhundertneunzehn", „Hochfinanz"), Reiseberichte, Dramen, Essays 211, 212, *215*
Dostojewskij, Fjodor M. (1821—1881), russischer Prosaist; Romane („Schuld und Sühne", „Der Spieler", „Der Idiot", „Die Dämonen", „Die Brüder Karamasow"), Erzählungen, autobiographische Schriften *175*, 183
Dreiser, Theodore (1871—1945), amerikanischer Prosaist; Hauptwerk: Roman „Eine amerikanische Tragödie" 196
Droste-Hülshoff, Annette Freiin von (1797—1848), deutsche Dichterin; Gedichte, Verserzählungen, Novellen („Die Judenbuche") 158
Dryden, John (1631—1700), englischer Dichter; Gedichte, Komödien, heroische Dramen, Satiren, Essays, Kritiken 136
Du Bellay, Joachim (1522—1560), französischer Dichter der „Pléiade"; Sonette, Manifest „Verteidigung und Erklärung der französischen Sprache" 108
Dürrenmatt, Friedrich (geb. 1921), Schweizer Dramatiker und Prosaist (Dramen „Der Besuch der alten Dame", „Die Physiker", „Der Meteor") 214
Duhamel, Georges (1884—1966), französischer Schriftsteller; Erzählungen („Leben der Märtyrer"), Romanzyklen „Leben und Abenteuer Salavins" und „Chronik der Familie Pasquier", Dramen, Essays 180
Dumas, Alexandre, père (1802—1870), französischer Schriftsteller; Dramen, Romane („Die drei Musketiere", „Der Graf von Monte Christo") *163*, 164
Echn-Aton (Amenophis IV.) (14. Jh. v. Chr.), ägyptischer König, mutmaßlicher Verfasser eines in mehreren Versionen erhaltenen „Sonnengesangs" 29/30
Eckart (Meister Eckart) (um 1260—1327), Dominikaner, berühmter Prediger, bedeutendster deutscher Mystiker; Predigten und Traktate in deutscher Sprache,

scholastisch-theologische Schriften in mittellateinischer Sprache *69*, 88, 100, 105, 126
Ehrenburg, Ilja G. (1891—1967), russischer Prosaist und Journalist; Romane („Die ungewöhnlichen Abenteuer des Julio Jurenito", „Trust D. E."), Erzählungen („Tauwetter"), Essays, Kriegsberichte, Memoiren „Menschen, Jahre, Leben" 206
Eichendorff, Joseph Freiherr von (1788—1857), deutscher Dichter; Gedichte, Dramen, Romane, Novellen („Aus dem Leben eines Taugenichts"), literarhistorische Abhandlungen *157*, 159
Einhart (Eginhardus) (um 770—840), deutscher Diplomat, Gelehrter und Schriftsteller; historische und theologische Schriften in mittellateinischer Sprache („Das Leben Karls des Großen") 74
Ekkehard (um 910—973), Mönch in St. Gallen, umstrittener Verfasser des mittellateinischen Waltharius-Epos 74
Eliot, George (eigentl. Mary Ann Evans) (1819—1880), englische Romanschriftstellerin („Die Mühle am Floß", „Middlemarch") 173
Eliot, Thomas Stearns (1888—1965), amerikanisch-englischer Dichter und Kritiker; Gedichte (Zyklen „Das wüste Land", „Vier Quartette"), Dramen („Mord im Dom", „Die Cocktail-Party", „Der Privatsekretär"), literaturkritische Studien und Essays 190/191
Emerson, Ralph Waldo (1803—1882), amerikanischer Schriftsteller; philosophische, kulturhistorische und geschichtstheoretische Essays („Natur", „Repräsentative Männer") 19, 111, *169*, 170
Engelmann, Bernt (geb. 1921), deutscher Schriftsteller und Publizist (dreiteiliges „Deutsches Antigeschichtsbuch") 209
Ennius (Quintus E.) (239—169 v. Chr.), römischer Dichter; Geschichtsepos „Annalen", Nachbildungen griechischer Tragödien und Komödien (nur in Bruchstücken erhalten) *44*, 45, 50
Enzensberger, Hans Magnus (geb. 1929), deutscher Schriftsteller, bedeutend als Lyriker und Essayist (Gedichtsammlung „Verteidigung der Wölfe"), 22, *208*
Epiktet (um 50—135), griechischer Popularphilosoph der stoischen Schule (Grundzüge der Lehre im „Handbüchlein") *55/56*, 57
Epikur (341—270 v. Chr.), griechischer Philosoph, Begründer der epikureischen Schule; nur drei Briefe, 40 Merksätze und Bruchstücke erhalten 47, 51, *55*, 56, 57
Erasmus von Rotterdam, Desiderius (eigentl. Geert Geerts) (um 1466—1536), niederländischer Gelehrter, bedeutendster Humanist; philosophische, theologische und satirische Schriften („Lob der Torheit") in neulateinischer Sprache, kritische Ausgaben klassischer Werke und des Neuen Testaments 98, 100, *101*, 102, 103, 114, 117, 134
Euripides (um 480—406/407 v. Chr.), griechischer Dramatiker; von ca. 75 Stücken nur ein Satyrspiel und 17 Tragödien vollständig erhalten („Medea", „Hippolytos", „Die Troerinnen", „Elektra", zwei „Iphigenie"-Dramen) *40/41*, 56, 123
Fanon, Frantz (1925—1961), algerischer Schriftsteller französischer Sprache; Hauptwerk: politischer Essay „Die Verdammten dieser Erde" 199
Faulkner, William (1897—1962), amerikanischer Prosaist; Romane („Licht im August", „Absalom, Absalom!", Snopes-Trilogie „Das Dorf", „Die Stadt" und „Das Haus", „Die Spitzbuben"), Erzählungen *198*, 209
Fedin, Konstantin A. (1892—1977), russischer Prosaist (Romantrilogie „Frühe Freuden", „Ein ungewöhnlicher Sommer" und „Die Flamme") 210
Fénelon, François de Salignac de la Mothe (1651—1715), französischer Theologe,

Pädagoge und Schriftsteller; Hauptwerk: Roman „Die Abenteuer des Telemach“ 130
Feuchtwanger, Lion (1884—1958), deutscher Schriftsteller; Romane („Jud Süß“, Trilogie „Der Wartesaal“, enthaltend „Erfolg“), Erzählungen, Dramen, autobiographische und essayistische Schriften 205/206
Fielding, Henry (1707—1754), englischer Dramatiker und Prosaist; Hauptwerk: Roman „Tom Jones“ 138
Firdausi (etwa 940—1020), größter persischer Epiker; Hauptwerk: iranisches Nationalepos „Königsbuch“ 87
Fitzgerald, Francis Scott (1896—1940), amerikanischer Prosaist; Hauptwerk: Roman „Der große Gatsby“ 195
Flaubert, Gustave (1821—1880), französischer Prosaist; Romane („Madame Bovary“, „Salammbô“, „Lehrjahre des Gefühls“, Fragment „Bouvard und Pécuchet“), Erzählungen, Briefe *172*, 175
Fleming, Paul (1609—1640), deutscher Lyriker; weltliche und geistliche Gedichte 126
Fontane, Theodor (1819—1898), deutscher Dichter; Gedichte, Reiseberichte („Wanderungen durch die Mark Brandenburg“), Romane („Irrungen, Wirrungen“, „Frau Jenny Treibel“, „Effie Briest“, „Der Stechlin“) 168, *174*
Forster, Edward Morgan (1879—1970), englischer Prosaist; Romane („Howards End“, „Auf der Suche nach Indien“), Kurzgeschichten, Essays, literarische Studien 137
Forster, Johann Georg Adam (1754—1794), deutscher Reiseschriftsteller 146
France, Anatole (eigentl. Jacques-François-Anatole Thibault) (1844—1924), französischer Schriftsteller; Gedichte, Romane („Thais“, vierteiliger Zyklus „Die Romane der Gegenwart“), Erzählungen, literaturkritische Aufsätze, Essays, Aphorismen 134, *181*
Frank, Leonhard (1882—1961), deutscher Prosaist; Romane („Die Räuberbande“, „Das Ochsenfurter Männerquartett“), Erzählungen („Der Mensch ist gut“), Autobiographie „Links, wo das Herz ist“ 185
Franz von Assisi (Francesco d'Assisi) (1182—1226), Prediger, Begründer des Franziskanerordens; Predigten und Ordensregeln in mittellateinischer Sprache, dichterische Werke in italienischer Sprache 68/69
Freud, Sigmund (1856—1939), Psychoanalytiker und Kulturtheoretiker („Zur Psychopathologie des Alltagslebens“, „Vorlesungen zur Einführung in die Psychoanalyse“, „Das Ich und das Es“, „Das Unbehagen in der Kultur“) 165, 186, *189/190*, 205, 214
Fried, Erich (geb. 1921), deutscher Schriftsteller und Übersetzer, bedeutend als Lyriker 214
Frisch, Max (geb. 1911), Schweizer Dramatiker und Prosaist; Dramen („Biedermann und die Brandstifter“, „Andorra“), Romane („Stiller“, „Homo Faber“, „Mein Name sei Gantenbein“), Erzählungen, literaturkritische Essays, Tagebücher 214
Galsworthy, John (1867—1933), englischer Prosaist und Dramatiker; Hauptwerk: Romantrilogie „Die Forsyte Saga“ 183/184
García Lorca, Federico (1898—1936), spanischer Dichter; Gedichte („Zigeunerromanzen“), Dramen („Bluthochzeit“, „Bernarda Albas Haus“) 26, 113
García Márquez, Gabriel (geb. 1928), kolumbianischer Prosaist; Romane („Kein Brief für den Oberst, „Hundert Jahre Einsamkeit“, „Der Herbst des Patriarchen“), Erzählungen 199

Gassendi, Pierre (1592—1655), französischer Philosoph und Naturforscher, Erneuerer Epikurs 131
Gautier, Théophile (1811—1872), französischer Dichter; Gedichte (Sammlung „Emaillen und Kameen"), Romane, Erzählungen, literatur- und kunstkritische Schriften 162
Gay, John (1685—1732), englischer Lyriker und Dramatiker; Hauptwerk: „Die Bettleroper" 138
Gellert, Christian Fürchtegott (1715—1769), deutscher Dichter; Gedichte, Lustspiele, Romane, Fabeln und Erzählungen 145
Genet, Jean (geb. 1910), französischer Schriftsteller; Gedichte, Dramen („Die Zofen", „Der Balkon"), Romane („Notre-Dame-des-fleurs"), Essays 109
Gentz, Friedrich von (1764—1832), deutscher politischer Schriftsteller 157
Geoffrey of Monmouth (Galfredus Monemuthensis) (um 1100—1154), walisischer Bischof und Historiker („Geschichte der Könige Britanniens" in mittellateinischer Sprache) 74
George, Stefan (1868—1933), deutscher Lyriker (Zyklen „Hymnen", „Das Jahr der Seele", „Der Teppich des Lebens", „Der siebente Ring", „Der Stern des Bundes", „Das neue Reich") 21, *184/185*, 193
Gerhardt, Paul (1607—1676), deutscher geistlicher Dichter und Prediger, Verfasser von protestantischen Kirchenliedern 126
Gibbon, Edward (1737—1794), englischer Historiker; Hauptwerk: „Geschichte des Verfalls und Untergangs des Römischen Reiches" 136
Gide, André (1869—1951), französischer Schriftsteller; Erzählungen, Romane („Der Immoralist", „Die Verliese des Vatikan", „Die Falschmünzer"), Dramen („Oedipus"), Essays, Reiseberichte, autobiographische Werke („Stirb und werde"), Tagebücher, Briefe 134, *181*, 183, 198
Giraudoux, Jean (1882—1944), französischer Schriftsteller, bedeutend als Dramatiker („Amphitryon 38", „Der trojanische Krieg findet nicht statt", „Die Irre von Chaillot") 45, 121, *210*
Görres, Johann Joseph von (1776—1848), deutscher Publizist, Gelehrter und Politiker 154, *157*, 159
Goethe, Johann Wolfgang von (1749—1832), größter deutscher Dichter; Gedichte, Dramen („Götz von Berlichingen", „Stella", „Egmont", „Iphigenie auf Tauris", „Torquato Tasso", „Faust" I/II), Epen („Hermann und Dorothea"), Romane („Die Leiden des jungen Werther", „Wilhelm Meisters Lehrjahre", „Wilhelm Meisters Wanderjahre", „Die Wahlverwandtschaften"), autobiographische Werke („Dichtung und Wahrheit"), ästhetische und naturwissenschaftliche Schriften, Briefe, Gespräche 16, 18/19, 21, 22, 35, 36, 40, 53, 57, 61, 65, 75, 77, 78, 81, 84/85, 87, 92, 95, 103, 105, 118, 119, 121, 122, 124, 127, 128, 131, 133, 134, 135, 138, 139, 141, 142, 143, 144, 145, 146, *147/148*, 149, 155, 156, 157, 158, 161, 164, 165, 167, 168, 169, 173, 176, 181, 183, 184
Gogol, Nikolaj V. (1809—1852), russischer Dichter; Komödien („Der Revisor"), Roman „Die toten Seelen", Erzählungen („Die Nase", „Der Mantel") 167, *175*, 176
Goldsmith, Oliver (1728—1774), irischer Dichter; Roman „Der Landpfarrer von Wakefield", Gedichte, Komödien, Essays 138
Góngora y Argote, Luis de (1561—1627), spanischer Dichter; Romanzen, Sonette, Versdichtungen 22, *112/113*
Gontscharow, Iwan A. (1812—1891), russischer Romanschriftsteller; Hauptwerk: „Oblomow" 175

Gorkij, Maxim (eigentl. Alexej M. Peschkow) (1868—1936), russischer Dichter; Dramen („Nachtasyl", „Wassa Schelesnowa"), Romane („Die Mutter"), Erzählungen, Essays, Autobiographie 176

Gottfried von Straßburg (um 1200), mittelhochdeutscher Epiker („Tristan", unvollendet) 76

Gotthelf, Jeremias (eigentl. Albert Bitzius) (1797—1854), Schweizer Prosaist; Romane („Uli der Knecht", „Uli der Pächter"), Erzählungen 174

Gottsched, Johann Christoph (1700—1766), deutscher Literaturtheoretiker, Theater- und Sprachreformer, Herausgeber moralischer Wochenschriften und der „Deutschen Schaubühne"; Hauptwerk: „Versuch einer Critischen Dichtkunst vor die Deutschen" 145

Grabbe, Christian Dietrich (1801—1836), deutscher Dramatiker; Literaturkomödie „Scherz, Satire, Ironie und tiefere Bedeutung", Tragödien („Don Juan und Faust"), historische Schauspiele 174

Gracián, Baltasar (1601—1658), spanischer Jesuitenrektor und Schriftsteller; Roman „Der Kritiker", Spruchsammlung „Handorakel", Traktate und Abhandlungen 22, *112*, 130

Grass, Günter (geb. 1927), deutscher Schriftsteller; Romane („Die Blechtrommel", „Hundejahre", „Örtlich betäubt", „Der Butt"), Erzählungen („Katz und Maus"), Gedichte, Dramen, literaturkritische und politische Essays 207, *208*

Gray, Thomas (1716—1771), englischer Lyriker 138

Greene, Robert (um 1558—1592), englischer Dichter; Gedichte, Dramen („Die rühmliche Geschichte von Bruder Bacon und Bruder Bongay"), Romane, z. T. mit lyrischen Einlagen 119

Gregor von Tours (Georgius Florentius) (um 540—594), fränkischer Geschichtsschreiber, Bischof von Tours; Hauptwerk: „Geschichte der Franken" in lateinischer Sprache 67

Grillparzer, Franz (1791—1872), österreichischer Dramatiker; Tragödien („Des Meeres und der Liebe Wellen"), Geschichtsdramen („Ein Bruderzwist im Hause Habsburg"), Lustspiele („Weh dem, der lügt") 118, *150*

Grimm, Frédéric-Melchior, Baron de (1723—1807), deutscher Journalist französischer Sprache; Hauptwerk: periodische Pariser Kulturberichte „Literarische, philosophische und kritische Korrespondenz" 139/140

Grimm, Jacob (1785—1863) und Wilhelm (1786—1859), deutsche Altertumsforscher; Sammlung und Redaktion von „Kinder- und Hausmärchen" und „Deutschen Sagen", „Deutsches Wörterbuch" *157*, 176

Grimmelshausen, Hans Jakob Christoffel von (um 1622—1676), deutscher Romanschriftsteller („Der abenteuerliche Simplicissimus" und andere simplicianische Schriften) 126

Grotius, Hugo (Huig de Groot) (1583—1645), niederländischer Rechtsgelehrter und Staatsmann; Hauptwerk: „Drei Bücher vom Recht des Krieges und des Friedens" in neulateinischer Sprache 128

Gryphius, Andreas (1616—1664), deutscher Dichter; Gedichte, Trauerspiele (besonders Märtyrertragödien), Lustspiele („Horribilicribrifax") 126

Guinicelli, Guido (um 1240—1276), italienischer Lyriker; sieben Kanzonen und elf Sonette erhalten 89

Gutzkow, Karl (1811—1878), deutscher Dichter und Publizist; Dramen, Romane („Wally, die Zweiflerin", „Die Ritter vom Geiste") 173

Haas, Willy (1891—1973), österreichisch-deutscher Schriftsteller und Kritiker, Herausgeber der Zeitschrift „Die literarische Welt" 204

Hafis (um 1320—1389), persischer Lyriker; etwa 600 Gedichte postum in einem „Diwan“ gesammelt 87
Hagedorn, Friedrich von (1708—1754), deutscher Lyriker und Fabeldichter 145
Haller, Albrecht von (1708—1777), deutscher Dichter und universaler Gelehrter; Hauptwerk: philosophisches Lehrgedicht „Die Alpen“ 145
Hamann, Johann Georg (1730—1788), deutscher philosophischer Schriftsteller („Sokratische Denkwürdigkeiten“, „Kreuzzüge des Philologen“) 128, *144,* 154
Hammurabi (1728—1686 v. Chr.), babylonischer König, Initiator einer umfangreichen Rechtskodifikation *32,* 33
Hamsun, Knut (1859—1952), norwegischer Dichter; Gedichte, Romane („Hunger“, „Mysterien“, „Victoria“, „Segen der Erde“, „Das letzte Kapitel“, Trilogie „Landstreicher“, „August Weltumsegler“ und „Nach Jahr und Tag“), Erzählungen („Benoni“, „Rosa“), Dramen, Autobiographie „Auf überwachsenen Pfaden“ *186, 191/192*
Harte, Bret (1836—1902), amerikanischer Kurzgeschichtenautor 170
Hartmann von Aue (um 1165—1215), mittelhochdeutscher Dichter; Artus-Epen „Erec“ und „Iwein“, Verslegenden „Gregorius“ und „Der arme Heinrich“, Minnelieder *75,* 76
Hauff, Wilhelm (1802—1827), deutscher Prosaist; Märchen, Erzählungen, historischer Roman „Lichtenstein“ 174
Hauptmann, Gerhart (1862—1946), deutscher Dichter; Dramen („Vor Sonnenaufgang“, „Die Weber“, „Der Biberpelz“, „Hanneles Himmelfahrt“, „Die versunkene Glocke“, „Fuhrmann Henschel“, „Michael Kramer“, „Rose Bernd“, „Und Pippa tanzt“, „Die Ratten“, „Vor Sonnenuntergang“, Atriden-Tetralogie), Novellen, Romane, Epen, Gedichte, Essays, Autobiographie 75, *184,* 192, 197
Hawthorne, Nathaniel (1804—1864), amerikanischer Schriftsteller; psychologische Romane („Der scharlachrote Buchstabe“), Erzählungen, Essays 170
Hebbel, Friedrich (1813—1863), deutscher Dichter; Tragödien („Maria Magdalena“, „Gyges und sein Ring“, „Die Nibelungen“), Lustspiele, Gedichte, Erzählungen, Tagebücher 76, *174*
Heine, Heinrich (1797—1856), deutscher Dichter und Publizist; Gedichte (Zyklen „Buch der Lieder“, „Romanzero“), Versepen, Tragödien, Sammlung feuilletonistischer „Reisebilder“, literatur- und zeitkritische Schriften und Essays 22, 114, 155, 157/158, *173/174*
Heinrich von Veldeke (etwa 1140—1200), erster großer mittelhochdeutscher Minnesänger und Epiker (Epos „Eneide“) 76
Hemingway, Ernest (1898—1961), amerikanischer Prosaist; Romane („Fiesta“, „In einem andern Land“, „Wem die Stunde schlägt“, „Über den Fluß und in die Wälder“, „Der alte Mann und das Meer“), Kurzgeschichten, essayistische und autobiographische Schriften 33, 94, *195*
Heraklit (um 500 v. Chr.), griechischer Naturphilosoph; von seinem Werk nur aphoristische Fragmente überliefert 35, *38*
Herder, Johann Gottfried (1744—1803), deutscher Ästhetiker, Literaturkritiker, Geschichtsphilosoph, Dichter und Übersetzer („Von deutscher Art und Kunst“, „Briefe zur Beförderung der Humanität“) 101, 138, 142, 143, 146, *149*
Hermlin, Stephan (geb. 1915), deutscher Lyriker, Prosaist und Publizist 210
Herodot (um 485—425 v. Chr.), griechischer Historiker; Geschichtswerk vom Trojanischen Krieg bis zu Xerxes' Zug gegen Griechenland 20, 27, 32, 33, *41*
Hesiod (um 700 v. Chr.), griechischer Dichter; Lehrgedicht „Werke und Tage“, Epos „Theogonie“ *38,* 40

Hesse, Hermann (1877—1962), deutscher Lyriker und Prosaist; Gedichte, Romane („Peter Camendzind“, „Unterm Rad“, „Knulp“, „Demian“, „Siddharta“, „Der Steppenwolf“, „Das Glasperlenspiel“), Erzählungen („Klingsors letzter Sommer“, „Narziß und Goldmund“), Reiseberichte, Betrachtungen, Essays, Briefe 23, *185*
Heym, Stefan (geb. 1913), deutscher Prosaist und Dramatiker (Roman „Der bittere Lorbeer“) 210
Highsmith, Patricia (geb. 1921), amerikanische Prosaistin; Kriminalromane („Zwei Fremde im Zug“), Erzählungen 201
Hildegard von Bingen (1098—1179), Benediktiner-Äbtissin; mystische und medizinisch-naturwissenschaftliche Schriften in mittellateinischer Sprache 67/68
Hobbes, Thomas (1588—1679), englischer Philosoph; Schriften in englischer und neulateinischer Sprache (staatstheoretische Abhandlung „Leviathan“) 132
Hochhuth, Rolf (geb. 1931), deutscher Schriftsteller; Dokumentardramen („Der Stellvertreter“), Erzählungen 209
Hölderlin, Friedrich (1770—1843), deutscher Dichter; Gedichte, Briefroman „Hyperion“, unvollendetes Drama „Der Tod des Empedokles“, Übersetzungen des Sophokles 142, *149*, 209
Hoffmann, Ernst Theodor Amadeus (1776—1822), deutscher Prosaist; Erzählungen, Novellen, Märchen (Sammlungen „Phantasiestücke in Callots Manier“, „Nachtstücke“, „Die Serapions-Brüder“), Roman „Die Elixiere des Teufels“, biographisches Erzählwerk „Lebensansichten des Katers Murr“ 157
Hofmannsthal, Hugo von (1874—1929), österreichischer Dichter; Gedichte, Dramen („Elektra“, „Christinas Heimreise“, „Jedermann“, „Der Schwierige“, „Der Unbestechliche“), Opernlibretti für Richard Strauss („Der Rosenkavalier“, „Die Frau ohne Schatten“), Novellen, kulturkritische Essays, Briefe 119, 172, *184*
d'Holbach, Paul-Henri Thiry (Dietrich) Baron (1723—1789), deutscher Philosoph französischer Sprache, Mitarbeiter an der „Encyclopédie“ 140
Holz, Arno (1863—1929), deutscher Dichter und Dichtungstheoretiker; Hauptwerk: lyrischer Zyklus „Phantasus“ 193
Homer (9. oder 8. Jh. v. Chr.), größter griechischer Epiker; „Ilias“, „Odyssee“ 16, 26, 33, *36-38*, 41, 43, 44, 51, 52, 53, 73, 77, 80, 85, 92, 108, 121, 124, 136, 142, 157, 213
Horaz (Quintus Horatius Flaccus) (65—8 v. Chr.), römischer Dichter; Oden, Epoden, Satiren, Episteln 21, 44, 47, 48, *51*, 52
Hrabanus Maurus (um 784—856), deutscher Gelehrter und Theologe, Erzbischof von Mainz; didaktische, theologische und poetische Werke sowie Predigten und Briefe in mittellateinischer Sprache 74
Hrotsvith (Roswitha) von Gandersheim (um 935—975), Kanonissin des Stiftes Gandersheim, erste deutsche Dichterin; Legenden, christliche Lesedramen und historische Epen in mittellateinischer Sprache *67*, 117
Huch, Ricarda (1864—1947), deutsche Lyrikerin und Prosaistin; Gedichte, Romane („Erinnerungen von Ludolf Ursleu dem Jüngeren“), Erzählungen, Biographien, historische und literarhistorische Darstellungen, Essays 186
Hugo, Victor (1802—1885), französischer Dichter; Gedichte, Dramen („Hernani“), Romane („Notre-Dame zu Paris, 1482“, „Die Elenden“, „Dreiundneunzig“) 160, *161*, 164
Humboldt, Alexander Freiherr von (1769—1859), deutscher Naturforscher; Hauptwerk: „Der Kosmos“ 149
Humboldt, Wilhelm Freiherr von (1767—1835), deutscher universaler Gelehrter, Sprachphilosoph, Ästhetiker und Bildungstheoretiker 144, *149*

Hume, David (1711—1776), englischer Philosoph; psychologisch-erkenntnistheoretische und historische Werke 133, *136*

Hutten, Ulrich von (1488—1523), deutscher Dichter des Humanismus, Kämpfer für nationale und reformatorische Ziele; Dialoge, Epigramme und Lieder in neulateinischer und deutscher Sprache 102

Huxley, Aldous (1894—1963), englischer Prosaist; Romane („Schöne neue Welt"), Erzählungen, Essays 210

Huysmans, Joris Karl (1848—1907), französischer Romanschriftsteller („Gegen den Strich", „Tief unten") 163

Ibsen, Henrik (1828—1906), norwegischer Dramatiker („Peer Gynt", „Stützen der Gesellschaft", „Nora oder Ein Puppenheim", „Gespenster", „Die Wildente", „Rosmersholm", „Hedda Gabler") *176/177,* 179, 182, 197

Ignatius von Loyola (Ignacio de L.) (1491—1556), Gründer des Jesuitenordens; Hauptwerk: religiös-didaktische „Geistliche Exerzitien" in neulateinischer Sprache 107

Immermann, Karl Leberecht (1796—1840), deutscher Dichter; Gedichte, Dramen („Merlin"), Epen, Romane („Die Epigonen", „Münchhausen") 173

Irving, Washington (1783—1859), amerikanischer Essayist und Prosaist; Kurzgeschichten, satirisch-parodistische „Geschichte New Yorks", Essays, Biographien 163

Jacobsen Jens Peter (1847—1885), dänischer Dichter; Gedichte („Gurrelieder"), Romane („Frau Marie Grubbe", „Niels Lyhne"), Novellen („Mogens") 186

Jacobsohn, Siegfried (1881—1926), deutscher Theater- und Literaturkritiker, Herausgeber der Zeitschrift „Die Schaubühne", später „Die Weltbühne" 191

Jahnn, Hans Henny (1894—1959), deutscher Dramatiker und Prosaist; Dramen („Pastor Ephraim Magnus", „Medea", „Thomas Chatterton"), Romane („Perrudja", Trilogie „Fluß ohne Ufer"), Erzählungen, literaturkritische und musiktheoretische Essays 207

Jean Paul (eigentl. Johann Paul Friedrich Richter) (1763—1825), deutscher Romanschriftsteller („Siebenkäs", „Titan", „Flegeljahre") 23, *149/150*

Jessenin, Sergej A. (1895—1925), russischer Lyriker (Gedichtsammlung „Das Moskau der Schenken") 210

Johannes von Tepl (J. von Saaz) (um 1350—1414), böhmischer Schulrektor; einziges Werk: Prosadialog „Der Ackermann aus Böhmen" 102

Johnson, Samuel (1709—1784), englischer Schriftsteller und Gelehrter, Herausgeber moralischer Wochenschriften; dramatische, prosaische, literaturkritische und biographische Werke, „Wörterbuch der englischen Sprache", Edition Shakespeares 12, *135/136,* 138

Johnson, Uwe (1934—1984), deutscher Prosaist; Romane („Mutmaßungen über Jakob", „Das dritte Buch über Achim", „Jahrestage"), Erzählungen, Essays 209

Jonson, Ben (Benjamin) (um 1572—1637), englischer Dichter; Komödien („Volpone", „Epicoene oder Die schweigsame Frau", „Der Alchemist"), Tragödien, Gedichte 119/120

Joseph (Flavius Josephus) (37 bis um 95), jüdischer Historiker; Werke zur Geschichte des Judentums in griechischer Sprache („Jüdische Altertumskunde", „Jüdischer Krieg") 63

Joyce, James (1882—1941), irischer Dichter, bedeutend als Romanschriftsteller; Gedichte, Drama „Verbannte", Kurzgeschichten (Sammlung „Dublin"), Romane („Jugendbildnis", „Ulysses", „Finnegans Wake") 23, 36, 113, 170, 182, 190, 211, 212, *213,* 215

Jünger, Ernst (geb. 1895), deutscher Prosaist; Tagebuchaufzeichnungen („In Stahlgewittern“, „Strahlungen“), Romane („Auf den Marmorklippen“, „Gläserne Bienen“), Erzählungen (Sammlung „Das abenteuerliche Herz“), Essays 192
Juvenal (Decimus Junius Juvenalis) (etwa 60—140), römischer Satirendichter; 16 Satiren erhalten 58
Kästner, Erich (1899—1974), deutscher Schriftsteller und Journalist; satirische Gedichte und Chansons, Romane („Fabian“), Kinderbücher („Emil und die Detektive“), autobiographische Schriften 208
Kafka, Franz (1883—1924), österreichischer Prosaist; Romane („Der Prozeß“, „Das Schloß“, Fragment „Der Verschollene“ („Amerika“)), Erzählungen („Die Verwandlung“, „Das Urteil“, „In der Strafkolonie“), Tagebücher, Briefe 19, 170, 190, *203/204,* 214
Kalidasa (4./5. Jh.), größter indischer Dichter; Dramen („Sakuntala“), Epen, Gedichte (Poem „Der Wolkenbote“) 81/82
Kallimachos (etwa 310—240 v. Chr.), griechischer Dichter; Hymnen, Epigramme, Hauptwerk „Ursprungssagen“ (enthaltend das höfische Gedicht „Die Locke der Berenike“) und Kleinepos „Hekale“ nur fragmentarisch erhalten 53
Katajew, Valentin P. (geb. 1897), russischer Prosaist und Dramatiker (Memoirenwerk „Das Gras des Vergessens“) 210
Keats, John (1795—1821), englischer Lyriker; Sonette, Oden, Versepen („Endymion“) *165,* 166, 173
Keller, Gottfried (1819—1890), Schweizer Dichter; Gedichte, Romane („Der grüne Heinrich“), Erzählungen (Zyklen „Die Leute von Seldwyla“, „Sieben Legenden“) 174/175
Kierkegaard, Sören (1813—1855), dänischer Religionsphilosoph 19, 110, *162,* 179, 214
Kipling, Rudyard (1865—1936), englischer Schriftsteller und Journalist; Gedichte, Kurzgeschichten, Erzählungen (zweiteiliges „Dschungelbuch“), Romane („Das Licht erlosch“, „Kim“) 183
Kipphardt, Heinar (1922—1982), deutscher Schriftsteller; Dokumentardramen („In der Sache J. Robert Oppenheimer“), Prosawerke (Roman „März“), Gedichte 209
Kisch, Egon Erwin (1885—1948), tschechisch-jüdischer Schriftsteller deutscher Sprache; Romane („Die Abenteuer in Prag“), Reportagen und Berichte („Der rasende Reporter“, „China geheim“, „Geschichten aus sieben Ghettos“, „Entdeckungen in Mexiko“) 194
Klabund (eigentl. Alfred Henschke) (1890—1928), deutscher Dichter; Gedichte, Dramen („Der Kreidekreis“), Romane („Bracke“), Erzählungen, Übersetzungen 30, 84
Kleist, Heinrich von (1777—1811), deutscher Dichter; Dramen („Amphitryon“, „Penthesilea“, „Das Käthchen von Heilbronn“, „Der zerbrochene Krug“, „Der Prinz von Homburg“), Erzählungen („Michael Kohlhaas“, „Die Marquise von O.“, „Die Verlobung in St. Domingo“), politisch-patriotische Gedichte, Essays 45, 142, 147, *148/149*
Klopstock, Friedrich Gottlieb (1724—1803), deutscher Dichter; Gedichte, christliches Epos „Der Messias“, Dramen, kulturpolitische, ästhetische und sprachwissenschaftliche Schriften 145
Knigge, Adolph Franz Friedrich Freiherr von (1752—1796), deutscher Schriftsteller; Romane, satirische, didaktische und politische Schriften („Über den Umgang mit Menschen“) 146

Köppen, Edlef (1893—1939), deutscher Prosaist; Hauptwerk: Roman „Heeresbericht“ 204/205
Koeppen, Wolfgang (geb. 1906), deutscher Prosaist; Romane („Tauben im Gras“, „Das Treibhaus“, „Der Tod in Rom“), Reiseschilderungen, autobiographischer Bericht „Jugend“ 204, *208*
Körner, Theodor (1791—1813), deutscher Dichter; berühmt durch patriotische Zeit- und Kriegslieder 144
Konfuzius: siehe Kung Fu-tse
Kornfeld, Paul (1889—1942), österreichischer Dramatiker und Prosaist 27
Kraus, Karl (1874—1936), österreichischer Schriftsteller und Publizist, Herausgeber der Zeitschrift „Die Fackel“; Dramen („Die letzten Tage der Menschheit“), satirische Gedichte, kultur- und literaturkritische Essays, Aphorismen 22, *185*
Kuby, Erich (geb. 1910), deutscher Schriftsteller und Journalist (Roman „Rosemarie, des deutschen Wunders liebstes Kind“) 208
Kürenberg, der von (12. Jh.), ältester namentlich bekannter mittelhochdeutscher Minnesänger; 15 Lieder erhalten 76
Kunert, Günter (geb. 1929), deutscher Lyriker und Prosaist 210
Kung Fu-tse (Konfuzius) (551—479 v. Chr.), chinesischer Staatsmann, Philosoph und Sittenlehrer 84
Labé, Louise (1525—1566), französische Dichterin; Liebessonette 108
La Boétie, Etienne de (1530—1563), französischer Schriftsteller; Hauptwerk: „Abhandlung über die freiwillige Knechtschaft“) 111
La Bruyère, Jean de (1645—1696), französischer Prosaist; Hauptwerk: essayistische Schrift „Die Charaktere Theophrasts“ 130
La Fayette, Marie-Madeleine, Comtesse de (1634—1693), französische Prosaistin; Hauptwerk: Roman „Die Prinzessin von Clèves“ 130
La Fontaine, Jean de (1621—1695), französischer Dichter; etwa 240 Fabeln, Verserzählungen, epische Werke, Gedichte 131
Lagerlöf, Selma (1858—1940), schwedische Prosaistin; Romane („Gösta Berling“, „Jerusalem“, „Wunderbare Reise des kleinen Nils Holgersson mit den Wildgänsen“, Löwensköld-Trilogie), Novellen 186
Lamartine, Alphonse de (1790—1869), französischer Schriftsteller; Gedichte (Sammlung „Poetische Betrachtungen“), Prosawerke, politische Schriften 160, *161*
La Mettrie, Julien Offray de (1709—1751), französischer Philosoph; Hauptwerk: „Der Mensch, eine perfekte Maschine“ 140
Landor, Walter Savage (1775—1864), englischer Dichter; Hauptwerk: „Erdachte Gespräche zwischen Persönlichkeiten aus Literatur und Politik“ 166
Lao-tse (6. Jh. v. Chr.), chinesischer Philosoph; gilt als Verfasser der taoistischen Spruch- und Aphorismensammlung „Tao-te-king“ 20, *84*
La Rochefoucauld, François, Duc de (1613—1680), französischer Memoirenschriftsteller und Aphoristiker; Hauptwerk: „Reflexionen oder Sentenzen und moralische Maximen“ 130
Laube, Heinrich (1806—1884), deutscher Dichter und Journalist; Dramen, Romane („Das Junge Europa“), Novellen, politische Programmschriften 173
Lawrence, David Herbert (1885—1930), englischer Schriftsteller; Gedichte, Romane („Söhne und Liebhaber“, „Der Regenbogen“, „Liebende Frauen“, „Die gefiederte Schlange“, „Lady Chatterley“), Novellen, Reiseberichte, Essays 198
Leibniz, Gottfried Wilhelm (1646—1716), universalster deutscher Gelehrter der Neuzeit; naturwissenschaftliche und philosophische Werke in französischer Sprache („Theodizee“) 100, 127, *134*, 139, 141, 145

Lenau, Nikolaus (1802—1850), deutscher Lyriker und Versepiker 157
Lenclos, Ninon de (1620—1705), französische Kurtisane, berühmte Briefschreiberin 130
Lenz, Siegfried (geb. 1926), deutscher Prosaist und Dramatiker; Romane („Es waren Habichte in der Luft", „Deutschstunde", „Heimatmuseum"), Erzählungen („So zärtlich war Suleyken"), Dramen 207, *208*
Leonardo da Vinci (1452—1519), italienischer Maler und Universalwissenschaftler; Abhandlungen über Malerei und über naturwissenschaftliche Probleme 95
Leopardi, Giacomo (1798—1837), italienischer Dichter; Gedichte, Essays und Aufzeichnungen („Kleine moralische Werke", „Gedanken über Verschiedenes aus der Philosophie und der schönen Literatur") 167
Lermontow, Michail J. (1814—1841), russischer Dichter; Gedichte, Verserzählungen („Der Dämon"), Roman „Ein Held unserer Zeit" 166
Lesage, Alain-René (1668—1747), französischer Dichter; Komödien, Romane („Der hinkende Teufel", „Gil Blas von Santillana") 139
Lessing, Gotthold Ephraim (1729—1781), deutscher Dichter, Literaturtheoretiker und Kritiker; Dramen („Minna von Barnhelm", „Emilia Galotti", „Nathan der Weise"), Epigramme, Fabeln, kritische und ästhetische Schriften („Briefe die neueste Literatur betreffend", „Laokoon", „Hamburgische Dramaturgie"), religionsphilosophische Werke 15/16, 127, 137, 142, 143, *145/146*, 216
Lewis, Sinclair (1885—1951), amerikanischer Romanschriftsteller („Die Hauptstraße", „Babbitt", „Dr. med. Arrowsmith", „Elmer Gantry", „Sam Dodsworth") 196
Li Ch'ien-fu (2. Hälfte des 13. Jhs.), Verfasser des chinesischen Dramas „Der Kreidekreis" 84
Lichtenberg, Georg Christoph (1742—1799), deutscher Satiriker, Aphoristiker und Kunstkritiker (Aphorismenfolge „Bemerkungen vermischten Inhalts") 20, 119, 133, 142, 143, *146*, 149
Liliencron, Detlev von (1844—1909), deutscher Dichter, bedeutend als Lyriker; Gedichte, Versepos „Poggfred", Dramen, Erzählungen 174
Li T'ai-po (701—762), chinesischer Lyriker *85*, 87
Livius (Titus L.) (59 v. Chr. bis 17 n. Chr.), römischer Historiker; Darstellung der gesamten römischen Geschichte (nur teilweise erhalten) 47, *50*
Livius Andronicus (Lucius L. A.) (etwa 285—204 v. Chr.), römischer Übersetzer und Bearbeiter (Homers „Odyssee", griechische Tragödien und Komödien; nur Bruchstücke erhalten) 44
Locke, John (1632—1704), englischer Philosoph; philosophische, theologische, pädagogische und politische Schriften in englischer und neulateinischer Sprache *132*, 134, 136
Loest, Erich (geb. 1926), deutscher Prosaist (Roman „Es geht seinen Gang") 210
Lomonossow, Michail V. (1711—1765), russischer Dichter, Sprachforscher und Naturwissenschaftler; Gedichte, Dramen, grammatische und sprachtheoretische Schriften 166
London, Jack (1876—1916), amerikanischer Prosaist; Romane („Ruf der Wildnis", „Der Seewolf", „Wolfsblut", „König Alkohol"), Erzählungen, Kurzgeschichten, politische Essays 195/196
Longfellow, Henry Wadsworth (1807—1882), amerikanischer Dichter; Gedichte, Versepen, Dramen, Übersetzungen Dantes 170
Longos (2./3. Jh.), griechischer Dichter; einziges überliefertes Werk: Hirtenroman „Daphnis und Chloë" 53

Lope de Vega (1562—1635), spanischer Dichter; Dramen (nur zum Teil erhalten, u. a. „Die Jüdin von Toledo“, „Der Ritter vom Mirakel“), Dialogroman „Dorotea“, Gedichte, theatertheoretische Schriften *117/118,* 121

Lucanus (Marcus Annaeus L.) (39—65), römischer Dichter; einziges erhaltenes Werk: Epos „Pharsalia“ 47, *57*

Lukian (um 120—180), griechischer, aus Syrien stammender Schriftsteller; satirische und parodistische Werke, meist in Brief- oder Dialogform („Göttergespräche“, „Hetärengespräche“) 59/60

Lukrez (Titus Lucretius Carus) (um 94—55 v. Chr.), römischer Philosoph und Dichter; Hauptwerk: Lehrgedicht „Von der Natur der Dinge“ *47,* 55

Luther, Martin (1483—1546), kirchlicher Reformator; theologische und kirchenpolitische Schriften in neulateinischer und deutscher Sprache, Kirchenlieder, Predigten und Tischreden in deutscher Sprache, Übersetzung der Bibel ins Deutsche 20, 38, 91, 97, 98, 100, *102-104,* 106 115, 125

Lyly, John (1554—1606), englischer Dichter; Roman „Euphues“, Dramen *112,* 119

Machiavelli, Niccolò (1469—1527), italienischer Schriftsteller und Staatsmann; Komödien („Mandragola“), politische und geschichtsphilosophische Schriften („Der Fürst“) *95,* 115

Macpherson, James (1736—1796), schottischer Dichter und Übersetzer; gab seine altes Material verarbeitenden Sammlungen epischer Gedichte als Werke des gälischen Barden Ossian aus dem 3. Jh. aus *138,* 144, 163

Maeterlinck, Maurice (1862—1949), belgischer Schriftsteller französischer Sprache; Gedichte, Dramen („Pelleas und Melisande“, „Blaubart und Ariane“, „Der blaue Vogel“), naturwissenschaftliche und philosophische Essays und Studien („Das Leben der Bienen“, „Von dem großen Schweigen“) *182,* 197

Mailer, Norman (geb. 1923), amerikanischer Schriftsteller; Hauptwerk: Roman „Die Nackten und die Toten“ 195

Maistre, Joseph Marie, Comte de (1753—1821), französischer Staatstheoretiker; Hauptwerk: „Über den Papst“ 161

Majakowskij, Wladimir W. (1893—1930), russischer Dichter; Gedichte, Poeme („Wolke in Hosen“, „150.000.000“), Dramen („Die Wanze“) 22, *210*

Malherbe, François de (1555—1628), französischer Lyriker und Dichtungstheoretiker 109

Mallarmé, Stéphane (1842—1898), französischer Dichter; Gedichte, Prosagedichte, freie Bearbeitungen indischer Märchen, dichtungstheoretische Abhandlungen *179,* 181

Malory, Sir Thomas (um 1408—1471), mittelenglischer Dichter; einziges Werk: Prosaroman „Der Tod Arthurs“ 74

Malraux, André (eigentl. A. Berger) (1901—1976), französischer Schriftsteller; Romane („Conditio humana“, „Die Hoffnung“), Erzählungen, kulturkritische und kunsttheoretische Essays („Stimmen der Stille“), autobiographisches Werk „Anti-Memoiren“ 102, 168, *194*

Mandeville, Bernard de (um 1670—1733), anglo-holländischer Schriftsteller; didaktische und satirische Schriften (Hauptwerk: Die Bienenfabel“) *135,* 140

Mann, Heinrich (1871—1950), deutscher Schriftsteller; Romane („Im Schlaraffenland“, „Professor Unrat“, „Die kleine Stadt“, „Der Untertan“, „Die Jugend des Königs Henri Quatre“, „Die Vollendung des Königs Henri Quatre“), Novellen, Dramen, politische Essays, Autobiographie „Ein Zeitalter wird besichtigt“, Briefe *185/186, 201/202,* 210

Mann, Thomas (1875—1955), deutscher Schriftsteller; Romane („Buddenbrooks“,

„Der Zauberberg", Tetralogie „Joseph und seine Brüder", „Die Bekenntnisse des Hochstaplers Felix Krull", „Lotte in Weimar", „Doktor Faustus", „Der Erwählte"), Novellen („Tonio Kröger", „Der Tod in Venedig"), politische, kultur- und literaturkritische Essays, Tagebücher, Briefe 16, 75, 124, 148, 151, 168, 181, *185/186*, 189, *201*, 202, 203, 205

Mansfield, Katherine (1888—1923), englische Prosaistin, bedeutend als Verfasserin von Kurzgeschichten 212

Manzoni, Alessandro (1785—1873), italienischer Dichter; Gedichte (geistliche Hymnen, Oden), historische Dramen, historischer Roman „Die Verlobten", Abhandlungen 167

Mao Tse-tung (1893—1976), chinesischer Politiker und Lyriker; Gedichte in klassischem Stil, kommunistische Kampflieder 83

Marcus Aurelius (121—180), römischer Kaiser, Verfasser von Selbstbetrachtungen in griechischer Sprache, *56*, 60

Margarete von Navarra (Marguerite d'Angoulême) (1492—1549), Königin, Verfasserin der französischen Novellensammlung „Das Heptameron" 108

Margarete von Valois (Marguerite de Valois) (1553—1615), Königin von Frankreich, Verfasserin einer Autobiographie 108

Marie de France (um 1130—1200), altfranzösische Dichterin am englischen Hof; Versnovellen („Die Lais"), Tierfabeln, Legendendichtung „Das Fegefeuer des heiligen Patrick" 74

Marlowe, Christopher (1564—1593), englischer Dramatiker („Tamerlan der Große", „Eduard II.", „Doktor Faustus") 119

Martial (Marcus Valerius Martialis) (etwa 40—102), bedeutendster römischer Epigrammendichter 47, *58*

Martin du Gard, Roger (1881—1958), französischer Prosaist; Hauptwerk: 8teiliger Romanzyklus „Die Thibaults" 180

Marx, Karl (1818—1883), Begründer des wissenschaftlichen Sozialismus auf der Basis einer materialistischen Geschichtsauffassung; Programmschrift „Manifest der kommunistischen Partei" (gemeinsam mit Friedrich Engels), Hauptwerk: „Das Kapital" 20, 99, 140, *154*, 168, 174, 180, 182, 188, 189, 214

Maugham, Somerset (1874—1965), englischer Schriftsteller; Romane („Der Menschen Hörigkeit", „Silbermond und Kupfermünze"), Novellen („Betörende Südsee"), Kurzgeschichten, Komödien („Finden Sie, daß Constanze sich richtig verhält?") *184*, 195

Maupassant, Guy de (1850—1893), französischer Schriftsteller, bedeutend als Novellist; berühmtester Roman: „Bel ami" *172*, 184, 195

Maurois, André (eigentl. Emile Salomon Herzog) (1885—1967), französischer Prosaist; Romane („Bernard Quesnay"), Erzählungen, Biographien, Essays 210

May, Karl (1842—1912), deutscher Prosaist; Abenteuerromane und -erzählungen („Durch die Wüste", „Winnetou", „Der Schatz im Silbersee") 196

Mechthild von Magdeburg (um 1210—1282), Begine, später Zisterzienserin, deutsche Mystikerin; Hauptwerk: „Das fließende Licht der Gottheit" (niederdeutsches Original verloren, alemannische und mittellateinische Übersetz. erhalten) 67/68

Mehring, Walter (1896—1981), deutscher Schriftsteller und Journalist; satirische Gedichte, Lieder und Chansons, Dramen, Prosawerke („Die verlorene Bibliothek"), Essays 208

Melanchthon, Philipp (1497—1560), deutscher kirchlicher Reformator und humanistischer Gelehrter; theologische und moralphilosophische Werke in neulateinischer und deutscher Sprache („Augsburger Konfession") 102

Melville, Herman (1819—1891), amerikanischer Schriftsteller; Romane und Erzählungen, überwiegend mit Südsee- und Seefahrerthematik („Moby Dick", „Benito Cereno") *170*, 171, 183
Menander (342—291 v. Chr.), griechischer Komödiendichter; von über 100 Stücken nur „Der Menschenfeind" und Bruchstücke erhalten *41*, 45, 54
Mendelssohn, Moses (1729—1786), deutscher Popularphilosoph („Philosophische Gespräche", „Phädon") 143
Meredith, George (1828—1909), englischer Schriftsteller; Gedichte, Romane („Richard Feverel", „Der Egoist", „Diana vom Kreuzweg") 173
Mérimée, Prosper (1803—1870), französischer Schriftsteller, bedeutend als Novellist („Carmen") 172
Meyer, Conrad Ferdinand (1825—1898), Schweizer Dichter; Gedichte, Versepen („Huttens letzte Tage"), Roman „Jürg Jenatsch", Novellen („Gustav Adolfs Page") 174
Michelangelo Buonarotti (1475—1564), italienischer Bildhauer, Maler und Lyriker 95
Mickiewicz, Adam (1798—1855), polnischer Dichter; Gedichte, patriotische Versepen („Herr Tadeusz"), vierteiliges Drama „Totenfeier", Übersetzungen Voltaires, Abhandlungen 160, *167*
Mill, John Stuart (1806—1873), englischer Philosoph 179
Miller, Arthur (geb. 1915), amerikanischer Schriftsteller; Dramen („Alle meine Söhne", „Der Tod eines Handlungsreisenden", „Hexenjagd", „Blick von der Brücke", „Der Preis"), Roman „Brennpunkt", Erzählungen 170, *197*
Miller, Henry (1891—1980), amerikanischer Prosaist; Romane („Wendekreis des Krebses", „Wendekreis des Steinbocks", „Sexus", „Plexus", „Nexus", „Stille Tage in Clichy"), Erzählungen, Reiseberichte, Essays 30, *198*
Milton, John (1608—1674), englischer Dichter; Gedichte, christliche Epen („Das verlorene Paradies", „Das wiedergewonnene Paradies"), Lesedrama „Samson Agonistes", politische Schriften 128, *132*, 135
Mörike, Eduard (1804—1875), deutscher Dichter; Gedichte, Künstlerroman „Maler Nolten", Novellen („Mozart auf der Reise nach Prag"), Märchen 174
Molière (eigentl. Jean-Baptiste Poquelin) (1622—1673), größter französischer Komödiendichter („Die lächerlichen Preziösen", „Tartuffe", „Der Menschenfeind", „Amphitryon", „Der Geizige", „Der Bürger als Edelmann", „Der eingebildete Kranke") 45, 112, 116, *123*, 131
Mommsen, Theodor (1817—1903), deutscher Historiker; Hauptwerk: „Römische Geschichte" 20
Montagu, Mary Wortley Lady (1689—1762), englische Schriftstellerin; Hauptwerk: „Briefe aus dem Osten" 136
Montaigne, Michel Eyquem, Seigneur de (1533—1592), französischer Philosoph und Schriftsteller; Hauptwerk: „Essays" 20, 105, *110/111*, 112, 117, 121, 129, 134
Montesquieu, Charles-Louis de Secondat, Baron de (1689—1755), französischer Philosoph und Schriftsteller; Hauptwerk: staatsphilosophische Schrift „Geist der Gesetze" 20, *139*
Moravia, Alberto (eigentl. A. Pincherle) (geb. 1907), italienischer Prosaist und Kritiker, bedeutend als Romanschriftsteller 210
Moreto y Cavana, Agustín (1618—1669), spanischer Komödiendichter („Der schöne Don Diego", „Verachtung wider Verachtung") 118
Morgenstern, Christian (1871—1914), deutscher Lyriker und Aphoristiker („Galgenlieder", „Palmström") 193

Morus, Thomas (Sir Thomas More) (1478—1535), englischer Staatsmann, Humanist und Schriftsteller; Hauptwerk: politisch-philosophischer Dialogroman „Utopia“ in neulateinischer Sprache 101, *114*
Multatuli (eigentl. Eduard Douwes Dekker) (1820—1887), niederländischer Schriftsteller; Hauptwerk: Roman „Max Havelaar“ 177
Murasaki Shikibu (978—1016), japanische Dichterin (Roman „Die Erzählungen von Genji“) 86
Murger, Henri (1822—1861), französischer Schriftsteller; Hauptwerk: Roman „Szenen aus dem Leben der Bohème“ 163
Musil, Robert (1880—1942), österreichischer Prosaist und Dramatiker; Roman „Der Mann ohne Eigenschaften“ (unvollendet), Erzählungen („Die Verwirrungen des Zöglings Törleß“), Dramen („Die Schwärmer“), Essays, Tagebücher, Briefe 10, *203*
Musset, Alfred de (1810—1857), französischer Dichter; Gedichte, Verserzählungen, Dramen („Lorenzaccio“), Novellen 161
Nabokow, Wladimir (1899—1977), russischer Schriftsteller, nach 1940 in englischer Sprache schreibend; Gedichte, Romane („Gelächter im Dunkeln“, „Einladung zur Enthauptung“, „Lolita“, „Pnin“, „Fahles Feuer“), Erzählungen, Autobiographie 198
Neidhart von Reuental (etwa 1180—1240), mittelhochdeutscher Dichter, Begründer einer höfisch-bäuerlichen Minnepoesie 76
Nepos (Cornelius N.) (etwa 100—25 v. Chr.), römischer Historiker; nur Teile der „Lebensläufe berühmter Männer“ erhalten 47, *48*
Nestroy, Johann Nepomuk (1801—1862), österreichischer Lustspieldichter; Volksstücke („Lumpazivagabundus“, „Einen Jux will er sich machen“, „Der Zerrissene“), Parodien („Tannhäuser“) 174
Neumann, Robert (1897—1975), deutscher Prosaist; literarische Parodien („Mit fremden Federn“), Romane („Sintflut“, „Bibiana Santis“, „Der Tatbestand oder Der gute Glaube der Deutschen“), Erzählungen, autobiographische Schriften („Mein altes Haus in Kent“) 206
Nicolai, Friedrich (1733—1811), deutscher Schriftsteller und Verleger; satirische Romane, Parodien, Reiseberichte, literaturkritische und philosophische Schriften 143
Nietzsche, Friedrich (1844—1900), deutscher Philosoph, Essayist, Aphoristiker und Lyriker; philosophische Werke „Menschliches, Allzumenschliches“, „Also sprach Zarathustra“, „Jenseits von Gut und Böse“, Nachlaßsammlung „Der Wille zur Macht“ 35, 110, 142, 143, 154, 155, 169, *179*, 180, 182, 192
Nikolaus von Kues (Nicolaus Cusanus) (1401—1464), deutscher Kardinal und Bischof, universaler Gelehrter; kirchenpolitisch-reformatorische, philosophische und naturwissenschaftliche Schriften, Predigten und Briefe in mittellateinischer Sprache *100*, 103
Nossack, Hans Erich (1901—1977), deutscher Schriftsteller, bedeutend als Prosaist (Romane „Spirale“, „Der jüngere Bruder“) 207
Notker der Stammler (Notkerus Balbulus) (um 840—912), St. Galler Mönch, Gelehrter und Dichter; Werke in mittellateinischer Sprache (Sequenzen, „Taten Kaiser Karls des Großen“) 74
Novalis (eigentl. Friedrich Freiherr von Hardenberg) (1772—1801), deutscher Dichter; Gedichte („Hymnen an die Nacht“), Roman „Heinrich von Ofterdingen“ (unvollendet), kulturphilosophische Aufsätze („Die Christenheit oder Europa“), aphoristische „Fragmente“ 66, 70/71, 100, 152, *154*, 156, 160, 164

Omar Chaijam (etwa 1045—1125), persischer Naturforscher und Epigrammendichter (Sammlung „Vierzeiler") 87
O'Neill, Eugene (1888—1953), amerikanischer Dramatiker („Seltsames Zwischenspiel", „Trauer muß Elektra tragen", „O Wildnis", „Der Eismann kommt", „Ein Mond für die Beladenen", „Eines langen Tages Reise in die Nacht", „Fast ein Poet") 197
Opitz, Martin (1597—1639), deutscher Dichter, Übersetzer und Dichtungstheoretiker; Gedichte, literaturkritische Programmschrift „Buch von der deutschen Poeterey" 126
Ossietzky, Carl von (1889—1938), deutscher Journalist und Publizist, Herausgeber der Zeitschrift „Die Weltbühne" 191, 192
Otway, Thomas (1652—1685), englischer Dramatiker, bedeutend als Tragödiendichter („Das gerettete Venedig") 132
Ovid (Publius Ovidius Naso) (43 v. Chr. bis 17 n. Chr.), römischer Dichter; Gedichte („Liebesgedichte", Lehrgedicht „Liebeskunst", Elegiensammlungen „Gedichte der Trübsal" und „Briefe vom Schwarzen Meer"), epischer Sagenzyklus „Metamorphosen 45, 47, *50*
Paracelsus (Theophrastus Bombastus von Hohenheim) (1493—1541), Schweizer Naturforscher und Naturphilosoph, Begründer einer neuen Heilkunde 105
Pascal, Blaise (1623—1662), französischer Philosoph und Naturwissenschaftler („Provinzialbriefe über die Sittenlehre der Jesuiten", unvollendetes apologetisches Werk „Gedanken") 110, 111, *129/130*
Pasternak, Boris L. (1890—1960), russischer Lyriker und Prosaist (Roman „Doktor Schiwago") 210
Paulus (gest. 64 n. Chr.), Verfasser von 13 in Briefform gehaltenen Schriften des Neuen Testaments in griechischer Sprache 61, *64*, 65
Pellico, Silvio (1789—1854), italienischer Dichter; Gedichte, Tragödien, Verserzählungen, autobiographische Aufzeichnungen „Meine Gefängnisse" 167
Petöfi, Sándor (1823—1849), ungarischer Dichter, bedeutend als Lyriker 177
Petrarca, Francesco (1304—1374), italienischer Dichter und Gelehrter; Sonette und Kanzonen in italienischer Sprache („Liederbuch"), Epos „Afrika", Biographien, Abhandlungen, Briefe und Gespräche in neulateinischer Sprache 90, *92/93*, 94, 95, 97, 101
Petronius (Gaius Petronius Arbiter) (gest. 66 n. Chr.), römischer Staatsmann und Schriftsteller; einziges Werk: Sittenroman „Satyrikon" (nur wenige Teile erhalten, darunter „Das Gastmahl des Trimalchio") 57/58
Philon von Alexandreia (erste Hälfte des 1. Jhs. n. Chr.), jüdisch-hellenistischer Religionsphilosoph; Erläuterungen zum Pentateuch, philosophische und apologetische Schriften in griechischer Sprache 63
Piccolomini, Enea Silvio (1405—1464), italienischer Dichter und Gelehrter, später Papst Pius II.; Novelle „Die Geschichte zweier Liebender", historische und autobiographische Berichte 97
Pico della Mirandola, Giovanni (1463—1494), italienischer Philosoph; Hauptwerk: Rede „Über die Menschenwürde" 95/96
Pindar (etwa 520—445 v. Chr.), größter griechischer Chorlyriker; von 17 Büchern seiner Dichtungen nur 4 Bücher „Siegeslieder" und Bruchstücke erhalten 38
Platon (427—347 v. Chr.), größter griechischer Philosoph; Schriften mit sokratischem Gedankengut, bis auf eine Ausnahme („Apologie des Sokrates") sämtlich in Dialogform („Kriton", „Protagoras", „Phaidon", „Phaidros", „Das Gastmahl") 20, *42*, 52, 54, 56, 58, 63, 65, 66, 84, 96, 166, 169, 211

Plautus (Titus Maccius P.) (um 250—184 v. Chr.), römischer Komödiendichter; von ca. 50 Stücken nur 21 erhalten („Die Zwillinge", „Die Topfkomödie", „Der prahlerische Offizier", „Amphitruo") *45*, 46
Plinius (Gaius P. Secundus), der Ältere (23—97), römischer Schriftsteller; einziges erhaltenes Werk: enzyklopädische „Naturgeschichte" 59
Plinius (Gaius P. Caecilius Secundus), der Jüngere (etwa 62—114), römischer Staatsmann und Schriftsteller; Hauptwerk: Sammlung zeitgeschichtlicher Briefe 59
Plotin (etwa 205—270), griechischer Philosoph, Begründer des Neuplatonismus 56
Plutarch (etwa 46—120), griechischer Popularphilosoph und Biograph; Abhandlungssammlung „Moralia", biographisches Werk „Parallele Lebensläufe" 56
Poe, Edgar Allan (1809—1849), amerikanischer Dichter und Kritiker; Gedichte, Schreckens- und Detektivgeschichten, dichtungstheoretische Schriften *162/163*, 166
Polgar, Alfred (1873—1955), deutscher Schriftsteller und Theaterkritiker, bedeutend als Essayist 209
Polo, Marco (1254—1324), italienischer Weltreisender; Reiseaufzeichnungen nach seinem mündlichen Bericht in altfranzösischer Sprache: „Der Milione" 88
Polybios (um 200—120 v. Chr.), griechischer Historiker; Hauptwerk: „Weltgeschichte" (nur teilweise erhalten) 46
Pope, Alexander (1688—1744), englischer Dichter; Gedichte, komisches Heldenepos „Der Lockenraub", satirisches Versepos „Die Dunciade", Homer- und Abälard-Übersetzungen im Rokokostil, Horaz-Imitationen, philosophische Essays 136
Poseidonios (etwa 135—50 v. Chr.), griechischer Historiker, Naturforscher und Philosoph; Werke nur fragmentarisch erhalten 53
Pound, Ezra (1885—1972), amerikanischer Lyriker und Essayist; Hauptwerk: „Cantos" 191
Prévost d'Exiles, Antoine-François (genannt Abbé Prévost) (1697—1763), französischer Schriftsteller und Übersetzer; Hauptwerk: Roman „Geschichte des Chevalier des Grieux und der Manon Lescaut" 139
Properz (Sextus Propertius) (etwa 50—15 v. Chr.), römischer Elegiendichter 47, *50*
Proust, Marcel (1871—1922), französischer Prosaist; Hauptwerk: 7teiliger Romanzyklus „Auf der Suche nach der verlorenen Zeit" 170, *181*, 190
Ptahhotep (um 2400 v. Chr.), altägyptischer Wesir, mutmaßlicher Verfasser einer ägyptischen Lebenslehre *29*, 33
Puschkin, Alexander S. (1799—1837), russischer Dichter; Gedichte, satirische Epigramme, Dramen („Boris Godunow"), Verserzählungen („Ruslan und Ludmilla"), Versroman „Eugen Onegin", historischer Roman „Die Hauptmannstochter", Novellen, literaturgeschichtliche, kritische und historische Schriften 160, *166*
Quevedo y Villegas, Francisco de (1580—1645), spanischer Dichter; Gedichte, Schelmenroman „Lebensgeschichte des Buscón", satirische Prosaschriften, Traktate 113
Quincey, Thomas de (1785—1859), englischer Schriftsteller und Kritiker; Essays, Prosawerke, Autobiographie „Bekenntnisse eines englischen Opiumessers" 164
Rabelais, François (1494—1553), französischer Dichter, Geistlicher und Arzt; Hauptwerk: Roman „Gargantua und Pantagruel" 58, 105, *109/110*, 126
Racine, Jean-Baptiste (1639—1699), französischer Dichter; Oden, Epigramme, Tragödien („Andromache", „Berenice", „Phädra"), historische Schriften *122/123*, 142

Remarque, Erich Maria (eigentl. E. Paul Remark) (1898—1970), deutscher Schriftsteller; Hauptwerke: Romane „Im Westen nichts Neues“ und „Arc de Triomphe“ 21, *204/205*

Renan, Ernest (1823—1892), französischer Schriftsteller, Religionsphilosoph, Historiker und Kritiker („Das Leben Jesu“) 129, *171*,

Retz, Jean-François-Paul de Gondi, Baron de (1613—1679), französischer Kardinal und Memoirenschriftsteller 131

Reuchlin, Johannes (1455—1522), deutscher Humanist; Schuldramen, sprachwissenschaftliche und theologische Schriften in neulateinischer Sprache 102

Reuter, Fritz (1810—1874), deutscher Schriftsteller niederdeutscher Sprache; Gedichte, Versepen, Romane („Ut de Franzosentid“, „Ut mine Festungstid“, „Ut mine Stromtid“), Erzählungen 174

Reymont, Władysław Stanisław (1867—1925), polnischer Prosaist; Hauptwerk: Roman „Bauern“ 177

Richardson, Samuel (1689—1761), englischer Romanschriftsteller (Briefromane „Pamela“ und „Clarissa“) 188

Rilke, Rainer Maria (1875—1926), österreichischer Dichter; Gedichte (Zyklen „Das Stundenbuch“, „Duineser Elegien“, „Die Sonette an Orpheus“), lyrische Prosadichtung „Die Weise von Liebe und Tod des Cornets Christoph Rilke“, Tagebuchroman „Die Aufzeichnungen des Malte Laurids Brigge“, Erzählungen, Dramen, Übersetzungen, Essays, Briefe 108, 184, *185*, 203

Rimbaud, Arthur (1854—1891), französischer Lyriker (Gedichtsammlungen „Eine Zeit in der Hölle“, „Illuminationen“) 47, 102, *162*

Ringelnatz, Joachim (eigentl. Hans Bötticher) (1883—1934), deutscher humoristischer Lyriker und Prosaist (Gedichtsammlung „Kuttel Daddeldu“) 193

Rivarol, Antoine Comte de (1753—1801), französischer Essayist und Journalist; sprachwissenschaftliche, literaturkritische und politische Schriften 130

Rolland, Romain (1866—1944), französischer Schriftsteller; Dramen, Romane („Jean-Christophe“, „Meister Breugnon“), Biographien, Essays, musikwissenschaftliche Schriften 180

Romains, Jules (eigentl. Louis Farigoule) (1885—1972), französischer Schriftsteller; Hauptwerk: 27teiliger Romanzyklus „Die guten Willens sind“ 180

Ronsard, Pierre de (1525—1585), französischer Dichter der „Pléiade“; Oden, Hymnen, Sonette, Epos „Die Franciade“ (unvollendet) *108*, 109, 114, 122, 131

Rossetti, Dante Gabriel (1828—1882), englischer Lyriker und Maler (Sonettenzyklus „Das Haus des Lebens“) 163/164

Rostand, Edmond (1868—1918), französischer Lyriker und Dramatiker; Hauptwerk: Drama „Cyrano von Bergerac“ 131

Roswitha von Gandersheim: siehe Hrotsvith von Gandersheim

Rousseau, Jean-Jacques (1712—1778), französischer Schriftsteller und Philosoph; Romane („Emil“, „Die Neue Heloise“), philosophische und staatsrechtliche Schriften („Über den Gesellschaftsvertrag“), Autobiographie „Die Bekenntnisse“ 20, 65, 101, 124, *140*, 146, 155, 159, 168, 169, 181, 200

Rückert, Friedrich (1788—1866), deutscher Lyriker, Dramatiker und Übersetzer 35

Rühmkorf, Peter (geb. 1929), deutscher Schriftsteller, bedeutend als Lyriker und Essayist 214

Ruiz de Alarcón y Mendoza, Juan (um 1581—1639), spanischer Komödiendichter 119

Saadi (etwa 1215—1290), persischer Dichter; Gedichte, prosaisch-poetische Lehrdichtungen („Der Fruchtgarten“, „Der Rosengarten“) 87

Sachs, Hans (1494—1576), deutscher Dichter; Meisterlieder, Spruchgedichte, Dramen, Fastnachtsspiele, Schwänke, Fabeln 105
Sainte-Beuve, Charles-Augustin (1804—1869), französischer Schriftsteller und Kritiker; Hauptwerke: historische Schriften „Port-Royal" und „Chateaubriand und sein literarischer Kreis" 171
Saint-Evremond, Charles de Marguetel de Saint-Denis, Seigneur de (1610—1703), französischer Essayist und Satiriker („Die Komödie der Akademiemitglieder") 131
Saint-Exupéry, Antoine de (1900—1944), französischer Prosaist; Romane („Nachtflug"), Erzählungen (Märchen „Der kleine Prinz") 102
Saint-Pierre, Jacques-Henri Bernardin de (1737—1814), französischer Schriftsteller und Sozialreformer; Hauptwerk: Roman „Paul und Virginie" 140
Saint-Simon, Louis de Rouvroy, Duc de (1675—1755), französischer Memoirenschriftsteller 131
Sales, Franz von (François de S.) (1567—1622), französischer religiöser Schriftsteller und Kanzelredner, Bischof von Genf; Hauptwerke: „Anleitung zum frommen Leben", „Abhandlungen von der Gottesliebe" 111/112
Sallust (Gaius Sallustius Crispus) (86—34 v. Chr.), römischer Historiker; „Über die Verschwörung des Catilina", „Der Jugurthinische Krieg", Hauptwerk „Geschichtsbücher" nur in Bruchstücken erhalten 47, *48,* 52, 57
Sand, George (eigentl. Amandine-Lucie-Aurore Dupin) (1804—1876), französische Schriftstellerin; Romane („Lelia", „Consuélo", „Das Teufelsmoor"), Memoiren „Geschichte meines Lebens" 161/162
Sappho (um 600 v. Chr.), griechische Lyrikerin; nur zwei vollständige Gedichte und Bruchstücke erhalten 22, *38*
Saroyan, William (1908—1981), amerikanischer Schriftsteller; Dramen, Romane („Menschliche Komödie", „Wesleys Abenteuer"), Kurzgeschichten 214
Sartre, Jean-Paul (1905—1980), französischer Schriftsteller und Philosoph; Dramen („Die Fliegen", „Hinter geschlossenen Türen", „Die ehrbare Dirne", „Die schmutzigen Hände"), Romane („Ekel", Tetralogie „Die Wege der Freiheit"), Erzählungen („Die Mauer"), philosophische, literaturkritische und politische Abhandlungen („Das Sein und das Nichts", „Was ist Literatur?"), autobiographische Schrift „Die Wörter" 30, 129, 162, 189, 198, 211, 212, *214/215*
Scarron, Paul (1610—1660), französischer Schriftsteller, Hauptwerk: „Der komische Roman" (unvollendet) 131
Scheffel, Viktor von (1826—1886), deutscher Dichter; Hauptwerke: Versepos „Der Trompeter von Säckingen", „Roman „Ekkehard" 74
Schiller, Friedrich von (1759—1805), deutscher Dichter und Historiker; Gedichte, Dramen („Die Räuber", „Kabale und Liebe", „Don Carlos", „Wallenstein"-Trilogie, „Maria Stuart", „Die Jungfrau von Orleans", „Die Braut von Messina", „Wilhelm Tell"), Erzählungen, philosophisch-ästhetische Schriften, historische Werke, Übersetzungen 35, 39, 141, 142, 143, 144, 146, *148,* 188, 195
Schlegel, August Wilhelm (1767—1845), deutscher Literarhistoriker und Dichter, bedeutend als Interpret und Kritiker sowie Übersetzer Shakespeares (gemeinsam mit Tieck), Calderóns und Dantes 157, 160
Schlegel, Friedrich (1772—1829), deutscher Literarhistoriker, Kulturphilosoph und Dichter, bedeutend als Kritiker, Literaturtheoretiker und Ästhetiker („Gespräch über die Poesie") 18, 22, 108, *152/153,* 153/154, 155, 157, 159
Schleiermacher, Friedrich (1768—1834), deutscher Theologe und Philosoph („Über die Religion", „Monologen") 153

Schmidt, Arno (1914—1979), deutscher Prosaist; Erzählwerke („Leviathan", Romantrilogie „Nobodaddy's Kinder", „Kaff auch Mare Crisium", „Kühe in Halbtrauer", „Zettels Traum"), literaturkritische Essays 149, *192*

Scholochow, Michail A. (geb. 1905), russischer Prosaist; Hauptwerk: Roman „Der stille Don" 210

Schopenhauer, Arthur (1788—1860), deutscher Philosoph; Hauptwerk: „Die Welt als Wille und Vorstellung" 20, 69, 112, *154*, 157

Schubart, Christian Friedrich Daniel (1739—1791), deutscher Lyriker und Publizist, Herausgeber der Zeitschrift „Deutsche Chronik" 146

Scott, Sir Walter (1771—1832), schottischer Dichter; epische Versromanzen, Romane („Waverley", „Ivanhoe", „Quentin Durward"), Erzählungen, Biographie Napoleons 164

Seghers, Anna (1900—1983), deutsche Prosaistin; Romane („Die Rettung", „Das siebte Kreuz", „Transit"), Erzählungen, Essays, theoretische Schriften 205

Sei Shonagon (10./11. Jh.), japanische Dichterin; Hauptwerk: Prosasammlung „Das Kopfkissenbuch" 86

Seneca (Lucius Annaeus S.), der Jüngere (um 4 v. Chr. bis 65 n. Chr.), römischer Staatsmann, Dichter und Philosoph; Tragödien, Satire „Verkürbissung", moralphilosophische Dialoge, Briefe und Abhandlungen mit stoischem Gedankengut 47, *56/57*, 119, 122

Senghor, Léopold (geb. 1906), senegalesischer Staatsmann und Schriftsteller französischer Sprache; Gedichte, Essays („Négritude und Humanismus") 199

Seume, Johann Gottfried (1763—1810), deutscher Schriftsteller; Hauptwerke: Reiseschilderung „Spaziergang nach Syrakus im Jahre 1802" und Autobiographie „Mein Leben" 158

Seuse, Heinrich (um 1295—1366), Dominikaner, deutscher Mystiker; religiöse Schriften, erste Autobiographie in deutscher Sprache 69

Sévigné, Marie de Rabutin-Chantal, Marquise de (1626—1696), berühmte französische Briefschreiberin 130

Shaftesbury, Anthony Ashley Cooper, Earl of (1671—1731), englischer Schriftsteller und Philosoph; moralphilosophische und kunsttheoretische Abhandlungen, Essays, Dialoge und Briefe 135

Shakespeare, William (1564—1616), englischer Dichter, größter englischer Dramatiker; historische Dramen („Richard III.", „Richard II.", „Heinrich IV."), Tragödien („Romeo und Julia", „Troilus und Cressida", „Julius Caesar", „Hamlet", „Othello", „Macbeth", „König Lear"), Komödien („Der Widerspenstigen Zähmung", „Ein Sommernachtstraum", „Der Kaufmann von Venedig", „Viel Lärm um nichts", „Wie es euch gefällt", „Was ihr wollt", „Maß für Maß", „Der Sturm"), Sonette, Versepen 16, 18, 21/22, 26, 36, 54, 56/57, 84, 92, 94, 113, 114, 117, 119, *120-122*, 124, 125, 126, 132, 135, 157, 162, 172, 176

Shaw, George Bernard (1856—1950), anglo-irischer Dichter; Dramen („Helden", „Frau Warrens Gewerbe", „Caesar und Cleopatra", „Mensch und Übermensch", „Der Arzt am Scheideweg", „Pygmalion", „Zurück zu Methusalem", „Die heilige Johanna", „Der Kaiser von Amerika"), Romane („Cashel Byrons Beruf"), Essays, Vorreden zu den Dramen 19, 98, 121, 123, 132, *182/183*, 184

Shelley, Percy Bysshe (1792—1822), englischer Dichter; Gedichte (Oden, philosophisch-didaktisches Gedicht „Königin Mab", Elegie „Adonais"), Versepen, lyrische Lesedramen („Der entfesselte Prometheus"), satirische Werke, essayistische Schriften („Die Notwendigkeit des Atheismus") 160, 164, *165/166*, 173, 191

Sheridan, Richard Brinsley (1751—1816), anglo-irischer Komödiendichter („Die Lästerschule") 136
Simenon, Georges (geb. 1903), französischer Prosaist; Kriminalromane und -geschichten (u. a. Maigret-Romane), psychologische Romane 201
Simmel, Johannes Mario (geb. 1924), deutscher Romanschriftsteller („Lieb Vaterland, magst ruhig sein") 201
Sinclair, Upton (1878—1968), amerikanischer Schriftsteller; Romane („Der Sumpf", 11teilige Lanny-Budd-Serie), Dramen („Singende Galgenvögel"), politisch-soziologische Sachbücher, Essays, Pamphlete *196,* 210
Słowacki, Juljusz (1809—1849), polnischer Dichter; Gedichte, Dramen, epische Prosadichtung „Der Engel" 167
Snorri Sturluson (1179—1241), isländischer Gelehrter und Dichter; altnordisches Skaldenlehrbuch („Jüngere Edda") 73
Solowjew, Wladimir S. (1853—1900), russischer Dichter und Philosoph (Abhandlungen „Die geistigen Grundlagen des Lebens", „Die Rechtfertigung des Guten", „Drei Gespräche") 186
Solschenizyn, Alexander I. (geb. 1918), russischer Schriftsteller; Romane („Krebsstation", „Der erste Kreis der Hölle"), Erzählungen, Dramen 207
Sophokles (496—406 v. Chr.), griechischer Dramatiker; von ca. 130 Tragödien und Satyrspielen nur sieben vollständige Tragödien erhalten („Antigone", „König Oedipus", „Elektra", „Philoktet", Oedipus auf Kolonos") 16, *40,* 123, 124, 166, 168
Spee, Friedrich von (1591—1635), deutscher Lyriker (geistlicher Liederzyklus „Trutz Nachtigall"), Verfasser einer Kampfschrift gegen Hexenprozesse in neulateinischer Sprache 125
Spener, Philip Jacob (1635—1705), deutscher protestantischer Theologe, Hauptvertreter des Pietismus (Programmschrift „Pia desideria") 126/127
Spengler, Oswald (1880—1936), deutscher Geschichts- und Kulturphilosoph; Hauptwerk: „Der Untergang des Abendlandes" 21, 154
Spinoza, Baruch (1632—1677), niederländischer Philosoph; Hauptwerk: „Ethik, nach geometrischer Methode" in neulateinischer Sprache 110, *128,* 134
Staël, Germaine, Baronne de (1766—1817), französisch-schweizerische Schriftstellerin; Hauptwerk: „Über Deutschland" 160
Steele, Sir Richard (1672—1729), anglo-irischer Essayist und Dramatiker, Herausgeber der moralischen Wochenschriften „Tatler" und „Spectator" (gemeinsam mit Addison) 136
Stein, Gertrude (1874—1946), amerikanische Dichterin; Gedichte, Erzählungen („Drei Leben"), Romane („Die Machart von Amerikanern"), Essays und Abhandlungen 195
Stendhal (eigentl. Henri Beyle) (1783—1842), französischer Prosaist; Romane („Rot und Schwarz", „Die Kartause von Parma", Fragment „Lucien Leuwen"), Novellen, Abhandlungen („Über die Liebe"), kunst- und musikgeschichtliche Werke, Reiseberichte, autobiographische Aufzeichnungen „Erinnerungen aus dem Leben eines Egotisten" 161, *171,* 172, 173, 175, 184
Sterne, Laurence (1713—1768), englischer Schriftsteller; Hauptwerke: Roman „Leben und Meinungen des Herrn Tristram Shandy" (unvollendet), „Eine empfindsame Reise durch Frankreich und Italien, von Mr. Yorick" 138
Sternheim, Carl (1878—1942), deutscher Dichter; Komödien und Dramen („Die Hose", „Die Kassette", „Bürger Schippel", „Der Snob", „Tabula rasa"), Erzählungen („Chronik von des 20. Jahrhunderts Beginn"), Essays 192

Stevenson, Robert Louis (1850—1894), schottischer Schriftsteller, bedeutend als Verfasser von Abenteuerromanen („Die Schatzinsel“) und -geschichten („Das Flaschenteufelchen“) 183

Storm, Theodor (1817—1888), deutscher Lyriker und Novellist (Novellen „Immensee“, „Pole Poppenspäler“, „Der Schimmelreiter“) 174

Strindberg, August (1849—1912), schwedischer Dichter; Dramen („Der Vater“, „Fräulein Julie“, „Nach Damaskus“, „Totentanz, „Ein Traumspiel“), Romane („Das rote Zimmer“), Novellen, Gedichte, Essays, autobiographische Schriften *177,* 184, 197

Sudermann, Hermann (1857—1928), deutscher Dichter; Dramen („Heimat“, „Johannisfeuer“), Romane („Frau Sorge“), Erzählungen („Litauische Geschichten“) 184

Sudraka (3. oder 5. Jh.), sagenhafter indischer König, gilt als Verfasser des Dramas „Das irdene Wägelchen“ („Mritschakatika“) 81

Sue, Eugène (1804—1857), französischer Romanschriftsteller (erster Zeitungsroman: „Die Geheimnisse von Paris“) *163,* 164

Sueton (Gaius Suetonius Tranquillus) (etwa 75—150), römischer Schriftsteller; Hauptwerke: Biographiensammlungen „Das Leben der Kaiser“ und „Berühmte Männer“ (nur teilweise erhalten) 59

Svevo, Italo (eigentl. Ettore Schmitz) (1861—1928), italienischer Schriftsteller; Romane („Zeno Cosini“), Novellen, Dramen, Essays *182,* 212

Swift, Jonathan (1667—1745), anglo-irischer Schriftsteller; utopisch-satirischer Roman „Gullivers Reisen“, Prosasatiren („Erzählung von einer Tonne“), politische Pamphlete („Briefe des Tuchhändlers“) 114, 131, 133, 136, *137,* 146, 169

Swinburne, Algernon Charles (1837—1909), englischer Dichter; Gedichte, Versepen („Tristram von Lyonesse“), Dramen („Atalanta in Calydon“, Maria-Stuart-Trilogie), Essays, literarhistorische Studien *178,* 182

Tacitus (Publius Cornelius T.) (etwa 55—120), römischer Historiker; Hauptwerke: „Annalen“ und „Historien“ (beide nur teilweise erhalten) 21, 57, *59,* 66, 127

Tagore (Thakur), Rabindranath (1861—1941), indischer Dichter und Philosoph; Gedichte, Dramen („Das Postamt“), Romane, philosophische Essays, Autobiographie *82, 200*

Taine, Hippolyte (1828—1893), französischer Philosoph, Kritiker und Historiker („Philosophie der Kunst“, „Die Ursprünge des modernen Frankreich“) 20, 169, *170/171*

Tasso, Torquato (1544—1595), italienischer Dichter; Hauptwerk: historisch-religiöses Epos „Das befreite Jerusalem“ 95

Tauler, Johannes (um 1300—1361), Dominikaner, deutscher Mystiker und Volksprediger 69

Tennyson, Alfred Lord (1809—1892), englischer Dichter, bedeutend als Lyriker (Gedichtzyklus „Königsidyllen“, Versepos „Enoch Arden“) 166, *182*

Terenz (Publius Terentius Afer) (um 195-159 v. Chr.), römischer Komödiendichter („Das Mädchen aus Andros“, „Der Selbstquäler“, „Der Eunuch“) *46,* 67, 117, 162

Tertullian (Quintus Septimius Florens Tertullianus) (etwa 150—230), römischer Kirchenschriftsteller aus Karthago *64/65,* 67, 68

Thackeray, William Makepeace (1811—1863), englischer Prosaist; Romane („Jahrmarkt der Eitelkeit“), Erzählungen, Essays, Skizzen 135, *173*

Theokrit (etwa 310—250 v. Chr.), griechischer Lyriker, Begründer der idyllischen Schäferpoesie („Eidyllia“) 53

Theophrast (um 370—287 v. Chr.), griechischer Philosoph und Gelehrter; nur die typologischen Skizzen „Charaktere“ und zwei Werke über Botanik vollständig erhalten *54*, 130
Thomas von Aquino (um 1225—1274), Dominikaner, größter Scholastiker; philosophisch-theologische Schriften in mittellateinischer Sprache, Hauptwerk: „Theologische Summe“ 68
Thomas von Kempen (Thomas a Kempis), Augustiner, deutscher Mystiker; Schriften in mittellateinischer Sprache, Hauptwerk: Andachts- und Erbauungsbuch „Über die Nachfolge Christi“ 20, *69*, 132
Thomas, Dylan (1914—1953), anglo-walisischer Dichter; Gedichte, Kurzgeschichten, Hörspiel „Unter dem Milchwald“ 197
Thomson, James (1700—1748), schottischer Lyriker und Dramatiker; Hauptwerk: pastorale Dichtung „Die Jahreszeiten“ 138
Thoreau, Henry David (1817—1862), amerikanischer Schriftsteller; Hauptwerk: Essayzyklus „Walden oder Leben in den Wäldern“ 160/170
Thukydides (etwa 460—400 v. Chr.), griechischer Historiker; Geschichte des Peloponnesischen Krieges (unvollendet) 20, *41*, 48, 59, 125
Tibull (Albius Tibullus) (etwa 54—19 v. Chr.), römischer Elegiendichter 47, *50*
Tieck, Ludwig (1773—1853), deutscher Dichter, bedeutend als Novellist; Gedichte, Dramen, Romane, Erzählungen, Märchen, Übersetzungen Shakespeares (gemeinsam mit A. W. Schlegel) und Cervantes’ 157
Tirso de Molina (eigentl. Fray Gabriel Téllez) (um 1583—1648), spanischer Dramatiker; Werke nur zum Teil erhalten („Der Verführer von Sevilla“) *118*, 119
Tocqueville, Alexis Charles Clérel de (1805—1859), französischer Historiker; Hauptwerke: „Über die Demokratie in Amerika“, „Der alte Staat und die Revolution“ 171
Tolstoj, Leo N. (1828—1910), russischer Dichter; Romane („Krieg und Frieden“, „Anna Karenina“, „Auferstehung“), Erzählungen („Die Kreutzersonate“), Dramen, Abhandlungen, autobiographische Schriften 171, *175/176*
Traven, B. (eigentl. Otto Feige?) (1882—1969), deutscher Prosaist; Romane („Das Totenschiff“), Erzählungen, Reiseberichte 194/195
Tschechow, Anton P. (1860—1904), russischer Dichter; Dramen („Die Möwe“, „Onkel Wanja“, „Drei Schwestern“, „Der Kirschgarten“), Erzählungen, Kurzgeschichten *176*, 197
Tucholsky, Kurt (1890—1935), deutscher Schriftsteller und Journalist; satirische Gedichte, Romane („Schloß Gripsholm“), Erzählungen, Reiseberichte, zeitkritische Feuilletons 59, 191, 196, 208, 211
Tu-fu (712—770), chinesischer Lyriker 85
Turgenjew, Iwan S. (1818—1883), russischer Dichter; Gedichte, Dramen und Komödien, Romane („Das Adelsnest“), Novellen, Skizzen („Gedichte in Prosa“) 176
Twain, Mark (eigentl. Samuel Langhorne Clemens) (1835—1910), amerikanischer Prosaist; humoristische Romane („Tom Sawyers Abenteuer“, „Huckleberry Finns Abenteuer“), Erzählungen, Kurzgeschichten, Essays, autobiographische Werke 120, *170*
Uhland, Ludwig (1887—1862), deutscher Lyriker und Dramatiker, bedeutend als Balladen- und Romanzendichter 157
Valéry, Paul (1871—1945), französischer Dichter und Essayist; Gedichte, Drama „Mein Faust“, Romanfragment „Der Abend mit Herrn Teste“, ästhetische, kunst- und literaturkritische, politische und kulturphilosophische Schriften 171, *181*
Vasari, Giorgio (1511—1574), italienischer Maler und Baumeister, Verfasser der

„Lebensgeschichten der hervorragendsten italienischen Architekten, Maler und Bildhauer“ 95
Vauvenargues, Luc de Clapiers, Marquis de (1715—1747), französischer Aphoristiker und Essayist („Reflexionen und Maximen“) 130
Vergil (Publius Vergilius Maro) (70—19 v. Chr.), römischer Dichter; Hirtengedichte „Bucolica“ („Eklogen“), Gedicht über den Landbau „Georgica“, mythisch-geschichtliches Epos „Aeneis“ 36, 45, 47, *50/51,* 52, 73, 108, 203
Verlaine, Paul (1844—1896), französischer Dichter, bedeutend als Lyriker 162
Verne, Jules (1828—1905), französischer Romanschriftsteller; utopische Abenteuerromane („Reise um die Welt in 80 Tagen“) 131
Vigny, Alfred Comte de (1797—1863), französischer Dichter; Gedichte, Dramen, Romane, Novellen („Knechtschaft und Größe des Militärs“) 161
Villiers de l'Isle-Adam, Philippe-Auguste Comte de (1838—1889), französischer Dichter; Gedichte, Dramen, Romane, Erzählungen („Grausame Geschichten“) 163
Villon, François (1431 bis nach 1463), französischer Vagantendichter (Gedichtsammlungen „Das große Testament“, „Das kleine Testament“) *109,* 128
Voltaire (eigentl. François-Marie Arouet) (1694—1778), französischer Dichter, Philosoph und Historiker; Gedichte, Tragödien („Zaire“, „Mahomet“), Epen („Die Henriade“, „Die Jungfrau von Orleans“), Romane („Candide“), philosophische, kritische und historische Schriften, Briefe 54, 124, 129, 133, 134, 140, *141,* 143, 145, 189
Vondel, Joost van den (1587—1679), niederländischer Lyriker und Dramatiker (Tragödien „Gysbrecht van Aemstel“, „Luzifer“) 127/128
Wackenroder, Wilhelm Heinrich (1773—1798), deutscher Kunsttheoretiker und Romanschriftsteller *156,* 160
Wagner, Richard (1813—1883), deutscher Komponist, Musiktheoretiker und Essayist, Librettist seiner eigenen Bühnenwerke („Der fliegende Holländer“, „Tannhäuser“, „Lohengrin“, Tetralogie „Der Ring des Nibelungen“, „Tristan und Isolde“, „Die Meistersinger von Nürnberg“, „Parsifal“); Autobiographie „Mein Leben“ 75, 76, 78, 105, *154,* 182
Wallraff, Günter (geb. 1942), deutscher Schriftsteller und Publizist; Reportagen, Berichte, Lehrstücke („Der Aufmacher“) 209
Walpole, Horace (1717—1797), englischer Schriftsteller; Hauptwerk: Schauerroman „Schloß Otranto“ 136
Walser, Martin (geb. 1927), deutscher Schriftsteller; Romane („Halbzeit“, „Das Einhorn“, „Der Sturz“), Erzählungen, Dramen, Essays 209
Walther von der Vogelweide (etwa 1170—1230), größter mittelhochdeutscher Lyriker; Minnelieder, religiöse Gedichte, politische Spruchdichtung 76, *78,* 88, 105
Wang Teh-hsin (etwa 1200—1280), chinesischer Dramatiker; von 14 Stücken nur drei erhalten, am berühmtesten: „Das Westzimmer“ 84
Wedekind, Frank (1864—1918), deutscher Schriftsteller, bedeutend als Dramatiker („Frühlings Erwachen“, „Der Erdgeist“, „Die Büchse der Pandora“, „Musik“) 185
Weiß, Ernst (1882—1940), österreichischer Schriftsteller, bedeutend als Prosaist (Romane „Georg Letham, Arzt und Mörder“, „Der Verführer“, „Ich — der Augenzeuge“) 204
Weiss, Peter (1916—1982), deutscher Schriftsteller; Gedichte, Dramen („Die Verfolgung und Ermordung Jean Paul Marats“, „Die Ermittlung“, „Gesang vom lusitanischen Popanz“, „Trotzki im Exil“, „Hölderlin“), autobiographische Romane („Die Ästhetik des Widerstands“), Essays 209

Wells, Herbert (1866—1946), englischer Prosaist und Essayist; Romane („Die Zeitmaschine“, „Der Krieg der Welten“), Erzählungen, soziologische Abhandlungen 183
Wernher der Gartenaere (zweite Hälfte des 13. Jhs.), mittelhochdeutscher Dichter; einziges Werk: Verserzählung „Meier Helmbrecht“ 88
Whitman, Walt (1819—1892), amerikanischer Lyriker und Publizist; Gedichte (Sammlung „Grashalme“), kulturkritische Essays („Demokratische Ausblicke“) 170
Wiclif, John (um 1324—1384), englischer Gelehrter, bedeutendster Vorläufer der Reformation; theologische und kirchenpolitische Schriften in mittellateinischer Sprache, Übersetzung der Bibel ins Englische 99
Wieland, Christoph Martin (1733—1813), deutscher Dichter; Gedichte, Verserzählungen („Oberon“), Romane („Agathon“, „Der Goldne Spiegel“, „Die Abderiten“), Dramen, literarische Abhandlungen, Dialoge, Prosaübersetzungen Shakespeares 60, *146*, 149
Wilde, Oscar (1856—1900), anglo-irischer Dichter; Gedichte, Tragödien („Salome“), Komödien („Lady Windermeres Fächer“, „Ein idealer Gatte“, „Bunbury“), Roman „Das Bildnis des Dorian Gray“, Erzählungen und Märchen, Essays, Briefe 136, *182*
Wilder, Thornton (1897—1975), amerikanischer Schriftsteller; Dramen („Unsere kleine Stadt“, „Wir sind noch einmal davongekommen“, „Die Heiratsvermittlerin“, „Die Alkestiade“), Romane („Die Brücke von San Luis Rey“, „Dem Himmel bin ich auserkoren“, „Die Iden des März“) 46, 49, *197*
Williams, Tennessee (1914—1983), amerikanischer Dramatiker („Die Glasmenagerie“, „Endstation Sehnsucht“, „Die tätowierte Rose“, „Camino Real“, „Die Katze auf dem heißen Blechdach“) 25, 26, *197*
Winckelmann, Johann Joachim (1717—1768), deutscher Archäologe, Kunsthistoriker und -theoretiker („Geschichte der Kunst des Altertums“) 35, *146/147*
Wolfe, Thomas (1900—1938), amerikanischer Schriftsteller; Dramen („Herrenhaus“), Romane („Schau heimwärts Engel!“, „Von Zeit und Strom“, „Geweb und Fels“, „Es führt kein Weg zurück“), Erzählungen, Kurzgeschichten, Essays 196/197
Wolff, Christian Freiherr von (1679—1754), deutscher Philosoph 145
Wolfram von Eschenbach (etwa 1170—1220), mittelhochdeutscher Dichter; Minnelieder, Ritterepos „Parzival“, Epen „Willehalm“ und „Titurel“ (beide unvollendet) 72, 73, *75*, 76
Woolf, Virginia (1882—1941), englische Prosaistin; Romane („Jakobs Zimmer“, „Mrs. Dalloway“, „Die Fahrt zum Leuchtturm“, „Orlando“, „Die Jahre“, Fragment „Zwischen den Akten“), Novellen, ästhetische und literaturkritische Essays („Der gewöhnliche Leser“, „Ein Zimmer für sich allein“) 211, *212/213*
Wordsworth, William (1770—1850), englischer Dichter; Gedichte („Lyrische Balladen“, gemeinsam mit Coleridge; Sonette, Oden), philosophisch-autobiographische Dichtung „Das Vorspiel“ 164
Wright, Richard (1908—1960), amerikanischer Prosaist; Hauptwerke: Roman „Sohn dieses Landes“, Autobiographie „Ich Negerjunge“ 200
Wulfila (Ulfilas) (um 311—383), Bischof der Westgoten; Übersetzung der Bibel ins Gotische (nur unvollständig erhalten) 64
Xenophon (etwa 430—355 v. Chr.), griechischer Schriftsteller und Historiker; Geschichtswerke („Anabasis“), politische Schriften, sokratische Gespräche und Erinnerungen, praktische Lehrschriften 41/42

Yeats, William Butler (1865—1939), irischer Dichter; Gedichte, Verserzählungen, Dramen („Das Wunschland des Herzens", „Deirdre"), Essays, autobiographische Schriften 182

Young, Edward (1683—1765), englischer Dichter; Hauptwerk: episches Gedicht „Die Klage oder Nachtgedanken über Leben, Tod und Unsterblichkeit" 138

Zesen, Philipp von (1619—1689), deutscher Dichter und Sprachreformator; Gedichte, Romane, dichtungstheoretische, grammatische und metrische Schriften 127

Zola, Emile (1840—1902), französischer Prosaist; Romane („Therese Raquin", 20teiliger Zyklus „Die Rougon-Macquart", u. a. „Der Bauch von Paris", „Nana", „Germinal"), Novellen, Essays, literaturkritische und -theoretische Schriften, Tagebuch der Affaire Dreyfus *180*, 210

Zuckmayer, Carl (1896—1977), deutscher Schriftsteller, bedeutend als Dramatiker („Der fröhliche Weinberg", „Der Hauptmann von Köpenick", „Des Teufels General") 196

Zweig, Arnold (1887—1968), deutscher Schriftsteller; Gedichte, Dramen, Romane („Die Novellen um Claudia", unvollendeter Zyklus „Der große Krieg der weißen Männer", enthaltend „Der Streit um den Sergeanten Grischa"), Erzählungen, Essays 205

*Axel Eggebrecht*, geboren 1899, im Ersten Weltkrieg Soldat; dann Studium der Germanistik und Philosophie; ab 1921 Arbeit als Vertreter, Hilfskraft beim Film und Packer. Als Mitglied der KPD, aus der er 1925 wieder austrat, Aufenthalt in der Sowjetunion. Seit 1925 Mitarbeit bei der „Weltbühne" und anderen Zeitschriften und Zeitungen. In der NS-Zeit KZ-Haft, Berufsverbot, lebte dann von der Mitarbeit an Unterhaltungsfilmen. Nach 1945 Mitbegründer des NWDR in Hamburg. Ab 1949 freier Schriftsteller. Bis 1973 ständiger Kommentator im NDR-Hörfunk und Leiter des dortigen Nachwuchsstudios. Veröffentlichungen u. a.: Katzen, 1927. Leben einer Prinzessin, 1929. Weltliteratur, 1948. Der halbe Weg. Zwischenbilanz einer Epoche, 1975. Die zornigen alten Männer (Hrsg.), 1979. Volk ans Gewehr. Chronik eines Berliner Hauses 1930—34, 1985.

*Helmut Riege*, geboren 1936; Promotion in Germanistik und Philosophie. Wissenschaftlicher Mitarbeiter an der „Goethe-Bibliographie" und „Klopstock-Bibliographie", Universität Hamburg, seit 1974 an der „Hamburger Klopstock-Ausgabe". Veröffentlichungen u. a.: dokumentarische und bibliographische Anhänge zu zahlreichen Bänden der Reihe „rowohlts monographien", 1962 ff.; Klopstocks Briefwechsel 1776—1782 (Hrsg.), 1982; „Hermes Handlexikon" „Goethe" (zusammen mit Klaus Schröter), 1983.

CIP-Kurztitelaufnahme der Deutschen Bibliothek

**Eggebrecht, Axel:**
Meine Weltliteratur / Axel Eggebrecht. — Berlin; Bonn: Dietz, 1985.

ISBN 3-8012-0106-6